전공체육
VZONExam
모의고사

2021대비
VZONExam
모의고사
2020년 07 ~ 08월 실시

2020대비
VZONExam
모의고사
2019년 07 ~ 08월 실시

VZONExam 단원별 모의고사

2021년대비 VZONExam 모의고사 2

2020년 7~8월 강의

총 8회 모의고사 : 40점 × 15회 = 600점 ≒ 600개의 quiz

2020년대비 VZONExam 모의고사 96

2019년 7~8월 강의

총 8회 모의고사 : 40점 × 15회 = 600점 ≒ 600개의 quiz

인강수업 https://imyong.conects.com

정확한 정답과 친절한 해설

※ 인강수업 없이 혼자 공부한 경우에는 **'중요한 문제'** 와 *'중요하지 않은 문제'* 를 구별하지 못해서 이 좋은 책이 약(藥)이 아닌 독(毒)이 될 수 있으니, 주의하기 바랍니다.

VZONE_{map} 노트

※ **'중요한 문제'** 중 자신이 **틀린** 것을 오답정리 / *'중요하지 않은 문제'* 중 틀린 것은 가볍게 확인만^.^

2021년 대비 VZONExam 단원별 모의고사

7월 실력점검 모의고사 I 전공A ·· 5

　　　　　　　　　　　전공B ·· 11

1회 전공A 체육교육론[1] ··· 18

　　　전공B 체육측정평가 ··· 24

2회 전공A 체육교육론[2] ··· 30

　　　전공B 체육사·철학 ··· 36

3회 전공A 체육교육론[3] ··· 42

　　　전공B 운동역학 ··· 48

4회 전공A 운동학습과 심리 ··· 54

　　　전공B 스포츠사회학 ··· 60

5회 전공A 운동생리학[1,2] ·· 66

　　　전공B 운동생리학[3,4] ·· 72

6회 전공A 체육교육론[1,2,3] ··· 78

8월 실력점검 모의고사 II 전공A ··· 84

　　　　　　　　　　　전공B ·· 90

2020년 7~8월 전공체육 VZONExam ⇨ 9월 초 인강 open!

◆ 강의 내용 : 전공체육·스포츠지도사 기출문제 → 단원별 모의고사

◆ 강의 교재 : VZONExam 모의고사

◆ 강의 시간

1교시 09:00~10:00 : 2014~2020 전공체육 연도별 기출문제 실전 모의고사

2교시 10:30~11:30 : 체육교육론 단원별 모의고사

3교시 11:50~12:50 : 인문과학 / 자연과학 단원별 모의고사

14:00~18:00 : 정답친해 - 정확한 정답과 친절한 해설

Month	일자		1교시	2교시	3교시
7월	실력점검 모의고사 I	4	교육학 논술	전공A	전공B
	유사실전 모의고사	11	2014년 전공체육	체육교육론[1]	체육측정평가
	유사실전 모의고사	18	2015년 전공체육	체육교육론[2]	체육사·철학
	유사실전 모의고사	25	2016년 전공체육	체육교육론[3]	운동역학
8월	자율학습	1	2020년 전공체육	중요문제	오답노트 완성
	유사실전 모의고사	8	2017년 전공체육	운동학습과 심리	스포츠사회학
	유사실전 모의고사	15	2018년 전공체육	운동생리학[1,2]	운동생리학[3,4]
	유사실전 모의고사	22	2019년 전공체육	체육교육론[1,2,3]	VZONEmap 총정리
	실력점검 모의고사 II	29	교육학 논술	전공A	전공B

2021년대비 VZONExam78 서울(07.04토~05일), 대구·부산(07.11토)

최규훈 실력 점검 모의고사 I

체 육

| 1차 시험 | 2교시 전공A | 12문항 40점 | 시험 시간 80분 |

수험생 유의 사항

1. 문제지 및 답안지의 전체 면수와 인쇄 상태를 확인하시오.
   ◇ 답안지는 2면입니다.
2. 답안지 모든 면의 상단에 성명과 수험 번호를 기재하고, 검은색 펜을 사용하여 수험 번호를 해당란에 '●'로 표기하시오. ◇ '●'로 표기한 부분을 수정하고자 할 경우에는 반드시 수정 테이프를 사용해야 합니다.
3. 답안의 초안 작성은 문제지 여백을 활용하시오.
4. 각각의 문항에 대한 답안은 해당 문항의 답안란에 작성하시오.
   ◇ 답안지에는 문항 내용을 기재하지 않습니다.
5. 답안은 지워지거나 번지지 않는 동일한 종류의 검은색 펜을 사용하여 작성하시오.
   ◇ 연필이나 사인펜 종류는 사용할 수 없습니다.
6. 답안을 작성할 때, 가로 선을 그어 답안란의 줄을 추가하거나 세로 선을 그어 답안란을 다단으로 구분할 수 있으니, 필요한 경우에 활용하시오.
   ◇ 단, 가로 선과 세로 선은 해당 답안란 내에서만 활용할 수 있습니다.
7. 답안을 수정할 때에는 반드시 두 줄(=)을 긋고 수정할 내용을 작성하시오.
   ◇ 수정 테이프 또는 수정액을 사용하여 답안을 수정할 수 없습니다.
8. 문항에 대한 답안 내용 이외의 것(답안의 특정 부분을 강조하기 위한 밑줄이나 기호 등)은 일절 표시하지 마시오.
   ◇ 단, 일반적인 글쓰기 교정 부호는 사용이 가능합니다.
9. 문항에서 요구하는 내용의 가짓수가 제한되어 있는 경우, 요구한 가짓수까지의 내용만 답안으로 작성하시오.
   ◇ 첫 번째로 작성한 내용부터 문항에서 요구한 가짓수에 해당하는 내용까지만 순서대로 채점합니다.
10. **다음에 해당하는 답안은 채점하지 않으니 유의하시오.**
    ◇ 다른 문항의 답안란에 작성한 부분(문항 번호를 임의로 수정하거나 맞바꿔 작성한 부분을 화살표로 표시하는 경우 등 포함)
    ◇ 답안란 이외의 공간(옆면, 뒷면 등)에 작성한 부분
    ◇ 내용이 지워지거나 번지는 등 식별이 불가능한 부분
    ◇ 연필로 작성한 부분, 수정 테이프 또는 수정액을 사용하여 수정한 부분
    ◇ 개인 정보를 노출하거나 암시하는 표시(성명 및 수험 번호 기재란 제외)가 있는 답안지 전체
11. 답안지 교체가 필요한 경우에는 답안 작성 시간을 고려하시오.
    ◇ 종료종이 울리면 답안을 일절 작성할 수 없으며, 답안지 교체 후에는 교체 전 답안지를 폐 답안지로 처리합니다.
12. 시험 종료 전까지 답안 작성을 완료하시오.
    ◇ 시험 종료 후 답안 작성은 부정행위로 간주합니다.
13. **답안을 작성하지 않은 빈 답안지에도 성명과 수험 번호를 기재·표기한 후, 답안지를 모두 제출하시오.**
14. 위의 사항을 위반하여 작성한 답안은 채점 시 불이익을 받을 수 있습니다.

※ 시험이 시작되기 전까지 표지를 넘기지 마시오.

2021년대비 VZONExam78 서울(07.04토~05일), 대구·부산(07.11토)

최규훈 **실력 점검** 모의고사 Ⅰ

체 육

수험번호 : (   )   성 명 : (   )

| 1차 시험 | 2교시 전공A | 12문항 40점 | 시험 시간 80분 |

○ 문제지 전체 면수가 맞는지 확인하시오.
○ 모든 문항에는 배점이 표시되어 있습니다.

1. 다음의 ㈎는 스포츠 현장에서 발생한 사건을 다룬 신문 기사 내용이고, ㈏는 이에 대해 교사들이 나눈 대화 내용이다. 밑줄 친 ㉠은 공리주의의 원리 중 무엇에 어긋나며, 밑줄 친 ㉡은 공정시합의 견해 중 무엇에 어긋나는지를 각각 순서대로 쓰시오. [2점]

㈎ 신문 기사

□□신문   2019년 ○○월 ○○일
'페이스메이커'는 과연 사라져야 할까?

이번 올림픽에서 A선수가 금메달을 따는 데 다른 선수가 '페이스메이커(pacemaker)' 역할을 한 게 아니냐는 의혹이 제기된 바 있다. 한 평론가는 "국적이 같다고 해서 둘 이상의 선수가 역할을 나눠, 한 선수가 다른 선수의 메달 획득을 위해 희생양이 되어도 되는가?"라는 질문을 던졌다. 이와 관련하여 한 선수는 "나는 오랫동안 감독의 일방적인 지시에 의해 페이스메이커 역할을 해왔고, 쉬는 시간에도 다른 선수들의 훈련을 도와줘야 했다"고 폭로했다.

㈏ 교사들의 대화
조 교사 : '㉠페이스메이커'는 육상이나 빙상 등 일부 레이스(race) 종목에서 보다 나은 기록을 위해 널리 사용되는 전술이며, 한 팀이 서로 협력해 한 선수의 우승을 팀 전체의 결과로 받아들이는 태도입니다.
박 교사 : 어떤 스포츠라도 공정한 상황에서 해야 하고, 공정성은 규칙을 준수하는 것에 기반해야 합니다. 개인스포츠에 참여하는 사람에게는 따라야 할 규칙이 있고, 그 규칙은 어떠한 상황에서도 지켜져야 합니다.
윤 교사 : 스포츠 참여 시 규칙을 어기면서까지 승리에 집착하는 학생들도 있습니다. ㉡규칙에 어긋나지 않는 행동이라도 상대 선수를 위협하는 플레이를 하거나, '페이스 메이커'와 같은 역할을 강요하는 학생들에게는 스포츠맨십을 교육할 필요가 있다고 생각합니다.

2. 다음은 사회계급과 스포츠의 관계에 대해 교사와 학생이 나눈 대화 내용이다. 이 대화 내용에 해당하는 스포츠계층 이론을 쓰고, 괄호 안의 ㉠에 해당하는 용어와 밑줄 친 ㉡에 해당하는 자본의 유형을 각각 순서대로 쓰시오. [2점]

교사 : 지난 시간에는 베블렌(T. Veblen)이 소개한 (㉠)은 생산 활동에 종사하지 않으면서 자신의 재산으로 소비만 하는 계급을 의미하죠. 그럼 이들이 스포츠와 여가를 즐기는 이유에 대해 누가 말해 볼까요?
학생 : 이들은 입장료가 5,000만 원에 달하는 폴로(polo) 경기를 보러 간다거나, 연간 유지비가 수천억 원에 달하는 요트 팀을 개인적으로 운영하기도 합니다. 베블렌은 이러한 행위를 과시적 소비라고 불렀습니다.
교사 : 그럼 오늘은 부르디외(P. Bourdieu)가 분류한 자본의 개념을 통해 스포츠 참가와 계급 간에 어떠한 관련이 있는지 알아보겠어요. 우리는 ㉡화폐나 부동산과 같은 것만 자본이 된다고 생각하는데, 부르디외는 조기 축구회와 같은 스포츠클럽도 하나의 자본이라고 봤어요. 다시 말해서 친구나 여타 다른 관계로 형성된 연결망도 자본이 된다는 것이죠. 스포츠클럽은 스포츠를 즐기기 위해 참가한 사람들의 집단이기도 하지만, 비즈니스를 위한 통로로도 이용된다는 거죠. 이처럼 집단 내에서 신뢰를 바탕으로 서로가 서로를 지지해 주는 멤버십과 같은 무형의 인간 관계를 부르디외는 사회 자본이라고 불렀어요.

3. 다음은 ○○중학교에서 실시한 운동기능 검사 결과에 대해 박 교사와 김 교사가 나눈 대화 내용이다. 밑줄 친 ㉠에 해당하는 타당도의 유형과 괄호 안의 ㉡에 해당하는 용어를 각각 순서대로 쓰시오. [2점]

박 교사 : 김 선생님, 운동기능 검사는 끝났나요?
김 교사 : 네, 선생님. 이번 체육 수업에서 실시한 운동기능 검사 점수를 근거로 운동기능이 숙달되지 않은 학생 집단 (가)와 운동기능이 숙달된 학생 집단 (나)로 나누었어요. 그런 다음에 ㉠Ⓐ와 같이 두 집단 간 교차가 되는 점수를 숙달 여부의 판단을 위한 기준 점수(cut-off score)로 정했어요.
박 교사 : 학교스포츠클럽 대회가 얼마 안 남았는데 대회에 출전할 학생들은 선발하셨나요?
김 교사 : 아니요. 그렇지 않아도 대회가 얼마 남지 않아서 걱정입니다. 이번에는 학교 간 대회이기 때문에 운동기능이 상대적으로 우수한 (나) 집단에서 Ⓑ수준 이상인 학생들을 선발하려고 합니다. 이를 위해 운동기능 검사점수의 (㉡)를 근거로 정해지는 선발 기준인 규준(norm)을 사용하려고 합니다.

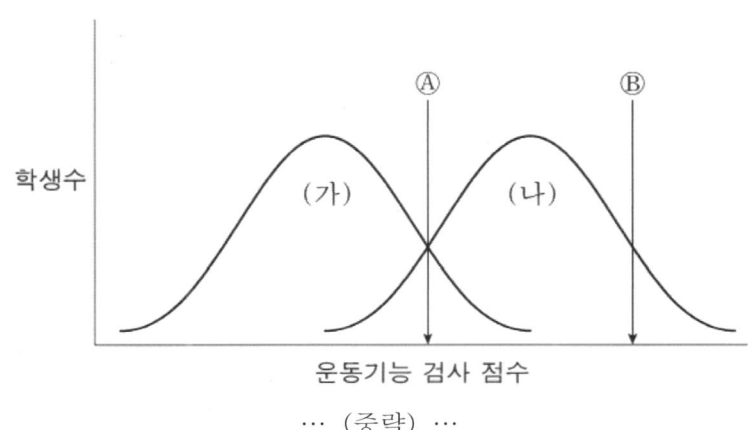

… (중략) …

김 교사 : 그런데 걱정이네요. 적용할 검사를 결정하기 전에 검사가 타당한지, 신뢰로운지 그리고 우수한 학생(예 상위 25%)과 우수하지 않은 학생(예 하위 25%)을 잘 구별해 내는 특성인 변별도를 가지고 있는지를 확인해야 하거든요.

4. 다음은 로버츠(G. Roberts) 등의 TARGET 전략을 적용한 교사의 수업 반성 일지이다. 이와 관련된 목표성향과 동기 분위기를 니콜(Nicholls, J. G.)의 성취목표성향 이론에 근거하여 각각 순서대로 쓰시오. [2점]

교사의 수업 반성 일지

학교스포츠클럽 전국 대회를 앞두고 축구팀의 응집력을 높이는데 TARGET 전략이 효과적일 것 같았다. 우선 TARGET 전략에 포함된 6가지 원칙 중 서로 다른 원칙을 1주차와 2주차에 각각 1가지씩 적용하였다.

<1주차>
수업 활동에 관한 결정을 내릴 때 꼭 학생들에게 의견을 물으려고 노력했다. 학생들이 자율적인 의사결정 능력을 갖고 있다고 믿어주고 선택권을 많이 부여하면 학생 한 명 한 명이 스스로 결정 내리는 능력이 좋아질 것으로 기대된다.
학생들이 스스로 리더십을 발휘할 수 있도록 강조했다. 리더십을 향상시킬 기회가 학생 한 명 한 명에게 고르게 돌아갈 수 있도록 역할을 교대하게 지도했다.

<2주차>
기술과 작전의 습득에 필요한 연습 스케줄은 학생들이 서두르지 않도록 여유를 두었다. 학생 개개인이 현재의 기술 수준에서 상급의 기술과 작전으로 넘어가기 전에 충분한 연습 기간을 갖게 했다.
시합을 앞두고 준비 기간의 압박을 느끼지 않고 연습하도록 했다. 약점이 단기간에 보완되기 어려우면 장기적으로 기간을 넉넉하게 잡고 연습해도 된다는 점을 강조했다.

5. 다음은 2020학년도 ○○중학교에서 작성한 체육 교과 협의회 회의록이다. <작성 방법>에 따라 순서대로 서술하시오. [4점]

체육 교과 협의회 회의록

일시	2020년 ○○월 ○○일 16:00~	장소	체육 교과 협의실
참석 교사	김○○, 이○○, 박○○, 정○○, 송○○		
안건	자유학기제 지원을 위한 체육교사들의 의견 수렴		

협의 내용	○ 수업 활동 영역 지원
	  - 진로 탐색 활동, 주제 선택 활동, 동아리 활동, (㉠) 활동 중 체육 교과에서 지원 가능한 영역을 선택함.
	○ 수업 설계
	  - 블록타임제를 고려하여 체육교사와 외부강사의 팀티칭이 요구됨.
	  - 중간·기말고사 등 일제식 평가를 실시하지 않고 과정 중심의 평가를 실시함.
	○ 수업에서 실시할 신체활동 선정
	  - 넷볼을 선택함.
	○ 수업에서 활용할 교수·학습 방법
	  - 수업에서 학생들의 체스트패스의 기능 향상을 위해 ㉡대다수 학생들이 두 팔을 앞으로 쭉 뻗어 상대방의 가슴 높이로 농구공을 주는 것을 잊지 않고 수행하도록 언급할 것.
	  - 수업에서 학생들의 인성 함양을 위해 동료교수 모형의 적용이 요구됨.		

유의 사항	○ 동료교수 모형 적용 시 유의점
	  - 수업 중 학생들이 서로 짝을 이루어 역할을 교대하면서 상대방의 학습을 돕는 것이 요구됨.
	  - 내용선정, 수업운영, ㉢과제제시, 참여형태, 상호작용, 학습진도, 과제전개에 대한 의사결정의 명확한 숙지가 요구됨.
	  - ㉣실제성과 종합성이 확보되고 핵심역량의 성취 정도를 파악할 수 있는 평가가 요구됨.		

<작성 방법>
○ 괄호 안의 ㉠에 해당하는 용어를 2015 개정 교육과정 총론에 근거하여 쓸 것.
○ 밑줄 친 ㉡에 해당하는 피드백의 유형을 메츨러(M. Metzler)가 제시한 방향성 차원에 근거하여 쓸 것.
○ 밑줄 친 ㉢에 해당하는 수업주도성 프로파일의 형태를 쓰고, 밑줄 친 ㉣을 위한 평가의 방향을 2015 개정 중학교 체육과 교육과정의 '평가의 방향'에 근거하여 서술할 것.

---

6. 다음의 ㈎와 ㈏는 모스턴(M. Mosston)의 교수 스타일을 요약한 것이다. <작성 방법>에 따라 순서대로 서술하시오. [4점]

모스턴의 교수 스타일

(가) (㉠) 스타일
○ 학생의 역할은 교사에 의해 주어진 질문에 대한 해답을 발견하는 것이다.
○ 학생은 논리적인 순서로 설계된 질문에 대한 해답을 찾아가는 과정을 통해 미리 정해진 개념을 발견하는 것이다.
○ 교사는 주기적으로 (㉡)을 학습자에게 제공한다.
○ 교사는 학습자가 발견해야 할 목표 개념을 포함한 일련의 계열적인 질문을 설계한다.

(나) (㉢) 스타일
○ 지정된 관찰자와 수행자의 역할이 가능할 때 활용이 가능하다.
○ 교사의 계속적인 관찰이 없어도 짝과 함께 과제 활동지를 사용하여 학습을 지속할 수 있다.
○ ㉣교사, 관찰자, 수행자의 역할을 설정하여 의사소통이 이루어진다.
○ 교사는 수행자와 관찰자 모두를 지켜보지만 의사통은 오직 관찰자하고만 할 수 있다.

<작성 방법>
○ 괄호 안의 ㉠, ㉡에 해당하는 명칭을 순서대로 쓸 것.
○ 괄호 안의 ㉢에 해당하는 명칭을 쓰고, 이 교수스타일에서 과제 수행 전·중·후 의사결정 주체를 밑줄 친 ㉣을 활용하여 순서대로 서술할 것.

7. 다음은 체육수업 중에 교사와 학생이 나눈 대화 내용이다. <작성 방법>에 따라 순서대로 서술하시오. [4점]

> 학생: 선생님, 100미터 전력 질주를 한 직후에는 왜 숨이 찰까요?
> 교사: 좋은 질문이네요. 그 이유에 대해 오래 전부터 학자들이 답을 찾기 위해 노력했습니다. 우선 100미터 달리기와 같이 짧은 시간에 폭발적인 힘을 발휘해야 하는 운동에서는 (㉠) 시스템이 주로 동원됩니다. 노벨상 수상자이기도 한 힐(A.V. Hill)이 제시한 산소부채(EPOC)에 따르면, 그 이유가 전력으로 달릴 때 요구되는 산소의 부족한 부분을 운동 후에 보충하기 때문입니다.
> …(중략)…
> 학생: 100미터 달리기를 잘 하기 위해 필요한 저항성 트레이닝의 효과는 무엇인가요?
> 교사: 저항성 트레이닝을 지속적으로 하면 심장이 비대해지는데, 심장의 구조 중 특히 좌심실의 벽이 커져 심박출량이 증가합니다. 또한 (㉡) 상호교차의 수를 감소시켜 빠른 수축속도를 가능케 하고, 그 수를 증가시켜 더 많은 근력을 발휘합니다.
> 학생: 그러면 속근섬유가 지근섬유보다 더 빠른 속도에서 더 큰 근력을 발휘하는 이유는 무엇인가요?
> 교사: 첫째, 속근 섬유가 더 높은 양의 활성화된 (㉢)를 함유하고 있기 때문입니다. ㉣둘째, 속근 섬유가 지근 섬유보다 신경자극 후에 ……

<작성 방법>
- 괄호 안의 ㉠에 해당하는 용어를 쓸 것.
- 괄호 안의 ㉡, ㉢에 해당하는 명칭을 순서대로 쓸 것.
- 밑줄 친 ㉣의 내용을 신경자극의 측면에서 서술할 것.

---

8. 다음은 운동역학 계산문제이다. <작성 방법>에 따라 순서대로 서술하시오. [4점]

문) 마라톤의 이봉주 선수가 3m/s의 속도로 뛸 때 뒷바람이 1m/s의 속도로 불고 있다. 이때의 항력을 구하시오. (단, 항력계수=0.4, 공기밀도=1.2kg/m³, 단면적=0.3m²임).

답) (㉠)N

문) 공기마찰력은 10N이고, 원반의 비행각이 30°이다. 양력효율지수를 구하시오.

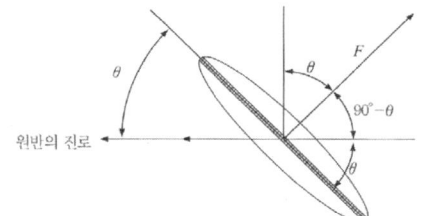

답) (㉡)

문) 기계체조 선수가 고정되어 있는 철봉을 축으로 신체 중심이 시계 반대방향으로 회전운동을 하였다. 이때 P_1의 위치에서 P_2의 위치까지 각거리(°)와 각변위(°)를 각각 구하시오.

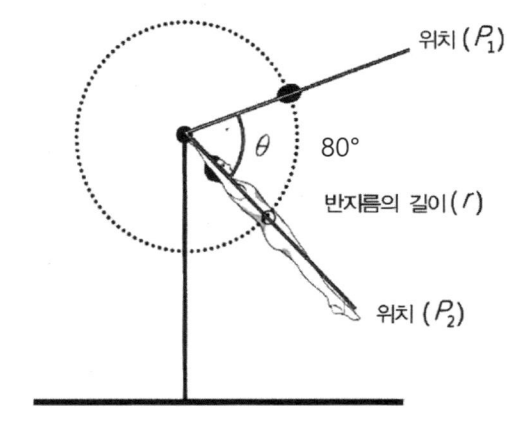

답) 각거리는 (㉢)°이고, 각변위는 (㉣)°이다.

<작성 방법>
- 괄호 안의 ㉠, ㉡에 해당하는 값을 순서대로 쓸 것.
- 괄호 안의 ㉢, ㉣에 해당하는 값을 순서대로 쓸 것.

9. 다음은 ○○중학교 체육 교과 협의실의 게시판을 보며 조교감과 오 교사가 나눈 대화 내용이다. <작성 방법>에 따라 순서대로 서술하시오. [4점]

우리나라의 전통 신체활동

· ㉠편력 : 명산대천을 다니며 무예를 익히고 심신을 단련하던 활동
· 각 저 : 두 사람이 맞잡고 힘과 기를 겨루던 경기
· 방 응 : 삼국 시대와 고려 시대에 행해진 매를 이용하던 사냥 활동
· 편 사 : 조선 시대에 5인 이상이 한 팀이 되어 승부를 겨루던 활쏘기 경기
　　　　　…(하략)…

조 교감 : 이번에 협의실 벽면에 게시한 읽기 자료군요. 편력, 사냥, 마술, 궁술, 검술, 수박 등과 같은 신체활동은 학생이 2015 개정 체육과 교육과정의 교과 역량인 ㉡신체 수련 능력을 함양하는 데 좋은 소재가 될 수 있을 것 같네요. 특히, 검술과 각저는 투기 도전 영역 지도에 참고가 되겠네요.

오 교사 : 네 맞습니다. 교감 선생님! 이러한 활동들은 중학교 1~3학년군의 내용 요소 중 하나인 절제를 가르치기에도 적합한 활동입니다. 그런데, 교감 선생님! 교육과정 신체활동 예시에 없는 활동들이 대부분인데, 이러한 활동들도 교육과정의 목적에 근거하고, 학교의 교육 여건을 고려하면 체육수업 시간에 지도해도 괜찮다고 알고 있습니다.

조 교감 : 그럼 당연히 괜찮지요. 다만, 교내 교과협의회를 통해 결정해야 하겠지요.

오 교사 : 아 그렇군요. 그렇다면 우선은 택견의 모태가 된 것으로 알려진 수박(희)을 가르쳐보고 싶네요. 택견, 태권도, 씨름, ㉢레슬링, 유도, 검도 등은 중학교 1~3학년 신체활동 예시에 있는 활동이니까요.

＜작성 방법＞

o 밑줄 친 ㉠과 유사한 독일 청소년 야외교육활동의 명칭을 쓰고, 밑줄 친 ㉠의 심신관(인간관)을 제시할 것.
o 2015 개정 중학교 체육과 교육과정의 '체육과의 역량'에 제시된 내용에 근거하여 밑줄 친 ㉡의 개념 및 특징을 서술할 것.
o 고대 그리스 5종경기에 근거하여, 밑줄 친 ㉢이 행해진 순서(순번)를 쓸 것.

---

10. 다음은 스포츠 폭력 예방 교육을 위한 교사 연수 자료이다. <작성 방법>에 따라 순서대로 서술하시오. [4점]

스포츠 폭력 예방 교육

가. 일탈로서의 폭력에 대한 스포츠사회학적 관점
o 폭력은 일탈을 규정하는 접근 방법에 따라 다르게 해석될 수 있습니다.

1) 절대주의적 접근
o 폭력은 명확하게 규칙으로 금지하고 있기 때문에 행사하면 안 됩니다.
o 폭력은 공정한 스포츠 환경 조성이라는 이상적 기준에 위배됩니다.
o 폭력은 사회의 보편적 정서에 위배됩니다.

2) 구성주의적 접근
o 폭력은 특정 스포츠 집단의 정상적인 규범으로 인정될 때는 일탈로 보지 않을 수 있습니다.
o ㉠美 NBA에서 코트의 악동이였지만, 리바운드의 황제였던 데니스 로드맨은 다른 선수와 구별되기 위해 자신만의 탁월한 점프 및 위치 선정 능력을 향상시켰습니다.
　　　　　…(중략)…

나. 폭력에 대한 경각심 필요
o ㉡경기 후 관중과 말싸움을 하다가 화가 나서 주먹을 휘두르는 행위와 같이 명백한 범죄에 해당되는 폭력도 문제지만, 경기 도중 상대가 예측 불가능한 상황에서 상대 선수를 일부러 가격해 큰 부상을 입히는 행위도 큰 문제입니다. 이는 공동체 정신에도 위배됩니다.
　　　　　…(중략)…

다. 스포츠 폭력 예방 교육의 활용
o 사전에 폭력의 위험성을 알려 선수들로 하여금 서로를 존중하고 공존하는 대상으로 인식하게 함으로써 폭력을 예방합니다.
o ㉢선수들의 유해지역 출입을 통제하고, 모범적인 친구를 통한 멘토링을 확대하는 등의 생활지도를 철저히 해야 합

＜작성 방법＞

o 밑줄 친 ㉠에 해당하는 스포츠 윤리규범의 명칭(4음절)을 쓰고, 이에 해당하는 일탈 행동의 유형(4음절)을 제시할 것.
o 밑줄 친 ㉡에 해당하는 이론을 아리스토텔레스가 분류한 폭력 이론에 근거하여 쓸 것.
o 밑줄 친 ㉢의 근거가 되는 스포츠사회학의 일탈이론을 쓸 것.

11. 다음은 박 교사가 2종류의 보행수 측정 기기를 사용해 얻은 자료이다. <작성 방법>에 따라 순서대로 서술하시오. [4점]

보행수 측정 분석 자료

㈎ 측정 방법
- A학생이 ㉮형 보행수 측정기기와 ㉯형 보행수 측정기기를 동시에 착용하고 1주일 동안 매일 1회 보행수를 측정함.
  ※ ㉮형 보행수 측정기기는 준거 기기임.
- 2종류 측정기기의 신체착용위치, 측정시간 등 모든 측정조건은 동일함.

요일	㉮형 측정기기의 보행수 ⓐ	㉯형 측정기기의 보행수 ⓑ	보행수의 차이 ⓒ=ⓑ-ⓐ	요일별 보행수(㉯형)-1주일 평균 보행수(㉯형) ⓔ=ⓑ-ⓓ
월	5,518	4,435	−1,083	−773
화	4,540	4,309	−231	−899
수목금		…(중략)…		
토	3,304	3,312	+8	−1,896
일	7,107	8,212	+1,105	+3,004
평균	5,212	ⓓ5,208	−4	0

㈏ 자료 분석 결과
- ㉠두 기기 간의 보행수 차이(ⓒ)의 방향(+, −)과 크기는 ㉯형 측정기기의 오차에 대한 판단 근거이다.
- ㉮형 측정기기와 ㉯형 측정기기로 측정한 보행수간의 ㉡상관계수는 .80이다.

<작성 방법>
- 고전진점수 이론에 근거하여 ⓐ와 ⓑ에 해당하는 점수의 명칭을 각각 순서대로 쓸 것.
- 고전진점수 이론에 근거하여 오차점수의 평균에 해당하는 값을 쓰고, 밑줄 친 ㉠에 해당하는 측정오차의 유형을 제시할 것.
- 두 측정기기가 공통적으로 측정하고 있는 변량의 값을 쓸 것.

---

12. 다음은 학교스포츠클럽 축구 대회가 끝난 후 교사와 학생이 나눈 대화 내용이다. <작성 방법>에 따라 순서대로 서술하시오. [4점]

학생 : 저는 이번 대회에서 체력이나 기술은 괜찮다고 생각했는데 자신감의 변동이 심했던 것 같아요.
교사 : 그럴 수 있어요. 대회가 다가오면 부담감이 커지니까 자신감을 잘 관리해야 해요.
학생 : 저는 평소에 ㉠운동기술은 타고났고, 무슨 대회든 나가면 이길 수 있다는 확신을 갖고 있었어요.
교사 : 대회 당일에 어떤 일이 있었나요?
학생 : 예선전과는 달리 결승전이라서 그랬는지 경기장에 들어서는 순간 제가 잘할 수 있다는 믿음이 줄어들었던 것 같아요. 패스도 슛도 정확하지 않았고 결정적으로는 승부차기 때 실축까지 했죠.
교사 : 그때 어떻게 했더라면 좋았을까요?
학생 : 당시를 되돌아보면 그 순간에 잘할 수 있다고 나 자신을 믿었어야 했어요. 스스로 긍정적인 말을 했더라면 좋았을 것 같아요. '㉡할 수 있어!', '예전에도 걱정했는데 오히려 잘했었잖아. 마음 편하게 해!' 라는 말이 좋아요.
교사 : 앞으로 대회에 자주 나가게 되니, ㉢유리 하닌(Yuri Hanin)이 제시한 적정기능역(ZOF) 이론을 알아두면 좋겠어요. 대회가 다가오거나 경기 중에는 각성이 높아져요. 각성이 높아지면 불안을 느끼는데 이 이론을 잘 적용하면 경기 불안을 잘 관리할 수 있어요.

<작성 방법>
- 와이너(B. Weiner)의 귀인이론에 근거하여 밑줄 친 ㉠에 해당하는 귀인요소를 쓰고, 그 요소의 귀인 유형을 인과성·안정성·통제성 차원으로 각각 제시할 것.
- 밑줄 친 ㉡에 해당하는 경쟁불안 감소기법(심리기술)을 쓸 것.
- 밑줄 친 ㉢의 핵심을 서술할 것.

<수고하셨습니다.>

체 육

2021년대비 VZONExam78 서울(07.04토~05일), 대구·부산(07.11토)
최규훈 실력 점검 모의고사 I

수험번호 : (   )   성 명 : (   )

| 1차 시험 | 3교시 전공B | 11문항 40점 | 시험 시간 80분 |

○ 문제지 전체 면수가 맞는지 확인하시오.
○ 모든 문항에는 배점이 표시되어 있습니다.

1. 다음은 2015 개정 체육과 교육과정 중학교 1~3학년군 건강 영역의 수업 장면이다. 괄호 안의 ㉠에 해당하는 용어를 제시하고, [평가기준표]에 근거하여 정호의 비만도 판정 결과를 쓰시오. [2점]

최 교사: 지난주에 학생건강체력평가(PAPS)를 실시했습니다. 오늘은 실시 결과에 따라 건강체력 향상을 위한 운동계획을 세워 보겠습니다. 먼저 자신의 결과표를 보면서 가장 낮은 등급의 종목을 찾아볼까요?
도 담: 저는 윗몸 말아 올리기 기록이 '낮음(4등급)'이니까 저와 같은 등급인 종민이와 똑같은 운동계획을 세우면 되는건가요?
최 교사: 꼭 그런 건 아니에요. 친구와 동일한 체력운동이 필요하다고 해도 자신의 건강상태 및 체력수준 등을 고려하여 운동계획을 세우고 실천하는 것이 중요합니다. 이것을 체력운동의 원리 중 (㉠)의 원리라고 합니다.
효 준: 그런데 선생님, 비만에 체질량 지수(BMI)가 나와 있는데 이것은 무엇을 의미하는 건가요?
최 교사: 체질량 지수는 키와 몸무게의 관계를 나타내는 수치인데, 이를 활용하면 자신의 키에 비해 몸무게가 적당한지를 알 수 있어요.
재 영: 선생님, 그러면 체질량 지수는 측정 기계가 있어야만 알 수 있나요?
최 교사: 아니에요. 체질량 지수는 키와 몸무게를 알면 직접 계산해 볼 수도 있어요.
정 호: 저의 몸무게가 60kg이고 키는 170cm이니까, 체질량지수는....

[평가기준표]

마름	정상	과체중	경도비만	고도비만
14.2이하	14.3~20.6	20.7~23.0	23.1~29.9	30.0이상

2. 다음은 교사가 고속으로 동영상을 촬영할 수 있는 스마트폰을 이용하여 수직 낙하 시 신체질량중심(Center of Mass; COM)의 수직 속도를 측정한 내용이다. 괄호 안의 ㉠, ㉡에 해당하는 값을 순서대로 쓰시오. [2점]

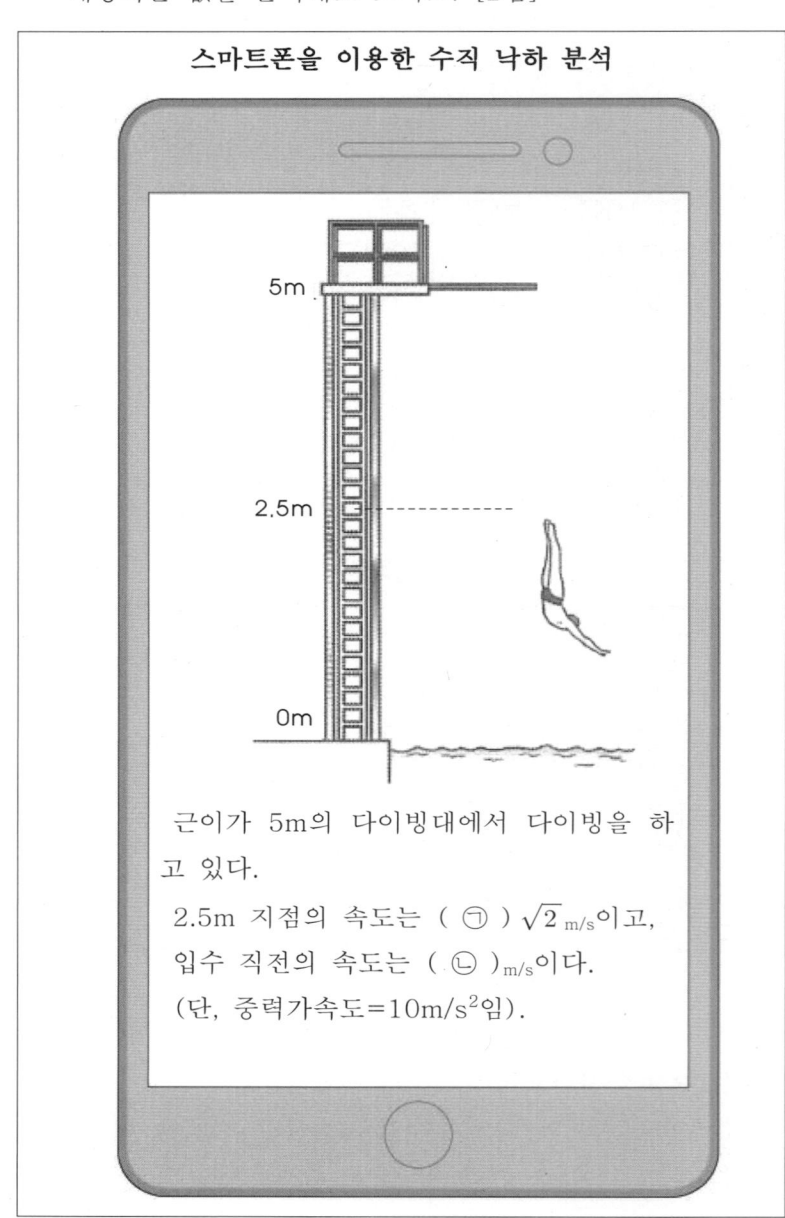

스마트폰을 이용한 수직 낙하 분석

근이가 5m의 다이빙대에서 다이빙을 하고 있다.
2.5m 지점의 속도는 (㉠)$\sqrt{2}$ m/s이고, 입수 직전의 속도는 (㉡) m/s이다.
(단, 중력가속도=10m/s^{2}임).

3. 다음의 (가)는 최 교사의 수업 반성 일지이고, (나)는 교수·학습 지도안의 일부이다. <작성 방법>에 따라 순서대로 서술하시오. [4점]

(가) 수업 반성 일지

학생들의 배구 기초 기능이 향상되어 경기를 하였으나 많은 학생들이 경기 규칙을 몰라 우왕좌왕하는 모습을 보였다. 경기 규칙에 관한 지필 평가를 실시하여 모든 학생들이 90점을 넘었을 때 경기를 했음에도 불구하고, ㉠규칙에 대해 옆 사람과 잡담을 하는 병규에게 최 교사는 가까이 다가갔다.

… (중략) …

㉡스파이크를 활용한 다양한 공격 기술에도 관심을 기울여야겠다. 스파이크 기술을 어려워하는 학생들이 이해하기 쉽게 교과서의 사진을 활용해 지도해야겠다.

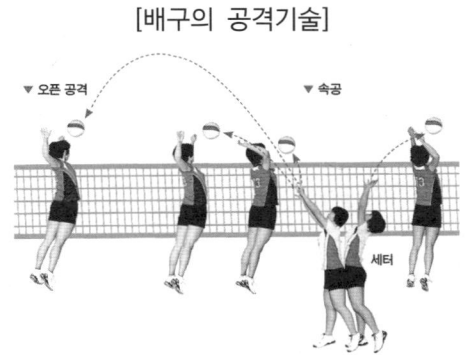
[배구의 공격기술]

또한 수업 중 학생들이 전술적 의사결정과 기술수행을 할 수 있게 해야겠다.

(나) 교수·학습 지도안

영역 신체활동	㉢네트형경쟁 배구	학년	3학년	차시	6/14
교수·학습 과정					시간

○ 전개
• 1단계 초기 게임형식 : 교사는 학생들에게 전술적 상황에 맞는 전술인지와 기술을 연습하고 평가할 수 있도록 학습과제를 구성함.
• 2단계 기술 연습 : 개별 연습·2인조 연습·소집단 연습·대집단 연습' 등 다양한 과제 구조가 활용될 수 있다.
• 3단계 변형 게임
  ▸ (㉣   )
  ▸ 기술연습과제와 정식게임 사이를 직접적으로 연결시키는 가교 역할을 한다.
• 4단계 정식 게임 : 교사는 학생들이 변형 게임에서 탁월한 능력을 지속적으로 보일경우에만 정식 게임을 한다.
					35분

<작성 방법>

○ 밑줄 친 ㉠에 해당하는 교수기능을 온스틴과 레빈(A. Ornstein & D. Levine)이 제시한 수업 예방 행동에 근거하여 쓰고, 밑줄 친 ㉡에 해당하는 움직임 기능의 명칭을 메츨러(Metzler)가 제시한 분류에 근거하여 쓸 것.

○ 밑줄 친 ㉢에 해당하는 인지적 내용요소의 명칭을 2015 개정 중학교 체육과 교육과정의 '내용체계'에 근거하여 쓸 것(단, '역사와 특성', '경기방법과 전략'은 제외할 것).

○ 괄호 안의 ㉣에 들어갈 내용을 그리핀(Griffin)·미첼(Mitchell)·오슬린(Oslin)이 제시한 과제구조에 근거하여 서술할 것.

4. 다음은 2020학년도 ○○중학교 최 교사의 학교스포츠클럽 활동반성 일지이다. <작성 방법>에 따라 순서대로 서술하시오. [4점]

교육과정 편성·운영 기준 및 체육수업 활동

일시: 2020년 ○월 ○일 화요일

오늘 교육과정 운영위원회에 참석했는데, 2021년도에 입학하는 학생들을 위해 학교는 다음의 사항을 결정하였다.

• 학생·교사·학부모의 요구 및 필요에 따라 자율적으로 교과(군)별 (㉠)% 범위 내에서 시수를 증감하여 편성·운영함

• 단, 체육·예술(음악/미술) 교과는 (㉡)를 감축하여 편성·운영할 수 없다.

…(중략)…

오늘 수업에서 ㉢과제를 설명하는 도중 평소에 잡담을 하는 정엽이가 떠들지 않은 것에 대하여 칭찬을 하였다.

…(중략)…

나는 재화가 ㉣배드민턴 그립을 정확하게 잡도록 하기 위해 재화의 손을 잡아서 올바른 위치로 움직이게 하였다.

더운 날씨임에도 불구하고 순회하면서 기능수준이 낮은 학생들에게 개별적 지도를 하고 있는데, 적지 않은 친구들의 수업 참여 태도가 나빠지자, ㉤나는 전체 학생들을 대상으로 성취해야 할 행동과 수반성과 관련된 보상에 관해 공식적으로 언급하였다.

<작성 방법>

○ 괄호 안의 ㉠, ㉡에 해당하는 내용을 2015 개정 교육과정 총론에 근거하여 각각 순서대로 쓸 것.

○ 밑줄 친 ㉢에 해당하는 시덴탑(D. Siedentop)의 학습자 관리 전략의 명칭을 쓸 것.

○ 밑줄 친 ㉣에 해당하는 단서의 방식(유형)을 쓰고, 시덴탑(D. Siedentop)의 행동수정 전략에 근거하여, 밑줄 친 ㉤에 적용한 행동수정 방법을 제시할 것.

5. 다음의 (가)는 수업 계획에 관한 교사들의 대화 내용이고, (나)는 박 교사의 단원 계획서이다. <작성 방법>에 따라 순서대로 서술하시오. [4점]

(가) 수업 계획에 관한 교사들의 대화 내용

김 교사 : 새 학기에 배드민턴 수업을 하려고 해요. 이번 수업으로 학생들이 사고력과 탐구력이 증진되었으면 해요.

박 교사 : 그러면 틸라선(Tillotson)의 문제 해결 과정을 적용한 탐구수업 모형을 해보면 어떨까요? 저도 이 모형으로 배드민턴 수업을 했었는데, 학생들의 반응이 참 좋았어요. 그런데 우선 탐구수업 모형의 학습 선호도를 잘 파악해야 해요. 탐구수업 모형에서 학습 선호도는 (㉠), (㉡), (㉢)인 성향의 학생들에게 적절해요. 수업 설계와 운영 시 이를 참고하면 도움이 될 거예요.

김 교사 : 그렇군요. 제가 참고할 만한 자료가 있을까요?

박 교사 : 제가 탐구수업 모형을 적용하여 재구성한 배드민턴 단원 계획서를 드릴게요. ㉣학습자 특성을 고려한 수준별 수업을 운영하는 데에 도움이 될 거예요.

(나) 박 교사의 단원 계획서

영역	네트형경쟁	학년	3학년	총 시수	16
단원 목표	1. 배드민턴의 역사와 특성을 이해할 수 있다. … (하략) …					
모형의 특성	①문제의 규명, ②문제의 제시, ③문제에 대한 유도된 탐구, ④최종해답의 규명 및 정교화, ⑤분석·평가논의를 위한 발표					

차시	학습과제	학습활동
1	·배드민턴의 역사, 특성, 가치의 이해	(㉤) · 일제식, 과제식, 질문식, 협동식
2~8	·질문자로서의 교사 ·문제해결자로서의 학습자 ·ⓐ다양한 형태의 질문 제공 ·ⓑ학생의 창의적 대답을 중시	(㉥) · 빠르게 달리기 · 빠르게 걷기 · 빠르게 쌓기
9~12	·학생이 활동 과제를 생각하고 움직이도록 하며 충분히 생각할 시간을 부여함.	(㉦) · 학습자료의 다양성 · 과제수행시간의 재구성 · 활동공간의 재구성

─── <작성 방법> ───

○ 라이크먼과 그레이샤(S. Reichmann & A. Grasha)의 학습 선호 분류 차원에 근거하여 괄호 안의 ㉠·㉡·㉢에 들어갈 용어를 쓸 것(단, 수업절차에 대한 반응, 교사·동료에 대한 시각관점, 학습태도의 순서로 제시함).

○ 괄호 안의 ㉤, ㉥, ㉦에 해당하는 용어를 밑줄 친 ㉣을 고려하여 순서대로 쓸 것(단, 2015 개정 중학교 체육과 교육과정의 '교수·학습의 방향'에 근거할 것).

○ 탐구수업 모형에서 밑줄 친 ③·④에서 제공·활용하는 과제제시의 방법(교수정보) 3가지를 제시하고, 밑줄 친 ⓑ에 근거하여 밑줄 친 ⓐ에 해당하는 질문의 유형을 쓸 것[단, 메츨러(M. Metzler)가 제시한 분류에 근거함].

6. 다음은 시대별 체육 사상에 관하여 정리한 김 교사의 수업 자료이다. <작성 방법>에 따라 순서대로 서술하시오. [4점]

시대별 체육 사상	
실학주의 사상	• 베이컨(F. Bacon), 멀케스터(R. Mulcaster), 코메니우스(J. Comenius) 등이 (㉠) 실학주의를 주창함. • 관념은 감각을 통해 형성된다는 이론이 등장함. • 체육의 교육적 가치를 인식함.
신체육 사상	• 우드(T. Wood), ㉡<u>귤릭(L. Gulick)</u>, 헤더링턴(C. Hetherington) 등에 의해 주창됨. • (㉢), 놀이이론, 강건한 기독교주의 등이 핵심적인 배경이 됨. • 윌리엄스(J. Williams)와 내시(J. Nash)에 의해 현대 체육의 개념이 완성됨.
인간움직임 (움직임교육) 사상	• 라반(R. Laban)에 의해 주창된 교육사상임. • 캐시디(R. Cassidy)와 메스니(E. Methney)에 의해 체육의 학문화에 활용됨. • (㉣)의 교육방법으로 제안됨.

<작성 방법>
○ 괄호 안의 ㉠에 해당하는 용어를 쓸 것.
○ 밑줄 친 ㉡의 체육사상에 근거하여 괄호 안의 ㉢에 해당하는 용어를 쓸 것.
○ 괄호 안의 ㉣에 해당하는 내용 2가지을 쓰고, 이와 관련된 교육과정 3가지를 제시할 것.

---

7. 다음의 ㈎는 스포츠의 특성, ㈏는 프로 스포츠에서 시행되는 제도에 관한 읽기 자료이다. <작성 방법>에 따라 순서대로 서술하시오. [4점]

㈎ 스포츠의 특성
• 코클리(Coakley)는 스포츠의 (㉠) 과정을 다음의 2가지를 포함하여 4가지로 규정함.

(㉠) 과정	내용
(㉡)	• 초창기 농구에서는 공을 두손으로 들고 허리 아래에서 위로 던지는 언더 핸드슛 등 여러가지 슛 동작이 경기에 적용됨. • 현재는 세트 슛, 점프 슛, 레이업 슛 등으로 한정되어 사용될 뿐만 아니라 각각의 슛을 사용하는 상황이 거의 정해져 있음.
행동의 조직적·합리적 측면 강조	• 경기를 대비해 팀이 전략 및 훈련 일정을 세운다든가 신발·유니폼·기타 장비가 그 활동만을 위해 개발되는 등의 추세를 의미함.

㈏ 프로 스포츠에서 시행되는 제도
• 스포츠의 상업화와 함께 다양한 제도가 도입됨.

제도	내용
보류조항	• 프로스포츠 이적에 관한 계약 조항으로 각 팀은 그 팀에 소속된 선수가 자유계약선수로 풀리기 이전까지 독점적으로 협상할 유일한 권리를 갖음.
신인선수 지명제도	• 리그 소속 팀 간 균형 제공하기 위해 만들어 진 것으로 각 팀이 전년 전적의 역순으로 신인 선수 선택권을 부여하는 제도임. • 신인선수를 지명한 팀은 선수와 독점적 협상 권리를 갖게 되며 트레이드나 선수를 이적시킬 수 있음.

<작성 방법>
○ 괄호 안의 ㉠과 ㉡에 해당하는 내용을 각각 순서대로 쓸 것.
○ ㈏의 제도에 해당하는 스포츠 일탈의 사회학적 거시이론을 쓰고, 이 이론에 근거한 일탈의 근본적 원인을 기술할 것.

8. 다음은 석윤이의 학생건강체력검사(PAPS)에 대한 자료의 일부이다. <작성 방법>에 따라 순서대로 서술하시오. [4점]

	앉아윗몸앞으로굽히기	50m 달리기
원점수(X)	12cm	7sec
평균($\overline{X}$)	10cm	6.8sec
표준편차(s)	4cm	2sec

표준정상분포곡선 수표

Z	면적 비율	Z	면적 비율
0.0	0.00	1.1	36.43
0.1	3.98	1.2	38.49
0.2	7.93	1.3	40.32
0.3	11.79	1.4	41.92
0.4	15.54	1.5	43.32
0.5	19.15	1.6	44.52
0.6	22.57	1.7	45.54
0.7	25.80	1.8	46.41
0.8	28.81	1.9	47.13
0.9	31.59	2.0	47.72
1.0	34.13	이하생략	

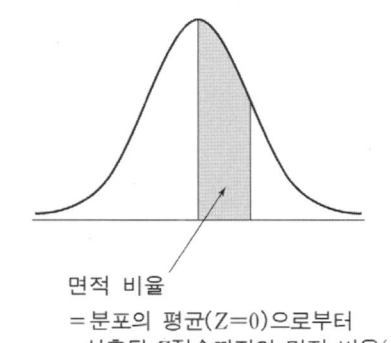

면적 비율
= 분포의 평균(Z=0)으로부터 산출된 Z점수까지의 면적 비율(%)

― <작성 방법> ―

○ 두 종목 중에서 더 잘하는 종목을 쓰고, 두 종목 간의 백분위 차이값을 쓸 것(단, 소수점 이하 둘째 자리까지 제시함).
○ 상대적으로 더 좋은 체력 요인을 쓰고, 두 종목 간의 T점수 차이값을 쓸 것(단, 정수로 제시함).

9. 다음은 운동기술의 분류, 연습방법, 수행원리에 대한 자료의 일부이다. <작성 방법>에 따라 순서대로 서술하시오. [4점]

(가) 연습 계획(Lee&Magill) : 맥락간섭 효과가 낮은 구획연습은 연습 수행에 효과가 높고, 맥락간섭 효과가 높은 무선연습은 학습(파지와 전이)에 효과적이다.

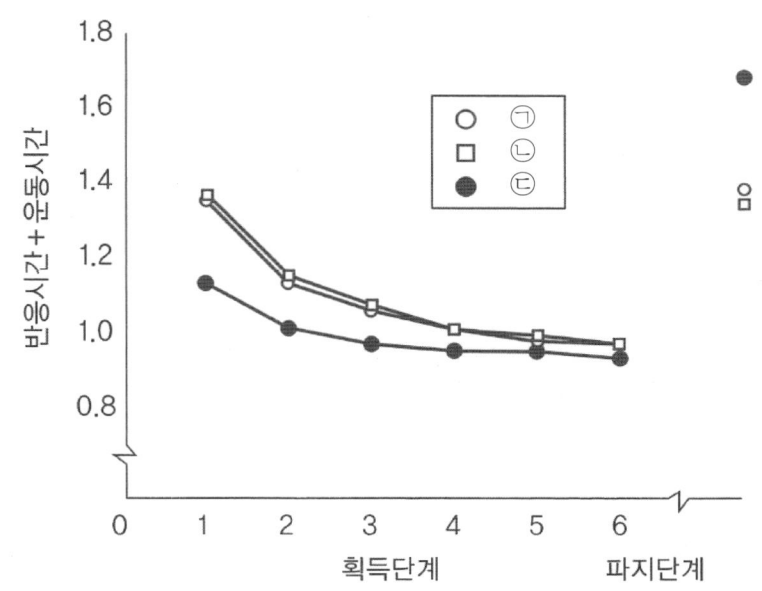

(나) 움직임의 연속성에 따른 운동기술의 분류
  ① 야구의 타격이나 볼링의 투구 동작
  ② 체조 연기 및 야구의 수비기술
  ③ 수영·걷기·달리기 등

(다) 난이도 지수와 운동시간의 관계 ― 피츠^{Fitts}의 법칙

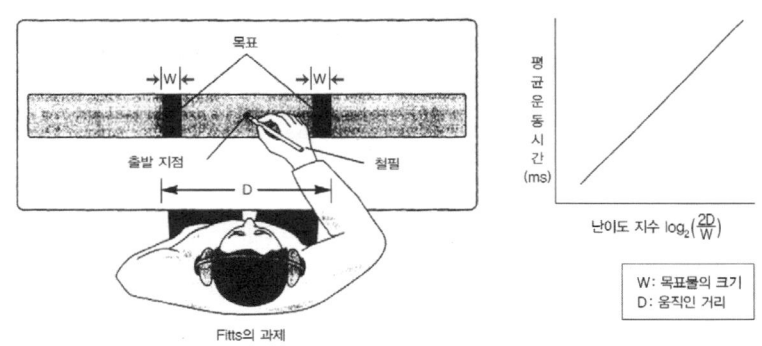

(㉢)는 운동수행의 정확성을 향상시키기 위해서는 운동 속도를 줄여야 한다는 원리이다.

― <작성 방법> ―

○ (가)의 ㉠·㉡·㉢에 해당하는 연습형태를 각각 순서대로 쓸 것.
○ (나)의 ①·②·③ 중에서 파지(장기기억)에 유리한 것을 골라 그 운동기술의 명칭과 함께 쓰고, 그 동그라미 번호에 해당하는 운동기술의 유형^{명칭}을 '환경의 안정성'에 근거하여 제시할 것.
○ (다)에서 괄호 안의 ㉢에 해당하는 내용을 쓸 것.

10. 다음은 교사 대상 스포츠과학 연수 내용이다. <작성 방법>에 따라 순서대로 서술하시오. [4점]

(가) 호흡교환율(RER respiratory exchange ratio) : 호흡가스 분석을 통해 배출된 (㉠)량을 소비된 (㉡)량으로 나눈 값으로, 에너지 소비량을 계산할 때 이용된다.

[표]

호흡교환율	㉢%	㉣%
0.70	100	0
0.75	83	17
0.80	67	33
ⓐ 0.85	50	50
0.90	33	67
0.95	17	83
1.00	0	100

(나) 운동시간과 연료선택

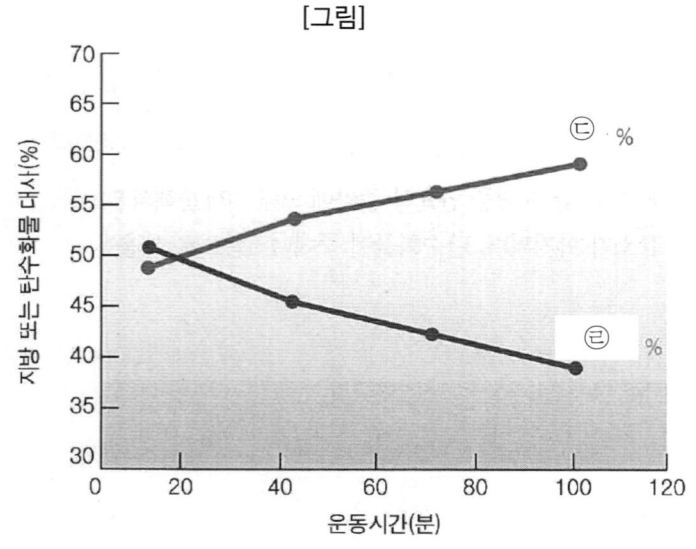

[그림]

중성지방은 (㉤) 효소에 의해 유리 지방산(FFA : free fatty acid)과 글리세롤(glycerol)로 분해된다. 낮은 강도로 장시간 동안 운동을 하면 ㉥혈중 에피네프린·노르에피네프린 호르몬이 증가하여 (㉤) 효소활동을 증가시켜 지방분해 (lipolysis)를 촉진하여 혈중과 근육의 유리 지방산을 증가시켜 지방대사를 활성화한다.

─────── <작성 방법> ───────
○ 괄호 안의 ㉠, ㉡에 해당하는 용어를 순서대로 쓸 것(단, 한글이어야 함).
○ [표]와 [그림] 안의 ㉢·㉣에 해당하는 각각의 용어를 활용하여, 음영으로 처리된 ⓐ의 의미를 서술할 것.
○ 괄호 안의 ㉤에 해당하는 용어를 쓰고, 밑줄 친 ㉥의 결과로 췌장에서 분비되는 호르몬의 명칭과 그 변화를 기술할 것.

11. 다음은 농구공 패스 동작을 운동역학적으로 분석하는 과정이다. <작성 방법>에 따라 순서대로 서술하시오. [4점]

문1. 회선반경(k)이 30cm이고 팔꿈치의 회전축에서 평균 4cm의 수직거리에 있는 팔꿈치굽힘근이 0.3초 동안 4rad/sec의 각속도로 스윙하는 5kg인 팔의 동작을 멈추기 위한 힘을 구하시오.

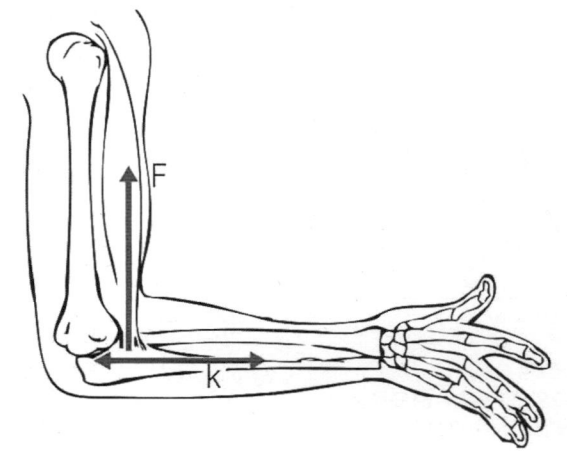

답 (㉠)N

문2. 반지름이 10m 되는 트랙(곡선주로)을 10m/s의 속도로 돌기 위해 몸을 몇 도(°) 정도 기울여야 되는지 구하시오 (단, 중력가속도는 10m/s²임).

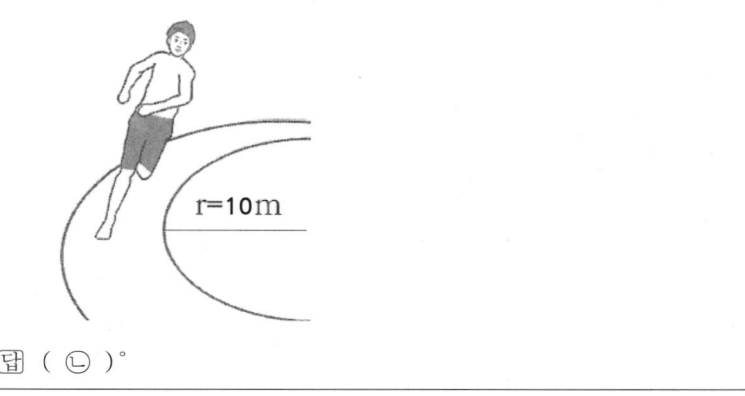

답 (㉡)°

─────── <작성 방법> ───────
○ 괄호 안의 ㉠의 값을 쓰고, 풀이과정에서 활용되는 공식 2가지를 한글로 제시할 것.
○ ○괄호 안의 ㉡의 값을 제시할 것.

<수고하셨습니다.>

2021년대비 VZONExam78 서울(07.11토~12일), 대구·부산(07.18토)

체 육

체육교육론¹

| 1차 시험 | 2교시 전공A | 10문항 40점 | 시험 시간 60분 |

Ⅰ. 수업교수·학습	① 체육교육탐구⁽최의창⁾ · 스포츠교육학총론⁽김대진⁾ → 체육교수론⁽박명기 외⁾
	② 체육교수이론⁽강신복·손천택⁾
	③ 체육교수학습론⁽손천택⁾ → 체육교수이론⁽손천택·박정준⁾
	④ 체육수업비평⁽유정애⁾
	⑤ 체육과 교재연구 및 지도법⁽유정애⁾
	⑥ 기타
Ⅱ. 체육수업모형 Metzler	① 모형 중심 체육 수업 개관

체육교육론¹의 9가지 테마

1. Rink 내용전개 2015 2017최 2018 2019 2020
2. 학습단서 2014최 2015최 2016 2018 2020
3. 피드백 2016최 2017 2019
4. 체계적 관찰법 2018 2020
5. Kounin 6 6 3 2020
   O&L 신 · 접 · 긴 · 상 · 유 · 비 2018 2019 2020
6. 행동수정의 원리 : 구 · 행수반성 · 조 · 단 · 일 · 현
   행동수정 전략의 공식화 : 공 · 계 · 바 · 대 2016 2019 2020
   구체적이고 효과적인 벌의 전략 : 삭 · 적 · 퇴 · 보 2015 2018 2018 2020
   외적동기유발시스템 : 수반성 수업운영 / 프리맥의 원리
   수업관리기술 / 수업관리전략 2020
7. 질문 - Baird 2019
         Bloom 2018 2019 2020
         Metzler 2017 2018 / Borich
   인지 - Mosston
8. 슐만(7) → 메츨러(3) 2015 2018 2018 2020 2020
9. 평가 → 체육측정평가 中 평가 및 검사 - 체육측정평가의 유형

※ 시험이 시작되기 전까지 표지를 넘기지 마시오.

2021년대비 VZONExam78 서울(07.11토~12일), 대구·부산(07.18토)

체 육
체육교육론

수험번호 : (   )   성 명 : (   )

| 1차 시험 | 2교시 전공A | 10문항 40점 | 시험 시간 60분 |

○ 문제지 전체 면수가 맞는지 확인하시오.
○ 모든 문항에는 배점이 표시되어 있습니다.

---

1. 다음은 최 교사와 신규 교사 유창민의 수업 활동에 대한 자료의 일부이다. <작성 방법>에 따라 순서대로 서술하시오. [4점]

○ 효과적 수업을 위한 최 교사의 수업 활동
 ① 이번 주에 배울 내용을 게시판에 공지한다.
 ② 수업 시작과 종료를 정확하게 지킨다.
 ③ 학습자에게 농구의 체스트패스에 대한 시범을 보인다.
 ④ 2인 1조로 체스트패스 연습을 한다.
 ⑤ 호루라기를 사용하여 학습자의 주의를 집중시킨다.
○ 신규 교사 유창민의 배드민턴 지도 사례
 ⑥ 학습자의 흥미(동기) 유발을 위해 스마트폰과 스피커를 활용하여 최신 음악에 맞춰 준비운동을 시켰다.
 ⑦ 배드민턴 스매시 동작을 기록하기 위해 영상분석 애플리케이션(application)을 사용하였다.
 ⑧ 학습자의 동작 완료 10초 후 유 교사는 녹화된 영상을 보고 학습자의 자세를 교정해 주었다.
 ⑨ 유 교사가 녹화한 영상을 학습자의 단체 소셜네트워크서비스(SNS)에 올린 후 동작 분석에 대해 서로 토의했다.

<작성 방법>

○ 시덴탑(Siedentop)의 '수업관리기술(학생통제와 수업관리)의 예방적 수업운영행동 중 초기활동의 통제' 또는 메츨러(Metzler)의 '수업관리전략 중 예방적 관리계획의 도입단계'에 해당하는 2가지를 ①~⑨ 중에 골라 제시할 것.
○ ⑤에 해당하는 절차(상규적 활동)를 (㉠)-(㉡)의 형태로, 괄호 안의 ㉠·㉡에 해당하는 용어를 순서대로 제시할 것.
○ ①~⑤ 중 시덴탑(Siedentop)의 지도행동(내용행동)을 모두 골라 제시할 것.
○ 메츨러(Metzler)가 제시한 분류에 근거하여, ⑧에 해당하는 피드백의 유형을 '시기' 차원에서 쓸 것.

---

2. 다음의 (가)는 교수(teaching) 기능 연습법이고, (나)는 교수기능의 발달단계이다. <작성 방법>에 따라 순서대로 서술하시오. [4점]

(가)

㉠ 최 교사는 소수의 실제 학습자들 앞에서 수업 연습을 했고, 자신의 수업 행동을 관찰하기 위해 비디오 촬영을 병행했다. 또한 모의 상황에서 동료 또는 소수 참여자들을 대상으로 일정한 시간 내에 구체적인 내용으로 수업기능을 연습한다.

㉡ 6~8명으로 구성된 소집단에 교사가 1명씩 배당되어 학습 목표와 평가 방법을 설명한 다음 수업을 실시한다. 수업에 참가한 학생들의 질문지 자료를 토대로 수업을 한 교사와 학생들, 다른 관찰자들이 모여 교수법에 관해 비판적 토의를 한다.

[그림]

ⓐ 교사 교육자 / 예비체육교사(학생 역할) / 예비체육교사(교사 역할) / 중학생 / 거울 / 비디오
ⓑ
ⓒ

(나)

① 초기 곤란불편 단계
② 다양한 교수기능의 학습
③ 동시적처리 방법의 학습
④ 교수기능의 적절한 이용에 관한 학습 교수기능의 적합한 사용
⑤ 자신감과 예측력의 습득 자신감 획득과 예측

<작성 방법>

○ 시든탑(D. Siedentop)의 교수기능 연습법에 근거하여, ㉠최교사과 ㉡에 해당하는 연습법을 각각 순서대로 제시할 것.
○ 신규 교사 김인경에게 요구되는 교수기능 연습법 2가지를 [그림]의 ⓐ~ⓒ에서 골라 그 명칭과 함께 제시할 것.
○ 쿠닌(J. Kounin)의 예방적 수업운영전략(교수기술)에 근거하여 밑줄 친 ③의 사례를 기술할 것(단, 2003년 전공체육 기출문제 5번에 나온 문장 그대로이어야 함ㅠㅠ).

3. 다음은 최 교사의 축구 수업을 개선하기 위해 실시한 동료장학 결과 및 체육수업시간에 대한 자료의 일부이다. <작성 방법>에 따라 순서대로 서술하시오. [4점]

[표 : 동료장학]

동료장학 전

관찰 내용		시간(분)
드리블 연습	적절한 드리블	10
	부적절한 드리블	10
전략 이해		5
과제 이탈		10
대기		10
이동		5
총 50분		

⇒

동료장학 후

관찰 내용		시간(분)
드리블 연습	적절한 드리블	15
	부적절한 드리블	5
전략 이해		12
과제 이탈		8
대기		6
이동		4
총 50분		

① 체육활동에 할당된 시간
② 학습자가 운동에 참여한 시간
③ <u>학습자가 학습 목표와 부합한 과제의 성공을 경험하며 참여한 시간</u>
④ 학습자가 다른 학습자에게 피드백을 제공하는 시간
⑤ 학습자의 동작 완료 후 교사가 녹화된 영상을 보고 학습자의 자세를 교정해 주는 시간

[그림]
명시적인 체육수업 시간(AT)
운동 참여 시간(MET)
과제 참여 시간(TOT)
실제 학습 시간(ALT)

체육에 할당된 시간에서 (③)에 이르기까지 학습시간은 점차 감소하는 경향을 보이는데, 이를 (㉠) 효과라고 한다 (Metzler).

체육수업에서 (㉠) 효과가 발생하는 이유는 교사의 설명·시범 시간, 수업운영시간, 대기시간, 비과제 행동 등으로 시간이 낭비되기 때문이다.

— <작성 방법> —

○ ①과 ②의 시간(분)을 [표]에 근거하여 각각 순서대로 제시할 것.
○ 밑줄 친 또는 괄호 안의 ③에 해당하는 시간의 명칭을 한글 6음절로 제시할 것.
○ 2015 체육과교육과정(2011-361)의 평가의 방향 중 '평가방법과 평가도구의 다양성'에 근거하여 ④·⑤에 해당하는 하위 내용을 기술할 것.
○ 괄호 안의 ㉠에 해당하는 용어를 쓸 것.

4. 다음은 다양한 체육 수업의 상황을 관찰한 기록 및 반성일지의 일부이다. <작성 방법>에 따라 순서대로 서술하시오. [4점]

○ ㉠<u>정식이가 적절한 행동을 할 때마다 최 교사는 점수, 스티커, 쿠폰 등을 제공하였다.</u>
○ 대부분의 아이들은 줄을 서서 자유투 연습을 했지만 형준이는 나의 눈을 피해 새치기를 하거나 다른 친구들을 방해하였다. 나는 형준이와 ㉡<u>시선을 마주치며 손짓으로 주의를 주었다.</u> 하지만 형준이의 행동은 개선되지 않았고 ㉢<u>나는 형준이에게 다른 친구에게 피해가 가지 않도록 줄 서는 행동을 5회 반복시켰다.</u>
○ 신규 교사인 김연우는 한 반을 팀 별로 나누고 4~6개의 행동규칙을 정한 후, 행동규칙을 제대로 준수하고 있는지 점검하여 규칙을 잘 준수하는 팀에게 점수를 부여하고, 누적된 점수에 따라 승리 팀을 결정하였다.

— <작성 방법> —

○ 알버노(P. Alberno)와 트라웃맨(A. Troutman)의 행동수정기법에 근거하여, 밑줄 친 ㉠에 해당하는 기법을 쓸 것.
○ 올스테인(A. Ornstein)과 레빈(D. Levine)이 제시한 교수 기능에 근거하여, 밑줄 친 ㉡에 해당하는 기능을 쓸 것.
○ 시덴탑(D. Siedentop)의 학습자 관리 전략에 근거하여, 밑줄 친 ㉢에 해당하는 전략의 명칭을 쓸 것.
○ 시덴탑(D. Siedentop)의 행동수정 전략에 근거하여, 김연우 교사가 활용한 행동수정 방법을 8음절로 쓸 것.

5. 다음은 여러 신규 체육교사들의 수업 상황에 대한 대화 내용이다. <작성 방법>에 따라 순서대로 서술하시오. [4점]

김민재:	수업하는 데 갑자기 학습자의 보호자가 찾아오셔서 대화하느라 수업 시간이 부족했어요.
김단비:	말도 마세요! 저는 수업하다가 학습자들끼리 부딪혔는데 한 학습자가 쓰러져 일어나지 못했어요! 정말 놀라서 급하게 119에 신고했던 기억이 나네요.
김신호:	수업 중에 좁은 공간에서 기구를 잘못 사용하는 학습자를 보면 곧바로 운동을 중지하고, 안전의 중요성을 강조하면서 공간과 기구를 정리하라고 말했어요.
김인태:	저는 학습자의 참여를 높이기 위해 신호에 따른 즉각적인 과제 수행을 강조했어요. 그 결과, 개별적인 피드백을 제공할 수 있게 되었고, 학습자의 성취도가 점점 향상되는 것 같았어요.

―――――――― <작성 방법> ――――――――

○ 시덴탑(D. Siedentop)이 제시한 교사의 기여행동 유형에 근거하여, 4명 교사의 기여행동 유형을 각각 순서대로 제시할 것.

○ 시덴탑(D. Siedentop)이 제시한 교사의 기여행동 유형 3가지 중 1가지 행동 유형의 하위 행동에 근거하여, 김신호와 김인태 교사의 행동 명칭을 각각 순서대로 제시할 것(단, 스포츠지도사 스포츠교육학^{대한미디어}에 근거함).

6. 다음의 (가)는 신규 교사 이슬기의 체육수업 상황이고, (나)는 체계적 수업관찰 사례이다. <작성 방법>에 따라 순서대로 서술하시오. [4점]

(가)

○ 첫 수업 시간에 유머를 활용하여 학생들의 마음을 편안하게 하였고, 학습자가 운동참여 방해행동을 할 경우 시선·손짓 등으로 제지하였다. 수업 진행을 방해하는 학습자에게 가까이 접근하거나 접촉하여 제지하였고, ㉠수업에 참여하는 학습자에게 일상적 수업, 루틴 등과 같은 활동을 활용하였다. 정말 말썽꾸러기인 은총이에게 ㉡간단한 심부름을 보냈다.

○ 이 교사는 도연이의 ㉢부적절한 행동에 대해서 구체적인 피드백을 제공하였다.

(나)

교 사 : 최○○					수업내용 : 맨손 체조				
관찰자 : 민○○					날 짜 : 11월 21일				
2분	6분	10분	14분	18분	22분	26분	30분	34분	38분
MA	W	MA	W	MI	T	W	T	MA	W
MA	T	MI	W	MI	T	W	T	MA	T
MI	T	W	W	W	T	MI	MI	MI	W
MI	T	MI	W	T	T	MI	MI	MI	T

이하 생략
~~~~~~~~~~~~~~~~~~~~~~~~~~~~

행동	빈도	비율(%)
과제참여(MA)	13	11
비과제 참여(MI)	31	26
대기(W)	40	33
이동(T)	36	30
계	120	100

―――――――― <작성 방법> ――――――――

○ 올스테인(A. Ornstein)과 레빈(D. Levine)이 제시한 '학습자의 이탈 행동을 예방하고 과제참여 유지를 위한 교수 기능'에 근거하여, 밑줄 친 ㉠·㉡에 해당하는 교수 기능을 각각 순서대로 쓸 것.

○ 쿠닌(Kounin)이 제시한 훌륭한 운영자의 3가지 특징에 근거하여, 밑줄 친 ㉢에 해당하는 특징을 쓸 것.

○ (나)에 해당하는 체계적 관찰법을 사용하는 이유를 관찰 행동의 결과를 분석하는 요인을 포함하여 기술할 것.

7. 다음은 메츨러(M. Metzler)가 분류한 교사 지식에 대한 예비 체육교사들의 대화 내용이다. <작성 방법>에 따라 순서대로 서술하시오. [4점]

나연 : 메츨러(M. Metzler)의 명제적 지식에 대해 간단히 설명해 주시기 바랍니다.
민정 : 학습자가 과제를 연습하는 동안 이를 관찰하고 정확한 피드백을 제공할 수 있는 지식입니다.
슬기 : 교사가 구두나 문서로 개념을 설명(표현)할 수 있는 지식으로 '아는 것'을 뜻합니다.
예원 : 교사가 실제로 체육 프로그램 전, 중, 후에 적용할 수 있는 지식입니다.
서진 : 리드업 게임에서 정식 게임으로 수업과제를 전환해야 할 시기를 아는 지식입니다.
슬비 : 교사가 학습자에게 움직임 패턴을 연습할 수 있게 하고 이를 경기에 적용할 수 있는 지식입니다.

<작성 방법>
- 나연이의 질문에 정확하게 답변한 친구의 이름을 쓰고, 메츨러(M. Metzler)가 제시한 3가지 지식에 근거하여 친구들이 가장 많이 잘못 설명한 지식의 명칭을 제시할 것.
- 메츨러(M. Metzler)가 제시한 3가지 지식에 근거하여, 나연이의 질문에 1명의 친구만 잘못 설명한 지식의 명칭을 쓰고, 그 개념을 기술할 것.

---

8. 다음은 블룸(Bloom)의 학습영역 및 메이거(Mager)의 학습 목표에 대한 자료의 일부이다. <작성 방법>에 따라 순서대로 서술하시오. [4점]

◦ 신규교사 정보영의 수업 목표
 ① 축구에서 인사이드 패스를 실행할 수 있다.
 ② 농구에서 지역방어전략을 사용할 수 있다.
 ③ 야구에서 스윙 동작을 ㉠분석하고 ㉡평가할 수 있다.
 ④ 축구 경기 중 넘어진 상대 선수를 일으켜줄 수 있다.
◦ ㉢배드민턴 경기에서 상대 선수의 서비스를 받을 때, 낮고 짧은 서비스와 높고 긴 서비스의 대처 방법이 어떻게 달라져야 하는지를 알 수 있다.

<작성 방법>
- 블룸(Bloom)이 제시한 학습영역에 근거하여, ① · ②에 해당하는 학습영역을 쓰고, 할로우(Harlow)의 분류에 근거하여 그 학습영역의 하위 수준을 제시할 것.
- 밑줄 친 ㉢에 해당하는 블룸(B. Hoorn)의 인지적 영역 수준을 밑줄 친 ㉠과 ㉡ 중에 골라 쓸 것.
- 메츨러(M. Metzler)의 분류에 근거하여 밑줄 친 ㉠과 ㉡의 수준에 해당하는 내용질문의 특징을 '정답의 구체적 개수'와 '상대적 답변대기시간'에 근거하여 각각 기술할 것.
- ④에 해당하는 정의적 내용요소의 명칭을 2015 개정 중학교 체육과 교육과정의 '내용 체계'에 근거하여 쓸 것(단, 가장 적합한 1가지이어야 함).

9. 다음은 여러 신규 체육교사들의 수업 상황이다. <작성 방법>에 따라 순서대로 서술하시오. [4점]

(가)
- 신규 교사 장민기는 이번 주에 배울 내용을 게시판에 공지한다. 학습자의 흥미 유발을 위해 스마트폰과 스피커를 활용하여 최신 음악에 맞춰 ㉠준비운동을 시켰고, 이는 학습자의 동기유발에 효과적이었다.
- (㉡)으로 수업 시작하기 : "시작이 좋으면 끝도 좋다"는 말처럼 수업의 최초 활동을 어떻게 시작하는가는 수업 전반에 영향을 미친다. 또한 수업의 최초 활동을 통제하는 것은 수업 운영 시간을 관리하는 데도 긍정적인 영향을 미친다. (㉡)은 일찍 학습자에게 신체활동에 참여하게 함으로써 자연스럽게 운동으로 수업을 시작하도록 한다.
  ① 특별한 시설이나 기구가 필요하지 않은 신체활동
  ② 5분 내에 마칠 수 있고 교사의 도움 없이 누구나 쉽게 할 수 있는 신체활동
  ③ 소근육 신체활동이나 느리게 움직일 수 있는 신체활동
  ④ 학습자의 서로 다른 능력 수준에 적합한 신체활동
  ㉠ 공 던지고 받기, 변형된 태그 게임, 간단한 미니게임 등

(나)
- 신규 교사 김은지는 체육 수업에서 예방 차원의 (㉢) 있는 수업관리 전략들을 활용하였다.
- 좋은 행동 게임(good behavior game)은 학생을 팀으로 편성하고, 학생의 부적절한 행동이 나타날 때마다 1점씩 감점한다. 각 팀은 이 게임에서 승리하기 위해 다른 팀과 경쟁을 한다.
- 교사-학생 사이의 계약(behavior contracting)은 일정 수업시간동안 수행해야 하는 행동에 대해서 교사와 학생 간에 계약을 맺고 계약대로 수행했을 때 학생이 받게 될 보상에 관해서 교사와 각 개인별 학생이 합의하는 것이다.
- 토큰 수집(token economies)은 학생이 적절한 행동을 할 때마다 교사가 1점·스티커·몇 가지 다른 쿠폰을 제공하는 것이다.
- (㉣)은 부적절한 행동을 한 학생을 일정 시간동안 수업 활동에서 제외시키는 방법이다.

<작성 방법>
- 밑줄 친 ㉠과 유사한 개념으로 라운젠바흐와 베이노어(Rauschenbach&Vanoer)가 제시한 괄호 안의 ㉡에 해당하는 용어를 제시할 것.
- ㈎의 ①~④ 중 옳지 않은 동그라미 번호를 골라 쓰고, 바르게 수정하여 기술할 것.
- 괄호 안의 ㉢과 ㉣에 해당하는 용어를 각각 순서대로 제시할 것.

---

10. 다음은 여러 신규 체육교사와 예비 체육교사의 수업을 관찰한 일지의 일부이다. <작성 방법>에 따라 순서대로 서술하시오. [4점]

(가)
- 신규 교사 전광은은 ㉠변형게임을 활용하기 위해 정규 농구 골대의 높이를 낮추고, 반(half)코트 경기를 운영하고, 배구공 대신 소프트 배구공을 사용하였다.
- 신규 교사 전유정은 학생을 소집단으로 나눠서 체육관 주변에 지정된 몇 개의 '스테이션'을 순회하도록 하였다. 각 스테이션은 다양한 기술에 초점을 두거나 동일 기술의 난이도 수준을 다르게 설계했다. 오버핸드드로우를 연습할 때, 정확하게 던지기·다양한 거리의 던지기·낮은 목표물 던지기·높은 목표물 던지기·느리게 움직이는 목표물 던지기·파트너에게 던지기 등으로 각 스테이션을 설계하였다.
- 신규 교사 조상훈은 스포츠교육 모형을 활용하여 선수 이외의 '경기위원·심판·판정관·점수기록자·코치·트레이너' 등으로 참여할 수 있게 하였다. 학생들은 스포츠에 관해서 더욱 많이 배울 수 있게 되었다.
- 신규 교사 최상준은 소집단 편성을 한 후, 각 집단이 해결해야 할 문제 및 완수해야 할 과제를 부과하였고 어떤 특별한 지시나 도움 없이 팀이 함께 목표를 달성하도록 하였다. 각 팀은 어떻게 하면 조원들의 능력을 가장 극대화할 수 있고, 주어진 목표를 어떻게 성취할 수 있는지 질문하며 활동한다.

(나)
- 예비 교사 향연샘은 학생의 테니스 그립을 정확하게 잡도록 하기 위해 학생의 손을 잡아서 올바른 위치로 움직이게 하였다.
- 예비 교사 혜민샘은 학생들에게 '비디오테이프·CDROM·그림·사진'과 같은 다양한 매체를 제공하였다.
- 예비 교사 수민샘은 골프 준비자세에서 학생이 적절한 자세를 잡도록 하기 위해 학생의 어깨를 돌려 주었다.
- 예비 교사 이슬샘은 무용을 하고 있는 학생의 발을 적절한 위치로 움직여 주었다.
- 예비 교사 대성샘은 허들의 정확한 동작에 대한 시범을 보여 주었다.

<작성 방법>
- ㈎의 밑줄 친 ㉠처럼 메츨러(Metzler)가 제시한 '심동적 영역이 우선 영역인 경우의 학습활동'에 근거하여, 신규교사 전유정·조상훈·최상준이 활용한 학습활동을 각각 순서대로 제시할 것.
- ㈏에서 5명의 예비 교사가 활용한 단서의 유형(방식) 중 가장 빈도가 높은 단서의 개념을 기술할 것.

2021년대비 VZONExam78 서울(07.11토~12일), 대구·부산(07.18토)
체 육
체육측정평가

1차 시험	3교시 전공B	10문항 40점	시험 시간 60분

Ⅰ. 체육통계	① 통계적 개념의 이해	통계
	② 변인간의 상관관계	
	③ 표본추출 방법	
	④ 추리통계	
Ⅱ. 체육측정평가의 개요	① 체육측정평가의 이해	평가 및 검사
	② 체육측정평가의 유형	
Ⅲ. 체육측정평가의 양호도	③ 규준지향평가의 양호도	
	④ 준거지향평가의 양호도	
Ⅳ. 성적부여방법 및 검사구성의 원리	⑤ 성적부여방법	
	⑥ 검사구성의 원리	
Ⅴ. 체력검사장	⑦ 체력측정	
	⑧ PAPS(학생건강체력검사)	

※ 시험이 시작되기 전까지 표지를 넘기지 마시오.

2021년대비 VZONExam78 서울(07.11토~12일), 대구·부산(07.18토)

체 육
체육측정평가

수험번호 : (   )   성 명 : (   )

| 1차 시험 | 3교시 전공B | 10문항 40점 | 시험 시간 60분 |

○ 문제지 전체 면수가 맞는지 확인하시오.
○ 모든 문항에는 배점이 표시되어 있습니다.

1. 다음은 측정척도에 대한 자료의 일부이다. <작성 방법>에 따라 순서대로 서술하시오. [4점]

(가)
㉠ 사물의 등위 및 순서관계를 나타내기 위한 척도이다.
㉡ 동간성을 지니며 임의영점과 임의단위를 가지고 있다.
㉢ 수리적 서열이나 등위가 없고, 사물을 구분하기 위하여 이름을 부여하는 척도이다.
㉣ 절대영점의 속성을 지니고 있으며 가감승제(+, -, ×, ÷)가 가능하다.

(나)
① 오래매달리기 기록(sec)   ② 선수의 거주지 구분
③ 100m 달리기 순위   ④ 제자리멀리뛰기 기록(cm)

─── <작성 방법> ───
○ (가)의 ㉠~㉣에 해당하는 사례를 (나)의 ①~④에서 각각 골라 바르게 연결하여 제시할 것.
○ (나)의 ①~④를 연속변인과 비연속변인으로 각각 구분하여 제시할 것.

2. 다음의 (가)는 체육 지필평가의 점수이고(20점 만점), (나)는 집중경향치(central tendency)와 분산도(variability)에 대한 설명이다. <작성 방법>에 따라 순서대로 서술하시오. [4점]

(가)
[표]
병관	상한	정규	우진	태현
16	12	12	13	17

(나)
○ 극단값(outlier)의 영향을 최소화하기 위한 대표값은 (㉠)이고, 분산도(변산도)는 (㉡)이다.
○ 교육학 논술 점수를 입력하는 과정에서 기록자의 실수로 18점인 수험생의 점수를 8점으로 입력하여 분석하였다. 중심경향치 중에서 입력 오류에 가장 많이 영향을 받는 것은 (㉢)이다.

─── <작성 방법> ───
○ 괄호 안의 ㉠의 명칭을 쓰고, (가)의 [표]에 근거하여 ㉠에 해당하는 값을 제시할 것.
○ 괄호 안의 ㉢에 해당하는 명칭을 쓰고, (가)의 [표]에 근거하여 ㉢에 해당하는 값을 제시할 것.
* 괄호 안의 ㉡은 쓸까 말까 망설이지 말 것.

3. 다음은 체력검사 결과표이다. <작성 방법>에 따라 순서대로 서술하시오. [4점]

[표]

측정항목	㉠ 배근력 (kg)	㉡ 100m 달리기 (sec)	㉢ 제자리 높이뛰기 (cm)	㉣ 앉아윗몸앞으로굽히기 (cm)
평균	94	14	70	15
표준편차	12	1.5	10	2

<작성 방법>

○ ①선수들의 능력 차이가 가장 크게 나타난 측정 항목부터 적게 나타난 측정 항목 순으로 배열할 것(단, ㉠~㉣만을 활용하여 제시함).
○ 밑줄 친 ①을 구하기 위한 변산도의 명칭을 쓰고, 그 공식을 [표]에 근거하여 제시할 것.

4. 다음의 ㈎는 학생의 체력검사에 대한 대화 내용이고, ㈏는 합격 중학교 동건이의 팔굽혀펴기와 윗몸일으키기 기록, 정규분포 곡선에서 z-점수의 확률(p)이다(단, 합격 중학교 모집단의 검사결과는 정규분포를 가정함). <작성 방법>에 따라 순서대로 서술하시오. [4점]

㈎

윤수는 윗몸일으키기(회), 턱걸이(회), 윗몸앞으로굽히기(cm)의 3가지 체력검사를 실시하였다.

경 훈 : 선생님, 각 종목의 기록을 직접 합산할 수 없는 이유는 무엇인가요?

최 교사 : (㉠)가 서로 다르기 때문이란다.

현 민 : 종합적인 체력상태를 알아보기 위한 좋은 방법은 무엇인가요?

최 교사 : 각 종목의 기록을 (㉡)로 변환한 후 합산하는 것이란다.

㈏

구분	동건의 기록	모집단	
		평균	표준편차
팔굽혀펴기(회/분)	44	35	6
윗몸일으키기(회/분)	60	52	5

z-점수	p
1.40	8.08%
1.50	6.68%
1.60	5.48%
1.70	4.46%

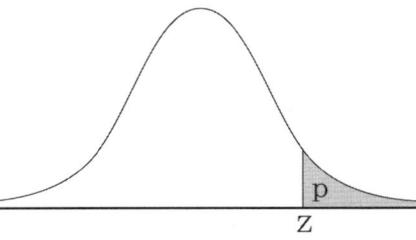

○ 모집단에서 동건이보다 팔굽혀펴기를 더 잘 하는 성인 남자의 비율은 (㉢)%이다.
○ 모집단에서 동건이보다 윗몸일으키기를 잘 못하는 성인 남자의 비율은 (㉣)%이다.

<작성 방법>

○ 괄호 안의 ㉠과 ㉡에 해당하는 용어를 각각 순서대로 제시할 것(단, 둘 다 4음절로 써야 함).
○ 괄호 안의 ㉢과 ㉣에 해당하는 값을 각각 순서대로 제시할 것.

5. 다음은 체육측정평가의 개념에 대한 대화 및 자료의 일부이다. <작성 방법>에 따라 순서대로 서술하시오. [4점]

(가)
동 열 : 기구를 이용하여 정보를 얻는 과정은 무엇인가요?
최 교사 : (㉠)입니다.
상 진 : 자료를 질적으로 판단하는 과정은 무엇인가요?
최 교사 : 점수를 이용한 가치 판단은 (㉡)입니다.
성 중 : 정보를 얻기 위한 도구는 무엇인가요?
최 교사 : 그것은... 잘 모르겠는데...
민 기 : 선생님. (㉢)인 것 같아요.
최 교사 : 맞아. 민기야. 훌륭한데...

(나)
① 일정한 규칙에 따라 대상의 특성에 숫자를 부여하는 과정이다.
② 어떤 사물이나 행동, 사건의 증거를 수집하여 수량으로 표시하는 것이다.
③ 수집된 자료 또는 검사 점수에 대한 가치판단의 과정을 의미한다.
④ 평가도구를 통해 자료를 수집한다.

─── <작성 방법> ───
○ 괄호 안의 ㉠·㉡·㉢에 해당하는 용어를 각각 순서대로 제시할 것.
○ (가)의 ㉠·㉡·㉢에 해당하는 내용을 (나)의 ①~④에서 모두 골라 각각 순서대로 연결하여 제시할 것.

6. 다음은 평가의 유형에 대한 자료의 일부이다. <작성 방법>에 따라 순서대로 서술하시오. [4점]

최 교사 : 수업 시작 전에 선수의 상태를 정확하게 파악하기 위하여 실시하는 평가는 무엇인가요?
지 환 : (㉠)평가입니다.
최 교사 : 그러면 ⓐ절대평가와 상대평가는 어떻게 구분할 수 있을까요?
영 진 : (㉡)평가는 학생들의 개인차 판별에 유리한 방법입니다.
창 현 : 목표달성여부의 확인이 목적이고, 교육목표에 근거하여 결과를 해석하는 방법은 (㉢)평가로 볼 수 있습니다.
최 교사 : 그러면, ㉣한국사검정시험에서 특정점수(예 60점) 이상이 되면 자격을 부여하는 방법은 무엇인가요?
…(중략)…
최 교사 : 그러면, ㉤높이뛰기 측정에서 170cm를 넘으면 100점, 165cm를 넘으면 90점으로 평가하는 방법은 무엇인가요?
…(하략)…

─── <작성 방법> ───
○ 평가 기능 및 시기에 근거하여 괄호 안의 ㉠에 해당하는 용어를 쓸 것.
○ 강화이론에 영향을 받은 평가방법을 괄호 안의 ㉡과 ㉢ 중에 선택하여 그 명칭과 함께 제시할 것(단, 그 명칭도 밑줄 친 ⓐ에서 선택해야 함).
○ 밑줄 친 ㉣·㉤에 해당하는 평가방법의 특징을 '교육관'과 '학생들의 관계'에 근거하여 각각 순서대로 제시할 것.

7. 다음은 평가의 유형 및 목적에 대한 자료 및 대화의 일부이다. <작성 방법>에 따라 순서대로 서술하시오. [4점]

(가)

맥타이(J. McTighe)가 제시한 개념으로 학습자가 배운 내용을 경기상황에서 구현하는 정도를 평가하는 방법은 (㉠)이다.
① 10회 자유투 성공률을 평가한다.
② 동료 학생이 농구시합 중의 경기능력을 평가한다.
③ 12미터 떨어진 벽의 표적지를 향해 농구공을 던지는 과제를 이용하여 패스의 정확성을 평가한다.
④ 교사가 농구시합 중의 경기능력을 평가한다.

(나)

최 교사 : 체육 프로그램을 지도할 때 학습자 평가의 목적은 무엇인가요?
보라미 : 학습 과정을 배제하고 결과 중심으로 순위를 결정하기 위해 활용합니다.
지 호 : 교육목표에 따른 학습 진행 상태를 점검하고 수업 활동을 조정하기 위함입니다.
홍 신 : 교수·학습의 효과성을 판단하기 위함입니다.
정 연 : 학습자가 체육 프로그램에 참여하고자 하는 동기를 촉진하기 위함입니다.

─── <작성 방법> ───

○ 괄호 안의 ㉠에 해당하는 용어를 쓰고, 이와 관련된 것을 ①~④에서 모두 골라 제시할 것.
○ (나)에서 최 교사의 질문에 바르게 대답하지 <u>못한</u> 친구를 쓰고, 바르게 수정해야 할 내용을 2015개정 체육과교육과정(2015-74)의 평가의 방향 중 '평가방법과 평가도구의 다양성'의 하위 내용에 근거하여 기술할 것.

---

8. 다음은 규준지향검사의 양호도에 대한 자료 및 대화의 일부이다. <작성 방법>에 따라 순서대로 서술하시오. [4점]

(가)

구분	A종목 선수집단	B종목 선수집단
50m 달리기	.92	.79
제자리멀리뛰기	.75	.90

① 제자리멀리뛰기의 <u>재검사 신뢰도</u>는 (　)종목 선수집단이 더 높다.
② 50m 달리기의 <u>의존가능성</u>은 (　)종목 선수집단이 더 높다.
③ 제자리멀리뛰기의 <u>안정성</u>은 (　)종목 선수집단이 더 높다.
④ 50m 달리기의 <u>일관성</u>은 (　)종목 선수집단이 더 높다.

(나)

최 교사 : 준거관련 타당도에 대해서 알고 있는 것을 말해 볼까요?
가 영 : 두 검사 점수 간의 상관계수로 타당도를 추정할 수 있습니다.
아 름 : 검사내용을 전문가가 논리적 판단에 근거하여 주관적으로 결정합니다.
예 림 : 검사에서 측정된 정수로 미래의 준거 행동을 예측하는 정도입니다.
지 선 : 타당성이 인정되는 검사 점수와 실제 측정치의 일치 정도입니다.

─── <작성 방법> ───

○ (가)의 ①~④에 해당되는 알파벳을 순서대로 제시할 것.
○ (가)의 ①에서 밑줄 친 부분과 가장 관련성이 높은 개념을 ②~④의 밑줄 친 부분에서 골라 그 용어를 쓸 것.
○ (나)에서 최 교사의 질문에 바르게 대답하지 <u>못한</u> 친구를 쓰고, 그 친구가 설명한 내용에 해당하는 타당도의 명칭을 그 친구가 사용한 언어를 사용하지 않고 제시할 것.

9. 다음은 규준지향검사의 타당도에 대한 자료의 일부이다. <작성 방법>에 따라 순서대로 서술하시오. [4점]

[표]

검사종류	㉠	㉡	㉢	㉣
상관계수(r)	0.9	0.8	−0.7	0.2

① 수중체중법 − 가속도계
② 윈게이트 검사 − 100m 달리기
③ 운동부하 검사 − 1.6km 달리기
④ 이중에너지표선 흡수법(DXA) − 생체전기저항법(BIA)

<작성 방법>

○ 위의 자료에 해당하는 준거 타당도의 유형(명칭)을 쓸 것.
○ [표]의 ㉣에 해당하는 것을 ①~④에서 골라 제시할 것.
○ 위의 자료에 해당하는 준거 타당도의 유형(명칭)에 근거하여 ①~④의 −(하이픈)의 왼쪽에 해당하는 검사의 명칭과 오른쪽에 해당하는 검사의 명칭을 각각 순서대로 제시할 것.

10. 다음은 체력검사에 대한 자료의 일부이다. <작성 방법>에 따라 순서대로 서술하시오. [4점]

(가) 하버드스텝 검사

대상	운동지속시간 (초)	3회 심박수 합 (회)	신체효율지수 (PEI)
혜원	300	220	68.18
효정	300	180	83.33
영재	300	160	93.75
윤정	300	200	75.00

*단, 모든 학생은 중간에 그만두지 않고 끝날 때까지 운동을 지속함.

(나) 신체구성

○ 신체구성의 준거측정방법으로 수중체중법(underwater weighing), 자기공명 영상법(magnetic resonance imaging), 이중에너지X선 흡수법(dual energy X-ray absorptiometry)이 있고, 간접 측정방법으로 (㉠)이 있다.
○ 신장 170cm, 체중 60kg인 채은이의 (㉠)는 약 21kg/m² 이다.

(다)

① 제자리멀리뛰기 ② 전신반응시간
③ 50m 달리기   ④ 사이드스텝(20초)
⑤ 제자리높이뛰기 ⑥ 지그재그달리기

<작성 방법>

○ (가)의 검사에 해당하는 체력요인을 쓰고, 그 체력이 가장 우수한 학생을 제시할 것.
○ 괄호 안의 ㉠에 해당하는 용어를 쓸 것.
○ (다)의 운동기능관련 체력 검사에 해당하는 체력요인 2가지를 쓰고, 각각의 체력에 해당하는 검사를 ①~⑥에서 모두 골라 바르게 연결하여 제시할 것.

<수고하셨습니다.>

2021년대비 VZONExam78 서울(07.18토~19일), 대구·부산(07.25토)

체 육

체육교육론²

| 1차 시험 | 2교시 전공A | 10문항 40점 | 시험 시간 60분 |

Ⅱ. 체육수업모형 Metzler	② ⁸⁺¹가지 체육수업 모형
	③ 체육교육과정 모형
	④ 체육수업방식/교수·학습전략/맥락적합 수업체제 Rink
Ⅲ. 체육교수스타일 Mosston	① 모스턴 체육교수스타일 개관
	② ¹¹가지 체육교수스타일(A~K)

② ⁸⁺¹가지 체육수업모형
1. 직접교수 모형(OTR)
2. 개별화지도 모형(개인학습지)
3. 협동학습 모형(팀)
4. 동료교수 모형(tutor·tutee·dyad)
5. 스포츠교육 모형(선수와 비선수)
6. 전술게임 모형(GPAI)
7. 탐구수업 모형(질문→생각하고 움직이기)
8. 개인적·사회적 책임감 모형(책임감×신체활동)
9. 하나로수업 모형

③ 체육교육과정 모형
1. 체육과 교육과정의 수준 3가지 : ⑴이념적 수준, ⑵문서적 수준, ⑶실천적 수준
2. 체육교육과정 사조(가치정향) - ①내용숙달, ②자아실현, ③사회개혁사회재건(사회적 책무성), ④학습과정, ⑤생태통합
3. 체육교육과정 사조·원천·모형의 관계 : ⑴사조→원천, ⑵사조→모형, ⑶모형→사조
4. ⁶⁺¹가지 체육교육과정모형
   1)체력교육
   2)발달단계 : ⑴발달교육(Thompson&Mann)
               ⑵사회적 책임감(Hellison)
   3)움직임분석 : ⑴움직임교육(Laban)
                 ⑵학문중심(Lawson&Placek)
   4)사회적 책임감[수준0~5]
   5)스포츠교육(Siedentop)
   6)개인의미추구(Jewett&Mullan)
   7)이해중심게임

④ 체육수업방식/교수·학습전략/맥락적합 수업체제 Rink
1. 적극적 수업·상호작용교수·능동적 교수체제
2. 과제식 수업·스테이션교수·과제 교수체제
3. 질문식 수업·인지전략·발문 교수체제 : ①회상형(회고적)·②수렴형(집중적)·③확산형(분산적)·④가치형(가치적)
4. 동료 수업또래 수업·또래교수·또래 교수체제
5. 협동적 수업·협동학습·소모둠학습 체제(협동학습)
6. 자기지도식 수업·자기교수·자기지도 체제
7. 팀티칭(협력 교수)

② 체육교수스타일(A~K)
1. A(지시형 스타일) T – T – T
2. B(연습형 스타일) T – L – T
3. C(상호학습형 스타일) T – L_d – L_o
4. D(자기점검형 스타일) T – L – L
5. E(포괄형 스타일)   T – L – L
6. 모사중심 교수스타일군(A~E)의 특징
7. F(유도발견형 스타일) T – T_L – T_L
8. G(수렴발견형 스타일) T – L – L_T
9. H(확산발견형 스타일) T – L – L_T
10. I(자기설계형 스타일) T – L – L
11. J(자기주도형 스타일) L – ( ) – L
12. K(자기학습형 스타일) L – L – L
13. A~K 의사결정 이전

※ 시험이 시작되기 전까지 표지를 넘기지 마시오.

체 육

체육교육론²

수험번호 : (   )   성 명 : (   )

| 1차 시험 | 2교시 전공A | 10문항 40점 | 시험 시간 60분 |

○ 문제지 전체 면수가 맞는지 확인하시오.
○ 모든 문항에는 배점이 표시되어 있습니다.

1. 다음은 메츨러(Metzler)의 직접교수 모형에 대한 자료의 일부이다. <작성 방법>에 따라 순서대로 서술하시오. [4점]

VST

① **전시 과제 복습** 이전 수업내용을 간단히 복습한 다음 시작한다. 이 단계에서 교사는 이전에 배웠던 가장 핵심적인 기능이나 개념들을 다루어야 한다.
② 학습자에게 초기 학습과제와 함께 순차적으로 과제연습이 이루어지는 과정으로 교사는 학습자에게 다음 과제를 제시하기 위해 핵심단서(cue)를 다시 가르치거나 이전 학습과제를 되풀이할 수 있다.
③ 수업 도입단계가 끝나면 교사는 바로 학생이 배우게 될 새로운 내용(개념·지식·기능)을 제시한다. 이 단계에서 교사가 새로운 내용을 학생에게 설명하거나 시범을 통해 과제를 제시한다.
④ 교사는 학생이 기본적인 연습과제에 능숙해졌다는 확신이 들면, 학생이 좀 더 독립적으로 연습하도록 계획을 세운다. 이 단계에서 학생이 독립적 과제에서 90%의 (㉠)을 성취하는데 있다.
⑤ 구조화된 연습으로 이어지고, 학생은 주어진 과제를 능숙하게 수행하기 위해서 연습을 시작한다. 이 단계에서 교사는 학습 관찰과 교정적 피드백의 비율을 높여서 학생의 (㉠)이 80%에 도달할 때까지 학습활동(연습과제)을 계속 반복시킨다.
⑥ **본시 복습**(정기적인 복습) 이전 학습 과제를 반복하기 위해서 계획을 세운다. 이 단계에서 교사는 학생이 이전의 수업 내용을 얼마나 기억하고 있는지를 확인하고, 학생에게 새로운 내용은 이전의 내용을 토대로 형성됨을 알려준다.

―――――― <작성 방법> ――――――
○ 로젠샤인(B. Rosenshine)의 직접교수 모형 6단계에 근거하여 ②~⑤를 바르게 배열할 것(단, ① · ⑥을 함께 쓸 경우 오답처리함).
○ ②에 해당하는 단계의 명칭을 쓰고, 괄호 안의 ㉠에 해당하는 용어를 3음절로 제시할 것.
○ 이 수업모형의 주제를 쓸 것.

2. 다음은 메츨러(Metzler)의 개별화지도 모형에 대한 최 교사와 학생들과의 대화 내용 및 자료의 일부이다. <작성 방법>에 따라 순서대로 서술하시오. [4점]

(가)
최 교사 : '수업진도는 학생이 결정한다. ⓐ가능한한 빨리, 필요한 만큼 천천히!'라고 주장하는 개별화지도 모형에 대해 궁금한 점이 있으면 질문할래요?
승 찬 : 학생의 학습 과제는 사전에 계열화되지 않고 진행되나요?
범 수 : 학습 진도가 빠른 학생은 선생님의 동의 없이 진도를 나갈 수 있나요?
진 우 : 학습영역의 우선순위는 인지적, 심동적, 정의적 영역의 순인가요?
성 봉 : 선생님은 운영 과제 전달 시 미디어 사용을 자제하고, 학습 과제 정보 전달에 많은 시간을 사용하시나요?

(나)
개별화지도 모형의 '도전과제'를 적용함에 있어서 학생들이 2가지 이상의 기준 과제에서 습득한 기능을 조합하여 연습할 수 있는 (㉠)이나 (㉡)을 제공하며 수업을 진행하였다.
①경기가 진행되는 동안 티칭 모멘트가 발생하면 언제든지 경기를 중단할 수 있고, 경기 중 특정 장면을 반복 수행하여 경기 상황에 대한 다른 시각을 가질 수 있게 하며, 경기 점수를 기록하지 않고 특정 규칙을 적용하지 않는다.
②학생들이 많이 움직이도록 경기장 크기를 확장하고, 학생들이 디스크를 던지고 받을 기회를 늘리기 위해 경기 인원 수를 축소하며, 다양한 전략과 전술을 사용하도록 득실점의 규칙을 바꾼다.
③정식 게임을 단순화한 형태이며, 게임에서 많이 반복되는 한두 가지의 기능 측면에 초점을 두고, 단순한 디스크 던지기 기능 연습에서 완전한 형태의 얼티미트 경기로 이어주는 가교 역할을 하며, 포어핸드 던지기·백핸드 던지기를 활용한 게임으로 기능을 습득한다.

―――――― <작성 방법> ――――――
○ 밑줄 친 ⓐ가 가능한 이유를 '과제 제시 방법'에 근거하여 기술할 것.
○ (가)에서 학생들의 질문에 대한 최 교사의 대답이 '아니오'인 학생의 이름을 모두 쓸 것.
○ 괄호 안의 ㉠ · ㉡에 해당하는 2가지를 ①~③ 중에서 골라 그 학습활동의 명칭과 함께 제시할 것.

3. 다음은 메츨러(Metzler)의 협동학습 모형에 대한 자료의 일부이다. <작성 방법>에 따라 순서대로 서술하시오. [4점]

○ 협동학습은 ㉠_____ 모형이다. ㉡에일린 하이크(Eileen Hike)는 협동학습의 4가지 지도목표를 다음과 같이 제시하였다.
① 학생 사이에 협동적인 협력 학습을 증진하는 것
② 긍정적인 팀 관계를 독려하는 것
③ 학생의 자아존중감을 개발하는 것
④ 학업 성취력을 향상시키는 것
○ ㉢모든 팀원의 수행이 팀 점수 또는 평가에 포함되기 때문에 모든 학습자는 팀의 과제 수행을 위해 노력해야 한다.

― <작성 방법> ―
○ 밑줄 친 ㉡에 근거하여 협동학습 모형의 특징인 밑줄 빈 ㉠을 완성하여 기술할 것.
○ 슬라빈(R. Slavin)이 제시한 3가지 개념 중 밑줄 ㉢에 해당하는 개념을 쓸 것.
○ 라이크먼과 그레이샤(S. Reichmann & A. Grasha)의 학습 선호 분류 차원에 근거하여 협동학습 모형에 해당하는 교사 및 동료에 대한 시각(관점)을 쓰고, 이와 관련된 슬라빈(R. Slavin)이 제시한 개념을 제시할 것.

4. 다음은 메츨러(Metzler)의 동료교수 모형과 모스턴(Mosston)의 상호학습형 스타일(C)에 대한 최 교사와 학생들과의 대화 내용 및 자료의 일부이다. <작성 방법>에 따라 순서대로 서술하시오. [4점]

㈎
최 교사 : '나는 너를, 너는 나를 가르친다' 라고 주장하는 동료교수 모형에 대해 궁금한 점이 있으면 질문할래요?
창 훈 : 개인교사는 교사에게 역할 수행을 위한 훈련을 받아야만 하나요?
승 목 : 교사는 ㉠개인교사, 학습자 모두와 상호작용을 하는가요?
대 기 : 학생은 개인교사 역할과 학습자 역할을 번갈아 가며 경험하나요?
연 우 : 학습 활동의 ㉡직접적인 참여 기회가 증가하나요?
… (중략) …
최 교사 : 모스턴(M. Mosston)의 상호학습형 스타일(C)에 대해 궁금한 점이 있으면 질문하래요?
재 영 : 학생들은 2인 1조로 각각 수행자와 관찰자의 역할을 하나요?
소 희 : 관찰자와 수행자는 각자의 수준에 맞추어서 토스 연습을 하나요?
명 재 : 수행자는 토스를 연습하고 관찰자는 수행자에게 피드백을 제공하나요?
민 석 : 교사는 관찰자에게만 피드백을 제공할 수 있나요?

㈏
① 개인교사(Tutor) : 임시로 교사의 역할을 담당하는 학생
② 학습자(Learner) : _____
③ 조(짝)(Dyad) : 개인교사-학습자 짝으로 구성된 단위
④ 학생(Student) : 개인 교사나 학습자의 역할을 수행하지 않는 학생을 묘사하는 일반적인 용어

― <작성 방법> ―
○ ㈎에서 학생들의 질문에 대한 최 교사의 대답이 '아니오' 인 학생의 이름을 모두 쓸 것.
○ 모스턴(Mosston)의 상호학습형 스타일에 근거하여, 밑줄 친 ㉠의 용어와 유사한 학생의 역할(용어)을 ㈎에서 골라 순서대로 쓸 것(단, ㉠에서 기술한 순서이어야 함).
○ 밑줄 친 ㉡에 근거하여 동교교수 모형에 가장 큰 영향을 준 수업 모형을 쓸 것.
○ 개인교사의 역할에 근거하여, 밑줄 빈 ②를 완성하여 기술할 것.

5. 다음은 메츨러(Metzler)의 스포츠교육 모형에 대한 최 교사와 학생들과의 대화 내용이다. <작성 방법>에 따라 순서대로 서술하시오. [4점]

최 교사 :	2학년 4반의 ㉠축구는 너무 기술이 좋은 친구들 위주로만 경기를 하는 것 같습니다. 우리 모두가 즐겁게 참여할 수 있는 방법이 없을까요?
일 오 :	전체 학생을 기능이 비슷한 몇 개 팀으로 나눠서 리그전을 하면 됩니다. 학생과 팀의 공식 기록도 남기고, 시상도 하면 어떨까요? 그리고 팀마다 ㉡코치, 심판, 기록원, 해설가 등의 역할을 맡도록 하면 모두가 실력에 상관없이 다양한 활동을 체험할 수 있을 것 같습니다.
예 림 :	저는 축구의 규칙·의례·전통을 이해하고 그 가치를 알 수 있으며, 프로나 아마추어 스포츠를 막론하고 바람직한 수행과 그렇지 못한 수행을 구별할 수 있는 스포츠인이 되고 싶어요.
근 용 :	저는 다양한 스포츠 문화를 보존하고 보호하며 증진할 수 있는 방향으로 행동하고 참여하며, 스포츠 집단의 일원으로 지역·국가·국제적 수준의 스포츠 경기에 참여하는 스포츠인이 되고 싶어요.
현 권 :	저는 축구경기에 참여할 수 있는 충분한 기술을 가지고, 경기수준에 따라 적절한 전략을 이해하고 실행할 수 있으며, 축구경기 지식이 풍부한 스포츠인이 되고 싶어요.

─── <작성 방법> ───
○ 스포츠교육 모형과 비교되는 전통적인 스포츠 지도방식의 문제점을 밑줄 친 ㉠에 근거하여 기술할 것.
○ 밑줄 친 ㉡의 학습 활동을 목표로 하는 학습영역 3가지를 우선 순위에 따라 중요한 것부터 순서대로 서술할 것.
○ 학습영역 3가지 중 2가지 이상을 추구하는 학생의 이름과 이에 해당되는 스포츠교육 모형의 목적을 쓰고, 그 이유를 학습영역에 근거하여 기술할 것.

6. 다음은 트로페(R. Thorpe), 벙커(D. Bunker), 알몬드(L. Almond)가 고안한 이해 중심 게임 수업 모형에 대한 자료의 일부이다. <작성 방법>에 따라 순서대로 서술하시오. [4점]

○ 수업과정 6단계

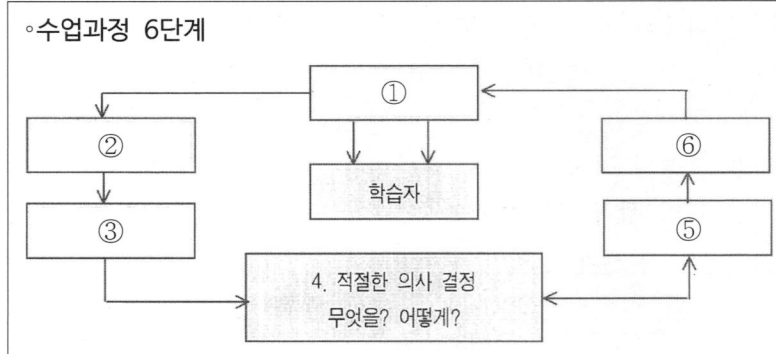

① 수행할 게임의 성격과 유형을 소개한다.
② 게임의 전통을 가르쳐 줌으로써 게임에 대한 학생의 흥미를 진작시킨다.
③ 주요한 전술문제들을 게임 상황에서 제시함으로써 학생의 전술인지를 발달시킨다.
④ 전술적 지식의 적용 : 게임유사활동이나 변형게임을 활용하여 전술적 지식(무엇을) 언제(시기), 어떻게(방법) 적용할 것인가에 대한 인식을 학생에게 가르친다.
⑤ 게임유사 학습활동을 통해서 전술적 지식과 기능 수행을 결합시키기 시작한다.
⑥ 학생은 전술 및 기능 지식의 결합으로 능숙한 수행이 이루어지도록 한다.
○ 최 교사는 1학년 1학기 수업 전에 SNS단체방을 활용하여 학생들이 ㉠농구, 하키, 축구, 넷볼, 핸드볼, 럭비 중에서 한 종목을 선택할 수 있도록 투표를 실시하였다.

─── <작성 방법> ───
○ 밑줄 친 ④와 같이, ①·②·③·⑤·⑥에 해당하는 단계의 명칭을 각각 순서대로 쓸 것.
○ 알몬드(Almond)가 제시한 게임 분류에 근거하여 밑줄 친 ㉠에 해당하는 게임유형의 명칭을 '2015개정체육과교육과정(2015-74)의 중학교 1~3학년 신체활동 예시'에 근거하여 쓰고, ②에 해당하는 인지적 내용요소의 명칭을 2015 개정 중학교 체육과 교육과정의 '내용체계'에 근거하여 쓸 것.

7. 다음은 다양한 수업 상황에 대한 자료의 일부이다. <작성 방법>에 따라 순서대로 서술하시오. [4점]

(가)
- 교사는 과제수행 방법을 ㉠설명과 시범이 아닌 ㉡질문을 통해 학습자들이 스스로 찾도록 하여 문제해결 중심의 지도를 실시한다.
- 학습자는 스스로 학습활동에 관련된 문제를 해결한다.
- 학습 영역의 우선순위는 ㉢인지적 영역→심동적 영역→정의적 영역 순이다.

(나)
최 교사는 학습자들에게 농구 드리블의 개념과 핵심단서를 가르쳐주고, 시범을 보였다. 설명과 시범이 끝나고 "낮은 자세로 드리블을 5분 동안 연습하세요."라는 과제를 제시하였다.

… (중략) …

최 교사는 (ⓐ) 수업을 활용했고, 과제 참여 시간의 비율이 높은 수업을 운영했다. 수업의 마지막에는 (ⓑ) 수업을 활용했다. "키가 큰 상대팀 선수에게 가로막혔을 경우 어떻게 해야 합니까?"라는 (ⓒ) 질문을 통해 학습자가 다양한 대안을 찾을 수 있도록 했다.

(다)
- 현권이는 과거에 있었던 사건을 기억해내는 수준의 대답이 요구되는 질문을 하였다.
- 나래는 경험하지 않은 새로운 문제에 대한 해결방법을 찾기 위해 요구되는 질문을 하였다.
- 창문이는 이전에 배운 내용에 대한 분석과 통합적 이해를 요구하는 질문을 하였다.
- 정엽이는 어떤 사건에 대한 개인적 가치, 태도, 의견 등의 표현이 요구되는 질문을 하였다.

<작성 방법>
- 쥬디스 링크(t. Rink)의 체육수업방식에 근거하여 괄호 안의 ⓐ·ⓑ에 해당하는 용어를 쓰고, 이 수업방식의 주된 과제제시 방법에 해당하는 밑줄 친 ㉠·㉡을 각각 연결하여 제시할 것(단, ㉠·㉡만 제시하고, 밑줄 친 내용은 쓰지 않음).
- 밑줄 친 ㉢에 근거하여 '문제해결자로서의 학습자' 행동을 기술할 것(단, 질문자로서의 교사 행동은 질문하기임).
- 괄호 안의 ⓒ에 해당하는 용어를 쓰고, 이 질문을 한 학생의 이름을 (다)의 4명 중에 골라 제시할 것.

8. 다음은 헬리슨(D. Hellison)의 개인적·사회적 책임감 모형에 대한 자료의 일부이다. <작성 방법>에 따라 순서대로 서술하시오. [4점] **VST**

(가)
- 초롱이는 다른 사람을 방해하지 않고 체육 프로그램에 참여하기
- 승애는 체육 프로그램에서 타인의 요구와 감정을 인정하고 경청하기
- 희정이는 체육 프로그램에서 학습한 배려를 일상생활에서 실천하기
- 지영이는 자기 목표를 설정하고 지도자의 통제 없이 체육 프로그램 과제를 완수하기

(나)
성현이는 축구 수업 초기에는 ㉠연습에 관심이 없었고, 친구들의 연습을 방해하기도 했다. 그러나 최 교사의 지속적인 관심과 지도로 ㉡점차 연습에 열심히 참여했고, ㉢최 교사가 자리를 비운 상황에서도 스스로 목표를 세우고 과제를 완수할 수 있게 되었다.

최 교사는 성현이에게 ㉣축구 활동을 가르치면서 개인적·사회적 책임감을 분리하지 않고 안내해 주었다.

<작성 방법>
- (가)에서 책임감 수준이 가장 낮은 학생부터 가장 높은 학생 순으로 바르게 배열할 것.
- 책임감 발달 단계(0~5)에 근거하여, (가)의 학생(4명)에게서 보이지 않는 수준을 (나)의 ㉠·㉡·㉢에 모두 골라 각 단계의 수준(아라비아숫자)과 특징을 함께 제시할 것(단, 모두 3음절 이상이어 함).
- 밑줄 친 ㉣과 관련된 헬리슨(D. Hellison)의 개인적·사회적 책임감 모형의 주제를 1가지 쓸 것.

9. 다음은 모스턴(Mosston)의 체육교수스타일에 대한 교사와 학생의 대화 내용이다. <작성 방법>에 따라 순서대로 서술하시오. [4점] VST

(가)

최 교사 : 모스턴(M. Mosston)의 교수(teaching) 스타일에 대해 궁금한 점이 있으면 질문하래요?
인　기 : 교수 스타일 A~E까지는 모방(reproduction)이 중심이 되나요?
두　영 : 교수 스타일의 구조는 과제 활동 전, 중, 후 결정군으로 구성되나요?
현　채 : 교수는 교사와 학습자의 연속되는 의사결정 과정을 전제로 하나요?
수　연 : 교수 스타일은 '대비접근' 방식에 근거를 두나요?
승　아 : 교사는 수업의 목표가 모방일 경우에는 지시자로서, 창조일 경우에는 촉진자로서의 역할이 필요하나요?

(나)

최 교사 : 모스턴(M. Mosston)의 ㉠연습형 스타일(B)에 대해 궁금한 점이 있으면 질문하래요?
진　경 : 학습자가 스스로 과제를 평가하게 하나요?
욱　재 : 교사는 학습자에게 개별적으로 피드백을 제공하나요?
한　솔 : 학습자가 모방 과제를 스스로 연습할 수 있도록 가르치나요?
혜　빈 : 과제의 반복 연습으로 학습자의 숙련된 운동수행이 가능하나요?

───── <작성 방법> ─────
○ (가)에서 학생들의 질문에 대한 최 교사의 대답이 '아니오'인 학생의 이름을 쓰고, 그 학생의 질문에 대한 최 교사의 대답이 '예'가 되기 위한 질문으로 수정하여 기술할 것(단, 수정할 용어만 제시하고 서술어는 변경할 수 없음).
○ (나)에서 학생들의 질문에 대한 최 교사의 대답이 '아니오'인 학생의 이름을 쓰고, 그 학생의 질문에 대한 최 교사의 대답이 '예'가 되기 위해 밑줄 친 ㉠을 변경하여 제시할 것(단, 모사중심 교수스타일군에 한정함).

10. 다음은 모스턴(Mosston)의 체육교수스타일을 활용한 신규 교사의 수업 활동과 최 교사와 학생의 대화 내용이다. <작성 방법>에 따라 순서대로 서술하시오. [4점] VST

(가)

신규 교사 심동명은 높이뛰기를 가르치기 위해서 바(bar)의 높이를 110cm, 130cm, 150cm로 준비하였다. 학습자들은 자신의 수준에 적합한 바의 높이를 선택하였다. 심 교사가 학습자의 출발점을 선정하고, 과제수행 능력에 대한 개인의 차이를 인정하였다. 모든 학습자가 동일한 과제의 다양한 수준을 수행하였고, 심 교사는 학습자가 선택한 수준에 대해 (㉠) 피드백을 제공하였다.

(나)

최 교사 : 모스턴(M. Mosston)의 ㉡유도발견형 스타일(F)에 대해 궁금한 점이 있으면 질문하래요?
영　수 : 교사는 미리 예정되어 있는 해답을 학생에게 직접적으로 전달하나요?
치　현 : 교사는 논리적이며 계열적인 질문을 설계해야 하나요?
준　영 : 교사는 질문(단서)에 대한 학습자의 해답(반응)을 검토하고 확인하나요?
수　민 : 교사와 학습자가 지속적으로 상호작용하며 의사결정을 내리나요?
경　구 : 학습자는 인지 작용을 통해 문제에 대한 다양한 해답을 찾나요?

───── <작성 방법> ─────
○ 심동명 신규 교사가 실시한 모스턴(Mosston)의 체육교수스타일에 근거하여 괄호 안의 ㉠에 해당하는 용어를 쓰고, 이 체육교수스타일이 추구하는 방향과 일치하는 2015개정 체육과 교육과정(2015-74)의 교수·학습의 방향을 제시할 것.
○ (나)에서 영수·치현·준영의 질문에 대한 최 교사의 대답이 '아니오'인 학생의 이름을 쓰고, 이 학생의 질문에 대한 옳은 대답과 관련된 유도발견형 스타일(F)의 성공적 실행을 위한 규칙을 기술할 것.
○ (나)에서 수민·경구의 질문에 대한 최 교사의 대답이 '아니오'인 학생의 이름을 쓰고, 그 학생의 질문에 대한 최 교사의 대답이 '예'가 되기 위해 밑줄 친 ㉡을 변경하여 제시할 것.

<수고하셨습니다.>

2021년대비 VZONExam78 서울(07.18토~19일), 대구·부산(07.25토)

체 육

체육사·철학

1차 시험	3교시 전공B	10문항 40점	시험 시간 60분

체육사·철학1 동·서양 체육사	I. 고대 사회의 체육과 스포츠 문화	① 원시 및 고대 사회의 신체 문화
		② 그리스의 체육과 스포츠 문화
		③ 로마의 체육과 스포츠 문화
		④ 고대 중국의 체육과 스포츠 문화
	II. 중세 및 근세 초기의 체육과 스포츠 문화	⑤ 중세의 체육과 스포츠 문화
		⑥ 르네상스와 종교개혁의 체육과 스포츠 문화
		⑦ 절대주의 시대의 체육과 스포츠 문화
	III. 근·현대의 체육과 스포츠 문화	⑧ 근대 사회의 발전과 신체 문화의 발달 배경
		⑨ 유럽 대륙의 체육과 스포츠 문화
		⑩ 영국의 체육과 스포츠 문화
		⑪ 미국의 체육과 스포츠 문화
		⑫ 중국과 일본의 체육과 스포츠 문화
		⑬ 근대 올림픽
체육사·철학2 한국 체육사	I. 선사~광복이후의 체육과 스포츠 문화	⓪ 선사·부족국가시대
		① 삼국시대
		② 고려시대
		③ 조선시대
		④ 개화기
		⑤ 일제강점기
		⑥ 광복이후
	II. 현대·국제대회·남북체육	① 현대 체육·스포츠
		② 국제스포츠대회 참가
		③ 남북체육교류
체육사·철학3 체육철학	I. 체육철학 II. 스포츠철학試론 III. 움직임예술과학의 이해 IV. 스포츠·체육철학	① 체육원리 및 체육의 개념
		② 체육의 목적과 가치
		③ 놀이·게임론·스포츠론
		④ 체육의 철학적 이해
		⑤ 스포츠의 철학적 이해
		⑥ 스포츠의 가치론 및 존재론
		⑦ 기타
체육사·철학4 스포츠 윤리학	I. 스포츠윤리의 기초	① 윤리와 스포츠
		② 스포츠 경쟁의 윤리
		③ 스포츠 윤리 규범
	II. 윤리 이론	⓪ 동양사상과 윤리체계
		① 공리주의(결과론)
		② 의무주의(의무론)
		③ 덕윤리(덕론)
		④ 종합
	III. 스포츠와 불공정	① 도핑
		② 차별
		③ 폭력
	IV. 스포츠와 사회·조직윤리	① 스포츠와 환경윤리
		② 스포츠와 동물윤리
		③ 심판의 윤리
		④ 스포츠와 정책윤리
		⑤ 스포츠조직의 윤리경영
	V. 스포츠와 학교교육 및 인권	① 스포츠와 도덕·인성교육
		② 학생선수와 인권
		③ 스포츠지도자의 윤리

※ 시험이 시작되기 전까지 표지를 넘기지 마시오.

체 육

체육사 · 철학

수험번호: (   )   성 명: (   )

| 1차 시험 | 3교시 전공B | 10문항 40점 | 시험 시간 60분 |

○ 문제지 전체 면수가 맞는지 확인하시오.
○ 모든 문항에는 배점이 표시되어 있습니다.

1. 다음은 선사시대 및 부족국가 시대의 체육과 스포츠에 대한 자료의 일부이다. <작성 방법>에 따라 순서대로 서술하시오. [4점]

(가)
○ (ⓐ)이 거행되면 부족의 신화를 계승하는 춤을 익혔고, 식량 확보를 위한 수렵과 채집 활동을 하였다. 『삼국지』의 「위지동이전」에는 등가죽을 뚫어 줄을 꿰고 나무를 꽂는 의식을 통과하면 '큰사람'으로 부른 기록이 있다.
○ 선사시대에는 애니미즘(animism, 만유정령설)에 대한 믿음을 바탕으로 놀이와 신체활동이 포함된 제천의식을 시행하였다. 부족국가와 삼국시대의 제천의식으로는 부여의 (㉠), 동예의 (㉡), 고구려의 (㉢), 신라의 (㉣)가 있었다.

(나)
○ 윷놀이는 여러 사람이 모여 즐기던 놀이 중 하나로 지금까지 행해지고 있고, (ⓑ)라는 용어로 지칭되었다. 다섯 개(현재 4개)의 나무막대기를 이용하여 승부를 겨루는 놀이이다.
○ (ⓒ)는 두 사람이 맨손으로 허리의 띠를 맞잡고 힘과 기를 겨루어 넘어뜨리는 경기로써, 현재 국가무형문화재 제131호로 지정되었다.

<작성 방법>
○ 괄호 안의 ⓐ에 해당하는 의례를 쓸 것.
○ 괄호 안의 ㉠~㉣에 해당하는 용어를 각각 순서대로 쓸 것.
○ 괄호 안의 ⓑ·ⓒ에 해당하는 전통놀이를 각각 순서대로 쓸 것.

2. 다음은 삼국시대의 화랑도에 대한 자료의 일부이다. <작성 방법>에 따라 순서대로 서술하시오. [4점]

화랑도는 법률로서 제정된 정식 국가기관은 아니었고 촌락 공동체의 청소년 단체로서 (㉠)의 성격을 띤 것이었다. 화랑의 낭도(대원)들은 엄격한 규율을 지키며 자연을 벗삼아 풍류를 즐기고 정신 수양을 하는 한편, 무예와 각종 신체활동을 통하여 덕행을 쌓고 심신을 수련하였으며, 세속오계(five secular injunctions)는 (㉡)의 핵심이었다.
○ 사군이충(事君以忠) : 충성심으로 임금을 섬김
○ 사친이효(事義以孝) : 효심으로 부모를 섬김
○ 교우이신(交友以信) : ㉢ _____
○ 살생유택(殺生有擇) : 생명체를 함부로 죽이지 않음
○ 임전무퇴(臨戰無退) : 전쟁에 임할 때는 후퇴를 삼감

이 5가지 계율에서 사군이충·사친이효·교우이신은 유교의 영향을 받은 덕목이다. 그리고 임전무퇴와 살생유택은 불교적 덕목으로, 거기에는 부처가 거처하는 땅이라는 (㉣) 사상도 내재되어 있다.

<작성 방법>
○ 괄호 안의 ㉠·㉡에 해당하는 용어를 각각 순서대로 쓸 것.
○ 밑줄 빈 ㉢에 해당하는 내용을 기술할 것.
○ 괄호 안의 ㉣에 해당하는 용어를 쓸 것.

3. 다음은 고려시대의 체육과 스포츠 문화에 대한 자료의 일부이다. <작성 방법>에 따라 순서대로 서술하시오. [4점]

- 교육 및 무예체육
  ① 무학교육기관으로 (㉠)가 있었다.
  ② (㉡)는 인재 선발을 위한 기준이 되었다.
  ③ 격구(擊毬)는 _____ 으로 성행하였다.
- 무신정변 : 1170년 의종이 문신들과 보현원에 행차하였다. … (중략) … 대장군 이소응이 젊은 병사와 (㉢)를 겨루었고 패하였다. 그러자 젊은 문신 한뢰가 대장군 이소응의 뺨을 때리며 비웃었다. 이 광경을 보던 정중부와 이의방 등이 선동하여 반란을 일으켰다.
- 방응(放鷹)은 귀족들이 즐겼던 놀이로써, 매를 길들여 꿩이나 기타 조류를 사냥하였다.
- (㉢)의 성격은 다음과 같다.
  ① 국속國俗[국풍(國風), 나라의 풍속]으로서 단오·명절에 행하던 민속놀이의 성격을 지녔다.
  ② 무(武)로서 군사훈련의 성격을 지녔다.
  ③ 왕이나 양반들에게 구경거리를 제공하는 관중 스포츠로서의 성격을 지녔다.

―――――― <작성 방법> ――――――
- 괄호 안의 ㉠에 해당하는 용어를 쓸 것.
- 괄호 안의 ㉡은 3음절로, 괄호 안의 ㉢은 5음절로 각각 쓸 것.
- ③의 밑줄 빈 곳에 2가지 성격을 기술할 것.
- 귀족의 민속놀이로써 위의 내용에 제시되지 <u>않은</u> 1가지와, 괄호 안의 ㉢에 해당하는 서민의 민속놀이를 각각 순서대로 쓸 것.

---

4. 다음은 조선시대의 체육과 스포츠 문화에 대한 자료의 일부이다. <작성 방법>에 따라 순서대로 서술하시오. [4점]

- 무과제도
  ▸ 정기적으로만 실시한 것은 아니었다.
  ▸ 초시, 복시, 전시의 3단계로 진행되었다.
    초시는 서울은 (㉠)에서, 지방은 각도의 병사(兵史)에서 치르고, 복시와 전시는 병조와 (㉠)에서 주관하였다.
  ▸ 시험은 무예 실기와 강서가 시행되었다.
- 무예교육 : 조선 왕조의 무인 양성과 관련된 공식적인 교육기관은 (㉠)이었고, 전국적인 무사 양성 기능을 대신한 곳은 각 지역의 (㉡)이었다. 이 중 (㉠)은 무예의 수련과 군사의 시재(試才)를 담당하였고, 병서의 습독을 장려하였다.
- (㉢)은 조선시대의 고등교육기관으로 활쏘기 시합의 한 형태인 대사례(大射禮)를 실시하였다.
- 1790년(정조14) 정조의 명으로 이덕무(李德懋)·박제가(朴齊家)·백동수(白東修) 등이 종합무예서인 『(㉣)』를 편찬하였다.
- 도인법(導引法)은 정신통일·목 돌리기·마찰·침 삼키기·다리의 굴신 동작으로 구성된 치료보다는 예방을 위한 보건 체조이고, 이황은 『활인심방』이라는 책을 펴냈다.
  ▸ (㉤)는 기를 조절하고, 식욕을 줄이며, 욕망을 절제하는 방법이다.
  ▸ 사계양생가(四季養生歌)는 춘하추동으로 나누어 호흡하는 방법이다.

―――――― <작성 방법> ――――――
- 괄호 안의 ㉠과 ㉡에 해당하는 용어를 각각 순서대로 쓸 것.
- 괄호 안의 ㉢에 해당하는 용어를 쓸 것.
- 괄호 안의 ㉣에 해당하는 용어를 쓸 것.
- 괄호 안의 ㉤에 해당하는 용어를 쓸 것.

5.

다음은 개화기의 체육과 스포츠 문화에 대한 자료의 일부이다. <작성 방법>에 따라 순서대로 서술하시오. [4점]

○ 개화기 체육의 발전단계
- 근대 체육의 태동기(1876~1884) : (㉠)는 1883년에 설립된 최초의 근대식 학교이고, 문예반 50명·무예반 200명을 선발하였다. 동래 무예학교의 영향을 받았으며 무사양성 교육에 힘썼고, 교육과정에 전통무예를 포함하였으며, 무비자강(武備自强)을 강조하였다.
- 근대 체육의 수용기(1885~1904) : 1894년 갑오경장(甲午更張) 이전은 무예를 중심으로 하는 전통체육을 강조하였고, 갑오경장 이후는 1895년 고종이 반포한 「㉡교육입국조서(敎育立國詔書)」를 중심으로 하는 근대체육을 강조하였다.
- 근대체육의 정립기(1905~1910) : 1905년 한일합병 이후 민족의 생존을 걱정하던 지도자들이나 단체는 학교를 설립하며 교육구국운동을 펼쳤으며, 그러한 과정에서 도산 안창호(安昌浩, 1878~1938) 선생은 대성학교(평양)를 이승훈선생은 오산학교(五山學校)를 설립하였다.

○ 개화기 운동회
- 영어학교나 기독교계의 선교학교를 선두로 서구식 스포츠가 소개되기 시작했고, 과외활동의 일환으로 운동회가 활성화되었다. 최초의 운동회는 1896년 5월 5일 영어학교에서 개최한 '(㉢)'였다. 초창기 운동회에서 실시된 종목은 주로 (㉣)이었다.
- 특징
  . 주민과 향촌의 (㉤)의 성격을 갖고 (㉥)을 강화하는 역할
  . 민족주의 운동의 성격을 갖고 애국심을 고취시키는 역할
  . 사회체육의 발달을 촉진시키는 역할

○ 개화기 근대 스포츠의 도입
- 휘문의숙(徽文義塾)의 체조교사였던 (㉦)는 병식체조를 개선한 교육체조를 가르쳤다.
- (㉧)는 야구와 농구를 보급하였다.
- 푸트(L. Foote)는 연식정구(척구)를 보급하였다.

―― <작성 방법> ――
○ 괄호 안의 ㉠에 해당하는 용어를 쓰고, 밑줄 친 ㉡에서 강조한 3양(三養)을 제시할 것.
○ 괄호 안의 ㉢·㉣에 해당하는 용어를 각각 순서대로 쓸 것.
○ 괄호 안의 ㉤·㉥에 해당하는 용어를 각각 순서대로 쓸 것.
○ 괄호 안의 ㉦·㉧에 해당하는 인명(人名)를 각각 순서대로 쓸 것.

6.

다음은 일제강점기의 체육과 스포츠 문화에 대한 자료의 일부이다. <작성 방법>에 따라 순서대로 서술하시오. [4점]

○ 일제강점기의 학교체육
(1) 3단계
  ① 무단통치기의 학교체육(1911~1919)
  ② 문화통치기의 학교체육(1919~1929) : 유희중심의 스포츠 지도원리에 따라 교육되었다.
  ③ 민족말살기의 학교체육(1930~1942) : (㉠)는 군국주의 함양을 위한 것이고, 무사도 정신을 고취하기 위한 것이며, 식민지 통치체제의 일환으로 실시되었다.
(2) 4단계
  ① 조선 교육령 공포기의 체육(1910~1914)
  ② 체조교수요목의 제정과 개정기의 체육(1914~1927)
  ③ 체조교수요목 개편기의 체육(1927~1941) : 체조 중심에서 유희와 스포츠 중심으로 변화하였다.
  ④ 체육 통제기의 체육(1941~1945) : 체조과를 (㉡)로 변경하고 체육을 점차 교련화 하였다.

○ 일제강점기 스포츠 종목의 도입
- 권투는 박승필 등이 유각권구락부(柔角拳俱樂部)를 조직하여 회원들 간에 행한 것이 처음이었다.
- 1914년경 조선교육회의 경성구락부 원유회 (㉢)시합이 최초의 것으로 보고 있다.
- 경식정구는 1919년 조선철도국에서 소개하였다.
- 스키는 1921년 나카무라(中村)가 소개하였다.
- 역도는 1926년 (㉣)이 소개하였다.

○ 1925년에 건립된 (㉤)운동장은 축구장·야구장·정구장·수영장 등이 있었고, 전국규모의 대회와 올림픽경기대회 예선전 등이 열렸으며, 1984년에 (㉥)운동장으로 개칭되었다.

○ 권태하의 권유로 마라톤을 하게 된 (㉦)은 1936년 제11회 독일 베를린 올림픽 대회에 참가하여 금메달을 차지했으며, (㉧)은 동메달을 차지하는 위업을 달성했다.

―― <작성 방법> ――
○ 괄호 안의 ㉠에 해당하는 체조의 명칭과 괄호 안의 ㉡에 해당하는 용어를 각각 순서대로 쓸 것.
○ 괄호 안의 ㉢에 해당하는 스포츠와 괄호 안의 ㉣에 해당하는 인명(人名)을 각각 순서대로 쓸 것.
○ 괄호 안의 ㉤·㉥에 해당하는 운동장의 명칭을 각각 순서대로 쓸 것.
○ 괄호 안의 ㉦·㉧에 해당하는 인명(人名)을 각각 순서대로 쓸 것.

7. 다음의 (가)는 윤리적 가치에 대한 사례이고, (나)는 홉스의 폭력론에 대한 자료의 일부이다. <작성 방법>에 따라 순서대로 서술하시오. [4점]

(가)

국제축구연맹은 선수부상 위험과 종교적인 갈등을 불러일으킬 수 있다는 이유로 경기 중 히잡(hijab) 착용을 금지했었다. 그러나 국제축구연맹 부회장인 알리빈 알 후세인은 이러한 조치가 오히려 종교적인 역차별이라는 주장을 내세우며 제도개선을 요구하였다. 오늘날 국제축구연맹은 히잡을 쓴 이슬람권 여성 선수의 참가를 허용하고 있다.

(나)

홉스(T. Hobbes)는 인간의 폭력적인 속성을 자연 상태와 욕망의 체계에서 발견하였다. 인간은 누구나 자신을 보호하려는 본성을 가진다. 이때 자신 이외의 타자는 자기 보전을 위협하는 잠재적 폭력이 된다. 주체와 타자의 이러한 폭력적 관계를 확장시켜 '만인의 만인에 대한 투쟁' 또는 '자연 상태(state of nature)'라고 한다. 자연 상태에서 인간은 폭력에 무방비로 노출되며, '인간은 인간에 대해 늑대(Homo homini lupus)'로 존재한다. 홉스는 인간의 본성 속에 폭력성과 공격성이 내재되어 있으며, 인간을 자신의 욕망을 충족하기 위해 통제되지 않는 폭력을 행사하는 존재로 본다.

<작성 방법>

○ (가)에서 ⓐ국제축구연맹(FIFA)의 판단과정에 영향을 준 이론을 쓸 것.
○ 밑줄 친 ⓐ에 근거하여 (나)에 해당하는 하위 이론의 명칭을 쓰고, 이 이론과 맥을 같이 하는 고대 그리스·로마 사회에서 인기를 누렸던 이론을 제시할 것.
○ 케넌(Kenyon)과 맥퍼슨(McPherson)이 제시한 사회화 과정의 요소에 근거하여 (가)의 밑줄 친 부분에 해당하는 요소를 쓸 것.

---

8. 다음의 (가)는 '스포츠 경기의 목적'에 대한 자료의 일부이고, (나)는 스포츠에서의 정의(正義)에 대한 다양한 사례이다. <작성 방법>에 따라 순서대로 서술하시오. [4점]

(가)

스포츠에는 (㉠)적 요소와 (㉡)적 요소가 모두 내재되어 있다. (㉠)적 요소는 경기에 긴장과 흥미를 불러일으킨다. 선수들은 승리하려는 강렬한 욕망으로 인해 경기에 몰입하고, 스포츠팬들 역시 승부로 인해 응원의 동기를 갖게 된다. 그러나 경쟁심이 과열되고 승리가 절대화될 경우 제도화된 규칙이 무시될 우려가 있으며, 스포츠는 폭력의 투쟁으로 변질될 수 있다. 이것이 스포츠에서 (㉠)적 요소보다 (㉡)적 요소를 더욱 중시하는 이유이다.

(나)

① 테니스 경기에서 시합 전에 동전 던지기로 선공/후공을 결정하였다.
② 핸드볼 경기에서 양 팀에 동일한 골대의 규격을 적용하였다.
③ 축구에서 상대 선수가 부상으로 쓰러져 걱정되는 마음에 공을 경기장 밖으로 걷어냈다.
④ 야구에서 투수가 던진 공에 상대팀 타자가 맞아 투수는 모자를 벗어 타자에게 미안함을 표현했다.
⑤ 농구에서 경기 종료 1분을 남기고, 우리 팀이 큰 점수 차로 이기고 있는 상황에서 감독은 상대를 배려하는 마음에 작전타임을 부르지 않았다.

<작성 방법>

○ 괄호 안의 ㉠·㉡에 해당하는 용어를 각각 순서대로 쓸 것.
○ ①과 ②에 해당하는 스포츠에서의 정의(justice)를 각각 순서대로 쓸 것.
○ ③~⑤의 사례를 일컫는 용어를 외래어 3음절로 쓰고, 이와 관련된 공정시합의 견해(관점)를 제시할 것.

9. 다음은 윤리 이론에 대한 다양한 사례이다. <작성 방법>에 따라 순서대로 서술하시오. [4점]

(가)
○ 태권도 국가대표선발 결승전, 먼저 득점하면 경기가 종료되는 서든데스(sudden death) 상황에서 박태희 선수가 실수로 경기장 한계선을 넘었다. 박태희 선수가 패배해야 할 상황이었지만 심판은 감점을 선언하지 않았다. 상대 팀 감독과 선수는 강력히 항의했으나 판정은 번복되지 않았고 경기는 계속 진행됐다. ㉠결국 박태희 선수는 승리했지만, 부끄러운 마음에 팀 동료들과 승리의 기쁨을 나누지 않고 조용히 집으로 돌아갔다.
○ 승리지상주의가 팽배하는 현대 스포츠 현장에서 승리의 추구보다 스포츠 자체를 즐길 수 있도록 자기 자신을 낮추고 (㉡)과 배려로 상대를 대할 때, 진정한 의미의 스포츠윤리가 발현될 수 있다. 이를 위해서는 스포츠에서 인위적 제도나 구속이 최소화되도록 해야 하며, 윤리적 행위가 스포츠 자체를 통해 자연스럽게 발현되도록 해야 한다.

(나)
A팀과 B팀의 축구 경기가 진행 중이다. 경기 종료 20분을 남기고 A팀이 1대 0으로 이기고 있으나 A팀 선수들의 체력은 이미 고갈되었고, B팀은 무섭게 공격을 이어가고 있다. 이때 A팀 감독은 이대로 경기가 진행될 경우 역전당할 위험이 있다는 판단하에 선수들에게 시간을 끌 것을 지시하였다. A팀 선수들은 부상당한척 시간을 지연시키는 이른바 침대축구를 하였고, 결과적으로 A팀이 승리하게 되었다.
→ (㉢)의 원리란 모든 행위가 우리의 행복을 증진시키느냐 혹은 감소시키느냐에 따라 좋다거나 혹은 나쁘다고 평가하는 원리다. 최대다수의 최대행복' 이라는 도덕과 입법의 원리가 도출된다.

<작성 방법>
○ ㉠의 밑줄 친 박태희 선수의 입장과 관련된 맹자(孟子)의 사상을 4음절로 쓰고, 이와 관련된 요소를 1음절로 제시할 것.
○ 노자의 덕 개념을 스포츠맨십에 적용한 도교 사상에 근거하여, 괄호 안의 ㉡에 해당하는 용어를 쓸 것.
○ (나)에 해당하는 스포츠 윤리이론의 명칭을 쓰고, 이 이론에 근거하여 괄호 안의 ㉢에 해당하는 용어를 3음절로 제시할 것.

10. 다음은 윤리 이론에 대한 예비 체육교사들의 대화 내용이다. <작성 방법>에 따라 순서대로 서술하시오. [4점]

(가)
병 탁 : 행위의 결과에 상관없이 절대적인 도덕규칙에 따라 판단을 내린다.
성 훈 : 행위를 함에 있어 유용성의 원리, 공평성의 원리 등이 적용된다.
성 연 : 행위의 옳고 그름은 그 행위로 인해 발생하는 결과에 따라 결정된다.
예 린 : 정언적 도덕 추론이라고도 한다.
극 민 : 행위에 있어 선의지가 중요하며, 목적은 수단을 정당화할 수 없다.

(나)
현 철 : 결과로 행위를 평가하기 때문에 정의의 문제가 소홀해질 수 있다.
용 수 : 도덕규칙 간의 충돌 문제가 발생했을 때 실질적인 도움을 주지 못할 수 있다.
윤 지 : 일반적인 사실로부터 도덕적인 당위를 추론하지 못할 수 있다.
유 리 : 사회 전체의 이익을 제대로 고려하지 못하는 경우가 있다.
태 욱 : 개인의 이익과 공공의 이익이 충돌할 때 사익(私益)의 희생을 당연시한다.

(다)
①2020년 제32회 도쿄올림픽이 1년 연기되었다.
②선수들에게 폭력을 행사하면 안 된다.
③피겨스케이팅 선수들의 연기는 매우 아름답다.
④스포츠선수들의 기부는 사회적으로 긍정적인 영향을 준다.

<작성 방법>
○ (가)에서 공리주의(결과론적 윤리체계)의 입장을 이야기한 학생의 이름을 모두 골라 쓰고, 이 이론에 대한 비판을 이야기한 학생을 (나)에서 모두 골라 제시할 것.
○ (가)에서 의무주의(의무론적 윤리체계)의 입장을 이야기한 학생의 이름을 모두 골라 쓰고, 이 이론에 대한 난점을 이야기한 학생을 (나)에서 모두 골라 제시할 것.
○ 공리주의에 대한 비판에 근거하여 (다)에서 ①을 근거로 ②·③·④를 도출하는 오류의 명칭을 쓰고, 이를 이야기한 학생의 이름을 (나)에서 골라 제시할 것.

<수고하셨습니다.>

2021년대비 VZONExam78 서울(07.25토~26일), 대구·부산(08.01토)

체 육

체육교육론³

| 1차 시험 | 2교시 전공A | 10문항 40점 | 시험 시간 60분 |

Ⅳ. 체육교육과정	⓪ 체육과 교육과정의 역사
	① 2009 초·중등교육과정 총론
	② 2009 체육과 교육과정
	③ 2015 초·중등교육과정 총론 (2015-80)
	④ 2015 체육과 교육과정 (2015-74)

⑤ 체육교육과정의 이해

15. 교육과정 구성을 위한 일반적인 원리 5가지

16. 체육과 교육과정의 개념과 유형 : ⑴사고·이념, ⑵문서, ⑶실천, ⑷표면 의도된 결과, ⑸잠재 의도되지 않은 결과

17. 체육과 교육과정 개발의 수준 : ⑴국가수준, ⑵지역수준, ⑶학교수준, ⑷교사수준(교실교육과정) 2018

18. 교사수준의 체육과 교육과정 개발과 운영 : ①연간지도계획서, ②단원계획안, ③교수·학습과정안 2018, ④수업자료(과제활동지·학생설문조사)

19. 체육교육과정에서의 쟁점들

1) 통합교육과정 → 전인적 발달을 위한 통합적 교수·학습 2015

    ⑴ 통합적 접근 : 방법(교과내·교과간), 전략(Fogarty3·일반4), 방식(접속형·공유형 2019·동업형)

    ⑵ 포가티 Fogarty 통합모형 방식 10 中 접속형·공유형 2019·동업 통합형

    ⑶ 통합적 성격을 띤 체육교육과정 모형 : ①이해중심게임 모형(기능과 지식), ②개념 학문중심 모형(기능과 지식), ③사회적 책임감 모형(기능과 태도), ④스포츠교육 모형(기능과 지식과 태도)

    ⑷ 통합적 체육수업 : 하나로수업 모형 - 직접체험(게임)·간접체험(문화)

2) 수준별 체육수업 수준별교육과정 → 학습자 특성을 고려한 수준별 수업 2015

    ⑴ 개인차를 고려한 체육수업

    ⑵ 포괄형 스타일(E)

3) 선택 중심 교육과정

19-1. 교육과정 개선의 관점 ⑴ 관점 : ①기능적 관점, ②생태적 관점, ③문화적 관점

    ⑵ 전략 : ①하향식 전략, ②상향식 전략, ③하향식과 상향식의 조화

※ 시험이 시작되기 전까지 표지를 넘기지 마시오.

체 육

체육교육론³

수험번호 : (   )   성   명 : (   )

| 1차 시험 | 2교시 전공A | 10문항 40점 | 시험 시간 60분 |

○ 문제지 전체 면수가 맞는지 확인하시오.
○ 모든 문항에는 배점이 표시되어 있습니다.

1. 다음은 체육교육과정의 변천에 관한 사범대학 체육과 교수님들의 대화 내용이다. <작성 방법>에 따라 순서대로 서술하시오. [4점]

> 미해 : 제가 학교에 발령 받아 체육 수업을 할 때는 10월 유신(1977년)이 있었고, 국민정신 교육을 강화하라고 했지요. 그래서 학기 초만 되면 체육과 교육과정에 제시된 질서 운동을 학생들에게 지도하는 것이 아주 중요한 과제였어요.
> 원정 : 저도 기억이 어렴풋이... 고등학교 2학년 기말고사 일주일 전에 체육 선생님이 '㉠체육과 건강' 교과서를 가져오라고 해서 밑줄 쳐 준 기억이 나요.
> 정예 : 제가 존경하는 중학교 체육선생님께서 저희들에게 "광복 이후 처음으로 체력운동을 너희들에게 가르쳐 주는구나" 라고 말씀해 주셨던 기억이 나요.
> 옥션 : 저의 기억으로.... 중학교 1학년 때는 배구의 기초기능을, 2학년 때는 복합기능을, 3학년 때는 경기기능을 배웠던 기억이 나요.

―――― <작성 방법> ――――
○ 가장 어르신부터 어린 순으로 성함을 바르게 배열할 것.
○ 미해 교수님 시기의 배경이 된 교육과정의 유형을 쓸 것.
○ 밑줄 친 ㉠에 해당하는 일반 선택과목의 변화를 2015 개정 체육과 교육과정(2015-74)에 근거하여 제시할 것.
○ 옥션 교수님 시기의 다음 교육과정에 해당하는 내용 체계의 변화를 '교육내용의 최적화와 축소'에 근거하여 기술할 것.

2. 다음은 합격 중학교와 고등학교에서 체육과목을 담당하는 최 교사와 남형직 신규교사의 대화 내용이다. <작성 방법>에 따라 순서대로 서술하시오. [4점]

> 남 교사 : 선생님! 내년에 신규 체육 교사들이 현장에 많이 배치될 수 있을까요?
> 최 교사 : 저도 그랬으면 좋겠어요.
> 남 교사 : 저희 학교에서 신규 체육교사가 필요해서 교육과정 협의회를 통해서 내년도 체육 교과 시수를 조정하였거든요.
> 최 교사 : 2015 개정 교육과정 총론(교육부 제 2015-80호)에 중학교 '학교스포츠클럽 활동'은 매 학기 편성하도록 되어 있죠?
> 남 교사 : 네. 학교 여건에 따라 연간 68시간 운영하는 학년에서는 34시간 범위 내에서 '학교스포츠클럽 활동'을 체육으로 대체할 수 있게 되어 있습니다.
> 최 교사 : 잘됐습니다. 저희 학교도 2015 개정 교육과정 총론(교육부 제 2015-80호)을 근거로 고등학교 체육 교과를 3년간 총 8단위 이상 이수하게 조정하였고 매 학기 편성하도록 하였습니다.
> 남 교사 : 그러면 ⓐ체육, 운동과 건강, 스포츠 생활, 체육탐구와 같은 과목은 편성을 어떻게 할 수 있죠?
> 최 교사 : 일반선택 과목과 진로선택 과목의 기본 단위 수는 (㉠)단위이며, 각 과목별로 일반선택 과목은 (㉡)단위 범위 내에서, 진로선택과목은 (㉢)단위 범위 내에서 (㉣)하여 운영할 수 있습니다.

―――― <작성 방법> ――――
○ 2015 개정 교육과정 총론(교육부 제 2015-80호)에 근거하여, 최 교사가 재직 중인 고등학교의 명칭을 쓸 것.
○ 밑줄 친 ⓐ에 해당하는 교과영역과 교과(군)을 각각 순서대로 쓸 것.
○ 괄호 안의 ㉠·㉡·㉢에 해당하는 아라비아 숫자와 괄호 안의 ㉣에 해당하는 용어를 각각 순서대로 쓸 것.

3. 다음은 2015 개정 체육과 교육과정(2015-74)의 '체육과의 성격'에 관한 최 교사와 예비 체육교사들의 대화 내용이다. <작성 방법>에 따라 순서대로 서술하시오. [4점]

최 교사 : 체육과의 성격에 관해 지난 시간에 배운 것을 말해 볼래요?
장 준 : 체육과의 성격은 '체육과의 방향과 역할', '체육과의 역량', '체육과의 영역'과 같이 세 가지 하위 영역으로 구성되어 있습니다.
용 신 : 체육과에서 신체 활동은 핵심적인 교육의 본질이자 교육의 도구로서 활용됩니다.
나 희 : 다양한 신체활동에 지속적으로 참여하면서 신체활동의 가치를 내면화하고, 체육과 역량인 건강 관리 능력·신체 수련 능력·경기 수행 능력·신체 표현 능력을 길러, 자신의 삶을 스스로 계발하고 신체 문화 활동을 계승·발전시키는 데 공헌하는 교과입니다.
현 지 : 체육 교과 역량은 교육과정 총론에서 제시하는 일반 역량인 자기관리 역량·지식정보처리 역량·창의적 사고 역량·심미적 감성 역량·의사결정 역량·공동체 역량과 관련됩니다.
준 배 : 체육과의 영역 중 '(㉠)'은 삶의 가장 기초가 되는 생명 유지를 위해 필요하며, '(㉡)' 가치의 출발점이라고 할 수 있다.

―――――― <작성 방법> ――――――
○ 최 교사의 전시과제복습을 위한 질문에 옳지 <u>않은</u> 대답을 한 학생의 이름을 모두 쓰고, 각각 바르게 수정하여 기술할 것(단, 옳지 않은 내용을 기술할 필요는 없음).
○ 나희가 제시한 체육과 역량 4가지 중 '심신일원의 통합적 관점', '라반(R. Laban)의 움직임 교육'에 해당하는 역량을 각각 순서대로 쓸 것.
○ 괄호 안의 ㉠, ㉡에 해당하는 용어를 각각 순서대로 쓸 것.

4. 다음은 2015 개정 체육과 교육과정에 관한 신규 체육교사들의 대화 내용이다. <작성 방법>에 따라 순서대로 서술하시오. [4점]

정 지혁 : 중학교 교육과정 총론에서 정하고 있는 시간 배당을 보니 1학년부터 3학년까지 공통 교육과정이며, 연간 34주를 기준으로 한 3년간 272시간 이상의 수업 시수를 확보해야 합니다.
조 인수 : 고등학교 1단위는 (㉠)분을 기준으로 하여 (㉡)회를 이수하는 수업량입니다. 그런데, 최근 개정된 교육부 고시 제2019-211호에 의하면 '단, 1회는 학교가 자율적으로 운영할 수 있다.'로 나오는데 이것은 무엇인가요? … (중략) …
유 정무 : 체육과 교육과정을 보면 체육과의 목표에서는 체육 교과는 신체활동 가치의 내면화와 실천을 통해 체육과의 역량을 습득함으로써 전인교육을 실현하고자 합니다. 즉, 신체활동을 통하여 활기차고 건강한 삶에 필요한 핵심 역량을 습득함으로써 스스로 미래의 삶을 개척하고 바람직한 사회인으로 살아갈 수 있는 (㉢)를 기르는 것을 목표로 합니다. 초등학교에서는 체육과 역량을 기르기 위한 '신체활동의 기본 및 기초 교육'을, 중학교에서는 '신체활동의 심화 및 적용 교육'을 담당합니다.
정 규하 : 내용체계 및 성취기준은 내용체계와 성취 기준으로 나뉘어 제시되었고, 성취기준은 학생들이 교과를 통해 배워야 할 내용과 이를 통해 수업 후 할 수 있거나 할 수 있기를 기대하는 능력을 결합하여 나타낸 수업 활동의 기준이라고 볼 수 있습니다. 각 영역별로 (㉣), 성취기준 해설, 교수·학습 방법 및 유의 사항, 평가 방법 및 유의 사항이 제시되어 있습니다.
윤 광섭 : 교수·학습 방법에서는 ㉤<u>학습자의 다양한 특성을 이해하고 활동 내용·활동 과제·활동 방법을 다양하게 구성함으로써 목표 달성의 기회를 제공해야 합니다.</u> 평가도 (㉥)를 병행하고, 실제성과 종합성이 확보되고 핵심 역량의 성취 정도를 파악할 수 있는 평가를 비중 있게 실시하는 것이 좋을 것 같습니다.

―――――― <작성 방법> ――――――
○ 괄호 안의 ㉠과 ㉡에 해당하는 숫자를 더하여 쓸 것.
○ 괄호 안의 ㉢에 해당하는 내용과 괄호 안의 ㉣에 해당하는 용어를 각각 쓸 것.
○ 밑줄 친 ㉤에 해당하는 교수·학습의 방향을 쓸 것.
○ 괄호 안의 ㉥에 해당하는 평가방법 2가지를 쓸 것.

5. 다음은 신규 체육교사들의 체육과 교육과정 운영에 대한 대화 내용이다. <작성 방법>에 따라 순서대로 서술하시오. [4점]

(가)
장은실 : 지금부터 본교 교육과정에 대한 선생님들의 의견을 수렴하도록 하겠습니다.
… (중략) …
김희주 : 체육 교과 협의회를 통해 2015 개정 교육과정에 따른 체육과 교육과정의 교수·학습의 계획에 근거하여 중학교 3개 학년을 묶어 (㉠) 단위로 지도 계획을 수립하였습니다.
기유경 : 단위 학교에서는 교육과정에 제시된 내용 영역(건강·도전·경쟁·표현·안전)에 근거하여 각 영역별 성취기준을 해당 (㉠)에서 반드시 지도해야 합니다.

(나)
박연우 : 박 선생님, 제가 영역형 경쟁 활동 지도 계획서를 작성해 보았는데요, 학생들의 학업 성취를 높이기 위해 포괄형 스타일(E)을 우선 적용해 보는 것은 어떻게 생각하십니까?
박진완 : 포괄형 스타일(E)은 학생들이 동일 과제를 다른 수준으로 해 볼 수 있기 때문에 학생들 모두에게 (㉡)한다는 측면에서도 의미가 있다고 생각합니다. (㉡)한다는 것은 모든 학습자가 동일한 내용과 방식으로 학습해야 한다는 것을 의미하는 것이 아니라, ㉢_____는 것을 의미한다.

<작성 방법>
o 괄호 안의 ㉠에 해당하는 용어를 쓰고, 김희주·기유경 신규교사가 이야기한 내용에 해당하는 '교수·학습의 계획'의 하위항목을 제시할 것.
o '교수·학습의 계획'에 근거하여 괄호 안의 ㉡에 해당하는 내용을 쓰고, 밑줄 친 ㉢을 완성하여 기술할 것.

6. 다음은 최 교사가 2015 개정 체육과 교육과정(2015-74)에 근거해 작성한 영역형 경쟁 활동 단원의 지도 계획서이다. <작성 방법>에 따라 순서대로 서술하시오. [4점]

(가)

차시	주요 교수·학습 활동
1	① 농구의 특성과 역사적 변천 과정 이해
2~4	② 진단 평가 후 개인별 수준에 적합한 과제 제시 ③ 패스, 드리블, 슛 기능별 연습 ④ 농구 슛 동작 체크리스트를 학생 스스로 작성
5	⑤ 과학적 원리의 적용을 통한 농구 기본 기능의 분석 및 변용
6~7	⑥ 교사의 학생 개인별 기본 기능 분석과 피드백 ⑦ 기본 기능 분석 결과에 대한 자기 평가와 연습
8	⑧ 개인 기본 운동기능 검사
9~11	⑨ 3개 모둠의 리그전 및 모둠 경기 능력 평가 ⑩ 페어플레이 선서식 및 경기 중 실천 능력 검사
12	⑪ 지필 검사

(나)
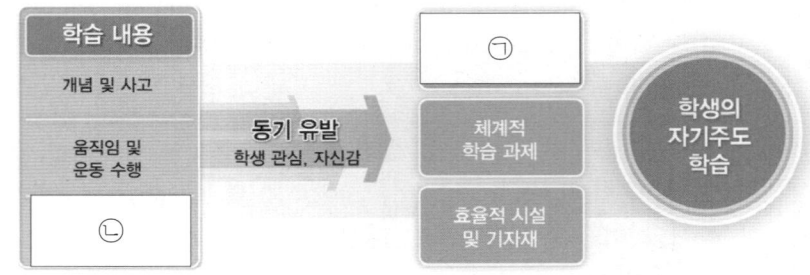

<작성 방법>
o 교수·학습의 방향 – '자기주도적 교수·학습환경 조성'에 가장 적합한 교수·학습 활동을 ①~⑪에서 2가지만 골라 쓸 것(단, 동그라미 번호만 씀).
o (나)에서 네모 안의 '㉠'과 '㉡'에 해당하는 내용을 각각 순서대로 기술할 것.
o '자기주도적 교수·학습환경 조성'의 방향에 가장 적합한 메츨러(Metzler)의 체육수업모형 1가지와, 모스턴(Mosston)의 체육교수스타일 2가지를 각각 순서대로 제시할 것(단, 체육교수스타일은 창조중심 교수스타일군에 한정하고 학교 현장에서 가능해야 함. 영어 알파벳 대문자는 채점하지 않음).

7. 다음은 '신체활동 참여 증진 프로그램'을 반영한 합격 중학교의 2021학년도 2학년 건강 활동 영역 교육 계획서의 일부이다. <작성 방법>에 따라 순서대로 서술하시오. [4점]

평가 내용	평가방법 및 도구
건강과 체력평가의 이해	○ 지필 검사
건강과 신체활동	○ 신체 활동 실천 일지 ○ 청소년용 신체활동 질문지 ○ 보행계수계(만보계) ○ 체격 검사
체력의 측정과 평가	○ 제자리멀리뛰기 ○ 왕복오래달리기 ○ 윗몸말아올리기 ○ 체질량지수(BMI)
㉠	○ 자신감 검사
사고 예방과 구급·구조	○ 심폐소생술(CPR) 실시 능력 검사

─── <작성 방법> ───
○ 2015 개정 체육과 교육과정(2015-74)의 '평가의 방향' 중 '교육과정과의 연계성', '평가방법과 평가도구의 다양성'에 근거하여 잘못된 평가 내용을 찾아 쓰고, 그에 해당하는 평가방법과 도구가 활용되는 영역을 7음절로 제시할 것(단, 중학교 1~3학년 신체활동 예시에 근거함).
○ 학생건강체력검사(PAPS)의 필수평가에 근거하여, 평가방법 및 도구에서 누락된 체력요인을 쓰고, 이 체력요인과 관련된 검사항목¹⁰음절을 1가지만 제시할 것(단, 학교 현장에서 제일 많이 사용하는 검사항목임).
○ '내용 체계'에 근거하여 괄호 안의 ㉠에 가장 적합한 정의적 영역을 1가지만 쓸 것.

8. 다음은 신규 체육교사들의 2015 개정 체육과교육과정(2015-74)과 체육수업에 관한 대화 내용이다. <작성 방법>에 따라 순서대로 서술하시오. [4점]

(가)

허 준호 : 다음과 같은 전통 놀이들을 조사해 보았습니다.

우리나라 전통 놀이
도색희(跳索戲), 방응(放鷹), 비연(飛鳶), 수박(手搏), 쌍육(雙六), 인색희(引索戲), 장치기, 저포(樗蒲), 초판희(超板戲), 추천(鞦韆), 축치구(蹴雉毬), 투호(投壺)

이 진 : '(㉠) 경쟁' 단원에 적합한 종목도 있나요?
최 준환 : 네, 한 가지 있습니다.
허 준 : 그 종목 이름이 무엇인가요?
고 상지 : ㉡장치기입니다.

(나)

이 지훈 : 그동안 저의 체육 수업은 학생들의 다양한 특성을 제대로 반영하지 못한 것 같습니다. 나름대로 학생들의 운동 기능이나 체력, 성차를 고려하여 수업을 하려고 했지만 모든 학생들에게 고른 기회를 주지는 못한 것 같습니다.
차 용혁 : 학생들이 학습 유형을 선택하여 연습을 하도록 하면 어때요? 다양한 학습 스테이션을 활용해서요.
이 지훈 : 좋은 생각입니다. 제가 다음 주부터 배구 수업을 하려고 하는데요. 학생들의 학습 유형을 어떻게 알아볼 수 있을까요?
이 동기 : 학생들에게 배구를 배웠던 경험과 선호하는 학습 방식에 대해 사전에 설문 조사를 해 보는 것은 어떨까요?

─── <작성 방법> ───
○ 2015 개정 체육과 교육과정(2015-74)의 '중학교 1~3학년 신체활동 예시'에 근거하여 괄호 안의 ㉠에 해당하는 용어와, 밑줄 친 ㉡에 해당하는 뉴스포츠(new sports)의 명칭을 각각 순서대로 쓸 것.
○ (나)에서 신규 체육교사들의 대화에 나타난 교수·학습 방법의 의미 2가지를 2015 개정 교육과정에 따른 체육과 교육과정의 '교수·학습 운영 계획' 및 '교수학습 활동 계획'과 연결하여 각각 기술할 것

9. 다음은 중등 체육 교과 모임에서 신규 교사들이 나눈 대화 내용이다. <작성 방법>에 따라 순서대로 서술하시오. [4점]

김진철 : 2015 개정 교육과정에 따른 체육과 교육과정은 건강 관리 능력, 신체 수련 능력, 경기 수행 능력, 신체 표현 능력이라는 체육과 역량의 함양을 강조하고 있습니다.
김태형 : 그중 (㉠)의 함양을 위해서는 모든 사람이 조화롭고 건강한 삶을 살 수 있도록 질서와 존중의 공동체 의식과 신중하고 절제된 태도로 문제를 해결하는 안전 의식을 갖도록 하는 것이 중요합니다. 내용 체계 상의 변화에는 어떤 것이 있습니까?
정민식 : 이번 개정 교육과정에서는 대영역의 변화가 있었고, 신체 활동 예시에서도 학년 간, 영역 간 중복을 최소화 하도록 하였습니다. 특히 중학교 1~3학년군의 '내용체계 및 성취 기준'에서는 2009 개정 교육과정에 따른 체육과 교육과정에서 다루었던 '여가 활동' 내용은 (㉡) 영역으로 흡수되었습니다. (㉡) 영역은 기존의 건강 활동과 여가 활동의 통합으로 구성되었습니다.
정원재 : 도전 영역의 경우, 2009 개정 교육과정에 따른 체육과 교육과정에서 제시한 '표적 도전 스포츠' 관련 신체 활동은 (㉢)에 일부 제시되어 있습니다.
김태완 : 이번 교육과정에는 안전 영역이 신설되었는데, 이는 '안전 교육 강화'라는 사회적 요구가 반영된 것이라고 할 수 있습니다. 따라서 중학교 1~3학년군의 안전 영역에는 2009 개정 교육과정에 따른 체육과 교육과정의 건강 활동 영역에서 제시한 '재난과 안전', '환경오염과 안전'은 삭제되었습니다. 안전 영역은 신설된 대영역으로, 크게 ㉣스포츠관련 안전과 일상생활의 안전으로 분류하여 제시하고 있습니다.
박상규 : 네. 특히 (㉤) 시 안전 영역의 학습 내용 요소는 다른 영역과 연계하여 지도함으로써 학생들의 안전 확보를 위한 실질적 능력을 강화하도록 하고 있습니다.

──────── <작성 방법> ────────
○ 괄호 안의 ㉠과 ㉡에 해당하는 용어를 각각 순서대로 쓸 것.
○ 2015 개정 체육과 교육과정(2015-74)의 '중학교 1~3학년 신체활동 예시'에 근거하여, 괄호 안의 ㉢에 해당하는 영역을 쓸 것.
○ 2015 개정 체육과 교육과정(2015-74)의 '중학교 1~3학년 신체활동 예시'에 근거하여, 밑줄 친 ㉣의 2가지 영역을 쓸 것.
○ 2015 개정 체육과 교육과정(2015-74)의 '교수·학습 계획'에 근거하여, 괄호 안의 ㉤에 해당하는 내용을 기술할 것.

10. 다음은 체육과 교육과정 개발의 수준 및 체육수업의 통합 방식에 관한 신규 체육교사와 예비 체육교사들의 대화 내용이다. <작성 방법>에 따라 순서대로 서술하시오. [4점]

(가)
허서인 : 농구 수업을 설계하려고 하는데 체육과 교육과정 해설서에 제시된 예시들이 여학생들에게는 적합하지 않아서 고민입니다.
서예주 : 저도 비슷한 경험이 있습니다. 그런데 요즘은 학교 실정에 맞게 교사 수준의 교육과정을 개발하는 역할이 더 강조되고 있으니, 체육교사는 국가수준 교육과정의 내용과 동일하게 운영하지 않아도 됩니다.
류성일 : 맞습니다. 제7차 교육과정에서도 편성과 운영에 대한 현장의 자율성을 강조하고 있어요. 선생님이 직접 개발해 보세요.
허서인 : 그러면 제가 무엇을 할 수 있나요?
○민섭 : 체육과 교육과정 해설서의 예시대로 수업을 한번 해보는 것이 좋겠습니다.
○성식 : 학생들이 농구 드리블을 스스로 학습할 수 있도록 농구 과제 활동지를 제작해 보세요.
○장훈 : 수업참여도를 높일 수 있도록 농구 대신 넷볼을 선택하여 단원 지도 계획을 수립해 보세요.
○경찬 : 지역 교육청의 편성·운영 지침에 제시된 체육과 교육과정 운영 방안을 따라해 보세요.
○동석 : 우선 학생들의 농구 드리블과 패스 기능에 대한 선수학습 정도를 파악하기 위해 학생 설문조사를 실시해 보세요.

(나)
김 교사 : 이번 핸드볼 활동에서는 경기 기능에 과학적 원리를 적용하고 사회적 자질을 가르치고 싶습니다.
송 교사 : 기존의 체육교육과정 모형이나 새로운 ⓐ메츨러(Metzler)의 체육수업모형의 통합 방식을 참고하면 좋을 것 같습니다. ㉠운동과 관련된 개념과 원리를 발견하고 실천하는 능력을 가르치는 방식이 있습니다. 예를 들어 ㉡체육 교사가 핸드볼 슛을 가르칠 때 회전능률의 개념을 함께 가르치는 방법이죠. 또한 ㉢경기와 관련된 전술을 기능과 함께 가르치는 방식도 있습니다.
… (중략) …

──────── <작성 방법> ────────
○ 신규교사 허서인의 물음에 적절한 답변을 한 예비교사를 모두 골라 제시하고, 이에 해당하는 교육과정의 명칭을 의사결정 수준에 따른 교육과정 분류에 근거하여 쓸 것.
○ 밑줄 친 ㉠·㉡·㉢에 적합한 밑줄 친 ⓐ를 각각 순서대로 쓸 것.

<수고하셨습니다.>

2021년대비 VZONExam78 서울(07.25토~26일), 대구·부산(08.01토)

체 육
운동역학

| 1차 시험 | 3교시 전공B | 10문항 40점 | 시험 시간 60분 |

Ⅰ. 운동역학의 개요	⓪ 운동역학의 기초지식	운동역학[1]
	① 운동의 형태	
Ⅱ. 정역학	② 인체의 중심	
	③ 부력	
	④ 자세와 안정	
Ⅲ. 동역학 — 1) 운동학적 분석	⑤ 직선운동의 운동학적 분석	
	⑥ 곡선운동의 운동학적 분석	
	⑦ 각운동의 운동학적 분석	
Ⅲ. 동역학 — 2) 운동역학적 분석	⑧ 선운동의 운동역학적 분석	운동역학[2]
	⑨ 각운동의 운동역학적 분석	
Ⅳ. 운동역학적 지식의 현장 적용	⑩ 걷기와 달리기	운동역학[3]
	⑪ 뜀뛰기	
	⑫ 던지기, 치기, 차기	
	⑬ 밀기, 당기기, 들어올리기, 옮기기	

※ 시험이 시작되기 전까지 표지를 넘기지 마시오.

체육 (운동역학)

1.
다음의 (가)는 최 교사와 부산에서 공부하고 있는 예비 체육교사들의 대화 내용이고, (나)는 운동역학의 기초지식에 대한 자료의 일부이다. <작성 방법>에 따라 순서대로 서술하시오. [4점]

(가)

최 교사 : 운동학적 분석(kinematics)과 운동역학적 분석(kinetics)에 대해 궁금한 점이 있으면 질문할래요?
민 수 : 스트로크 길이(stroke length) 분석은 무엇인가요?
태 권 : 저항력(drag force) 분석은 무엇인가요?
균 도 : 추진 속도(propelling velocity) 분석은 무엇인가요?
재 영 : 턴 거리(turn distance) 분석은 무엇인가요?

(나)

- 위팔두갈래근(상완이두근, biceps brachii)의 (㉠) 수축 시 팔꿈관절(elbow joint)은 신전이고, 위팔두갈래근의 (㉡) 수축 시 팔꿈관절은 굴곡이다.
- 신체 관절의 움직임 자유도
  ▸ 절구관절(ball and socket joint)의 움직임 자유도는 (ⓐ)이다.
  ▸ 타원관절(ellipsoid joint)의 움직임 자유도는 (ⓑ)이다.
  ▸ 경첩관절(hinge joint)의 움직임 자유도는 (ⓒ)이다.
  ▸ 중쇠관절(pivot joint)의 움직임 자유도는 (ⓓ)이다.

<작성 방법>
- (가)에서 학생의 질문에 대한 최 교사의 대답이 다른 1명의 학생 이름을 쓰고, 그 대답을 기술할 것.
- 괄호 안의 ㉠, ㉡에 해당하는 용어를 각각 순서대로 쓸 것 (단, 첫음절의 초성 중 'ㄱ'과 'ㅇ'의 용어는 사용하지 못함).
- 괄호 안의 ⓐ~ⓓ에 해당하는 아라비아 숫자를 모두 더하여 합한 값을 쓸 것.

2.
다음의 (가)는 운동 형태에 관한 최 교사와 대구에서 공부하고 있는 예비 체육교사들의 대화 내용이고, (나)는 다양한 운동 동작에 대한 그림이다. <작성 방법>에 따라 순서대로 서술하시오. [4점]

(가)

최 교사 : 운동의 형태에 대해 궁금한 점이 있으면 질문할래요?
수 완 : 회전축 주위를 일정한 각도로 이동하는 운동은 무엇인가요?
건 희 : 선운동과 병진운동이 결합되어 나타나는 운동은 무엇인가요?
경 구 : 곡선운동은 회전운동에서 일어나는 운동인가요? 아니면 병진운동에서 일어나는 운동인가요?
주 영 : 신체의 각 부위가 동일한 시간에 동일한 거리를 이동하는 운동은 무엇인가요?

[그림]

(나)

<작성 방법>
- (가)에서 학생의 질문에 대한 최 교사의 대답 빈도가 가장 높은 운동의 형태를 쓰고, 이와 관련된 사례를 [그림]의 ①과 ② 중에 선택하여 제시할 것.
- (가)에서 최 교사가 대답할 수 없는 질문을 한 학생의 이름을 쓰고, 그 학생의 질문을 바르게 수정할 경우에 해당하는 운동의 형태를 [그림]의 ①과 ② 중에 선택하여 제시할 것.
- (나)의 ㉠~㉣에서 무게중심(center of gravity)이 신체 외부에 위치하는 자세를 모두 골라 제시할 것.

3. 다음의 ㈎는 속도-시간 그래프에 관한 내용이고, ㈏는 운동역학 계산문제이다. <작성 방법>에 따라 순서대로 서술하시오. [4점]

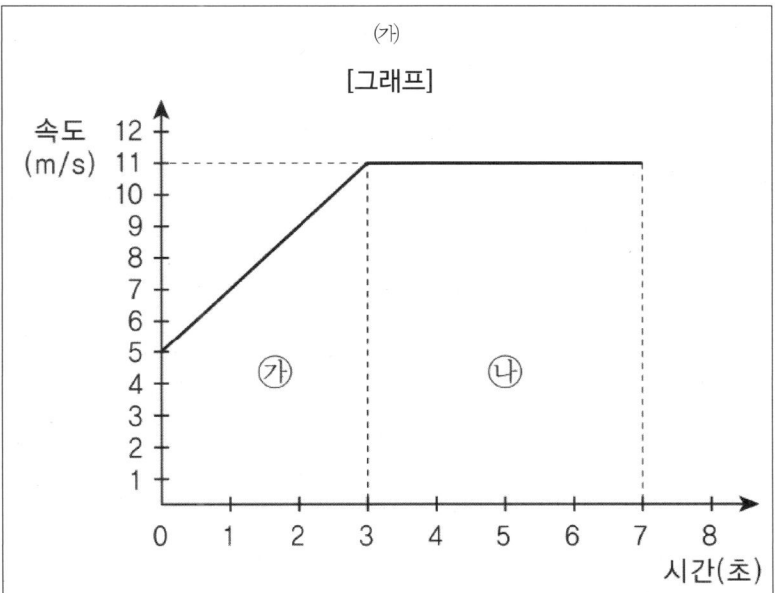

① ㉮구간의 가속도는 (㉠)m/s²이고, ㉯구간의 가속도는 (㉡)m/s²이다.
② ㉮구간의 가속도가 ㉯구간의 가속도보다 크다.
③ ㉮구간은 (㉢) 운동이고, ㉯구간은 (㉣) 운동이다.

㈏
문 영재는 야구배트의 회전축에서부터 0.6_m 지점에서 야구공을 타격하였다. 야구공이 타격되는 순간 배트의 각속도가 $60_{rad/s}$이면 타격지점에서 배트의 선속도는?
답 (㉤)m/s

─── <작성 방법> ───
○ 괄호 안의 ㉠, ㉡에 해당하는 숫자를 각각 순서대로 쓸 것.
○ 괄호 안의 ㉢3음절과 ㉣2음절에 해당하는 용어를 각각 순서대로 쓸 것(단, 속도와 가속도의 개념을 포함한 용어임).
○ ㈎의 그래프에서 7초동안 이동한 변위(m)를 쓸 것.
○ 괄호 안의 ㉤에 해당하는 선속도(m/s)를 쓸 것.

4. 다음은 각운동에 관한 최 교사와 예비 체육교사들의 대화 내용이다. <작성 방법>에 따라 순서대로 서술하시오. [4점]

최 교사 :	각운동에 대해 지난 시간에 배운 것을 말해 볼래요?
상 진 :	"접선속도(선속도)=반지름×각속도"에서 각속도의 단위는 ①도$_{(degree)}$입니다.
병 헌 :	반지름(회전반경)의 크기가 커지면 1라디안$_{(radian)}$의 크기는 ②커집니다.
호 근 :	라디안은 반지름과 ③호의 길이의 비율로 계산합니다.
민 수 :	360도는 ④2라디안$_{(radian)}$입니다.

─── <작성 방법> ───
○ 각운동에 대해 바르게 설명한 학생의 이름을 쓸 것.
○ 밑줄 친 내용 ①~④ 중 잘못된 3가지를 찾아 순서대로 바르게 고쳐 기술할 것(단, 동그라미 번호는 쓰고, 밑줄 친 내용은 기술할 필요없음).

5. 다음의 (가)는 힘(force)에 관한 체육교사와 예비 체육교사의 대화 내용이고, (나)는 운동역학 계산문제이다. <작성 방법>에 따라 순서대로 서술하시오. [4점]

(가)
최 교사 : 힘에 대해 지난 시간에 배운 것을 말해 볼래요?
승 찬 : 질량 곱하기 ①속도입니다.
소 희 : 크기와 방향을 가지는 ②벡터(vector)이다.
이 슬 : 내력(internal force)과 외력(external force)으로 구분할 수 있는데, 중력(gravitational force)은 ③외력입니다.
인 환 : 보행 동작에서 지면으로부터 보행자의 발에 가해지는 힘은 ④지면반력(ground reaction force)입니다.

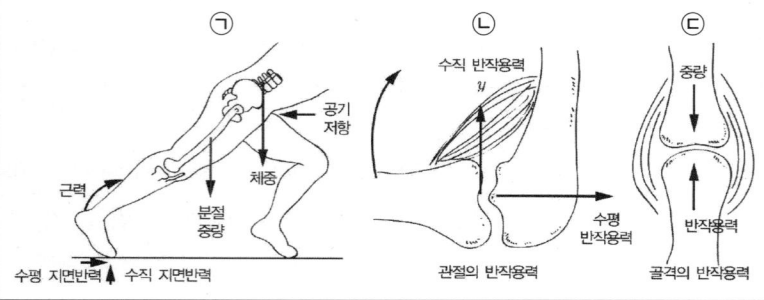

(나)
문 100m 달리기 경기에서 70kg인 길현이가 출발 2초 후 10m/s의 속도가 되었다면 달리는 방향으로 발휘한 평균 힘의 크기는?
답 (ⓐ)

─── <작성 방법> ───
○ 밑줄 친 내용 ①~④ 중 잘못된 1가지를 찾아 바르게 고쳐 기술할 것(단, 동그라미 번호는 쓰고, 밑줄 친 내용은 기술할 필요없음).
○ ㉠~㉢을 내력과 외력으로 구분하여 각각 순서대로 쓸 것.
○ 괄호 안의 ⓐ에 해당하는 힘의 크기를 단위와 함께 제시할 것(단, 단위는 영어 알파벳 1개의 대문자로 제시함).
○ (나)-문의 계산과정에 해당하는 뉴턴(Newton)의 운동법칙을 쓸 것(단, 몇 번째인지를 포함하여 제시함).

6. 다음의 (가)는 충격량(impulse)에 관한 최 교사와 예비체육교사들의 대화 내용이고, (나)는 운동역학 계산 문제이다. <작성 방법>에 따라 순서대로 서술하시오. [4점]

(가)
최 교사 : 충격량에 대해 지난 시간에 배운 것을 말해 볼래요?
재 승 : 방향은 없고 크기만 있는 스칼라(scalar)입니다.
민 철 : 단위는 kg·m/s 또는 Ns입니다.
채 은 : 운동량(momentum) 변화의 원인이 됩니다.
준 호 : 시간에 대한 힘의 곡선을 적분한 값입니다.
수 정 : 높이뛰기에서 발구름을 할 때 지지하는 다리를 적절히 구부리는 후방경사 동작은 충격력을 증가시키기 위함입니다.

(나)
문 <그림>은 인기가 수직점프 할 때의 수직지면반력에 대한 그래프이다(수직점프하는 인기의 질량은 50kg임). 도약할 때의 속도(m/s)와 점프한 최대 높이(m)를 각각 구하시오(단, A의 면적 20Ns, B의 면적 235Ns, C의 면적 15Ns이고, 중력가속도는 10m/s²임).

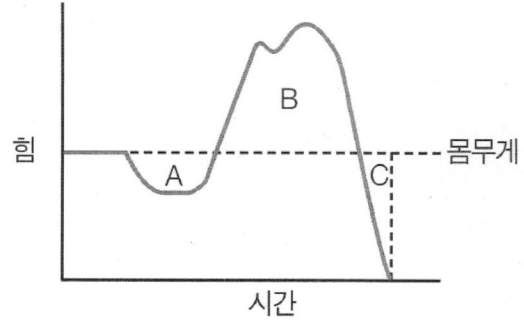

답 속도는 (㉠)m/s이고, 최대 높이는 (㉡)m이다.

─── <작성 방법> ───
○ (가)에서 최 교사의 전시과제복습을 위한 질문에 옳지 않은 대답을 한 학생의 이름 2명을 쓰고, 각각 바르게 수정하여 기술할 것(단, 옳지 않은 내용을 기술할 필요는 없음).
○ 괄호 안의 ㉠과 ㉡에 해당하는 값을 각각 순서대로 쓸 것.

7. 다음의 (가)는 반발계수(coefficient of restitution)에 관한 최 교사와 예비체육교사들의 대화 내용이고, (나)는 운동역학 계산문제이다. <작성 방법>에 따라 순서대로 서술하시오. [4점]

(가)

최 교사 : 반발계수에 대해 지난 시간에 배운 것을 말해 볼래요?
정 호 : 0부터 1 사이의 값입니다.
윤 희 : 두 물체 간의 충돌 전후의 상대속도의 비율로 측정합니다.
하 영 : 완전비탄성충돌의 반발계수는 1입니다.
우 준 : 공을 떨어뜨린(drop) 높이에 대한 공이 지면에서 튀어 오른(bounce) 높이의 비율에 제곱근한 값입니다.
승 민 : 골프공의 반발계수를 크게 하면 더 멀리 보낼 수 있습니다.

(나)

문1. 테니스공이 25m/s로 라켓에 접근하고 라켓은 55m/s의 속도로 동일선상의 반대방향으로 접근하였다. 보국이가 스윙한 라켓과 공이 충돌한 후에 각각 25m/s와 45m/s로 이동하였다. 이때의 탄성계수를 구하시오.

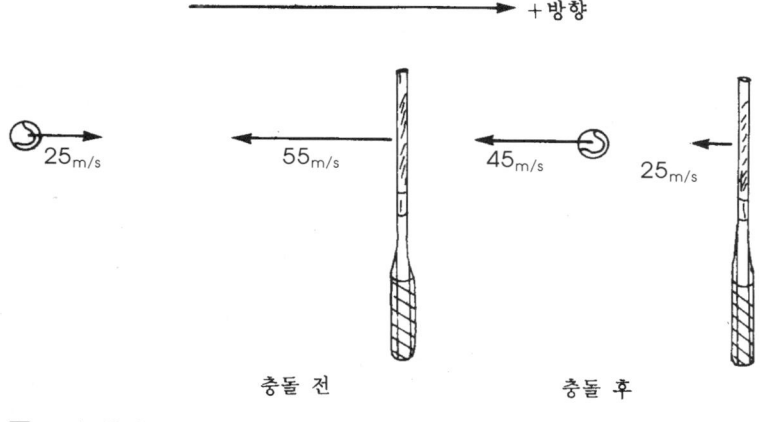

답1. (㉠)

문2. 동민이가 공을 마루바닥으로부터 1m 높이에서 자유낙하시켰을 때 바닥과 충돌 후 36cm 높이까지 튀어 올랐다. 이때 공과 마루 사이의 탄성계수를 구하시오.

답2. (㉡)

<작성 방법>

○ (가)에서 최 교사의 전시과제복습을 위한 질문에 옳지 <u>않은</u> 대답을 한 학생의 이름을 쓰고, 바르게 수정하여 기술할 것(단, 옳지 않은 내용을 기술할 필요는 없고, 수정할 부분은 서술어임).
○ 괄호 안의 ㉠, ㉡에 해당하는 값을 각각 순서대로 쓸 것.

---

8. 다음의 (가)는 근수축 형태와 기계적 일(mechanical work)과의 관계에 관한 최 교사와 예비체육교사들의 대화 내용이고, (나)는 다이빙 선수가 가지는 에너지의 변화에 관한 설명이다. <작성 방법>에 따라 순서대로 서술하시오. [4점]

(가)

최 교사 : 근수축 형태와 기계적 일과의 관계에 대해 지난 시간에 배운 것을 말해 볼래요?
혜 진 : 위팔세갈래근(상완삼두근)의 구심성 수축은 팔꿈관절에 대해 (㉠)의 일입니다.
보 성 : 위팔세갈래근(상완삼두근)의 원심성 수축은 팔꿈관절에 대해 (㉡)의 일입니다.
영 노 : 위팔세갈래근의 등척성 수축(isometric contraction)이 팔꿈관절에 대해 한 일은 (㉢)입니다.

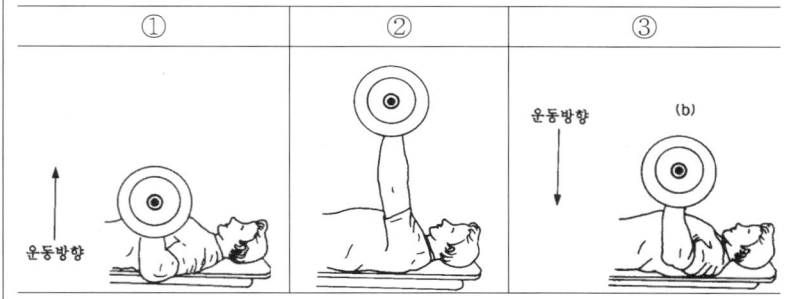

(나)

○ 플랫폼에서 정지하고 있는 선수의 (❶)에너지와 수면에 닿기 직전의 (❷)에너지는 둘다 0이다.
○ 낙하할수록 (❸)에너지는 감소하고, (❹)에너지는 증가하게 된다.
○ 플랫폼에서의 역학적 에너지는 (❺)에너지이고, 수면에 닿기 직전의 역학적 에너지는 (❻)에너지이다.

<작성 방법>

○ 괄호 안의 ㉠·㉡·㉢에 해당하는 용어 및 숫자를 각각 순서대로 쓰고, 이에 해당하는 것을 ①~③에서 각각 골라 순서대로 연결하여 제시할 것.
○ 괄호 안의 ❶~❻에 해당하는 에너지의 형태를 순서대로 나열한 경우, 2번 연속으로 나열되는 에너지의 형태를 쓸 것.
○ 괄호 안의 ❶~❻에 해당하는 두 에너지의 공식에 근거하여, 공통된 물리량 2음절을 쓸 것.

9. 다음의 (가)는 3종 지레에 관한, (나)는 골프에 관한 최 교사와 예비체육교사들의 대화 내용이다. <작성 방법>에 따라 순서대로 서술하시오. [4점]

(가)

최 교사 : 3종 지레에 대해 지난 시간에 배운 것을 말해 볼래요?
용　규 : ㉠팔꿈치 폄(신전, extension)은 3종 지레의 특성으로 이해할 수 있습니다.
혜　린 : 3종 지레는 받침점(회전중심)을 기준으로 저항점 위치가 힘점의 위치보다 더 가깝습니다.
재　연 : 관절의 평형상태를 유지하기 위해 저항력보다 더 작은 근력이 요구됩니다.
혜　경 : 기계적 확대율(mechanical advantage)은 1보다 작습니다.

(나)

최 교사 : 골프에 대해 지난 시간에 배운 것을 말해 볼래요?
지　희 : 드라이버 스윙 시 헤드(head)와 샤프트의 각속도는 다릅니다.
박　현 : 샤프트의 길이가 길어지면 샤프트의 관성모멘트는 커집니다.
종　범 : 7번 아이언 헤드의 선속도는 헤드의 각속도와 샤프트의 길이에 비례합니다.

<작성 방법>

○ (가)에서 최 교사의 전시과제복습을 위한 질문에 옳은 대답을 한 학생의 이름을 모두 쓸 것.
○ 암컬(arm curl) 동작을 지레의 유형에 적용할 때, 밑줄 친 ㉠의 주동근5음절 순우리말+1음절 한자어을 쓸 것.
○ 샤프트(shaft)가 휘어지지 않는다고 가정할 경우 (나)에서 최 교사의 전시과제복습을 위한 질문에 옳지 않은 대답을 한 학생의 이름을 쓰고, 밑줄 친 부분에 근거하여 바르게 수정하여 기술할 것(단, 옳지 않은 내용을 기술할 필요는 없음).

---

10. 다음의 (가)는 각운동량의 보존과 전이에 관한, (나)는 해머던지기에 관한 최 교사와 예비체육교사들의 대화 내용이다. <작성 방법>에 따라 순서대로 서술하시오. [4점]

(가)

최 교사 : 각운동량의 보존과 전이에 관한 다양한 운동 동작의 사례에 대해 말해 볼래요?
내　윤 : 배구에서 공중 스파이크를 하기 전에 팔과 다리를 함께 뒤로 굽히는 동작이 있습니다.
종　진 : 멀리뛰기에서 착지하기 전에 팔과 다리를 함께 앞으로 당기는 동작이 있습니다.
재　성 : 다이빙에서 공중회전을 할 때 팔을 몸통 쪽으로 모으는 동작이 있습니다.

(나)

최 교사 : 해머던지기에서 ⓐ구심력과 원심력에 대해 지난 시간에 배운 것을 말해 볼래요?
선　화 : 해머의 각속도를 두 배로 증가시키려면, 선수는 구심력을 (㉠)배로 증가시켜야 합니다.
수　철 : 직선으로 운동하려는 해머의 ⓑ관성을 이겨내고 원형경로를 유지하려면 안쪽으로 당기는 힘이 요구됩니다.
지　윤 : 7kg의 해머와 비교하여 14kg의 해머를 동일한 각속도로 회전시키려면, 선수는 (㉡)배의 힘으로 해머를 안쪽으로 당겨야 합니다.
강　민 : ⓒ선수가 해머를 안쪽으로 당기는 힘을 증가시키면 해머도 선수를 당기는 힘을 증가시킵니다.

<작성 방법>

○ 내윤·종진이가 설명한 동작을 일컫는 외래어6음절을 쓰고, 이 동작에 해당하는 역학적 원리를 '각운동량의 보존'과 '각운동량의 전이' 중 1가지를 선택하여 제시할 것.
○ 재성이가 설명한 터크자세(tuck-position)인 경우의 관성모멘트와 각속도의 변화를 '증가' 또는 '감소'를 활용하여 각각 순서대로 기술할 것.
○ 괄호 안의 ㉠, ㉡에 해당하는 아라비아 숫자를 각각 순서대로 제시할 것.
○ 밑줄 친 ⓑ에 해당하는 힘의 명칭을 밑줄 친 ⓐ에서 골라 쓰고, 밑줄 친 ⓒ에 해당하는 뉴턴(Newton)의 운동법칙을 쓸 것(단, 몇 번째인지를 포함하여 제시함).

<수고하셨습니다.>

체 육

2021년대비 VZONExam78 서울(08.08토~09일), 대구·부산(08.15토)

운동학습과 심리

| 1차 시험 | 2교시 전공A | 10문항 40점 | 시험 시간 60분 |

스포츠·운동심리학	Ⅰ. 스포츠수행의 심리적 요인	① 성격 ② 동기 ③ 불안
	Ⅱ. 심리기술훈련과 수행향상	⓪ 심리기술훈련 ① 목표설정 ② 자신감 ③ 경쟁불안의 조절 ④ 심상 ⑤ 주의집중 ⑥ 루틴
	Ⅲ. 스포츠수행의 사회·심리적 요인	① 응집력 ② 리더십 ③ 사회적 촉진 ④ 공격성
	Ⅳ. 운동심리학	① 운동의 심리적 효과 ② 운동실천 이론 ③ 운동실천 촉진 ④ 운동의 과훈련 증후와 탈진
	Ⅴ. 스포츠심리상담	① 스포츠심리상담의 개념 ② 스포츠심리상담의 적용
운동학습과 제어	Ⅰ. 운동의 이해	① 운동기술의 이해 ② 운동의 측정 ③ 운동제어의 신경생리적 기초
	Ⅱ. 운동제어	④ 정보처리와 운동수행 ⑤ 운동의 정확성과 타이밍 ⑥ 운동의 협응 ⑦ 시지각과 운동수행
	Ⅲ. 운동학습	⑧ 운동학습의 개념과 이론 ⑨ 운동학습의 실제 ⑩ 운동학습의 평가와 활용 ⑪ 운동능력과 숙련성

※ 시험이 시작되기 전까지 표지를 넘기지 마시오.

체육

운동학습과 심리

수험번호: (　　　)　　성 명: (　　　)

| 1차 시험 | 2교시 전공A | 10문항 40점 | 시험 시간 60분 |

○ 문제지 전체 면수가 맞는지 확인하시오.
○ 모든 문항에는 배점이 표시되어 있습니다.

---

1. 다음은 예비 체육교사들의 운동 사례이다. <작성 방법>에 따라 순서대로 서술하시오. [4점]

○ 농구 수업에 참가하는 해성이는 다른 참가자들보다 농구에 재능이 없어 기술 습득이 늦다고 생각한다. 이로 인해 결석이 잦고 운동 중단이 예상된다. 최 교사는 해성이를 위해 (㉠)적, (㉡)적, (㉢)한 개인의 노력에 귀인할 수 있도록 안내해 주었다.
○ 피겨 스케이팅 경기에서 경준이는 앞 선수가 완벽에 가까운 연기를 펼치자, 심박수가 빨라지고 식은 땀이 흘렸다.
○ 현민이는 처음으로 깊은 바닷속으로 다이빙하면서 각성 수준이 높아졌고, 높은 각성 수준으로 인해 깊은 바닷속에서 시야가 평소보다 훨씬 좁아졌다.

── <작성 방법> ──
○ 와이너(B. Weiner)의 귀인 이론에 근거하여, 괄호 안의 ㉠¹ᵘᵉ, ㉡³ᵘᵉ, ㉢⁴ᵘᵉ에 해당하는 용어를 각각 순서대로 쓸 것.
○ 경준이가 느끼는 상태불안의 유형을 쓸 것.
○ 현민이의 상황을 설명하는 개념을 쓰고, 이에 해당하는 운동수행과 불안(각성)을 설명하는 이론(가설)을 제시할 것.

---

2. 다음의 (가)는 목표설정, (나)는 예비 체육교사의 스트레스 감소기법에 대한 사례이다. <작성 방법>에 따라 순서대로 서술하시오. [4점]

(가)
① 농구 대회에서 우승한다.
② 골프 스윙에서 공을 끝까지 본다.
③ 테니스 포핸드 발리에서 손목을 고정한다.
④ 야구 타격에서 무게중심을 뒤에서 앞으로 이동한다.
⑤ 올림픽에서 메달을 획득한다.
⑥ 20km 단축 마라톤에서 1위를 한다.
⑦ 서브에서 팔꿈치를 완전히 펴서 스윙한다.

(나)
○ 양궁 선수 창희는 첫 엔드에서 6점을 한 발 기록했다. 그러나 창희는 바람 부는 상황으로 인해 총 36발의 슈팅 중에서 6점은 한 번 정도 나올 수 있는 점수이며, 첫 엔드에 나온 것이 다행이라고 긍정적으로 생각했다.
○ 테니스 선수 인기는 평소 연습과는 달리 시합만 하면 생리적 각성상태가 높아져서 서비스 실수가 자주 발생한다. 최 교사는 인기의 어깨 부분에 근육의 긴장도를 측정하는 센서와 가슴에 심박수를 측정하는 센서를 부착하였다. 불안감이 높아질 때 어깨 근육의 긴장도가 함께 증가하는 것을 시각적으로 보여 주면서 각성 조절능력을 높이도록 하였다.

── <작성 방법> ──
○ 마튼스·와인버그&굴드(Martens·Weinberg&Gould)가 제시한 목표의 유형에 근거하여, (가)의 ①~⑦ 중 빈도가 적은 목표의 유형을 쓰고, 그 유형에 해당하는 동그라미 번호의 총합을 제시할 것.
○ 창희 스스로가 수행한 경쟁불안 감소기법과, 최 교사가 인기에게 실시한 경쟁불안 감소기법을 각각 순서대로 쓸 것.

3. 다음은 심상훈련에 대한 자료의 일부이다. <작성 방법>에 따라 순서대로 서술하시오. [4점]

(가)
◦ 영재는 부정적인 수행 장면을 성공적인 수행 이미지로 바꾼다. ◦ 보국이는 시합에서 느꼈던 자신감, 흥분, 행복감을 실제처럼 시각화한다.

(나)
◦ (㉠)을 하는 동안 떠오르는 이미지는 이마에 카메라를 달아 찍은 모습과 유사하다. 실제로 그 동작을 할 때 자신의 눈에 비친 모습을 보게 되고, 시선을 따라 심상도 계속 변한다. (㉡)은 자신의 동작을 다른 사람이 폰으로 찍어 녹화된 영상을 보는 것과 같다. ◦ 현채는 ⓐ외부의 관찰자 시점에서 동작의 수행 장면을 상상하고, 윤정이는 ⓑ자신의 관점에서 동작의 수행 장면을 상상한다.

─── <작성 방법> ───
◦ 영재와 보국이에게 보여지는 심상(imagery)의 요소를 각각 순서대로 쓸 것.
◦ 괄호 안의 ㉠과 ㉡에 해당하는 심상의 유형을 각각 순서대로 쓸 것.
◦ 밑줄 친 ⓑ에 비해 밑줄 친 ⓐ의 한계점을 기술할 것.

4. 다음은 주의집중과 수행에 대한 자료의 일부이다. <작성 방법>에 따라 순서대로 서술하시오. [4점]

◦ 운동수행 중 자신의 신체 내부 정보(심장박동·호흡·근육의 느낌)에 집중하면 (㉠)이라 하고, 신체 외부 정보(음악·주변 환경)에 집중하면 (㉡)이라 한다.

<그림 : 주의집중 모형>

	광역	
내적	① 전략 계획, 수행분석 코치·감독·교수	② 많은 양의 외부 정보 수집 농구가드·미식축구쿼터백	외적
	④ 정신적 연습(심상) 장거리달리기·역도	③ 특정한 목표 양궁·사격·골프	
	협역	

◦ 초보자에게 많이 나타나는 현상인 (㉢)는 주의 측면에서 많은 노력을 필요로 하는 처리 과정으로 의식적인 주의를 기울이기 때문에 하나의 과제만을 수행할 때 적합하고 신중하고 느리게 처리된다. 반면, (㉣)는 잘 학습된 기술을 수행할 때 주로 나타나며 무의식적이고 빠르게 진행되며 많은 노력이 필요 없는 처리 과정으로 여러 과제를 동시에 수행해야 할 때 적합하다.

㉢	㉣
정보처리 속도가 느리다 주의가 요구됨 계열적 지발적	정보처리 속도가 빠르다 주의가 요구되지 않음 병렬적 비지발적

◦ 주의집중 방법은 다음과 같다.
▸ 테니스 서브를 루틴에 따라 실행한다.
▸ 축구 경기에서 관중의 방해를 의식하지 않는다.
▸ 골프 경기에서 마지막 홀에 있는 해저드에 대해 생각하지 않고, 재집중하도록 한다.
▸ 야구 경기에서 지난 이닝의 수비 실책은 잊고 현재 수행에 몰입한다.

─── <작성 방법> ───
◦ 괄호 안의 ㉠·㉡에 해당하는 것을 <그림>의 ①~④에서 각각 골라 바르게 연결하여 제시할 것.
◦ 피츠와 포스너(Fitts&Posner)가 제시한 운동학습의 단계에 근거하여, 괄호 안의 ㉢·㉣에 해당하는 운동학습의 단계를 각각 순서대로 쓸 것.

5. 다음은 팀응집력에 대한 자료의 일부이다. <작성 방법>에 따라 순서대로 서술하시오. [4점]

- 집단의 인원수가 증가할 때 발생하는 개인의 수행 감소는 (㉠) 때문이며, 줄다리기에서 집단이 내는 힘의 총합이 개인의 힘을 모두 합친 것보다 적게 나타나는 현상은 (㉡)이다.
- ① 재원이는 눈이 가려진 채 동료와 함께 밧줄을 당기고 있다는 착각 속에서 혼자 수행하였다. 재원이는 최대의 노력을 발휘하지 않았다. → 왜그랬니? 재원아!ⓧ
- ② 축구 경기 중 공격수 차현이와 태환이 간에 2:1패스와 스루패스 사인이 서로 맞지 않아서 공격권을 넘겨주었다. → 경기 끝나고 둘다 옥상으로 올라와!ⓧ

<그림 : 스포츠종목 유형에 따른 과제응집력 요구 수준>

공행종목	공행-상호작용종목	상호작용 종목
양궁 볼링 골프 사격 스키	미식축구 야구 조정 육상 수영(계주)	농구 축구 배구 필드하키 아이스하키

응집력 요구 수준 →

- 미진이는 친구들과 줄다리기를 할 때, 자신의 힘은 전혀 쓰지도 않고 친구들의 노력에 편승해서 경기에 이기려는 모습을 보이고 있다. → 미진이, 깍쟁이!ⓧ
- 최 교사의 리더십 행동은 다음과 같다.
  ‣ 선수에게 개별 시간을 할애하는 행동
  ‣ 선수가 목표를 수립하도록 도와주는 행동
  ‣ 격려와 자신감을 고취시켜 주는 피드백을 제공하는 행동
  ‣ 선수의 주의산만 요인을 파악하고 지도하는 행동

─── <작성 방법> ───
- 괄호 안의 ㉠에 해당하는 과정손실의 유형을 ①과 ② 중에 골라 그 명칭과 함께 제시할 것.
- 괄호 안의 ㉡에 해당하는 사회적 태만 전략과 관련된 과정손실의 유형을 ①과 ② 중에 골라 그 명칭과 함께 제시할 것.
- <그림>에 근거하여 ②에 해당하는 스포츠종목의 응집력 요구수준을 '낮다', '중간', '높다' 중에 골라 쓸 것.
- 링겔만 효과(Ringelmann effect)에 근거하여 미진이의 사례에 해당하는 전략의 명칭을 쓸 것.

6. 다음은 프로차스카(Prochaska)와 디클레멘테(DiClemente)의 '행동 변화의 통합 이론 모형'에 대한 자료의 일부이다. <작성 방법>에 따라 순서대로 서술하시오. [4점]

- 예비 체육교사들의 신체활동
  ‣ 지환이는 현재 운동에 참여하지 않지만, 6개월 이내에 운동을 시작할 의도가 있다.
  ‣ 태희는 가이드라인(일반적으로 주당 3회 이상, 1회 20분 이상 기준)을 충족하는 수준의 운동을 6개월 이상 실시하였다. 운동이 안정 상태에 접어들었으며, 하위 단계로 내려갈 가능성이 낮다.
  ‣ 두영이는 규칙적으로 운동을 하고 있지 않으나 1개월 내에 운동을 할 의도를 가지고 있다.
- 운동행동의 변화를 설명하는 단계변화이론(단계적변화모형, Transtheoretical Model; Prochaska&DiClemente, 1983)에서 개인이 규칙적인 운동참여의 ㉠이득(pros)과 손실(cons)을 비교하고 평가하는 구성개념은 (㉡)이다.
- 예비 체육교사들의 운동행동의 변화과정
  ‣ 현재은 운동의 혜택에 대한 새로운 정보, 아이디어, 조언 등을 알아가고 있다.
  ‣ 동원이는 운동을 방해하는 나쁜 습관을 운동에 도움이 되는 좋은 습관으로 바꾸고 있다.

─── <작성 방법> ───
- '자기효능감'이 가장 높은 예비교사부터 가장 낮은 예비교사 순으로 바르게 배열할 것.
- 밑줄 친 ㉠이 거의 같은 단계를 쓰고, 그 단계에 해당하는 예비 체육교사를 쓸 것.
- 괄호 안의 ㉡에 해당하는 용어를 쓸 것.
- 현재와 동원이에 해당하는 변화과정의 명칭을 각각 순서대로 쓸 것.

7. 다음의 (가)는 운동결과의 측정-속도에 대한 자료의 일부이고, (나)는 정보처리단계에 관한 최 교사와 예비 체육교사들의 대화 내용이다. <작성 방법>에 따라 순서대로 서술하시오. [4점]

(가)

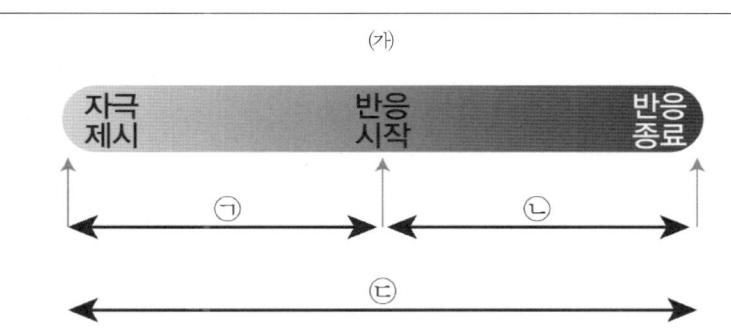

○ ㉠은 자극 제시와 반응 시작 간의 시간 간격을 의미한다.
○ ㉡은 반응 시작과 반응 종료 간의 시간 간격을 의미한다.
○ ㉢은 자극 제시와 반응 종료 간의 시간 간격을 의미한다.

(나)

최 교사 : 정보처리 3단계의 관점에서 ⓐ100m 달리기 스타트의 반응시간이 ⓑ배구 서브 리시브 상황에서의 반응시간보다 짧은 이유를 누가 말해 볼래요?
겨　　운 : 100m 스타트에서는 운동 프로그래밍(motor programming) 단계의 소요 시간이 상대적으로 길기 때문이다
승　　아 : 배구 서브 리시브 상황에서는 자극확인(stimulus identification) 단계의 소요 시간이 상대적으로 짧기 때문이다
경　　원 : 배구 서브 리시브 상황에서는 반응선택(response selection) 단계의 소요 시간이 상대적으로 짧기 때문이다
여　　은 : 100m 스타트에서는 자극확인(stimulus identification) 단계의 소요 시간이 상대적으로 짧기 때문이다.

─── <작성 방법> ───

○ (가)의 ㉠·㉡에 해당하는 시간의 명칭을 각각 순서대로 쓰고, 피츠(P.Fitts)의 난이도 지수(index of difficulty)에 해당하는 시간을 ㉠과 ㉡ 중에 골라 쓸 것.
○ (나)의 ⓐ·ⓑ에 해당하는 반응시간의 유형을 각각 순서대로 쓸 것.
○ (나)에서 최 교사의 질문에 대한 옳은 대답을 한 예비교사의 이름을 쓰고, 그 대답에서 제시된 정보처리단계의 기능을 1가지만 기술할 것(단, 운동종목의 상황에 맞아야 함).

---

8. 다음의 (가)는 예비 체육교사들에게 실시한 실험 내용의 일부이고, (나)는 기억의 형태(Atkinson&Shiffrin)에 관한 자료의 일부이다. <작성 방법>에 따라 순서대로 서술하시오. [4점]

(가)

○ 'RED'라는 글자에 녹색을 칠하고, 'BLUE'라는 글자에 노란색을 칠해서 칠해진 색과 색의 이름이 일치하지 않도록 하였고, 수정이에게 제시되는 색깔에 해당하는 버튼을 누르도록 하였다.
○ 칵테일 파티에 참석한 채은이는 시끄러운 음악이 흐르고 많은 사람들의 대화로 인해 매우 소란스러운 분위기에서도 자신이 듣고자 하는 대화에 아무런 문제없이 참여하였다.

(나)

[표]

유형	㉠	㉡	㉢
기억 용량	무제한	극히 제한	제한
특징	반복과 시연을 통해 강화된다.	새로운 정보가 유입되면 쉽게 손실된다.	반복하거나 시연하지 않으면 사라진다.
지도 방법	연습을 통해 기억을 강화한다.	불필요한 외부 정보를 줄이고 집중할 수 있도록 지도한다.	한번에 너무 많은 정보를 제공하지 않고, 정보를 처리할 수 있는 시간을 제공한다.

[그림]

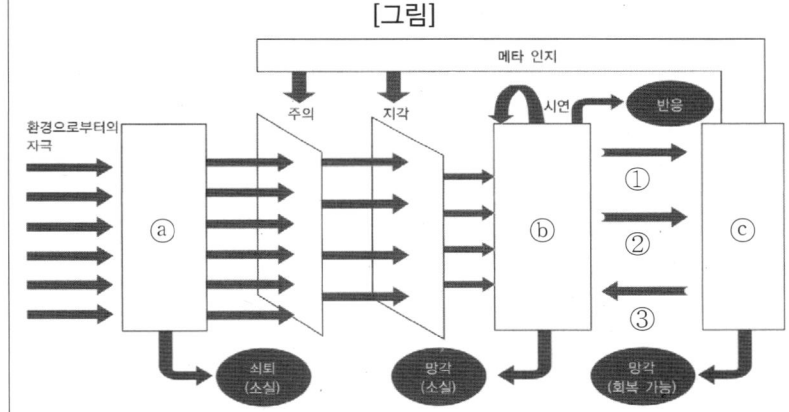

─── <작성 방법> ───

○ 수정이와 채은이의 상황에 해당하는 정보처리단계의 명칭을 쓰고, 그 단계의 정보처리능력을 제시할 것.
○ (나)에서 [표]의 ㉠·㉡·㉢에 해당하는 것을 [그림]의 ⓐ·ⓑ·ⓒ 중에 각각 골라 바르게 연결하여 제시할 것.
○ [그림]의 ⓑ와 ⓒ에 해당하는 기억의 유형에 근거하여, [그림]의 ①·②에 해당하는 기억의 과정을 순서에 상관없이 쓰고, ③에 해당하는 기억의 과정을 쓸 것.

9. 다음의 ㈎는 다이나믹 시스템 관점에서의 협응구조 형성에 관한 최 교사와 예비체육교사들의 대화 내용이고, ㈏는 테니스 종목에 대한 예비 체육교사들의 운동기술 수준이다. <작성 방법>에 따라 순서대로 서술하시오. [4점]

㈎

최 교사: 지난 시간에 배운 다이나믹 시스템 관점에서의 협응구조 형성에 대해 누가 말해 볼래요?

준 완: 협응구조는 하나의 기능적 단위로 (㉠)의 원리에 따라 형성됩니다.

수 연: (㉡)는 협응구조의 형태가 변화하는 현상이며 비선형성의 원리를 따른다

효 경: (㉢)변수는 (㉣)변수를 변화시키는 원인이 되는 것으로, 동작을 변화시키는 속도나 무게 등이 있다.

기 용: 협응구조의 안정성은 상대적 위상의 표준편차로 측정할 수 있다.

㈏

○ 동섭이는 오류를 수정하기 위해서 연습하고, 스스로 오류를 탐지하여 그 오류의 일부를 수정할 수 있다.
○ 도호는 테니스 포핸드 스트로크 자세를 안정적이고 일관성 있게 수행할 수 있다.
○ 길현이는 테니스 포핸드 스트로크의 개념을 이해한다.

<작성 방법>

○ 괄호 안의 ㉠·㉡에 해당하는 용어를 각각 순서대로 쓸 것.
○ 괄호 안의 ㉢·㉣에 해당하는 용어를 각각 순서대로 쓸 것.
○ 피츠(P. Fitts)와 포스너(M. Posner)의 운동학습 단계에 근거하여, ㈏에서 주의요구수준이 가장 높은 예비교사부터 가장 낮은 예비교사 순으로 나열하여 제시할 것.
○ ㈎에서 제시한 운동학습의 이론에 근거하여, 도호의 운동학습 단계의 명칭을 쓸 것.

10. 다음의 ㈎는 배구 기술을 지도하기 위한 연습구조이고, ㈏는 최 교사의 다양한 수업 장면이다. <작성 방법>에 따라 순서대로 서술하시오. [4점]

㈎

	1차시	2차시	3차시
㉠	서브 세팅(토스) 언더핸드	세팅(토스) 언더핸드 서브	언더핸드 서브 세팅(토스)
㉡	서브 서브 서브	세팅(토스) 세팅(토스) 세팅(토스)	언더핸드 언더핸드 언더핸드

* 두 가지 연습 구조에서 연습 시간과 횟수는 동일

㈏

○ 최 교사는 예진이에게 "다운스윙 전에 백스윙이 제대로 이루어지지 않았구나."라고 말해 주었다.
○ 연서는 오랫동안 배드민턴을 즐기다가 새롭게 테니스를 배우게 되었다. 최 교사는 포핸드 스트로크를 지도할 때, 연서가 손목 스냅을 습관적으로 사용하는 것을 보고 손목을 고정하도록 안내해 주었다.
○ 최 교사는 성준이에게 새로운 기술을 연습시킨 후, 특정한 시간이 지난 후 연습한 기술의 수행력을 평가하는 검사를 실시하였다.
○ 최 교사는 지원이가 연습한 기술이 다른 수행상황에서도 발휘될 수 있는지를 평가하는 검사를 실시하였다.

<작성 방법>

○ 바티그(W. Battig)의 맥락간섭효과에 근거하여, ㉠과 ㉡에 해당하는 연습방법의 특징을 '높다' 또는 '낮다' 중에 1가지를 골라 각각 순서대로 쓸 것.
○ ㉠과 ㉡에 해당하는 연습방법의 효과를 각각 순서대로 기술할 것.
○ 최 교사가 예진이에게 제공한 보강피드백의 유형(4음절)을 쓸 것.
○ 연서에게 나타난 전이의 유형을 쓰고, 이와 관련된 검사를 실시한 학생을 '성준'과 '지원' 중에 골라 쓸 것.

2021년대비 VZONExam78 서울(08.08토~09일), 대구·부산(08.15토)

체 육

스포츠사회학

| 1차 시험 | 3교시 전공B | 10문항 40점 | 시험 시간 60분 |

Ⅰ. 스포츠의 사회학적 이해	① 스포츠사회학의 본질	스포츠사회학 이론들 총정리
	② 스포츠사회학의 주요이론	
Ⅱ. 사회제도와 스포츠	③ 스포츠와 정치	
	④ 스포츠와 경제	
	⑤ 스포츠와 교육 및 육성	
	⑥ 스포츠와 종교	
	⑦ 스포츠와 대중매체	
Ⅲ. 사회과정과 스포츠	⑧ 스포츠와 사회화	
	⑨ 스포츠와 사회계층	
Ⅳ. 사회조직과 스포츠	⑩ 스포츠와 사회집단	
	⑪ 스포츠와 사회조직	
Ⅴ. 사회문제와 스포츠	⑫ 스포츠와 여성	
	⑬ 스포츠와 일탈	
	⑭ 스포츠와 집합행동	
Ⅵ. 미래사회와 스포츠	⑮ 스포츠의 변화와 미래	
	⑯ 스포츠와 세계화	

※ 시험이 시작되기 전까지 표지를 넘기지 마시오.

체 육
스포츠사회학

| 1차 시험 | 3교시 전공B | 10문항 40점 | 시험 시간 60분 |

○ 문제지 전체 면수가 맞는지 확인하시오.
○ 모든 문항에는 배점이 표시되어 있습니다.

1. 다음의 (가)는 최 교사와 예비 체육교사들의 대화 내용이고, (나)는 스포츠사회학 이론에 대한 자료의 일부이다. <작성 방법>에 따라 순서대로 서술하시오. [4점]

(가)
최 교사 : 스포츠의 사회적 순기능에 대해서 누가 말해 볼래요?
주 예 : 스포츠는 규칙을 준수하고 바람직한 인격을 형성합니다.
유 신 : 스포츠는 성, 연령, 계층과 관계없이 사회적 소통을 촉진합니다.
성 연 : 스포츠는 신체적·정신적 스트레스를 해소시키고, 공격성·긴장감·좌절감을 효과적으로 방출시킵니다.
원 준 : 정치인들이 국민의 스포츠에 대한 관심을 증대시켜 정치적 무관심을 유도하고, 스포츠 경기를 정치인 자신의 이익이나 권력을 공고히 하는데 이용합니다.

(나)
① 지배계급은 피지배계급을 억압하고 착취하고, 재화의 불평등한 분배는 사회의 본질적 속성이다. 스포츠는 일부 지배계급에 의해 그들의 이익을 증대시키는 데 이용된다.
② 스포츠의 사회적 기능으로 체제유지와 긴장처리, (㉠), 목표성취, 적응기제 강화 등을 들 수 있다.

─── <작성 방법> ───
○ (가)에서 최 교사의 질문에 대한 예비교사의 대답이 옳지 않은 1명의 이름을 쓰고, 그 예비교사의 대답에 해당하는 사회적 기능을 제시할 것.
○ (나)의 ①에 해당하는 스포츠사회학 이론을 쓰고, 이와 관련된 이야기를 한 예비교사의 이름을 (가)에서 골라 쓸 것.
○ 괄호 안의 ㉠에 해당하는 용어를 쓰고, 이와 관련된 이야기를 한 예비교사의 이름을 (가)에서 골라 쓸 것.
○ (나)의 ②에 해당하는 스포츠사회학 이론을 쓸 것.

2. 다음의 (가)는 스포츠의 정치적 속성, (나)는 스포츠와 정치의 결합방법에 대한 자료의 일부이다. <작성 방법>에 따라 순서대로 서술하시오. [4점]

(가)
○ 스포츠 경기에 수반되는 의식과 행동은 선수의 충성심을 (ⓐ)적으로 재확인하는 것에 목적이 있다.
○ 스포츠 조직은 구호, 응원가, 유니폼, 마스코트 등의 (ⓐ)을 통해 조직에 대한 선수의 충성심을 지속시키거나 강화한다.

[그림]
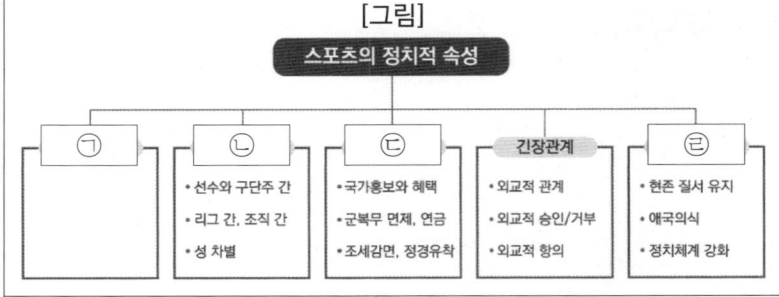

(나)
① 정치인의 비리, 부정 등을 은폐하기 위해 스포츠를 이용한다.
② 대중은 선수나 팀을 자신과 일치시키는 태도를 형성한다.
③ 경기에 앞서 국가연주, 국기에 대한 경례 등의 의식을 갖는다.

─── <작성 방법> ───
○ 에티즌(D. Eitzen)과 세이지(G. Sage)가 제시한 스포츠의 정치적 속성에 근거하여 (가)의 ○ 내용에 해당되는 [그림] 속 네모 안의 ㉠에 해당하는 속성을 쓰고, 네모 안의 ㉡·㉢·㉣에 해당하는 속성을 각각 순서대로 제시할 것.
○ 괄호 안의 ⓐ에 해당하는 용어를 쓰고, 이 용어의 의미를 ①~③ 중에 골라 제시할 것.

3. 다음은 스포츠와 정치에 대한 자료의 일부이다. <작성 방법>에 따라 순서대로 서술하시오. [4점]

(가)
○ 1972년 제20회 뮌헨올림픽에서 발생 ○ 팔레스타인 테러조직에 의한 이스라엘 선수단 인질 사건 ○ 국가 간 갈등이 올림픽을 통해 표출된 테러 사건

(나)
1968년 제19회 멕시코올림픽의 육상 200m 경기에서 1위와 3위로 입상한 미국의 토미 스미스와 존 카롤로스는 시상식에서 검은 장갑, 검은 양말 등으로 (㉠)에 대한 저항을 표현하였다.

─────── <작성 방법> ───────
○ (가)의 내용에 해당하는 사건의 명칭을 쓰고, 이에 해당하는 스포츠가 국제정치에서 개입되는 방식(국제정치에서 스포츠의 이용 및 역할)을 제시할 것.
○ (나)의 내용에 해당하는 스포츠가 국제정치에서 개입되는 방식(국제정치에서 스포츠의 이용 및 역할)을 쓰고, 이와 관련된 스포츠일탈의 사회적 이론을 괄호 안의 ㉠에 근거하여 제시할 것(단, 괄호 안의 ㉠은 쓰지 말 것).

4. 다음은 스포츠와 경제 및 교육에 대한 자료의 일부이다. <작성 방법>에 따라 순서대로 서술하시오. [4점]

(가)
(㉠) 심화에 따른 스포츠의 변화 ① 경기 내적인 요소보다 외적인 요소를 중요시한다. ② 심미적 가치보다 영웅적 가치를 중요시한다. ③ 아마추어리즘보다 프로페셔널리즘을 추구한다. ④ 경기의 (㉡)을 강화하기 위해 경기 규칙을 개정한다.

(나)
ⓐ 브이존 중학교는 학생 상호간, 학생과 교사 간 교류가 줄어들면서 '우리' 라는 공동체의식을 형성하지 못한 채 갈등을 겪고 있다. 브이존 중학교는 이러한 문제를 해결하기 위해 스포츠를 적극 활용하려고 한다. ⓑ 스포츠 참여를 통해 생애주기에 적합한 스포츠를 즐길 수 있는 습관을 형성할 수 있다. 학교에서의 스포츠 경험은 개인이 전 생애에 걸쳐 스포츠를 즐길 수 있는 토대를 마련해준다. 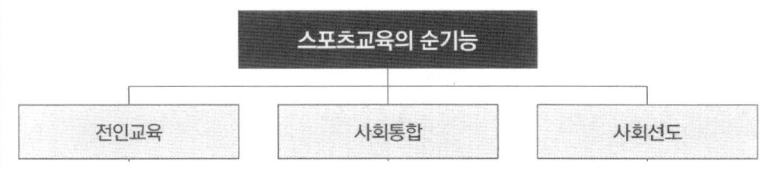

─────── <작성 방법> ───────
○ 괄호 안의 ㉠에 해당하는 용어를 쓰고, 관중의 흥미를 유지하기 위해 필요한 스포츠의 특성에 근거하여 괄호 안의 ㉡에 해당하는 특성을 제시할 것.
○ ②에 대해서 임번장·이혁기·신석민 선생님은 '스포츠 내용의 변화' 라고 언급하셨다. 박보현·한태룡 선생님은 무엇이라고 이야기했는지 정확하게 기술할 것.
○ ⓐ에 해당하는 스포츠의 교육적 순기능(사회통합)과, ⓑ에 해당하는 스포츠의 교육적 순기능(사회선도)을 각각 순서대로 쓸 것.

5.

다음은 스포츠와 미디어에 대한 체육교사와 예비 체육교사의 대화 내용이다. <작성 방법>에 따라 순서대로 서술하시오. [4점]

(가)
- 최 교사 : 지난 시간에 배운 스포츠미디어를 통해 충족할 수 있는 욕구를 누가 말해 볼까요?
- 경 현 : 불안, 초조, 욕구불만, 좌절 등의 감정을 해소하도록 돕습니다.
- 승 환 : 스포츠에 대한 규칙정보, 지식, 경기결과 및 통계적 지식을 제공합니다.
- 덕 영 : 스포츠에 대한 흥미와 즐거움을 제공합니다.

(나)
- 최 교사 : 지난 시간에 배운 스포츠와 미디어의 상호관계를 누가 말해 볼까요?
- 경 수 : 방송사의 편익을 위해 배구의 랠리포인트제, 농구의 쿼터제 등 경기규칙을 변경하였습니다.
- 용 찬 : 시청자의 욕구를 충족시켜 주기 위해 슬로우영상, 반복영상 등을 제공하고 있습니다.
- 홍 기 : 영국 프리미어리그 경기는 방송사에 수준 높은 콘텐츠를 제공하고 있습니다.
- 동 민 : 손흥민, 류현진 선수 등의 활약으로 스포츠 관련 방송 시장이 확대되었습니다.

<작성 방법>
- (가)에서 버렐(S. Birrell)과 로이(J. Ley)가 제시한 스포츠미디어를 통해 충족할 수 있는 4가지 욕구 유형에 근거하여 경현·승환·덕영이가 이야기한 욕구를 각각 순서대로 쓰고, 언급되지 않은 1가지 욕구를 제시할 것.
- (가)의 대화 내용에 해당하는 대중전달 이론의 명칭을 쓸 것.
- (나)에서 최 교사의 질문에 대한 대답 중 성격이 다른 1가지를 답한 예비교사의 이름을 쓰고, 그 대답의 내용이 이루어지기 위한 원칙을 기술할 것.

6.

다음의 (가)는 맥루한(M. McLuhan)의 미디어 이론에 관한 자료의 일부이고, (나)는 스포츠 참가의 다양한 사례이다. <작성 방법>에 따라 순서대로 서술하시오. [4점]

(가)

특성 구분	정의성	감각 참여성	감각 몰입성	경기진행 속도
핫 미디어 스포츠	①	②	③	④
쿨 미디어 스포츠	㉠	㉡	㉢	㉣

(나)
- 이용대 선수의 경기 보도 증가는 대중들의 배드민턴 참여를 촉진한다.
- 부모의 스포츠에 대한 긍정적인 태도는 자녀의 스포츠 참여 가능성을 높인다.
- 학생들은 교내에서 체육교과와 다양한 프로그램을 통해 스포츠에 참여하고 있다.

<작성 방법>
- 핫 미디어 스포츠의 ①~④를 각각 순서대로 쓸 것.
- 쿨 미디어 스포츠의 ㉠~㉣을 각각 순서대로 쓸 것.
  → 위의 두 동그라미 문제는 '높음'·'낮음'·'빠름'·'느림' 만을 활용하여 작성해야 함.
- (나)에서 설명하는 스포츠사회화 과정을 쓰고, 이에 영향을 준 사회화 과정의 요소(Kenyon&McPherson)를 쓸 것.

7. 다음의 (가)는 예비 체육교사들의 다양한 스포츠 참가유형, (나)는 스포츠 계층의 형성과정에 대한 자료의 일부이다. <작성 방법>에 따라 순서대로 서술하시오. [4점]

(가)
- 병욱이는 실제 스포츠에 참가하지는 않지만 간접적으로 특정 선수나 팀 또는 경기상황에 대해 감정적인 태도나 성향을 표출한다.
- 다영이는 앞으로 스포츠 상황 내에서 다양한 지위와 규범을 이행함으로써 스포츠에 실질적으로 참가하고 싶어한다. 예를 들면, ㉠생활체육 동호인·선수·㉡감독·심판·해설자로 활동하고 싶어한다.

(나)
① 국제 테니스 대회에서 우승하면 사회적 명성이 높아진다.
② 세계랭킹에 따라 참가할 수 있는 테니스 대회가 나누어져 있다.
③ 테니스는 선수, 코치, 감독, 트레이너 등으로 역할이 구분되어 있다.
④ 세계적인 테니스 선수는 기업으로부터 많은 후원금을 받고 있다.

<작성 방법>
- ⓐ케년(G. Kenyon)의 스포츠 참가유형에 근거하여, 병욱이와 다영이의 스포츠 참가유형(참가형태)를 각각 순서대로 쓸 것.
- 밑줄 친 작성방법ⓐ의 하위개념에 근거하여, 밑줄 친 ㉠과 ⓑ㉡에 해당하는 참가의 명칭을 각각 순서대로 쓸 것.
- 밑줄 친 작성방법ⓑ의 하위 개념에 근거하여, '감독·심판'과 '해설자'를 구분하여 일컫는 용어를 각각 순서대로 쓸 것.
- 투민(M. Tumin)의 스포츠계층 형성과정 순서에 근거하여, (나)의 ①~④를 바르게 배열하여 제시할 것.

---

8. 다음의 (가)는 사회계층과 스포츠 참가에 관한 최 교사와 예비 체육교사들의 대화 내용이고, (나)는 우진이의 사회계층 이동에 관한 사례이다. <작성 방법>에 따라 순서대로 서술하시오. [4점]

(가)
최 교사 : 지난 시간에 배운 상류계급의 스포츠 참가 특징에 대해 누가 말해 볼래요?
준 완 : 과시적 소비 성향의 스포츠를 선호합니다.
수 연 : 요트, 승마와 같은 자연친화적 개인 스포츠를 선호합니다.
효 경 : 직접 참여가 높고, TV 시청을 통한 관람 스포츠를 소비하는 경향은 낮습니다.
기 용 : 사생활이 보호되는 장소에서 소수 인원이 즐기는 스포츠 참여를 선호합니다.

(나)
우진이는 2002년부터 2019년까지 프로축구리그 VZONE팀의 주전선수로 활동하면서 MVP 3회 수상 등 축구 선수로서 명성을 얻었다. 은퇴 후, 2020년부터 프로축구 A팀의 수석코치로 활동하게 되었다.

[표]
이동의 방향	시간적 거리	이동의 주체
㉠	㉡	㉢

<작성 방법>
- (가)의 밑줄 부분에 근거하여 베블렌(T. Veblen)의 과시적 소비라는 개념을 보다 발전시킨 부르디외(P. Bourdieu)가 제시한 개념을 쓰고, 이에 해당하는 스포츠계층 이론을 제시할 것.
- (나)에서 [표]안의 ㉠·㉡·㉢에 해당하는 사회계층 이동의 유형을 각각 순서대로 쓰고, 현재 우진이의 상황에 해당하는 스포츠사회화 과정을 제시할 것.

9.

다음의 (가)는 여성의 스포츠 참가종목에 대한, (나)는 스포츠 일탈을 설명하는 이론 및 특징에 관한 예비 체육교사들의 대화 내용이다. <작성 방법>에 따라 순서대로 서술하시오. [4점]

(가)

아영 : 내 친구 주은이는 얼마 전부터 권투를 시작했어. <u>남자들이나 하는 거친 운동을 여자가 겁도 없이 한다기에</u> 내가 못 하게 적극적으로 말렸어.

희식 : 잘했어. 여자에게 어울리는 스포츠도 많잖아. 요가나 필라테스처럼 여자에게 어울리는 종목을 추천해줘.

기현 : 남자라면 남성다운 거칠고 투쟁적인 스포츠를 즐겨야 하겠지만, 여자인 주은이는 여성다움을 강조하는 스포츠에 참여하는 것이 좋을 것 같아.

근협 : 권투에 참여하는 여성은 여성성을 잃게 되어 매력적이지 않아.

병규 : <u>여자보다 남자의 근력이 강하기 때문에 권투와 같은 종목은 여자에게 적합하지 않은 것 같아.</u>

(나)

보혁 : 선수의 금지약물복용 등과 같은 일탈적 행위는 자본주의 체제의 불평등 때문입니다.

선희 : 팀 내 우수선수가 금지약물을 복용하면 동료도 복용하게 될 가능성이 높습니다.

효식 : 선수의 승리에 대한 ㉠<u>목표와 수단의 괴리</u>로 인해 일탈이 발생합니다.

은영 : 선수에게 부여된 악동, 풍운아 같은 이미지는 선수 생활에 영향을 미칩니다.

<작성 방법>

○ 아영이의 성차별적 인식에 해당하는 성차별의 사회적 근원을 쓰고, 병규의 성차별적 인식에 해당하는 젠더불평등 이데올로기 편견의 측면을 제시할 것.

○ 스포츠일탈의 사회학적 이론에 근거하여 (나)의 예비교사 중 동일한 관점(이론)을 가진 2명의 이름을 쓰고, 동일한 관점(이론)을 제시할 것.

○ 스포츠일탈에 대한 머턴(Merton)의 아노미 이론(anomie theory)의 적용 5단계에 근거하여, 밑줄 친 ㉠의 다음 단계의 내용을 기술할 것.

10.

다음의 (가)는 스포츠일탈에 관한, (나)는 집합행동에 관한 예비체육교사들의 대화 내용이다. (다)는 출제되기는 어렵지만, 스포츠지도사 문제에 대한 예의 차원에서 만든 부분이다. <작성 방법>에 따라 순서대로 서술하시오. [4점]

(가)

최 교사 : 지난 시간에 배운 스포츠 일탈에 대해 누가 말해볼래요?

효 준 : <u>긍정적 일탈은 정상적으로 받아들여지는 행동에 대한 무비판적 수용을 의미하고, 그 사례로는 오버 트레이닝(over-training), 운동중독 등이 있습니다.</u>

지 호 : 부정적 일탈 사례로는 금지약물복용, 구타 및 폭력 등이 있습니다.

동 준 : 스포츠 일탈은 규범에 대한 거부와 함께 무비판적 수용도 포함되는 군요.

예 린 : 스포츠에서 허용되는 행동이 사회의 다른 영역에서는 일탈이 될 수 있습니다.

한 별 : 과학기술의 급속한 발전과 새로운 스포츠 규범 사이에 시간적 차이가 발생합니다.

희 연 : 예린이와 한별이가 이야기한 것은 스포츠 일탈의 (㉠)이라고 볼 수 있지요.

(나)

은진 : 어제 축구 봤어? 경기 도중 관중 폭력이 발생했잖아.

상진 : 나도 방송에서 봤는데 관중 폭력의 원인이 인종차별 때문이래.

영민 : ㉡<u>인종차별과 같은 사회구조적·문화적 선행요건이 없었다면, 두 팀 관중들 간에 폭력은 없었을 거야.</u>

(다)

스포츠 (㉢)의 원인에는 제국주의 확장, 민족주의, 종교 전파, 과학기술 발전(테크놀로지의 발달) 등이 있다.

<작성 방법>

○ 효준의 대화 내용에 해당하는 스포츠일탈 행동의 유형을 4음절로 쓰고, 괄호 안의 ㉠에 해당하는 용어를 3음절로 쓸 것.

○ 밑줄 친 ㉡이 설명하는 집합행동 이론을 쓰고, 스멜서(Smelser)가 제시한 6단계에 근거하여 밑줄 친 ㉡에 해당하는 단계의 순서(아라비아 숫자)와 내용을 기술할 것.

○ 괄호 안의 ㉢에 해당하는 용어를 쓸 것.

<수고하셨습니다.>

2021년대비 VZONExam78 서울(08.15토~16일), 대구·부산(08.22토)

체 육

운동생리학 | 2

| 1차 시험 | 2교시 전공A | 10문항 40점 | 시험 시간 60분 |

운동생리학 1	I. 운동생리학의 개요		
	II. 에너지·운동 대사 및 내분비계	⓪ 스포츠 영양학	0. 영양소의 역할과 기능 : (1)3대영양소, (2)3대 조절소
		① 에너지운동 대사	*1-0. 에너지의 개념과 대사작용*
			1. ATP 생성체계
			2. 젖산의 제거 : 1)운동시, 2)운동후
			3. 탄수화물과 지방의 유산소성 과정(화학식)
			4. 에너지연속체 = 유산소성 및 무산소성 ATP 생산의 상호작용
			5. 운동초기산소결핍 & 산소부채·EPOC
			6. 연료선택의 결정요인들 : 1)운동강도^{그래프}, 2)운동시간^{그래프}, 3)신체연료
			7. 운동시 연료의 이용과 피로
			8. 에너지·운동대사 트레이닝
		② 내분비계	*9-0. 내분비계의 특성*
			9. 근육당원 분해^{이용}의 조절기전
			10. 운동 중 혈당의 항상성 유지 & *지구성 트레이닝을 통한 호르몬의 변화*
			11. 운동 중 체수분 조절 : ①항이뇨호르몬$^{(ADH=바소프레신)}$, ②알도스테론
			12. 호르몬의 분비샘과 작용
운동생리학 2	III. 신경·근골계	③ 신경계	*13-0. 신경계의 분류 및 신경세포(뉴런)의 구조와 기능*
			13. 활동전위^{전압} 1)가중→역치·실무율 2)활동전위 3)시냅스전위^{전압} 4)시냅스발생 전기적·화학적 흥분 전도 순서
			14-0. 중추신경계의 운동기능 조절 1)뇌 2)척수 3)^{수의적}운동기능의 조절
			14. 말초신경계의 운동기능 조절(고유수용기) : (1)근방추, (2)골지건 (3)관절고유수용기 / (4)전정기관
			15. 신경계의 트레이닝 효과
		④ 근골계	*○뼈의 기능*
			16-0. 골격근의 구조와 기능 : (1) 근다발·근섬유·근원섬유·근원세사 (2) 근형질세망(칼슘이온)-트로포닌
			16. 골격근 수축 단계·근수축 과정·근세사활주설·스위닝 레버-암 모델
			17-0. 골격근·심장근·내장근 - 근육의 구조와 기능적 특징
			17. 골격근 섬유 1) FT$_b$(FT$_x$) **Type II**$_b$·FT$_a$ **Type II**$_a$·**ST Type I** 의 특성 2) 트레이닝:(1)유산소 트레이닝(지근 미·마·모·산화효소), (2)저항성 트레이닝(속근) 3) 주동근·길항근·협력근
			18. 근수축의 형태 : (1)등척성, (2)등장성[①단축성concentric·②신장성eccentric], (3)등속성
			19. 골격근 수축의 원리 1) 근육수축과 근력의 발휘 2) 근력 결정 요인(근력 조절 기전) 3) 파워-속도 / 힘-속도의 상관관계
			20. 근피로 및 근통증
			21. 저항성 트레이닝

※ 시험이 시작되기 전까지 표지를 넘기지 마시오.

2021년대비 VZONExam78 서울(08.15토~16일), 대구·부산(08.22토)

체 육
운동생리학 2

수험번호 : (   )   성 명 : (   )

| 1차 시험 | 2교시 전공A | 10문항 40점 | 시험 시간 60분 |

○ 문제지 전체 면수가 맞는지 확인하시오.
○ 모든 문항에는 배점이 표시되어 있습니다.

1. 다음은 영양소의 역할과 기능에 대한 자료의 일부이다. <작성 방법>에 따라 순서대로 서술하시오. [4점]

○ 필수 영양소를 기능에 따라 분류하면 탄수화물·지방·단백질은 에너지 영양소로, 비타민·무기질·물은 조절 영양소로 분류된다.
○ 고강도 운동 시 ATP 합성에 사용되는 주요 기질(substrate)은 근육 (㉠)이고, 장시간 저강도 유산소 운동 시 주요 에너지원은 (㉡)이다.
○ 운동 시 탄수화물 대사는 혈당 유지, 에너지원 공급, 단백질 절약작용 등과 관련이 있다.
○ 운동 시 에너지원으로 사용되는 지방의 (㉢)은 아데노신삼인산(ATP)을 생성하는데 이용되고, ㉣글리세롤은 간에서 포도당신생에 사용된다.
○ 단백질은 에너지 공급, 산-염기 균형 조절, 조직의 합성과 보수, 효소 및 호르몬생성 등과 관련이 있다.
○ 무기질 중에서 (㉤)은 뼈의 성장 및 근수축을 조절하는 요인이며, 철분(iron)은 산소 운반 단백질인 (㉥)의 주요 구성성분이다. 나트륨(sodium)은 체액 삼투압을 조절하고 세포외액에 다량 존재하며 산과 염기 균형을 유지하지만, 과잉 섭취 시 부종을 유발한다.
○ 항산화 기능이 있는 비타민은 비타민 C와 비타민 E이고, 수용성 비타민은 비타민 B_2와 비타민 C이다.
○ 운동 시 체수분은 체온 조절·대사산물 운반·외부충격 완화 등과 관련이 있고, 운동 중 스포츠음료 섭취 효과로는 전해질 재보충·탈수 예방·㉦혈장량 유지·에너지원 공급 등이 있다.

── <작성 방법> ──
○ 괄호 안의 ㉠외래어 4음절·㉡한글 5음절에 해당하는 용어를 각각 순서대로 쓸 것.
○ 밑줄 친 ㉣에서 '글리세롤'을 '무엇'으로 바꾸면 코리 사이클(Cori cycle)이라고 말할 수 있는지 '무엇'을 쓸 것.
○ 괄호 안의 ㉤외래어 2음절·㉥외래어 5음절에 해당하는 용어를 각각 순서대로 쓸 것.
○ 밑줄 친 ㉦에 영향을 주는 부신피질(겉질)에서 분비되는 호르몬의 명칭을 쓸 것.

2. 다음의 ㈎는 대구와 부산에서 공부 잘 하고 있는 예비 체육교사와 최 교사의 대화 내용이고, ㈏는 단백질에 대한 자료의 일부이다. <작성 방법>에 따라 순서대로 서술하시오. [4점]

────── ㈎ ──────
최 교사 : 지난 시간에 배운 ATP 생성 체계에 대해서 생각 나는 것이 있으면 편하게 말해 볼래요?
성 현 : 무산소성 해당작용의 최종산물은 젖산이고, 당신생 과정을 통해 포도당으로 전환됩니다.
재 영 : 젖산은 고강도 운동이 지속되면 근육내 생성이 증가되고, 지근(ST)보다 속근(FT)에서 많이 생성됩니다.
치 현 : 지방은 세포질이 아닌 미토콘드리아에서 베타산화 과정을 거칩니다.
예 빈 : 유산소 시스템은 장시간의 저강도 운동 시 사용되고, 무산소 시스템에 비해 ATP 합성률이 빠릅니다.
욱 재 : 네 맞아요. 또한 산소를 이용하여 에너지 기질(substrate)을 분해하기 때문에 에너지 기질로는 탄수화물이 아닌 지방을 이용할 수 있습니다.
준 영 : 체력요소 중 스피드(speed)는 무산소 대사가 주요 에너지 시스템으로 동원됩니다.

────── ㈏ ──────
단백질이 (ⓐ)에서 당신생과정(gluconeogenesis)에 의해 (㉠)으로 전환되고, (ⓑ)세포의 에너지원으로 제공되는 일련의 과정을 (㉠)-(㉡) 회로(사이클)라고 한다.

── <작성 방법> ──
○ ㈎의 6명의 예비교사 중 <u>잘못</u> 답한 2명을 골라 쓰고, 각각 바른 대답으로 수정하여 기술할 것(단, 대답 순서상 처음 잘못 답한 친구의 서술어를 수정하고, 두 번째로 잘못 답한 친구의 목적어를 수정함, 둘 다 잘못된 부분은 쓰지 않음).
○ 괄호 안의 ⓐ1음절와 ⓑ2음절에 해당하는 용어를 각각 순서대로 쓸 것.
○ 괄호 안의 ㉠한자어과 ㉡외래어에 해당하는 용어를 각각 순서대로 3음절로 쓸 것.

3. 다음의 (가)는 운동 중 연료 이용의 평가에 대한 자료의 일부이고, (나)는 운동강도 및 시간에 따른 연료사용에 대한 최 교사와 예비 체육교사들의 대화 내용이다. <작성 방법>에 따라 순서대로 서술하시오. [4점]

(가)

○ 간접열량측정법은 에너지 소비량을 측정하기 위하여 호흡가스분석법을 사용하고, (㉠)은 체내 산소 소비량 및 이산화탄소 생성량을 측정한다.
 ① (㉠) = 1
 ② (㉠) = 0.70
○ 산소 1리터당 생성되는 열량은 다음과 같다.

[표]

지방 %	탄수화물 %	산소 1리터당 소모 kcal
100	0	
83	17	
67	33	
50	50	
33	67	
17	83	
0	100	↓

(나)

최 교사 : 운동강도 및 지속시간에 따른 에너지 생성에 동원되는 기질의 변화를 누가 말해 볼까요?
민　　석 : (ⓐ)이 저강도 운동에 큰 역할을 하는 반면, (ⓑ)은 고강도 운동 중에 탄수화물의 주요 원료로 이용됩니다.
명　　재 : 장시간 최대하 운동의 초기 1시간 동안에는 탄수화물의 대부분은 (ⓑ)에서 생성되지만 시간이 지남에 따라 (ⓐ)이 중요한 연료원으로 증가됩니다.
병　　탁 : (ⓒ)은 저강도 운동 동안에 지방의 주원료로 사용되나 강도가 증가하면 (ⓓ) 대사작용은 증가합니다.
진　　경 : 운동초기에 있어 (ⓒ)과 (ⓓ)의 기여도는 동일하지만 운동지속시간이 증가함에 따라 연료원으로서 (ⓒ)의 역할은 점차 증가합니다.

<작성 방법>

○ 괄호 안의 ㉠에 해당하는 용어를 쓰고(단, ㉠의 명칭은 국문, 영문 약어 모두 가능함), ①과 ②에 해당하는 에너지 대사의 주 연료를 [표]에서 골라 각각 순서대로 제시할 것.
○ [표]의 ↓ (화살표 방향)으로 갈수록 값의 변화를 '커진다' 또는 '작아진다' 중에 골라 쓸 것.
○ 괄호 안의 ⓐ5음절 · ⓑ4음절 · ⓒ7음절 · ⓓ6음절에 해당하는 용어를 각각 순서대로 쓸 것(단, '근육' 또는 '혈장'을 각각 포함하여 답함).

---

4. 다음은 운동과 내분비계에 대한 최 교사와 예비 체육교사들의 대화 내용이다. <작성 방법>에 따라 순서대로 서술하시오. [4점]

최 교사1 : 호르몬의 이름 맞추기 스무고개를 시작할까요?
혜　　빈 : 네, 스무고개 너무 좋아요!
최 교사2 : 혜빈이는 레트로 갬성을 갖고 있구나^.^ 이 호르몬은 운동의 강도가 증가함에 따라 분비가 증가하며 근육 내 당원의 분해를 촉진하는 역할을 합니다.
영　　수 : 영어와 수학은 자신 있는데, 생물은 너무 어려워요ㅠㅠ.
최 교사3 : 영수야. 이름을 개명하렴. 농담^.^ 이 호르몬은 운동의 시간이 증가함에 따라 분비가 증가하며, ⓐ지방조직과 근육 내 지방의 분해를 촉진하는 역할을 합니다.
정　　빈 : 제 이름은 바르고 빛나는 삶을 살라고 할아버지께서 지어주셨어요. 제 이름 좋지요?
최 교사4 : 정빈아. 지금 스무고개 하고 있단다. 선생님의 질문에 집중할래. 음, 결정적인 힌트를 주자면, 이 호르몬은 부신수질(속질)로부터 분비됩니다. 5음절입니다.
동　　훈 : 카테콜라민이요.
최 교사5 : 아~ 거의 다 왔어요. 더욱 정확하게...
한　　솔 : (㉠)이요.
최 교사6 : 한솔이 정답! 조금 아쉬우니까, 추가 질문할게요. (㉠)의 자극으로 ⓑ췌장에서 분비되는 2가지 호르몬의 변화가 생기고, 그 변화로...
　　　　　… (중략) …
최 교사1 : 자, 이제 스무고개 2탄을 시작할까요? 이 호르몬은 뇌하수체 전엽에서 분비되는 갑상선자극호르몬(thyroid-stimulating hormone)의 영향을 받아 조절됩니다.
원　　우 : 어디서 분비되나요?
최 교사2 : 갑상선에서 분비됩니다.
수　　희 : 트라이아이오드타이로닌(T_3)이요.
최 교사3 : 그것도 맞는데, 선생님이 원하는 답은 3음절입니다. 이 호르몬은 카테콜라민과 함께 열생성의 방법인 비오한과 관련이 있습니다.
유　　리 : (㉡)이요.
최 교사4 : 유리 정답! 유리는 올해 합격하겠는걸. 오늘 수업 끝!

<작성 방법>

○ 괄호 안의 ㉠에 해당하는 용어를 쓰고, 밑줄 친 ⓐ의 기전인 밑줄 친 ⓑ를 기술할 것(단, 변화는 '증가' 또는 '감소'를 활용함).
○ 괄호 안의 ㉡에 해당하는 용어를 쓸 것.

5. 다음은 운동과 내분비계에 대한 자료의 일부이다. <작성 방법>에 따라 순서대로 서술하시오. [4점]

- ㉮고온 환경 장시간 운동 시 체수분 평형을 위한 조절 작용
  ① 신장에서 레닌(renin) 분비
  ② 부신에서 알도스테론(aldosterone) 분비
  ③ 간에서 안지오텐시노겐(angiotensinogen) 분비
  ④ 안지오텐신(angiotensin) Ⅰ에서 안지오텐신 Ⅱ로 변환
- 스트레스는 개인의 신체적·정신적 상태에 유익한 결과를 가져오는 긍정적 스트레스와 유해한 결과를 가져오는 부정적 스트레스로 분류된다.
  ▸ 스트레스 호르몬인 (㉠)의 분비 증가로 면역 기능이 저하되어 상기도 감염(URTI) 위험률이 증가하였다.
  ▸ 일반적응증후군(general adaptation syndrome, GAS)은 경계-저항-(㉡)의 세 단계로 구성된다.
  ▸ (㉠)의 분비는 ⓐHPA축이라 하는 시상하부-뇌하수체-부신겉질의 경로를 통하여 조절된다. (㉠)은 당신생과 지방산 동원을 촉진하는 역할을 하며, ⓑ부신속질(adrenal medulla)에서 분비되는 에피네프린·노르에피네프린 등과 함께 심한 운동과 같은 스트레스 상황에 대응하는 데 필수적인 역할을 한다.
- 뇌하수체 전엽에서 분비되는 (㉢)은 간으로부터 소마토메딘(somatomedin) 또는 인슐린유사 성장인자(insulin-like growth factor : IGF)의 방출을 자극함으로써 근육 생성에 있어서 단백질 합성에 긍정적인 영향을 미친다.

─── <작성 방법> ───

- 밑줄 친 ㉮에 근거하여 ①~④를 순서대로 바르게 배열할 것.
- 괄호 안의 ㉠·㉡에 해당하는 용어를 각각 순서대로 쓸 것.
- 밑줄 친 ⓑ에 해당하는 축(axis)의 명칭을 밑줄 친 ⓐ의 형태로 쓸 것.
- 괄호 안의 ㉢에 해당하는 용어를 쓸 것.

6. 다음은 운동과 신경계에 대한 자료의 일부이다. <작성 방법>에 따라 순서대로 서술하시오. [4점]

- 운동 시 (㉠)의 활성화는 '심박수·호흡수 및 가스교환율·골격근의 혈류량'의 증가를, '소화계 활동'의 감소를 가져온다.
- 신경세포 구조 및 전기적 활동은 다음과 같다.
  ▸ 안정 시 신경세포 막의 바깥쪽은 Na^+의 농도가 높고, 안쪽은 K^+의 농도가 높다.
  ▸ (㉡)는 신경세포 막의 차등성전위(graded potential)가 활동전위(action potential)로 바뀌는 시점을 말한다.
  ▸ 활동전위(action potential)는 신경세포 막의 (㉢)을 유도한다.
  ▸ 신경세포는 신경-근접합부(neuromuscular junction)에서 분비되는 신경전달물질(neurotransmitter)인 (㉣)을 통해 근섬유와 상호신호전달을 한다.
- 정적 유연성 트레이닝 시 (㉤)에 평소보다 큰 자극이 가지 않도록 천천히 실시한다.
- 신경근 훈련은 관절의 위치감각적 협응력에 긍정적 영향을 미치고, 고유수용감각으로부터 신경자극의 분절 내 전달 기능을 향상시킨다.

─── <작성 방법> ───

- 괄호 안의 ㉠에 해당하는 자율신경계의 명칭을 쓸 것.
- 괄호 안의 ㉡·㉢에 해당하는 용어를 각각 순서대로 쓸 것.
- 괄호 안의 ㉣이 흥분성과 억제성으로 작용하는 근육의 명칭을 각각 순서대로 쓸 것(단, 둘 다 3음절임).
- 괄호 안의 ㉤에 해당하는 용어를 쓸 것.

7. 다음의 (가)는 근세사 활주설(sliding filament theory)에 대한 예비 체육교사들의 대화 내용이고, (나)는 근수축의 형태에 관한 자료의 일부이다. <작성 방법>에 따라 순서대로 서술하시오. [4점]

(가)

윤　정 : 마이오신(myosin)은 근절(sarcomere)의 중앙부위로 액틴(actin)을 잡아당깁니다.
승　훈 : 마이오신 머리(myosin head)에 있는 (㉠)가 방출되면서 파워 스트로크(power stroke)가 일어납니다.
지　민 : 활동전위는 근형질세망(sarcoplasmic reticulum)으로부터 나온 (㉡)을 근형질(sarcoplasm) 내로 유입하게 합니다.
용　수 : (㉡)은 액틴 세사의 트로포닌(troponin)과 결합하고 트로포닌은 트로포마이오신(tropomyosin)을 이동시켜 마이오신 머리가 액틴과 결합할 수 있도록 합니다.

(나)

○ⓐ등장성 운동(isotonic exercise)은 다음과 같다.
▸일반적으로 웨이트트레이닝이 해당된다.
▸근육의 길이가 변화한다.
▸ⓒ단축성 수축 및 ⓓ신장성 수축이 가능하다.
○ⓑ등속성 운동(isokinetic exercise) 검사는 다음과 같다.
▸검사 전에 실제 검사 각속도와 동일한 속도로 연습한다.
▸검사 후 통증이나 기타 불편함이 나타나면 얼음찜질 등으로 응급처치를 실시한다.
▸각속도를 선택할 때는 피험자의 병리학적인 상황뿐만 아니라 근력과 심장기능을 고려한다.

── <작성 방법> ──
○괄호 안의 ㉠·㉡에 해당하는 물질을 '원소 기호'를 활용하여 정확하게 순서대로 쓸 것.
○밑줄 친 ⓒ·ⓓ에 해당하는 일의 형태를 각각 순서대로 쓸 것.
○밑줄 친 ⓐ의 단점을 해결한 밑줄 친 ⓑ의 장점을 기술할 것(단, 밑줄 친 ⓐ의 단점은 기술하지 않음).

8. 다음은 골격근 섬유에 대한 예비 체육교사들의 대화 내용이다. <작성 방법>에 따라 순서대로 서술하시오. [4점]

(가)

최 교사 : 지난 시간에 배운 골격근 섬유에 대해서 이야기해 볼까요?
형　대 : 십자형교(cross-bridge) 수가 많을수록, 운동단위가 클수록 근력이 높습니다.
현　권 : 지근(ST)보다 속근(FT)에서 운동 중 젖산이 많이 생성되고, 단위면적당 최대근력이 높습니다.
성　훈 : 속근 운동단위가 많을수록 스피드(speed)에 유리합니다.
다　은 : TypeⅠ 운동단위는 TypeⅡ 운동단위보다 단위 당 근섬유 수가 적습니다.
태　종 : TypeⅠ 운동단위는 TypeⅡ 운동단위보다 알파운동뉴런의 크기가 작습니다.

(나)

최 교사 : 훈련되지 않은 사람과 비교하여 단거리 선수의 장딴지 근육은 주로 (㉠)의 비율이 높고, 장거리 수영선수의 팔 근육은 (㉡)의 비율이 높은 경향이 있습니다.
민　지 : ㉠은 ㉡에 비하여 수축속도가 느립니다.
극　민 : ㉠은 ㉡에 비하여 피로도가 낮습니다.
수　민 : ㉡은 ㉠에 비하여 미토콘드리아 밀도가 낮습니다.
현　우 : ㉡은 ㉠에 비하여 산화능력이 낮습니다.

(다)

최 교사 : 장기간의 저항성 트레이닝에 따른 골격근의 적응에 대해서 이야기해 볼까요?
소　희 : 근형질(sarcoplasm)의 양이 증가합니다.
수　완 : 근원섬유(myofibril)의 수가 증가합니다.
현　창 : 속근섬유(type Ⅱ fiber)의 단면적이 증가합니다.
용　대 : 미토콘드리아(mitochondria)의 밀도가 증가합니다.

── <작성 방법> ──
○(가)에서 '현권이·성훈이가 이야기한 근섬유 명칭을 구분한 기준4음절'과 '다은이·태종이가 이야기한 근섬유 명칭을 구분한 기준4음절'을 각각 순서대로 쓸 것(단, 2019년 전공체육 기출문제에서 제시된 작성방법에 한정함).
○(나)에서 최 교사의 설명에 바르게 이야기한 예비교사의 이름을 쓰고, 그 예비교사의 대답 중 밑줄 친 부분의 의미를 기술할 것.
○(다)에서 최 교사의 질문에 바르게 대답하지 못한 예비교사의 이름을 쓰고, 그 이유를 '트레이닝의 원리(운동처방의 원리)'에 근거하여 간단하게 기술할 것.

9. 다음의 (가)는 근력 결정 요인, (나)는 근수축 유형에 따른 힘-속도-파워 간의 관계에 대한 예비 체육교사들의 대화 내용, (다)는 근피로에 대한 자료의 일부이다. <작성 방법>에 따라 순서대로 서술하시오. [4점]

(가)
- (㉠)는 하나의 알파운동뉴런과 연결되는 여러 개의 근섬유를 의미한다.
- Type Ⅰ (㉠)는 <u>Type Ⅱ (㉠)</u>보다 일반적으로 먼저 동원된다.

(나)
창훈 : (ⓐ) 수축은 수축속도가 빠를수록 힘이 더 증가합니다.
건희 : (ⓑ) 수축은 수축속도가 느릴수록 최대파워가 더 증가합니다.
정엽 : 동일 근육에서의 느린 (ⓑ) 수축은 빠른 (ⓐ) 수축에 비해 더 적은 힘이 생성됩니다.
나래 : 동일 근육에서의 (ⓐ) 수축은 (ⓑ) 수축에 비해 같은 속도에서 더 큰 힘이 생성됩니다.

(다)
운동성 근피로의 원인은 수소이온 (①), 무기인산염 (②), 자유유리기 (③), 젖산 제거율 (④)이다.

<작성 방법>
- 괄호 안의 ㉠에 해당하는 용어 4음절를 쓰고, (가)에서 밑줄 친 부분의 2가지 형태를 먼저 동원되는 근섬유 유형부터 제시할 것(단, 밑줄 친 형태인 영문자를 활용하여 써야 함).
- 괄호 안의 ⓐ·ⓑ에 해당하는 근수축 유형을 각각 순서대로 쓸 것.
- 괄호 안의 ①~④에 해당하는 '증가' 또는 '감소'를 각각 순서대로 쓸 것.

---

10. 다음은 저항성 트레이닝에 대한 자료의 일부이다. <작성 방법>에 따라 순서대로 서술하시오. [4점]

- 근파워는 근력(힘)과 (㉠)에 영향을 받는다. 가속력 향상을 위한 근파워 트레이닝으로 <u>㉡플라이오메트릭 운동(플라이오메트릭스)</u>이 활용된다.
- 장기간의 근력 트레이닝 중단(detraining)에 따른 변화는 액틴과 마이오신 (①), 근파워 (②), 근위축 (③)를 가져온다.
- 근육의 횡단 면적 증가의 기전은 (ⓐ)와 (ⓑ)이다.
- (ⓐ) 현상의 발생 원인은 다음과 같다.
  ▸ 보다 많은 (ⓒ)
  ▸ 보다 많은 액틴과 마이오신 세사
  ▸ 보다 많은 근장 또는 보다 높은 섬유당 모세혈관 밀도
  ▸ 보다 많은 결합조직

<작성 방법>
- 괄호 안의 ㉠에 해당하는 용어를 3음절로 쓰고, 밑줄 친 ㉡의 근수축 형태를 순서대로 기술할 것.
- 괄호 안의 ①~③에 해당하는 '증가' 또는 '감소'를 각각 순서대로 쓸 것.
- 괄호 안의 ⓐ·ⓑ에 해당하는 용어를 각각 순서대로 쓸 것 (단, 둘 다 3음절임).
- 괄호 안의 ⓒ에 해당하는 용어를 4음절로 쓸 것.

<수고하셨습니다.>

2021년대비 VZONExam78 서울(08.15토~16일), 대구·부산(08.22토)

체 육

운동생리학 3·4

| 1차 시험 | 3교시 전공B | 10문항 40점 | 시험 시간 60분 |

IV. 호흡·순환계 및 환경

구분	내용
⑤ 호흡계	22-0. 호흡계의 구조 및 호흡의 단계, 호흡역학(흡기와 호기-보일의 법칙-호흡근), 폐용적과 폐용량, 강제호기량(1초율=1초강제폐활량비율=1초강제호기량비율=FEV1), 최대 수의적 환기량(MVV), 환기능력과 관련된 고려사항
	22. 폐포환기와 사강환기
	23. 가스의 운반 1) 산소의 운반 2) 이산화탄소의 운반 형태
	24. 환기량의 변화 및 호흡조절 중추
	25. 환기량과 무산소성 역치
⑥ 순환계	26. 심혈관계 : (1)심장의 구조와 기능, (2)폐순환·체순환, (3)혈액(혈액성분·적혈구·백혈구·혈소판·혈장)
	27. 심장
	28. 최대산소섭취량 = 최대심박출량 × 최대동정맥산소차
	29. 1회박출량
	30. 심박수 1)THR(목표심박수·운동시 항정상태 심박수) 2)심박수의 조절 : 교감신경·부교감신경, 아세틸콜린, 카테콜라민 3) 심박수 변이 : 심장박동 사이의 시간변화(R-R 시간 간격) 4) 예비산소섭취량 = 목표산소섭취량
	31. 혈류 재분배 - 활동근육 혈관 확장, 비활동근육 혈관 수축
	32. 혈류, 저항, 압력 간의 상관관계 - 공식
	30-1. 중강도 운동 중 심혈관 변화
	33. 심근산소요구량^{DP}(혈압-심박수 지수^{RPP}) = 수축기 혈압^{SBP} × 심박수^{HR}
	34. 장시간고온 운동 - 심혈관 유동(CO 일정, HR ↑, SV ↓)
	35. 전신지구력 향상 트레이닝 방법
	36. 유산소성 트레이닝을 통한 골격근·순환계의 효과
	34-1. 지구력훈련과 운동중단
	37. 준비운동·정리운동
	38. 산-염기 조절에 관여하는 완충계
⑦ 체온조절과 환경	39-0. 체온조절 : 0)부적피드백, 1)열생성과 열손실, 2)운동 중 신체의 열 저장
	22. 고온 환경에서의 생리적 반응과 열순응
	39-1. 열 관련 장애와 안전예방 지침 : 1)열질환발생의 유형, 2)안전예방 지침
	39-2. 저온 환경에서의 생리적 반응과 순응
	39. 고지 환경에서의 생리적 반응과 고지순응
	40-1. 수중 환경에서의 생리적 반응과 순응 / 수중 트레이닝

V. 트레이닝·운동처방 및 건강교육

구분	내용
⑧ 건강·체력을 위한 트레이닝·운동처방	41-0. 트레이닝 : 1)트레이닝의 개념 및 목적, 2)트레이닝의 체계와 계획, 3)트레이닝의 주기화
	41. 트레이닝·운동처방의 원리(체력운동의 기본 원리) : (1)특이성특수성의 원리, (2)과부하의 원리 vs 가역성의 원리, (3)기타-개별성의 원리
	41-1. 과훈련 증후군(overtraining syndrome)
	42. 운동처방의 요소트레이닝의 구성요소 : (1)질적요소(운동형태·운동강도) (2)양적요소(운동시간·운동빈도·운동기간)
	43. 운동량과 반응곡선 : 신체활동량과 건강관련 효과 사이의 관계
	44. 체력을 구성하고 있는 요소 : (1)방위체력·행동체력, (2)건강관련체력·운동기능관련체력
	45. 체력 트레이닝의 방법 : (1)근력(근력·최대근력·근지구력·근파워), (2)심폐지구력, (3)유연성(정적·동적·PNF), (4)협응력(스피드·민첩성·평형성), (5)기타
	45-1. 체력의 측정 및 평가 : (1) 건강관련체력의 측정 및 평가, (2) 운동기능관련체력의 측정 및 평가
	46. 심폐기능평가(최대운동부하검사의 판단기준) 2014 2018 2019 2019 2020 : ①%VO₂max·②%HRmax·③MET대사적 요구량·④RER호흡교환률(1.15↑)·⑤혈중 젖산농도(8mM↑)·⑥RPE운동자각도(19↑)·⑦km/hr달리기속도
⑨ 신체구성과 체중조절	41. 목표체중의 결정 = 제지방체중 / (1-목표체지방률)
	42. 신체구성 (1)비만도 측정방법 : ①수중체중측정법·②신체질량지수^{BMI}·③생체전기저항분석법^{BIA}·④피부두겹법·⑤WHR허리:엉덩이·⑥컴퓨터단층촬영법^{CT} (2)히스카터$^{Heath-Carter}$의 체형 분류법 - 셀돈^{Sheldon}(내배엽비만·중배엽근육·외배엽마른)
	43. 체중조절 : (1)에너지섭취량과 에너지소비량 (2)비만 예방 및 해소 방법
	50-0. 기능향상 보조제 / 운동수행능력과 제고 보조물과 스포츠 : 크레아틴교탁신·아르기닌·베타알린·카페인·L-카르니틴
	44. 대사성 질환을 위한 운동처방 : 콜레스테롤(HDL-C·LDL-C), 당뇨병(인슐린), 고혈압 (0)비만 (1)고지혈증 (2)심장병 (3)당뇨병 (4)고혈압 (5)대사증후군 (6)골다공증 (7)호흡기질환 (8)뇌질환 (9)스트레스 (10)기타 (11)검사
⑩ 어린이, 노인, 여성의 운동	51-0. 어린이, 노인
	47. 여성 : 신경성 거식증(anorexia nervosa)과 신경성 폭식증=대식증(bulimia nervosa)
⑪ 일, 파워, 에너지소비량, 효율성 측정	48. 일(운동량·작업량) kpm과 파워(운동강도) kpm/min
	49. 운동시 에너지소비량(kcal) = 운동시 산소소비량(L) × 5kcal/L
	50. 효율성(%) = (운동량 / 에너지 소비량) × 100
⑫ 면역계	41. 면역계 1) 면역체계의 개요 2) 운동과 면역체계 ①운동과 감염에 대한 저항 - J형 모델 ②고강도/장시간 유산소운동은 감염위험을 증가
⑬ 보건론	1. 건강 : WHO 정의, 웰리스(Wellness) 영향 요인
	2. 공중보건 : (1)법정전염병, (2)환경오염(대기)
	3. 소비자보건 : (1)흡연(니코틴·타르·일산화탄소), (2)알코올
	4. 안전 : (1)운동상해 원인, (2)응급처치[순서·ABC·RICE(안정·냉찜질·압박·거상)·냉찜질과 온찜질]
	5. 방어기제 - 투사

※ 시험이 시작되기 전까지 표지를 넘기지 마시오.

체육 운동생리학

1차 시험 | 3교시 전공B | 10문항 40점 | 시험 시간 60분

○ 문제지 전체 면수가 맞는지 확인하시오.
○ 모든 문항에는 배점이 표시되어 있습니다.

1. 다음의 (가)는 인체 내 가스교환, (나)는 산소-헤모글로빈 해리 곡선의 운동 시 변화에 관한 자료의 일부이다. <작성 방법>에 따라 순서대로 서술하시오. [4점]

(가)
○ 운동 시 폐포로 유입된 (㉠)는 폐 모세혈관으로 확산된다.
○ 운동 시 근육에서 생성된 (㉡)는 조직 모세혈관으로 확산된다.

(나)

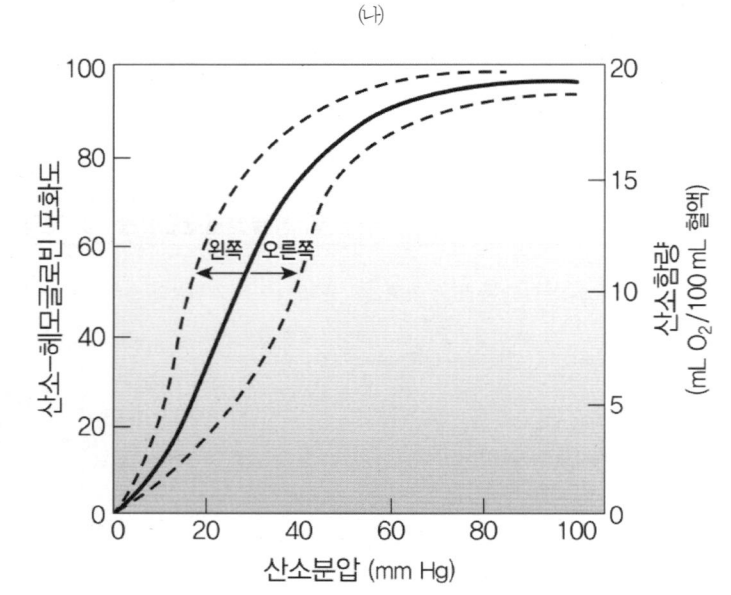

○ 심부체온이 증가하여 산소-헤모글로빈 해리 곡선은 (①)으로 이동하며, 헤모글로빈의 산소 친화력을 (②)시킨다.
○ 신체 pH가 증가하여 산소-헤모글로빈 해리 곡선은 (③)으로 이동하며, 헤모글로빈의 산소친화력을 (④)시킨다.

―――― <작성 방법> ――――
○ 괄호 안의 ㉠2음절·㉡5음절에 해당하는 용어를 각각 순서대로 쓸 것.
○ 괄호 안의 ①에 해당하는 방향을 '오른쪽'과 '왼쪽' 중에 골라 쓰고, 괄호 안의 ②에 해당하는 변화를 '증가' 또는 '감소' 중에 골라 쓸 것.
○ 괄호 안의 ③에 해당하는 방향을 '오른쪽'과 '왼쪽' 중에 골라 쓰고, 괄호 안의 ④에 해당하는 변화를 '증가' 또는 '감소' 중에 골라 쓸 것.

2. 다음은 운동과 호흡·순환계에 대한 자료의 일부이다. <작성 방법>에 따라 순서대로 서술하시오. [4점]

(가)
근육 내에서 산소를 운반하는 물질인 (㉠)은 혈액 속이 아닌 골격근과 심장근에서 볼 수 있고, 산소와 결합하는 단백질로서 근육 세포막에서 미토콘드리아로 산소를 운반하는 역할을 한다. (㉠)은 헤모글르빈보다 산소친화도가 크다.

[그림]

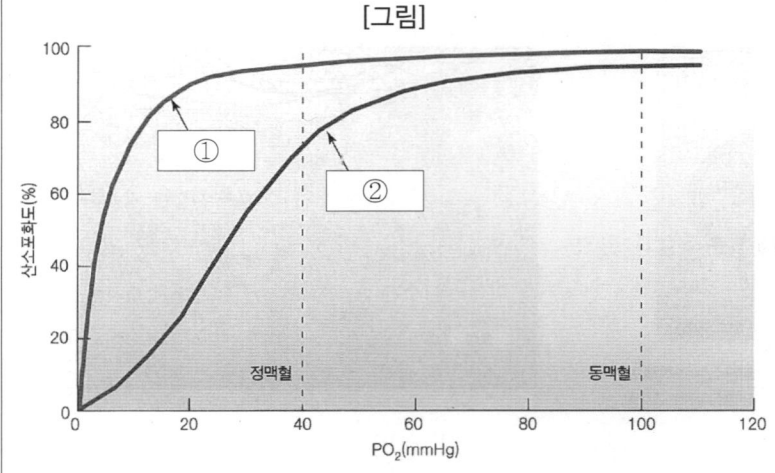

(나)
○ (㉡)은 우심방 벽에 위치하고, 심장수축을 위한 전기적 자극이 시작되므로 페이스메이커(pacemaker)라고 한다.
○ 심장 자극 전도 체계 순서 : (㉡) - 방실결절 - (㉢) - (㉣)
○ 체순환 후 우심방에 모인 혈액은 (㉤)을 통해 우심실로 이동된다.

―――― <작성 방법> ――――
○ 괄호 안의 ㉠에 해당하는 용어를 쓰고, [그림]의 ①과 ② 중에 골라 제시할 것.
○ 괄호 안의 ㉡4음절·㉢4음절·㉣5음절에 해당하는 용어를 각각 순서대로 쓸 것.
○ 괄호 안의 ㉤에 해당하는 용어를 쓸 것.

3. 다음의 ㈎는 부산에서 공부하고 있는 태욱이의 건강검사 결과이고, ㈏는 운동과 순환계에 대한 자료의 일부이다. <작성 방법>에 따라 순서대로 서술하시오. [4점]

㈎	
○ 신장 : 170cm	○ 체중 : 65kg
○ 나이 : 32세	○ 안정시심박수 : 70회/min
○ 1회박출량 : 110mL/회	○ 수축기혈압 : 120mmHg

㈏

○ 운동 시 ㉠교감신경계의 활성화로 심박수가 증가하고, 골격근으로 가는 모세혈관의 근육(평활근)을 담당하는 교감신경의 자극 감소로 혈관이 확장되어 골격근의 혈류량이 증가한다.

○ 장시간의 운동 시 발생하는 탈수현상이 심혈관계에 미치는 영향은 다음과 같다.
  ‣ 혈액량이 점차 (①)한다.
  ‣ 심박수가 점차 (②)한다.
  ‣ 심실의 확장기말 용량(EDV : end-diastolic volume)이 점차 (③)한다.
  ‣ 우심방으로 돌아오는 정맥환류(venous return)의 양이 점차 (④)한다.

─────<작성 방법>─────

○ 태욱이의 심박출량(L/min)과 신체질량지수(단위를 포함함)를 각각 순서대로 쓸 것(단, 소수점 둘째자리에서 반올림함).
○ 밑줄 친 ㉠에 근거하여 '시냅스(신경연접)'와 '신경절 이후 뉴런 말단'에서 분비되는 물질을 각각 순서대로 쓸 것.
○ 괄호 안의 ①~④에 해당하는 '증가' 또는 '감소'를 순서대로 쓸 것.

4. 다음은 유산소성 트레이닝 방법 및 효과에 대한 자료의 일부이다. <작성 방법>에 따라 순서대로 서술하시오. [4점]

○ 최 교사는 학생들의 체력수준에 따라 세트 수를 조절하고 운동과 ⓐ짧은 회복을 반복적으로 구성하였다. 운동시간과 회복시간의 조절에 따른 유/무산소성 능력의 향상을 목표로 트레이닝을 실시하였다.

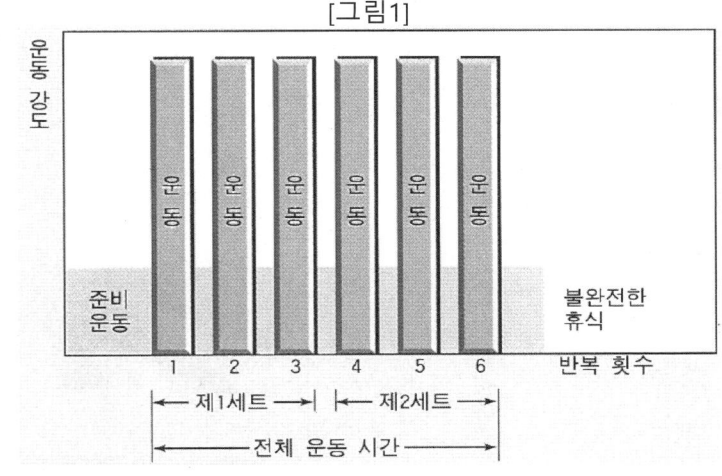

○ 지구성 트레이닝에 대한 적응으로 최대(㉠)는 증가하고, 최대㉡1회박출량(stroke volume)은 증가한다.

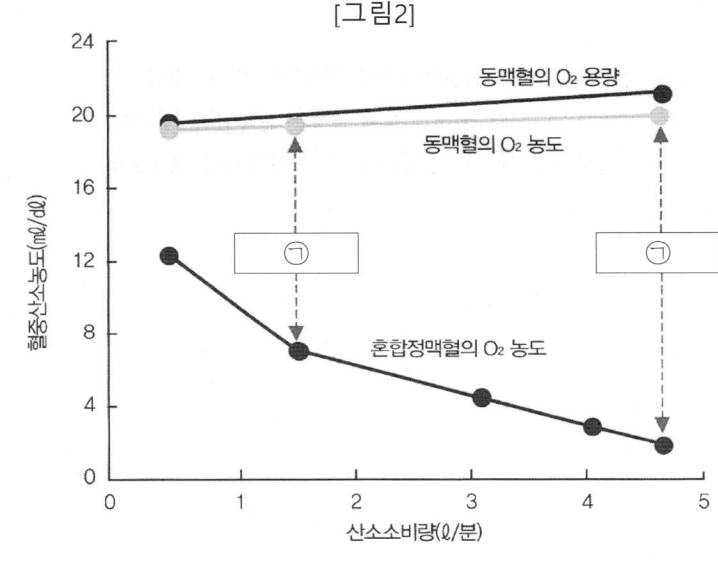

○ 장기간의 유산소 트레이닝에 따른 심혈관계의 적응
  ‣ 안정시 심박수 (①)
  ‣ 최대산소섭취량(VO₂max) (②)
  ‣ 최대심박출량(cardiac output) (③)
  ‣ 안정시 1회박출량(stroke volume) (④)

─────<작성 방법>─────

○ 최 교사가 실시한 트레이닝의 명칭을 쓰고, 밑줄 친 ⓐ의 의미를 [그림1]에서 골라 제시할 것.
○ 괄호 및 네모 안의 ㉠에 해당하는 용어를 쓰고, 밑줄 친 ㉡을 구하는 공식을 영문 알파벳 대문자와 가감승제 부호(+−×÷)를 활용하여 기술할 것.
○ 괄호 안의 ①~④에 해당하는 '증가' 또는 '감소'를 순서대로 쓸 것.

5. 다음은 운동과 순환계에 대한 자료의 일부이다. <작성 방법>에 따라 순서대로 서술하시오. [4점]

- 심폐지구력 트레이닝에 따른 순환계의 변화(지구성 트레이닝에 대한 적응)
  ‣ 후부하(afterload)가 (①)한다.
  ‣ ⓐ정맥혈 회귀량(venous return)이 (②)한다.
  ‣ 수축기말 용적(end-stolic volume)이 (③)한다.
  ‣ 안정시 심근산소소비량(double product)이 (④)한다.
  ‣ 혈장량이 (⑤)하여 적혈구용적률은 (⑥)한다.
- (㉠)의 효과
  ‣ 관절 가동범위 증가
  ‣ 소화기관으로의 혈류량 감소
  ‣ 체온상승에 따른 근육 탄성 증가
  ‣ 에너지대사에 필요한 효소 활성 증가
- 운동 중 근세포 및 혈액의 산-염기 조절에 관여하는 완충계(buffering systems) 중 근육과 혈액에 있는 것은 (㉡)이다.

<작성 방법>
- 괄호 안의 ①~⑥에 해당하는 '증가' 또는 '감소' 중 빈도가 많은 것을 쓰고, 그 빈도수를 제시할 것.
- 수업의 도입단계에서 실시하는 절차(routines)에 근거하여 괄호 안의 ㉠에 해당하는 용어를 쓰고, 밑줄 친 ⓐ를 활용하여 '종료' 절차(routines)가 필요한 이유를 기술할 것.
- 괄호 안의 ㉡에 해당하는 용어를 쓸 것.

6. 다음은 운동과 환경에 대한 자료의 일부이다. <작성 방법>에 따라 순서대로 서술하시오. [4점]

- 고온 환경에 대한 열 순응(acclimation) 효과
  ‣ 혈장량 (①)
  ‣ 발한량 (②)
  ‣ 염분 손실 (③)
  ‣ 열충격단백질 합성 (④)
- 고지대에서 나타나는 인체의 생리적 변화
  ‣ 저산소증이 발생할 수 있다.
  ‣ 공기의 밀도가 (⑤).
  ‣ 대기의 산소분압이 (⑥).
  ‣ 헤모글로빈의 산소포화도가 (⑦).

[그림]

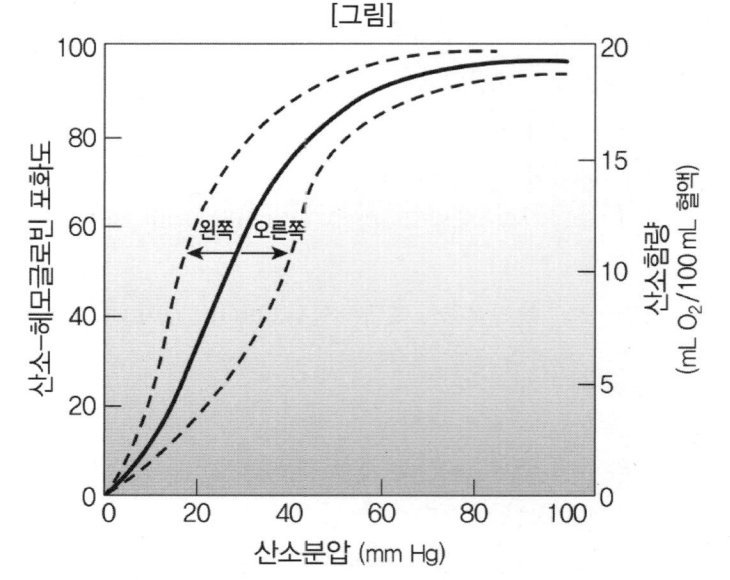

<작성 방법>
- 괄호 안의 ①~④에 해당하는 '증가' 또는 '감소'를 순서대로 쓸 것.
- 괄호 안의 ⑤~⑦에 해당하는 '높다' 또는 '낮다'를 순서대로 쓸 것.
- [그림]에 근거하여 고지대에서 산소-헤모글로빈 해리 곡선의 이동 방향을 쓰고, 그 ⓐ원인에 해당하는 증상을 7음절로 제시할 것.
- <작성방법>의 밑줄 친 ⓐ를 해결하기 위한 신장의 기능을 기술할 것.

7. 다음은 트레이닝의 주기화(periodization)에 대한 자료의 일부이다. <작성 방법>에 따라 순서대로 서술하시오. [4점]

○ 트레이닝의 효과를 최적화하기 위하여 일정한 기간을 관리하기 쉬운 단위로 나누어 체계적으로 세분화하는 과정을 주기화라고 한다. Hans Selye가 발표한 '(㉠)'은 주기화의 접근과정에서 주요한 근간을 이룬다.
  ① 충격(shock) 혹은 경보(alarm) 단계 : 1~2주 동안 지속되는 단계로서 근육통증, 뻣뻣한 증상이 일어날 수 있고 운동수행능력도 저하될 수 있음.
  ② 저항(resistance) 단계 : 신체가 자극에 적응하는 단계로서 운동수행능력이 향상되고 때로는 과보상(supercompensation)이라고 함.
  ③ 부적응(maladaptation) 단계 : 단순자극 또는 운동부하에 의한 과도한 스트레스로 운동수행 능력이 감소할 수 있음 지루함, 과훈련, 탈진 등이 유발됨.
○ 트레이닝 국면은 '㉮조직적응기-근비대기-최대근력기-파워 및 근지구력 전환기-유지기-전이기' 이다.
  ⓐ 주동근에 대한 운동 이후 길항근에 대한 운동을 휴식없이 바로 실시한다. 두 가지 운동이 각각 주동근과 길항근을 자극한다.
  ⓑ 하루하루 다르게 근육부위 운동을 하는 방법으로서 일주일에 상지, 하지, 코어 등으로 나누어 분할 운동을 실시한다.
  ⓒ

○ 트레이닝 프로그램을 계획할 때, 년 또는 월 단위로 구분하는 기간은 장주기(macrocycle)이고, 올림픽을 대비하기 위한 4년의 계획은 이에 해당한다.

─── <작성 방법> ───
○ 괄호 안의 ㉠에 해당하는 용어를 쓸 것.
○ ⓐ와 ⓑ에 해당하는 트레이닝 방법을 각각 순서대로 쓰고, 이 방법에 해당하는 트레이닝 국면을 밑줄 친 ㉮에서 골라 제시할 것.
○ ⓒ에 해당하는 트레이닝 방법을 쓰고, 이 방법에 해당하는 국면이 몇 번째인지 아라비아 숫자로 제시할 것(단, 밑줄 친 ㉮에 근거함).

8. 다음은 트레이닝과 운동처방에 대한 자료의 일부이다. <작성 방법>에 따라 순서대로 서술하시오. [4점]

○ 최 교사는 ㉠학생들의 체력 수준과 부상 경력에 따라 운동강도를 구분하여 트레이닝을 실시하였다.
○ 용한이는 열이 나서 체육 수업에 참가하지 못하고 보건실에 갔다. 최 교사가 보건 선생님께 용한이의 상태가 어떠냐고 물으니, "㉡스트레스 호르몬인 코티솔(cortisol)의 분비 증가로 면역 기능이 저하되어 상기도 감염(URTI) 위험률이 증가한 것 같아요." 라고 답해 주었다.
○ 근지구력 향상을 위해 ①주 3회 ②6개월 동안 ③프리웨이트 트레이닝을 ④1RM 30%로 ⑤하루에 50분씩 실시하였다.
○ 테니스 경기 중 ⓐ날아오는 공의 위치와 속도를 인지하여, ⓑ라켓에 정확히 맞추어 네트를 넘기는 능력을 협응성이라고 한다.

─── <작성 방법> ───
○ 밑줄 친 ㉠에 해당하는 트레이닝의 원리를 쓸 것.
○ 밑줄 친 ㉡ 현상(증상)이 나타난 원인을 3음절로 쓸 것.
○ 트레이닝의 구성요소에 근거하여 밑줄 친 ①~⑤를 질적 요소와 양적 요소로 각각 구분하여 순서대로 쓸 것.
○ 밑줄 친 ⓐ에 해당하는 심동적 기능(Harlow)의 명칭과, 밑줄 친 ⓑ에 해당하는 움직임 기능(Metzler)의 명칭을 각각 순서대로 쓸 것. ← 체육교육론1에 해당함.

9. 다음은 트레이닝과 체중조절에 대한 최 교사와 예비 체육교사들의 문답 과정이다. <작성 방법>에 따라 순서대로 서술하시오. [4점]

최 교사 : 윤정이가 저강도(1RM의 30~40%)의 고반복(세트당 20~25회) 저항성 트레이닝을 꾸준히 실시했어요. 정말 존경스러워요. 윤정이에게 어떤 체력이 향상되었을까요?

진　환 : (㉠)이에요.

최 교사 : 반동을 충분히 이용하여 가동범위를 늘려나가는 유연성 트레이닝은 무엇인가요?

창　문 : (㉡) 유연성 트레이닝입니다. 그리고 (㉡) 유연성 트레이닝은 체육수업의 (㉢)운동에 활용하면 효과적입니다.

최 교사 : 인터벌 트레이닝에서 변형되어 개발된 것으로 언덕이 많은 자연 지형을 이용하여 스스로 페이스를 조절하면서 장시간 실시하는 심폐지구력 트레이닝은 무엇일까요?

은　빈 : (㉣) 트레이닝입니다.

최 교사 : 유산소 대사 요구를 증가시키는 운동형태로 마라톤에서 42.195km를 완주하기 위해서 요구되는 심폐지구력·근력 및 근지구력·신체구성을 개선시키기 위해 널리 이용되고 있는 트레이닝은 무엇일까요?

현　덕 : (㉤)입니다.

최 교사 : 인체에 해로운 영향이 나타날 위험이 없는 최대 영양소 섭취수준으로 과량 섭취 시 건강에 악영향을 미친다는 자료가 있을 경우 설정 가능한 영양섭취기준 용어는 무엇일까요?

윤　지 : (㉥)입니다.

최 교사 : 윤지는 이런 것도 알고 있구나. 이것은 임용고사 문제로 출제될 확률은 적으니, 참고로만 알아두렴^.^

<작성 방법>

○ 괄호 안의 ㉠에 해당하는 체력의 명칭을 쓸 것.
○ 괄호 안의 ㉡·㉢에 해당하는 용어를 각각 순서대로 쓸 것 (단, 둘다 2음절임).
○ 괄호 안의 ㉣ 외래어 3음절·㉤ 외래어 2음절에 해당하는 용어를 각각 순서대로 쓸 것.
○ 괄호 안의 ㉥에 해당하는 용어를 쓸 것.

---

10. 다음의 (가)는 운동처방과 건강교육, (나)는 흡연·음주 및 안전에 대한 자료의 일부이다. <작성 방법>에 따라 순서대로 서술하시오. [4점]

(가)

○ 운동선수의 체중 감량을 위한 식사 전략
　▸ 비타민과 무기질 보충
　▸ 균형잡힌 영양소 유지
　▸ 공복감을 최소화 할 수 있는 식사 계획
　▸ 당지수(glycemic index)가 (㉠) 식품 섭취

○ (㉡)은 1988년 Dr. Reaven에 의해 심혈관계질환 위험인자들이 복합적으로 나타나는 경우를 일컬어 'Syndrome X'라고 소개되면서 알려졌으며, 판정기준에는 혈당·혈압·복부둘레·HDL-C·중성지방이 포함된다.

○ (㉢) 환자는 저항운동 시 발살바 매뉴버(Valsalva maneuver)는 피해야 할뿐만 아니라, 고강도의 저항성 운동보다 중·저강도의 지속적 유산소 운동을 권장한다.

○ 장기간 규칙적인 운동 후 비만인에게 나타난 생리적 변화
　▸ 제지방률 (①)
　▸ 산소섭취량 (②)
　▸ 지방세포 크기 (③)
　▸ 기초대사량(BMR) (④)

○ 엉덩이-허리둘레 비율의 (⑤)는 관상동맥질환의 발병 위험을 증가시키고, 신체활동은 혈중 중성지방과 LDL콜레스테롤을 (⑥)시킨다.

(나)

○ 흡연은 산소운반능력 저하·뇌혈류량 감소·심박수 증가·혈압 증가 등의 결과를 가져오고, 지나친 음주는 구강암·식도암의 원인이 된다.

○ 운동 중 갑자기 쓰러진 사람에 대한 1차 응급처치로 기도확보, ㉣가슴압박(흉부압박), ㉤인공호흡(구조호흡)이 있다.

<작성 방법>

○ 괄호 안의 ㉠에 해당하는 용어를 '높은' 또는 '낮은' 중에 1가지만 골라 쓰고, 괄호 안의 ㉡에 해당하는 용어를 5음절로 제시할 것.
○ 괄호 안의 ㉢에 해당하는 용어를 쓸 것.
○ 괄호 안의 ①~⑥에 해당하는 '증가' 또는 '감소' 중 빈도가 적은 것을 쓰고, 그 빈도수를 제시할 것.
○ 심폐소생술(CPR)에 근거하여, 밑줄 친 ㉣과 ㉤의 횟수(아라비아 숫자)를 각각 순서대로 쓸 것.

<수고하셨습니다.>

2021년대비 VZONExam78 서울(08.22토~23일), 대구·부산(08.29토)

체 육

체육교육론[123]

| 1차 시험 | 2교시 전공A | 10문항 40점 | 시험 시간 60분 |

I. 수업(교수·학습)	① 체육교육탐구(최의창)·스포츠교육학총론(김대진) → 체육교수론(박명기 외)	체육교육론[1]
	② 체육교수이론(강신복·손천택)	
	③ 체육교수학습론(손천택) → 체육교수이론(손천택·박정준)	
	④ 체육수업비평(유정애)	
	⑤ 체육과 교재연구 및 지도법(유정애)	
	⑥ 기타	
II. 체육수업모형 Metzler	① 모형 중심 체육 수업 개관	체육교육론[2]
	② 8+1가지 체육수업 모형	
	③ 체육교육과정 모형	
	④ 체육수업방식/교수·학습전략/맥락적합 수업체제 Rink	
III. 체육교수스타일 Mosston	① 모스턴 체육교수스타일 개관	
	② 11가지 체육교수스타일(A~K)	
IV. 체육교육과정	⓪ 체육과 교육과정의 역사	체육교육론[3]
	① 2009 초·중등교육과정 총론	
	② 2009 체육과 교육과정	
	③ 2015 초·중등교육과정 총론 (2015-80)	
	④ 2015 체육과 교육과정 (2015-74)	
	⑤ 체육교육과정의 이해	

※ 시험이 시작되기 전까지 표지를 넘기지 마시오.

체육

체육교육론

1차 시험 | 2교시 전공A | 10문항 40점 | 시험 시간 60분

1. 다음은 브이존 중학교 1학년 3반 체육 수업의 일화 기록지이다. <작성 방법>에 따라 순서대로 서술하시오. [4점]

> 일시: 2020년 ○월 ○일 수요일 5교시
> 관찰자: 전 교사
>
> 수업 초반에는 학생들이 모둠별로 즐겁게 탈춤동작을 연습하였다. 한창 수업이 진행되는 중에 갑자기 3명의 학생들이 과제에 참여하지 않고 ⊙<u>혼자 놀기</u>를 시작했다. 최 교사는 ⓒ<u>눈짓으로 주의를 주었지만</u> 학생들은 개의치 않았고, 다행히 다른 모둠의 연습까지 방해하지는 않았다. 이에 최 교사는 ⓒ<u>학생들을 불러 한 번 더 주의를 주었다</u>. 하지만 학생들은 잠시 수업에 참여하는 듯하다가 다시 혼자 놀기를 계속했다. 한참을 고민한 최 교사는 원활한 수업을 진행하기 위해 학습자 관리 전략을 적용했다. 우선 최 교사는 혼자 놀기를 한 3명의 학생들을 연습에 참여시키지 않고 ②<u>10분간 수업 장소로부터 떨어진 곳에서 수업 참관을 하게 했다</u>. 그리고 앞으로 혼자 놀기를 할 때마다 기록하고, 누적 기록이 3회가 되면 이들이 좋아하는 ⓪<u>농구 스포츠클럽 대회 출전을 금지</u>하기로 했다. 10분 후 학생들이 연습 장소로 돌아와 ⓗ<u>과제에 열심히 참여하자</u> ⓢ<u>최 교사는 학생들을 칭찬하고 격려해 주었다</u>.

[표]

행동	긍정적인 자극	부정적인 자극
제시	①	②
제거	③	④

— <작성 방법> —

○ 윌리암스와 아난담(Williams&Anandam)이 제시한 학습자 행동의 유형(학생행동의 사정 유형)에 근거하여, 밑줄 친 ⊙·ⓗ에 해당하는 학습자 행동을 각각 순서대로 쓸 것.
○ 온스틴과 레빈(A. Ornstein & D. Levine)이 제시한 수업 예방 행동에 근거하여, 밑줄 친 ⓒ·ⓒ에 해당하는 교수 기능을 각각 순서대로 쓸 것.
○ 시덴탑(D. Siedentop)의 학습자 관리 전략에 근거하여, 밑줄 친 ②·⓪·ⓢ에 해당하는 것을 [표]의 ①~④에서 각각 골라 순서대로 쓸 것.

2. 다음은 최 교사의 배구 수업 진행 장면이다. <작성 방법>에 따라 순서대로 서술하시오. [4점]

> 지난 시간 리시브에 이어 오늘부터 서브를 배우겠습니다. 앞으로 2주간 언더핸드 서브부터 시작해서 플랫 서브, 좀 더 잘하는 학생들은 스파이크 서브까지 배우겠습니다. 지금부터 언더핸드 서브에 대해 설명을 하겠습니다.
> … (중략) …
> 자! 그러면 이제부터 학습 스테이션으로 이동할 겁니다. 지난 주에 설문 조사를 한 내용을 바탕으로 선생님이 서브를 다양하게 학습할 수 있도록 3가지 학습 스테이션을 구성해 보았어요. 선생님이 신호를 하면 자신이 선택한 학습 스테이션으로 이동하여 연습하면 됩니다. 특히, (⊙) 학습 스테이션을 선택한 학생은 개인별로 체육관 벽으로부터 2미터 떨어진 곳에서 벽에다 소프트 발리볼을 가지고 언더핸드 서브를 넣는 연습부터 하세요. 어느 정도 동작에 익숙해지면 거리를 5미터로 늘리고, 마지막에는 배구공을 가지고 연습하세요. 자! 지금부터 연습을 시작해 봅시다.

[그림]

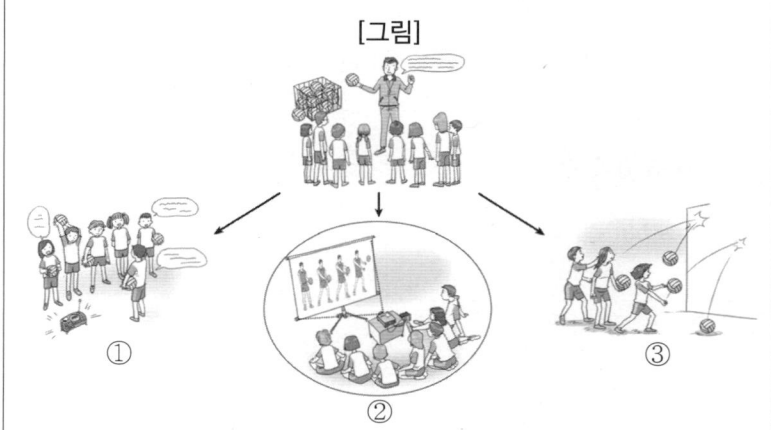

— <작성 방법> —

○ 최 교사의 배구 수업에 해당하는 메츨러(Metzler)의 체육 수업모형을 쓰고, 그 주제를 기술할 것.
○ 링크(J. Rink)의 학습 내용의 발달(content development) 과정에 근거하여 위의 수업 내용에 해당하는 과제 유형을 쓸 것.
○ 바비와 스와싱(W. Barbe & R. Swassing)의 학습 유형 분류에 근거하여 괄호 안의 ⊙에 해당하는 용어를 쓰고, 이와 관련된 것을 [그림]의 ①~③에서 골라 제시할 것.
○ 위의 수업에 나타난 교수·학습의 방향을 2015 개정 교육과정에 따른 체육과 교육과정에 근거하여 쓸 것.

3. 다음은 합격 교육청과 브이존 교육청에서 주관한 체육 교과의 직무 연수에 대한 자료의 일부이다. <작성 방법>에 따라 순서대로 서술하시오. [4점]

합격 교육청 - 이론 강의

○ 2009 개정 교육과정: 총론, 각론
○ 청소년 특성과 상담: 개념, 종류, 사례
○ 체육 학습 환경: 교구, 교재 개발
○ 교육과 체육 교육의 철학: 교육 목적, 가치
○ 5가지 신체 활동 영역의 내용: 역사, 규칙, 과학적 원리
○ 교수·학습 방법과 평가 : 교수·학습 전략, 수행 평가
○ 5가지 신체 활동 영역의 내용: ㉠웨이트트레이닝, 육상, 배구, 댄스 스포츠, 골프 기능
○ 일반적 학습 과제 제시 방법: 설명, 발문
○ 일반적 학습 환경 유지 방법: 모둠 구성, 수업 운영, 학습자 관리 전략
○ 일반적 동기 유발 방법: 의사소통, 동기유발 전략
○ 일반적 수업 관찰 방법: ㉡체계적 관찰과 피드백
○ 체육 교수 스타일: 개념, 특징, 의사 결정 구조, 분류
○ 체육 수업 모형: 개념, 특징, 종류, 과제 구조
○ 반성적 체육 수업 모형: 개념, 특징, 순환 구조

브이존 교육청

○ 이론 강의 - 합격 교육청과 동일
○ 실기 실습 - 합격 교육청의 이론강의 내용을 연습
○ 수업 실연 - 합격 교육청의 이론강의 내용을 연습
○ 실제수업
  ▸ 체육교수스타일 적용: ㉢배구경기 규칙, 과학적 원리, 경기방법과 같은 교과 내용과 모둠구성, 학습자 관리, 학습 과제제시와 같은 교수 방법을 고려하여 수업 상황에 맞게 체육교수 스타일로 통합하고 재구성해서 적용
  ▸ 체육수업모형 적용: ㉣육상경기 규칙, 과학적 원리, 경기방법과 같은 교과 내용과 모둠구성, 학습자 관리, 학습 과제제시와 같은 교수 방법을 고려하여 수업 상황에 맞게 체육수업 모형으로 통합하고 재구성해서 적용
  ▸ 반성적 체육 수업 모형 적용: 실제 수업 후 수업 비평과 함께 문제 파악 및 계획-(㉤)-(㉥)-반성의 순환적 전략 적용

<작성 방법>

○ 밑줄 친 ㉠이 체지방을 줄이는데 도움이 되는 이유를 서술할 것.
○ 밑줄 친 ㉡에 근거하여, 1분마다 교사가 연습지역의 어디에 위치하는지 일련번호를 표시하고 지향하는 표적을 함께 기록하는 관찰법의 명칭을 쓸 것.
○ 맥루한(M. McLuhan)의 미디어 이론에 근거하여 밑줄 친 ㉢·㉣에 해당하는 스포츠의 명칭을 각각 순서대로 쓸 것.
○ 케미스(S. Kemmis)와 맥타가트(R. McTaggart)의 실행연구(현장개선연구)에 근거하여 괄호 안의 ㉤·㉥에 해당하는 용어를 각각 순서대로 쓸 것.

---

4. 다음은 최 교사가 작성한 영역형 경쟁 스포츠 활동 단원 계획서의 일부이다. <작성 방법>에 따라 순서대로 서술하시오. [4점]

영역형 경쟁 스포츠 활동 단원 계획서

(가) 단원 목표

○ 영역형 경쟁 스포츠 활동의 변천 과정과 역사적 의미를 이해한다.
○ 영역형 경쟁 스포츠 활동의 경기 방법과 유형별 경기 기능, 전략을 이해하고 창의적으로 적용한다.
○ 영역형 경쟁 스포츠 활동의 경기 유형, 인물, 사건 등을 감상하며 비교 분석을 한다.
○ 영역형 경쟁 스포츠 활동에 참여하면서 규칙을 준수하고 정정당당하게 경기에 임하는 (㉠) 정신을 기른다.

(나) 학생의 학습 유형 특성

구분	특성
㉡	○ 다른 친구들보다 잘하고자 하는 마음이 강함. ○ 서로 겨루고 시합하는 것을 좋아함.
㉢	○ 축구 활동을 하고자 하는 의지가 낮음. ○ 다른 친구들과 함께 참여하는 것을 꺼려함.
의존적	○ 수업 과정에서 주로 교사의 지시에 의존하여 활동함. ○ 자신감이 부족한 편임.

(다) 단원 교수·학습 내용(신체 활동 : 축구)

차시	교수·학습 내용
1	영역형 경쟁 스포츠 활동의 변천 과정과 역사적 의미 이해
2	패스의 기능 연습
…	
5	수준별 드리블(제자리, 지그재그, 이동) 선택과 연습
6	슛 동작을 동료끼리 관찰하고 평가하기
…	
11	공격 시 상대에 대한 다양한 전략 만들기
12	팀별 리그전
…	

<작성 방법>

○ 밑줄 친 ㉠에 가장 적합한 정의적 내용 요소의 명칭을 2015 개정 중학교 체육과 교육과정의 '내용 체계'에 근거하여 쓸 것.
○ 라이크먼과 그레이샤(S. Reichman & A. Grasha)가 제시한 학습 선호 분류 차원(dimension)을 근거로, 괄호 안의 ㉡·㉢에 해당하는 내용을 각각 순서대로 쓸 것.
○ (다)의 5차시와 6차시에 해당하는 모스턴(M. Mosston)의 교수 스타일의 명칭을 각각 순서대로 쓸 것.
○ 메츨러(Metzler)의 체육수업모형에 근거하여, (다)의 6차시에 해당하는 수업모형의 주제를 쓸 것.

5. 다음의 ㈎는 학교스포츠클럽 농구반 지도교사인 박 교사와 선배 교사인 최 교사가 농구반 주장인 영재에 대해 나눈 대화 내용이고, ㈏는 표적/투기 도전활동의 '플라잉디스크 골프'의 교수·학습 활동이다. <작성 방법>에 따라 순서대로 서술하시오. [4점]

㈎

박 교사 : 네, 아주 좋을 것 같습니다. 최 선생님께서 좀 더 구체적으로 가르쳐 주시면 감사하겠습니다. 그리고 영재가 연습 시간에 늦고, 다른 팀원들과 다투면서 주장으로서의 책임감도 많이 부족한데, 어떻게 지도하면 좋을까요?

최 교사 : 농구반 연습을 할 때 영재가 책임감을 기를 수 있도록 ㉠헬리슨(D. Hellison)의 개인적·사회적 책임감 모형을 적용해 보면 어떨까요?

박 교사 : 아! 네, 그렇군요. 이 모형의 주제인 통합·전이·권한 위임·(㉡)을 활용하면, 책임감을 기르는 구체적인 지도 방법을 계획할 수 있을 것 같습니다.

㈏

○ 1교시 : 플라잉디스크 골프의 과학적 원리 적용
 ▸ 플라잉디스크 비행의 과학적 원리 이해와 적용을 세부 학습과제로 나누어 제시
 ▸ 모둠에서 학습 과제를 선정하고 모둠원들은 학습 과제의 탐구 계획 수립과 역할 분담 및 학습 조사
 ▸ 단체 프로젝트 형식으로 모둠별 조사 내용을 발표
 ▸ 각 모둠에게 사전에 성취 수준 점수를 제시한 후 평가

○ 2교시 : 플라잉디스크 골프 퍼팅 경기
 ▸ 플라잉디스크 골프 퍼팅 연습 후 모둠별 경기
 ▸ 플라잉디스크 골프 퍼팅 경기 결과를 각 모둠의 같은 등위끼리 즉, 1등은 1등끼리, 2등은 2등끼리 점수를 비교
 ▸ 같은 등위에서 높은 점수를 얻은 학생에게 일정한 상점 부여
 ▸ 플라잉디스크 골프 퍼팅 경기 모둠 등위 판정

─── <작성 방법> ───

○ 밑줄 친 ㉠의 책임감 수준에 근거하여, 영재가 처한 현재 수준의 바로 다음 수준을 쓸 것(단, 숫자와 특징을 함께 기술함).
○ 괄호 안의 ㉡에 해당하는 주제를 쓸 것.
○ ㈏의 1교시에 해당하는 교수전략(과제구조)을 쓰고, 1교시 교수전략에서 주로 활용되는 평가기법을 제시할 것.
○ ㈏의 2교시에 해당하는 교수전략(과제구조)을 쓰고, 이 교수전략의 장점을 기술할 것.

6. 다음의 ㈎는 최 교사의 배구 수업에 대한 일화 기록지이고, ㈏는 김 교사가 작성한 체육 수업에 대한 반성 일지이다. <작성 방법>에 따라 순서대로 서술하시오. [4점]

㈎
체육 수업 일화 기록지
일시 : 2020년 월 일 (월) 3교시
관찰 : 김찬희 교사

2학년 1반 3교시 수업이 시작됐다. 최 교사는 배구 3차시 오버핸드 패스 수업임을 알렸다. ㉠학생들은 학기 초에 연습한 대로 정해진 집합 장소와 위치에 모였다. 교사는 빈자리를 확인하며 신속히 출석을 확인하였고, 체육복 미착용 학생은 복장 점검표에 표시하였다.

최 교사는 '네트를 사이에 두고 파트너와 오버핸드 패스하기'라는 학습 과제를 제시하고 설명했다. 특히, 손을 이마 위로 올리는 동작은 '이마', 손을 삼각형으로 만드는 동작은 '삼각', 공을 받는 동작은 '당겨', 공을 내보낼 때 스냅을 사용하는 동작은 '퉁겨'로 설명하였다. 그리고 학생들이 빈손으로 오버핸드 패스 동작을 ㉡'이마', '삼각', '당겨', '퉁겨'의 순으로 쉽게 익힐 수 있도록 구령을 붙여 재인식시켰다.

㈏
체육 수업 반성 일지

요즘 3반 학생들의 수업 방해 행동이 부쩍 늘었다. 학기 초에 체육복을 잘 착용하고 과제 활동 중에는 잡담 및 장난을 금지하기로 (㉢)을 정했으나 잘 지켜지지 않았다.

수업 중 과제 활동 장소로 이동할 때에는 잡담하느라 이동 시간이 늘었다. 학생들의 수업 방해 행동을 바로잡으려고 노력했으나 뜻대로 되지 않았다. … (중략) … 수업 방해행동을 해결하기 위해서 박 교사에게 조언을 구했다. 박 교사는 ㉣수반성(contingency)을 활용하여 '행동계약서'를 작성해 보라고 하였다.

─── <작성 방법> ───

○ 밑줄 친 ㉠에 해당하는 절차(routines)의 명칭을 쓰고, 밑줄 친 ㉡과 같이 '복잡한 과제에 관한 설명을 계열성 있게 조직하여 한 단어로 줄인 것'을 일컫는 용어를 4음절로 쓸 것.
○ 절차와 비교되는 괄호 안의 ㉢에 해당하는 용어를 쓰고, 밑줄 친 ㉣을 포함하는 괄호 안의 ㉢ 개발 시 고려사항(제정원칙)을 기술할 것.

7. 다음의 (가)는 최 교사가 작성한 공식화된 행동수정 전략의 일부이고, (나)는 정 교사의 얼티미트 수업 준비 노트이다. <작성 방법>에 따라 순서대로 서술하시오. [4점]

(가)

(㉠)

○ 3반 학생들과 최 교사는 다음 계획을 4주 동안 진행하는 것에 동의합니다.
○ 3반 학생들은 다음과 같이 행동합니다.
  ‣ 모든 과제 활동에 열심히 참가합니다.
  ‣ 수업에 참여할 때 체육복을 항상 착용합니다.
  ‣ 과제 활동을 위해 이동할 때 잡담하지 않고 빠르게 이동합니다.

㉡대용보상체계

○ 최 교사는 다음과 같이 수행합니다.
  ‣ 3반 학생들이 위의 3가지를 잘 수행할 경우 스티커를 줍니다.
  ‣ 4주간 모은 스티커가 10장이 넘은 학생은 게시판에 우수 학생으로 게시합니다.
  ‣ 우수 학생이 속한 모둠에게는 점심시간에 체육관 및 교구 우선 사용권을 줍니다.

학생: 고현민(서명) 교사: 정재원(서명) 교감: 국경호(서명)

[표]

작용\효과	자극 제시	자극 제거
행동 증가	①	②
행동 감소	③	④

(나)

○ 리드업 게임 : (㉢)을 단순화한 형태이며, 게임에서 많이 반복되는 한두 가지의 기능 측면에 초점을 둔다. 단순한 디스크 던지기 기능 연습에서 완전한 형태의 얼티미트 경기로 이어주는 가교 역할을 한다. 포어핸드 던지기, 백핸드 던지기를 활용한 게임으로 기능을 습득한다.
○ 스크리미지(=전술연습게임) : 얼티미트 경기가 진행되는 동안 (㉣)가 발생하면 언제든지 경기를 중단할 수 있고, 경기 중 특정 장면을 반복 수행하여 경기 상황에 대한 다른 시각을 가질 수 있게 하며, 얼티미트 경기 점수를 기록하지 않고 특정 규칙을 적용하지 않는다.

<작성 방법>

○ 시덴탑(D. Siedentop)의 행동수정 전략에 근거하여 괄호 안의 ㉠에 해당하는 행동수정방법을 쓰고, 밑줄 친 ㉡에 해당하는 것을 [표]의 ①~④에서 골라 그 명칭을 강화와 처벌의 유형에 근거하여 쓸 것.
○ 괄호 안의 ㉢·㉣에 해당하는 용어를 각각 순서대로 쓸 것.

8. 다음의 (가)는 최 교사가 동작도전 단원을 지도하며 기록한 수업반성일지이고, (나)는 전통표현 단원에서 메츨러(M. Metzler)의 동료교수 모형을 적용하여 작성한 단원 계획서의 일부이다. <작성 방법>에 따라 순서대로 서술하시오. [4점]

(가)

2016년 ○월 ○일

마루 운동은 학생들이 어렵고 익숙하지 않은 동작을 배워야 하기 때문에 교사의 세심한 지도가 필요하다. 그래서 나는 ㉠직접교수 모형의 방식으로 모든 학생들에게 개별 지도를 충실하게 하려고 노력했지만, 단원을 마칠 때까지 개별적인 지도가 잘 이루어지지 않았다. 학생 수가 너무 많아 나 혼자 모든 학생을 일일이 지도하는 것이 생각보다 힘들었다. 전통 표현 단원에서는 이를 해결할 수 있는 방법을 찾아야 하는데….

(나)

○ 영역: 표현(전통 표현)
○ 신체활동: 우리나라의 전통무용(탈춤)
○ 대상: 1학년   ○ 총시수: 12차시   ○ 장소: 무용실
○ 교수·학습 방법
  ‣ 내용선정: 교사가 학습 내용, 학습과제의 순서, 평가 기준 목록을 전달하면, 개인교사와 학생은 전달받고 수행한다.
  ‣ 수업운영: 교사가 운영 계획과 수업 규칙을 정하고, 개인교사는 연습 장소를 정하고 학습자를 안내한다.
  ‣ ㉡과제제시
  ‣ 참여형태: 학생들이 개인교사, 학습자의 역할을 할 수 있도록 2인 1조로 짝을 구성하며, 인원이 짝수가 안 될 때는 3인 1조로 구성한다.
  ‣ 상호작용: 교사는 개인교사와 상호 작용하며, 개인교사와 학습자의 상호 작용을 관리한다.
  ‣ 학습진도: 개인 교사와 함께 학습자는 각 연습을 시작할 시기와 지속시간을 결정하게 된다.
  ‣ ㉢과제전개

<작성 방법>

○ 밑줄 친 ㉠의 문제점을 동료교수 모형이 해결할 수 있는 이유를 '학생의 역할' 측면에서 기술할 것.
○ 밑줄 친 ㉡의 2가지 수준을 포함하여 이 수준에서 나타나는 수업주도성 프로파일의 형태를 쓸 것.
○ 밑줄 친 ㉢의 수업주도성 특성을 기술할 것.
○ 메츨러(M. Metzler)의 동료교수 모형과 유사한 '링크(J. Rink)의 교수·학습전략'과 '모스턴(M. Mosston)의 체육 교수스타일'을 각각 순서대로 쓸 것.

9. 다음은 중학교 축구 단원의 계획서 및 평가표이다. <작성 방법>에 따라 순서대로 서술하시오. [4점]

<단원 계획서>

차시	전술 문제	학습 활동
1	○게임 분류확인 ○주요 전술과 기술	•축구 관련 동영상 시청 •게임분류 체계 및 축구 특징 확인 •모둠편성 후 주요 전술과 기술 목록화
… (중략) …		
7	○소유권 유지	•(㉠) .3대 1 소유권 유지 게임 .골키퍼 없음, 드리블 금지, 소극적 수비 •ⓐ게임 이해 .공의 소유권을 유지하기 위해 어떻게 움직여야 하는가? •ⓒ기술 연습 .2대 1 패스 연습, 소극적 수비 .3대 1 패스 연습, 소극적 수비 •ⓒ변형 게임 .3대 2 소유권 유지 게임 .골키퍼 없음, 드리블 금지, 적극적 수비
… (중략) …		
16	○㉣정식 게임	•11대 11 정식 축구 경기

<축구 경기수행능력 평가표>

※ '/'과 '—'는 횟수를 의미함.

구분\이름	의사 결정		기술 실행		보조	
	적절함	부적절함	효율적임	비효율적임	적절함	부적절함
보국	///	//	///	/	///	//
재훈	////	///	//	///	///	///
도호	///	//	///	////	////	////

<작성 방법>
○ '밑줄 친 ㉣과 유사한 과제' 및 '밑줄 친 ㉢'을 일컫는 괄호 안의 ㉠에 해당하는 용어를 4음절로 쓸 것.
○ 밑줄 친 ㉢이 밑줄 친 ㉣과 매우 흡사해야 한다는 뜻의 특징을 3음절로 쓸 것.
○ 트로페(R. Thorpe), 벙커(D. Bunker), 알몬드(L. Almond)가 고안한 이해중심게임수업 모형의 6단계에 근거하여 밑줄 친 ⓐ와 ㉡의 단계를 각각 숫자로 기술할 것.
○ 게임수행평가도구(GPAI)의 '의사결정·기술실행·보조하기' 항목에서 제일 잘한 학생 이름을 각각 순서대로 쓸 것.

10. 다음의 ㈎는 최 교사의 전문성 발전을 단계별로 나타낸 표이고, ㈏는 수업상황 중 질문과 관련한 교사의 행동평정표이다. <작성 방법>에 따라 순서대로 서술하시오. [4점]

㈎ 교사 전문성 발전 단계

초기 곤란 단계	학생들과 상호작용하는 것이 쉽지 않았다. 의사를 전달하는데 필요한 어휘가 부족했고, 전과 다른 방식으로 의사소통을 하는 것이 어색했다. 특히 수업 중에 학생들을 칭찬하는 것이 어려웠다.
발전 단계 1	○목표·개념 중심의 논리적·계열적 질문 설계 ○스스로 답변을 찾게 하는 계열적 질문 제공 ○교사와 학생의 문답적 상호과정 중시 ○확산적인 질문 제공
발전 단계 2	○질문자로서의 교사, (㉠) ○사고력, ㉡문제해결력, 탐구력 증진 ○다양한 형태의 질문 제공 ○학생의 창의적 대답을 중시

㈏ 교사 행동 평정표

교사의 행동	전혀	가끔	보통	자주	항상
① 학생이 답변을 할 때까지 기다렸다.	1	2	3	4	5✓
② 질문에 대해 해답을 말해줬다.	1✓	2	3	4	5
③ 학습자 반응에 피드백을 제공했다.	1	2	3	4✓	5
④ 수용적 분위기를 조성했다.	1	2	3	4	5✓

<작성 방법>
○ 최 교사의 초기 곤란 단계를 극복하기 위한 방법으로 '소집단의 동료들과 모의적인 수업장면을 만들어 연습하는 방법'의 명칭을 4음절로 쓸 것.
○ 모스턴(Mosston)의 유도발견형 스타일(F)에 근거하여 발전단계1의 잘못된 부분을 바르게 수정하여 기술할 것.
○ 메츨러(Metzler)의 탐구수업 모형에 근거하여 괄호 안의 ㉠에 해당하는 주제를 쓰고, 이 주제와 관련된 밑줄 친 ㉡을 공통점으로 하고 있는 메츨러(Metzler)의 체육수업모형 2가지를 기술할 것(단, 탐구수업 모형은 제외함).
○ 모스턴(Mosston)의 유도발견형 스타일(F)의 성공적 실행을 위한 가장 중요한 규칙을 ㈏의 ①~④에서 골라 쓰고, 그 규칙을 기술할 것.

<수고하셨습니다.>

체 육

2021년대비 VZONExam78 서울(08.29토~30일), 대구·부산(09.05토)
최규훈 **실력 점검** 모의고사 Ⅱ

수험번호 : (   )   성 명 : (   )

| 1차 시험 | **2교시 전공A** | 12문항 40점 | 시험 시간 80분 |

○ 문제지 전체 면수가 맞는지 확인하시오.
○ 모든 문항에는 배점이 표시되어 있습니다.

1. 다음의 ㈎는 스포츠 현장에서 발생한 사건을 다룬 신문 기사 내용이고, ㈏는 이에 대해 교사들이 나눈 대화 내용이다. '공리의 원리'를 적용하는 대상에 따라 분류한 공리주의의 2가지 유형과 그 유형을 이야기한 2명의 교사를 각각 연결하여 쓰시오. [2점]

㈎ 신문 기사

□□신문   2019년 ○○월 ○○일

'의도적인 반칙' 옳은가? 아니면 옳지 못한가?

○ 블루팀과 레드팀의 농구경기는 종료까지 2분 남았다. 블루팀은 1점 차이로 뒤지고 있고, 팀 파울에 걸려 있다. 그때부터 블루팀은 의도적인 반칙을 하였다.
○ 프로농구 결승전, 경기종료 1분을 앞두고 3점차로 지고 있던 A팀의 선수 '송욱재'는 의도적 반칙을 하였다.

㈏ 교사들의 대화

조 교사 : 만족한 돼지보다는 불만족한 인간이 낫고, 만족한 바보보다는 불만족한 소크라테스가 되는 것이 더 나은데, 의도적 반칙은 만족한 돼지의 수준입니다.

박 교사 : 상대의 핵심선수에게 고의적으로 부상을 입혀 자신의 팀이 승리하였을 경우 결과만 놓고 보면 부상을 입힌 선수의 행위는 옳은 것으로 간주될 수 있습니다. 승리라는 유용한 결과를 위해 상황에 맞는 반칙은 바람직하다고 볼 수 있습니다.

윤 교사 : 의도적 파울foul은 행위 당사자에게 당장의 좋은 결과를 가져올 수 있으나 상대 팀 혹은 해당 스포츠 전체의 이익에 도움이 되지 않습니다. 즉 공리의 원리에 어긋납니다.

2. 다음은 스포츠와 여성, 스포츠와 폭력에 대한 자료의 일부이다. 머튼(Merton)이 제시한 밑줄 친 ㉠에 해당하는 용어와, 밑줄 친 ㉡과 비교되는 괄호 안의 ㉢에 해당하는 폭력의 명칭을 쓰시오. [2점]

○ 스나이더와 스프라이처(Snyder&Spreitzer)는 여성이 참여하는 스포츠종목에 대한 사회문화적 시각을 3가지로 분류했다
  ▸ 용인될 수 없는 종목 : 격투기, 신체접촉을 통해 신체적으로 상대를 굴복시키는 종목
  ▸ 용인되기 어려운 종목 : 대다수의 필드 경기, 단거리 경주, 멀리뛰기 등 체력 위주이며 소수집단에만 허용되는 종목
  ▸ 용인되는 종목 : 수영·체조·피겨스케이팅·테니스 등 신체접촉이 없으며 체력보다는 미적 표현이나 우아함이 강조되는 종목
○ 기량이 탁월한 상대 팀의 스트라이커에게 선취점을 빼앗긴 수비수는 감독으로부터 그 스트라이커를 백태클하여 부상을 입히라는 주문을 받았다. ㉠선수로서의 윤리와 승리라는 실익, 이 2가지의 양립 불가능한 가치를 동시에 수용하게 된다.
○ ㉡과잉동조로서의 폭력은 팀의 승리를 위한 수단으로서의 폭력 즉 도구적 폭력성을 의미한다. 이는 상대방과 아무런 개인적 감정이나 개인적 적대감이 없음에도 불구하고 팀의 승리를 위해 행해지는 폭력행위이다. 선수들은 격렬한 신체접촉이나 경계폭력에 대해 염려하면서도 동의한다. 그 이유는 팀의 승리와 대중적 인기를 높이기 위해 폭력이 장려되기 때문이다. 따라서 스포츠윤리에 과잉동조하며 폭력에 가담한 선수는 경기장 안팎에서 지지와 인정을 받게 된다.
○ (㉢)은 특정 스포츠의 문화와 구조, 전략 속에서 형성된다. 예를 들어, 럭비·미식축구·아이스하키·축구·농구 등과 같은 종목의 선수들은 폭력이 고통과 부상을 유발할지라도 폭력을 하나의 전략으로 이용하는 법을 배운다. 이는 그 어떤 폭력보다 통제하기 어려워진다.

3. 다음은 수행평가의 총점 분포 및 산점도(scatter plot)에 대한 최 교사와 예비 체육교사들의 대화 내용이다. 괄호 안의 ㉠에 집중경향치와 괄호 안의 ㉡에 해당하는 집단을 각각 순서대로 쓰시오. [2점]

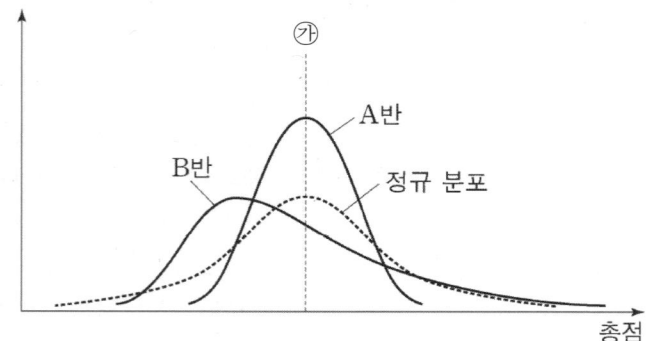

최 교사 : A반과 정규분포를 비교하는 개념은 첨도라면, B반과 정규분포를 비교하는 개념은 무엇일까요?
겨 운 : 편포입니다.
최 교사 : 겨운이가 맞추니, 정겨운데^.^ 그러면 A반과 B반의 집중경향치의 차이를 최소화하려면 무슨 값을 사용하면 될까요? 단, B반의 집중경향치의 모든 값이 ㉮를 초과할 수 없다고 가정하구요.
태 환 : (㉠)입니다.
최 교사 : 역시, 쩐태환이군^.^
… (중략) …
최 교사 : A집단과 B집단 중에서 심폐지구력이 평균적으로 우수한 집단은 무엇일까요?

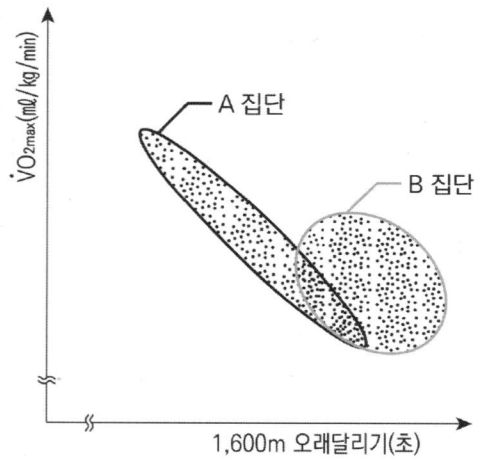

주 은 : A집단입니다.
최 교사 : 그 이유를 말해 볼 사람?
채 은 : A집단 1600m 오래달리기의 평균값이 B집단보다 작고, A집단의 $\dot{V}O_2max$의 평균값이 B집단보다 크기 때문입니다.
최 교사 : 그러면, $\dot{V}O_2max$ 추정식의 결정계수(R^2)가 더 큰 집단은 무엇일까요?
은 영 : (㉡)집단입니다.
최 교사 : 역시, 바른 은영이군^.^

4. 다음은 심상의 효과에 관한 이론을 적용한 교사의 수업 반성 일지이다. <1주차>와 <2주차>에 적용된 이론의 명칭을 순서대로 쓰시오. [2점]

교사의 수업 반성 일지

학교스포츠클럽 전국 대회를 앞두고 축구팀의 응집력을 높이는데 심상효과와 관련된 이론을 적용하면 효과적일 것 같았다. 우선 심상효과와 관련된 이론 중 서로 다른 이론을 1주차와 2주차에 각각 1가지씩 적용하였다.

<1주차>
미리가 동작에 대한 청사진을 그리거나 동작을 기호화하여 운동수행을 원활하게 하였다. 이를 통해 철수는 동작을 잘 이해하여 자동화시켰다.

<2주차>
현재가 특정 움직임을 상상할 때, 뇌에서 실제움직임이 일어날 때와 유사한 반응이 발생하는 것을 알려주었다. 어떤 동작을 생생하게 상상하면 실제 동작과 유사한 근육의 미세 움직임이 일어나는 것을 안내해 주었다.

5. 다음은 다양한 수업 사례 및 수업 자료의 일부이다. <작성 방법>에 따라 순서대로 서술하시오. [4점]

○ 오늘 수업에서 과제에 참여하지 않고 그늘에서 잡담을 하고 있는 근협이에게 "딴 짓하고 있구나!" 라고 말하곤 하였다. ㉠딴 짓하는 학생에게 선생님이 안 보고 있는 것 같아도 다 보고 있다는 사실을 수시로 알렸다. 마치 머리 뒤에도 눈이 있는 것처럼 학생들이 느낄 수 있도록 하였다.
○ 상규적 활동은 체육 수업시간에 반복적으로 일어나는 활동이다. 예를 들어 출석점검, 수업준비 상태 확인, 화장실 출입 등이다. 이러한 과정을 효율적으로 관리하면 ㉡학습자가 학습 목표와 부합한 과제의 성공을 경험하며 참여한 시간을 증가시키는 데 도움이 된다.
○ 최 교사는 모의고사 시험보는 것을 싫어하는 찬희에게 공부하는 습관을 키워주기 위하여 1일 1모를 하면 찬희가 좋아하는 댄스를 30분 동안 할 수 있도록 하였다.
○ 정 교사는 순회하면서 "현민아, 공중동작 시 배를 내밀고 목을 당겨 활처럼 만들어야지." 라는 말로 피드백을 제공하였다. 재원이의 레이업 슛 동작을 관찰한 후, "슛을 할 때 팔꿈치가 많이 굽혀지는구나. 팔꿈치를 쭉 펴면서 다시 한 번 슛을 해 보자." 라고 안내해 주었다.

<작성 방법>

○ 시덴탑(D. Siedentop)의 주장에 근거해서, 밑줄 친 ㉠에 해당하는 교수기능 발달 단계의 숫자와 명칭을 각각 쓸 것.
○ 체육 수업의 깔때기 효과에 근거하여, 밑줄 친 ㉡에 해당하는 시간의 명칭을 쓸 것.
○ 최 교사가 찬희에게 실시한 정적 강화의 원리를 쓸 것(단, 학자의 이름을 활용함).
○ 메츨러(M. Metzler)가 제시한 분류에 근거하여, 정 교사가 현민이와 재원이에게 제공한 피드백의 유형을 '내용' 차원에서 쓸 것.

6. 다음은 최 교사의 수업일지와 수업조직방법에 대한 사례(그림)이다. <작성 방법>에 따라 순서대로 서술하시오. [4점]

○ 이번 체육 수업은 수업 전반에 걸쳐 효율적인 교수·학습이 이루어졌다고 생각합니다. 먼저 과제카드(과제포스터)와 스테이션을 만들어 학생들이 서로 다른 학습 과제를 동시에 연습하도록 한 ㉠과제식(task) 수업은 학생들에게 큰 도움이 되었던 것 같습니다. 그러나 학생들이 과제 활동에 참여하는지 아니면 과제 이탈 행동을 하는지를 알아보기 위해 5분마다 과제 이탈 학생 수를 세어보는 ㉡시간표집법(time sampling)을 사용하여 분석한 결과, 45명의 과제 이탈 학생이 나왔습니다. 학생들의 운동 참여 시간을 충분히 확보해주고 수업 관리와 조직을 더욱 철저히 하여 이런 과제 이탈 학생을 줄이는 것이 좋을 것 같습니다. 특히 ㉢수업 중에 학생의 수준별로 과제 난이도를 다양하게 선정하여 제시한 것은 매우 인상적이었습니다.

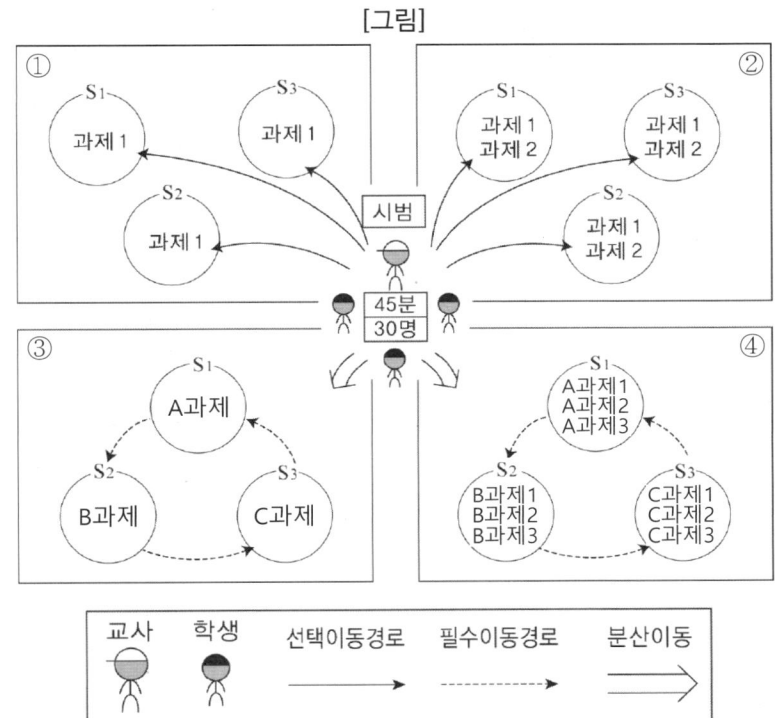

[그림]

<작성 방법>

○ 밑줄 친 ㉠과 모스턴(Mosston)의 포괄형 스타일(E)의 차이점을 '스테이션(station)'과 '계열성(단계별)' 측면에서 기술할 것(단, 밑줄 친 ㉠의 단점을 활용함).
○ 밑줄 친 ㉠에 해당하는 가장 적절한 수업 상황을 [그림]의 ①~④에서 골라 그 수업조직 방법의 명칭과 함께 쓸 것.
○ 밑줄 친 ㉡ 관찰법의 특징 및 사용 이유를 관찰 행동의 결과를 분석하는 요인을 포함하여 기술할 것.
○ 밑줄 친 ㉢에 해당하는 '2015개정 체육과 교육과정의 교수·학습의 방향'을 쓸 것.

7. 다음은 지방 대사의 조절 및 혈당 조절에 대한 자료의 일부이다. <작성 방법>에 따라 순서대로 서술하시오. [4점]

◦ 호르몬과 젖산에 의한 지방대사의 조절

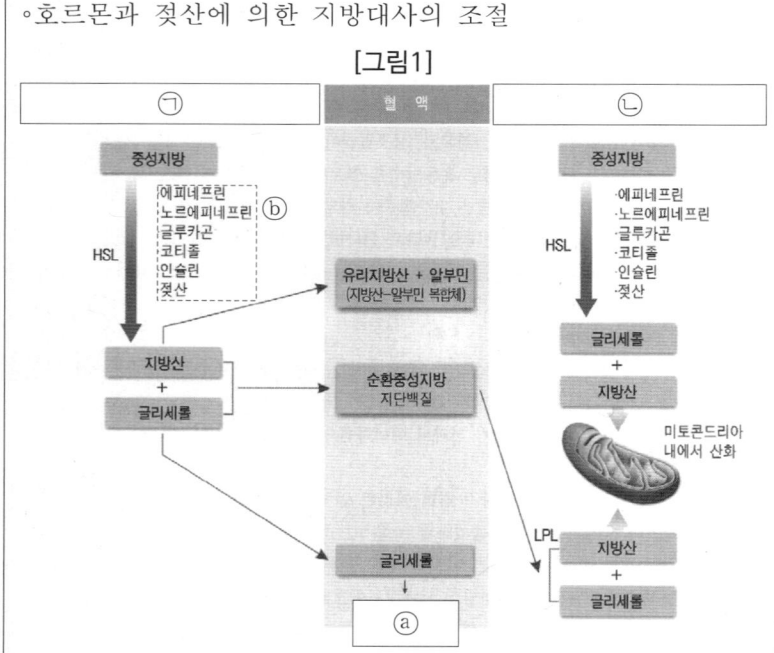

◦ 혈장 포도당 농도는 4가지 다른 과정을 통해 유지된다.
① 간에 저장된 당원으로부터의 포도당 동원
② 혈장 포도당의 절약을 위해서 지방세포 조직으로부터 혈장 유리지방산의 동원
③ _____
④ 유리지방산을 연료로 사용하기 위해서 포도당이 세포 내로 들어가는 것을 차단
이 4가지 과정의 목적은 혈장 포도당 농도를 유지하면서 활동을 위한 연료를 제공하기 위한 것이다.

[그림2]

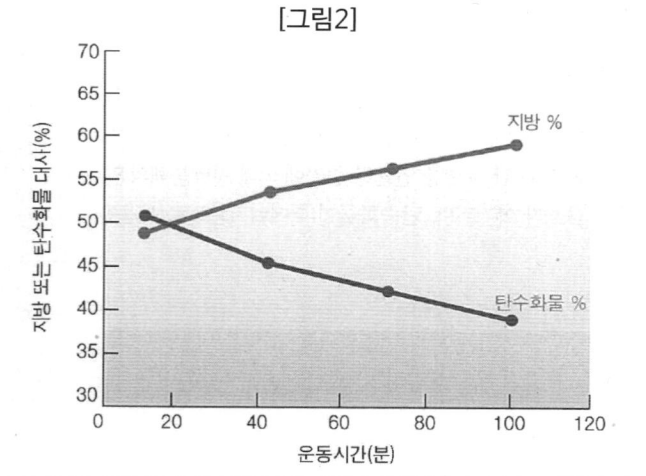

──── <작성 방법> ────
◦ [그림1]에서 네모 안의 ㉠·㉡에 해당하는 용어를 쓰고, 밑줄 빈 ③에 근거하여 네모 안의 ⓐ에 해당하는 내용을 기술할 것.
◦ [그림2]의 '억제 작용'과 관련된 2가지를 ⓑ(점선 네모 안)의 6가지 중에 골라 쓸 것.
◦ [그림2]의 20분 시점에서 호흡교환율(RER)의 값을 쓸 것.

8. 다음은 운동역학에 대한 자료의 일부이다. <작성 방법>에 따라 순서대로 서술하시오. [4점]

문 체중 50kg인 문수가 허파에 공기를 많이 불어넣은 상태의 부피가 $0.025m^3$이고 비중(γ)이 $15000N/m^3$이다. 중력(N)과 부력(N)을 각각 구하고, 문수의 신체동작을 서술하시오(단, 중력가속도는 $10m/s^2$임).

답 중력은 (㉠)N, 부력은 (㉡)N이다. 문수는 (㉢).

◦ 원준이가 베이스 도루를 하는 동안의 가속도에 대한 사례이다.

[그림1]

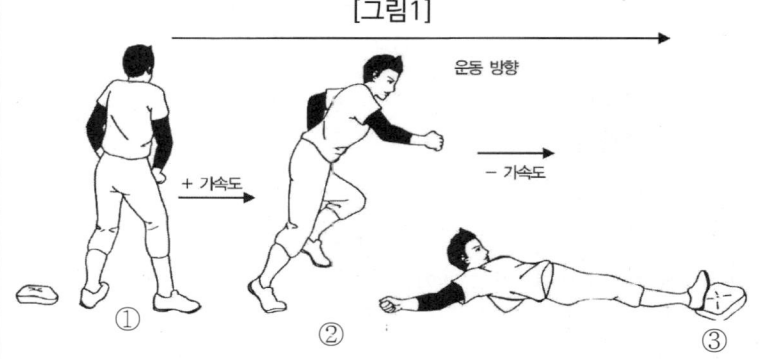

	㉣	㉤	가속도의 방향
① ~ ②	+	+	+
② ~ ③	+	−	−

◦ 시간에 따른 속도의 변화 그래프이다.

[그림2]

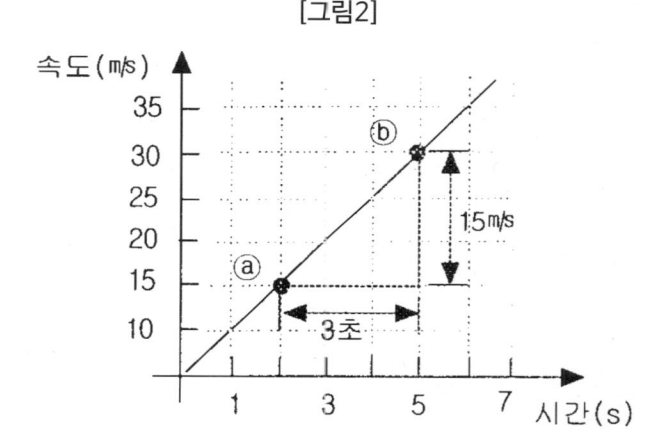

──── <작성 방법> ────
◦ 괄호 안의 ㉠·㉡에 해당하는 값과, 괄호 안의 ㉢에 해당하는 '동사'를 각각 순서대로 쓸 것.
◦ 괄호 안의 ㉣, ㉤에 해당하는 용어를 각각 순서대로 쓸 것.
◦ [그림2]에서 2~5초 구간의 가속도(m/s^2)와 이동거리(m)를 각각 구하여 쓸 것.

9. 다음은 VZONE 중학교 체육 교과 협의실의 게시판을 보며 여러 체육교사들이 나눈 대화 내용이다. <작성 방법>에 따라 순서대로 서술하시오. [4점]

```
영국의 체육과 스포츠

○ 절대주의 시대
  ▸ 골프 : 스코틀랜드가 세계에 준 선물
  ▸ ( ㉠ ) : 프랑스의 '쥬 더 뽐' 경기의 발전
  ▸ 국교회의 「합법적인 스포츠 권장령」 vs
    청교도의 잉글리시 선데이(English Sunday)
○ 근대
  ▸ 보이스카우트 운동 - 베이든 파월
  ▸ 움직임에 대한 이해와 학습 - 라반
  ▸ ( ㉡ ) - 윙필드
```

최 교사 : 근대 영국 축구(soccer) 탄생의 근간이 된 것은 '①이튼 룰 풋볼(Eton rule football)' 이었습니다.

전 교사 : ②크리켓(Cricket)은 영국 국기(國技)가 되었습니다. MCC(Marylenone Criket Club)는 테니스의 조직화·ⓐ영국 스포츠의 세계화 등에도 큰 역할을 하였습니다.

정 교사 : 배드민턴이란 명칭은 영국 이븐셔(주)에 있는 뷰포트(Beaufort) 공작의 영지 이름을 딴 것입니다. 1948년 ③남자 국가대항전인 토마스컵(Thomas Cup) 대회가, 1956년 여자는 유버컵(Uber Cup) 대회가 열리게 되었습니다.

장 교사 : 영국 학자들은 운동경기의 교육적 가치를 인정하고 스포츠를 애호하던 이데올로기를 ④애슬레티시즘(Athletism)이라고 불렀습니다.

유 교사 : 제가 '유퀴즈?' 하나 낼까요? 찰스 킹즐리(Charles kingsley)에 의해 출현하게 된 사상이고 토마스 휴즈(Thomas Hughs)의 「톰브라운의 학창시절(Tom Brown's Schooldays)」이라는 소설을 통해 영국과 미국에 이 사조가 확산되었습니다. ⓑ이 사조는 무엇일까요?

<작성 방법>

○ 괄호 안의 ㉠5음절·㉡4음절에 해당하는 스포츠의 명칭을 각각 쓸 것.
○ 밑줄 친 ①~④에서 옳지 않은 것을 골라 바르게 고쳐 쓸 것.
○ 밑줄 친 ⓐ에 영향을 준 정책의 명칭을 쓸 것.
○ 밑줄 친 ⓑ의 핵심개념 2가지를 쓸 것.

10. 다음은 스포츠와 집합행동을 위한 교사 연수 자료이다. <작성 방법>에 따라 순서대로 서술하시오. [4점]

```
스포츠와 집합행동

가. 군중행동 유형
 ○ 블루머(Blumer)는 군중이 모이게 된 관심의 대상과 성격에 따라 군중을 ㉠우연적 군중, 인습적 군중, 표출적 군중, 능동적 군중으로 분류하였다.
 ○ 페데리코(Federico)는 ( ㉡ )이 극단적인 행동에 개입하게 되면, 폭도화되어 폭도행동을 표출하거나 심지어 폭동으로까지 번질 수 있음을 피력하면서, ( ㉡ )을 폭도의 차원에서 도피적 폭도·취득적 폭도·공격적 폭도·㉢표출적 폭도로 재분류하였다.
                  …(중략)…

나. 스포츠 관중행동의 유형 - 스미스(Smith)
 1) 쟁점성 관중행동
   ○ 형태 : 평화적인 항의 ~ 강력한 폭력행위
   ○ 원인 : 구조적 긴장, 특정사건, 기타 촉발요인
 2) 무쟁점성 관중행동
   ○ 스포츠 경기는 국가적·지역적 축제의 성격을 지니는 경우가 많음.
   ○ ㉣이 기간에 일상 행동을 규제하던 도덕적 규범의 구속력이 약화되거나 무시되어 발생하는 집합행동임.
                  …(중략)…

다. 폭력적 집합행동의 이해
 ○ 문화적 요인 - ㉤더비경기
 ○ 사회구조적 요인 - 프로스포츠의 지역연고제
 ○ 상황적 요인 - 관중의 규모, 관중밀도, 관중소음, 좌석의 종류, 관중의 구성 등
```

<작성 방법>

○ 괄호 안의 ㉡에 해당하는 군중의 유형을 밑줄 친 ㉠에서 골라 쓰고, 밑줄 친 ㉠의 표출적 군중과 밑줄 친 ㉢의 차이점을 감정에 근거하여 기술할 것.
○ 밑줄 친 ㉣의 2가지 행동을 쓸 것.
○ 밑줄 친 ㉤에서 일어나는 상대팀에 대한 타자화가 집합행동으로 분출되는 가치관 및 감정의 변화를 기술할 것.

11. 다음은 학생 건강 체력 측정 결과를 보고 두 명의 체육교사가 나눈 대화이다. <작성 방법>에 따라 순서대로 서술하시오. [4점]

학생건강체력 측정 결과

정 교사 : 인서는 왕복오래달리기가 35회, 윗몸말아올리기가 32회로 심폐지구력이 더 좋은 것 같습니다.

표준정규분포표
z	면적비율(%)
0.00	0.00
0.10	3.98
0.20	7.93
0.30	11.79
0.40	15.54
0.50	19.15
0.60	22.57
0.70	25.80
0.80	28.81
0.90	31.59
1.00	34.13

최 교사 : 측정 횟수를 표준화하여 상대적으로 비교해 봐야지요. ㉠원점수에서 평균을 뺀 값을 표준편차로 나눈 값으로 더 편리하게 상대적 수준을 볼 수 있어요. (㉠)을/를 계산해 보면, 인서는 왕복오래달리기가 (①), 윗몸말아올리기가 (②)로 산출됩니다. 따라서 인서는 근지구력이 심폐지구력보다 상대적으로 (③)만큼 더 좋다고 볼 수 있습니다.

체력항목 성명	심폐지구력 왕복오래달리기(회)	근지구력 윗몸말아올리기(회)
최인서	35	32
평균	37	31
표준편차	2	1

<작성 방법>
○ 괄호 안 또는 밑줄 친 ㉠에 해당하는 용어를 쓰고, 이 용어의 평균과 표준편차를 각각 순서대로 제시할 것.
○ 괄호 안의 ①·②·③의 값을 모두 더한 값을 쓸 것.
○ 인서의 심폐지구력과 근지구력의 백분위 차이를 쓸 것(단, 소수점 이하 둘째 자리까지 제시함).

---

12. 다음은 농구 수업후 학생들의 수업후기 내용이다. <작성 방법>에 따라 서술하시오. [4점]

명진 : 농구를 좋아해서 동아리에 가입하였다. 그러나 대회에 나갈 때마다 감기에 걸려서 뛸 수 없었다. 점점 흥미가 없어지고 동아리 활동을 그만두고 싶었다. 하지만 가족과 동아리 친구들로부터 부정적인 평가를 받기 싫어서 계속하려고 한다.

희식 : 나는 오늘 우리 팀에서 유일하게 3점 슛을 성공시켰다. 친구들보다 더 잘하는 기술이 있다는 것은 너무나도 기쁘다. 특히 3점 슛을 성공시키는 학생에게는 무조건 체육관 기구정리를 면제해 준다는 오늘의 포상 때문에 평소보다 더 열심히 뛰었던 것 같다.

도호 : 슛을 할 때마다 림 근처에도 가지 못하고 공이 바닥으로 떨어졌다. 나는 공도 멀리 못 던지고 점프도 잘 안 된다. 그리고 오래 달리는 것은 잘 하는데, 점프는 왜 잘 안될까? 도대체 어떻게 해야 하는 걸까? 실력이 점점 떨어지는 것 같아 너무 실망스럽다. 지금 이 상태에서는 농구가 너무 싫지만 골을 꼭 넣고 싶어서 농구 연습을 해야 할 것 같다.

동민 : 슛을 할 때마다 쏙쏙 골로 이어졌다. 다른 친구들에 비해 연습도 제대로 안 했는데도 훨씬 잘 하는 걸 보면 역시 난 농구 천재인가보다. 사실 농구 실력이 떨어지는 친구들이랑 경기하는 것은 그다지 흥미롭지 않다. 그렇지만 팀의 일원으로서 나는 그냥 경기에 참여하려고 한다.

<작성 방법>
○ 데시(E. Deci)와 라이언(R. Ryan)의 '자기결정성 이론'에 근거하여 4명의 학생들 중 자기결정성의 수준이 동일한 학생 2명을 쓰고, 그 외적동기의 유형을 제시할 것.
○ 니콜(Nicholls, J. G.)의 '성취목표성향 이론'에 근거하여 숙달중시분위기의 TARGET 전략을 활용할 경우 효과적인 학생 2명을 쓰고, 그 목표성향 유형을 쓸 것.
○ 와이너(B. Weiner)의 귀인이론에 근거하여 도호에게 효과적인 지도방법을 귀인의 4가지 요소(요인)과 3가지 차원을 활용하여 기술할 것.
○ 희식에게 활용한 강화의 유형을 쓸 것.

체 육

수험번호 : (   )   성 명 : (   )

| 1차 시험 | **3교시 전공B** | 11문항 40점 | 시험 시간 80분 |

○문제지 전체 면수가 맞는지 확인하시오.
○모든 문항에는 배점이 표시되어 있습니다.

1. 다음은 점증부하 운동 시 젖산역치를 설명하는 다양한 기전에 대한 자료의 일부이다. 괄호 안의 ㉠에 해당하는 용어와, 괄호 안의 ㉡에 해당하는 물질 2가지(원소기호)를 각각 순서대로 쓰시오. [2점]

○고강도 운동 중 젖산역치(LT)가 발생하는 원인에는 근육의 낮은 산소량, 해당작용의 활성화, 속근섬유 사용, 젖산 제거비율의 감소 등이 있다.

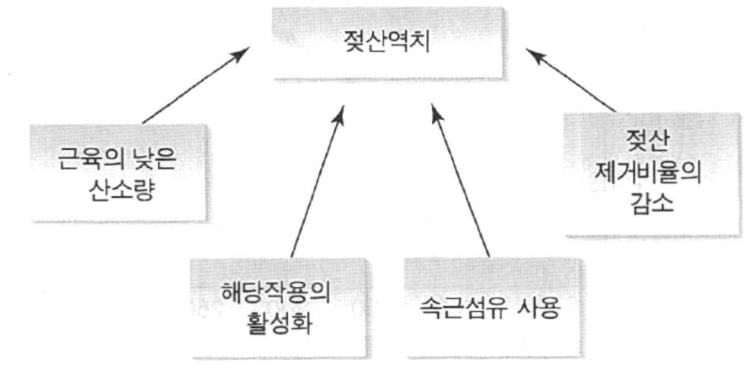

○젖산 제거 비율의 감소는 2가지가 있다.
 ① 교감신경계 흥분 증가로 인한 간혈류 감소
  → (㉠)에 의한 젖산 제거 감소
 ② 근육 내 젖산의 유산소적 분해 감소
  : 젖산 → 피루브산 → (㉡)

2. 다음은 다양한 투사체 운동에 대한 사례이다. 괄호 안의 ㉠·㉡에 해당하는 용어와, ①·②에 해당하는 상대투사높이(m)를 각각 순서대로 쓰시오. [2점]

○허들 경기 공중 동작(A~B)
공기저항이 없으면 (㉠)속도는 동일하며, (㉡)속도는 지구의 중력에 의해 상승 중에는 감속하고 낙하 중에는 가속한다.

○던지기
① ②

3. 다음은 최 교사의 다양한 수업 사례이다. <작성 방법>에 따라 순서대로 서술하시오. [4점]

㉠최 교사는 효율적 수업을 위해서 학습경험의 계획을 수립하였다. 먼저 학습자의 수준에 적합하고 학습자의 운동능력을 고려하여 최대한의 연습시간을 제공하는 것을 원칙으로 하였다. 결과적으로 학습자의 운동수행능력을 향상시켜야 의미가 있다고 생각하였다.

㉡최 교사가 과제 수행 방법을 알려주면 학생들은 과제에 참여하였다. 최 교사는 학생들의 과제 연습을 도와주고 수정하며 발전시켰다. 이와 같은 내용 행동이 원활하게 진행되기 위해서 최 교사는 <u>과제연습이 시작되기 전에 장비·인원수·공간 배열에 대해 알려 주고 학생들은 장비를 설치하고 파트너와 함께 조를 구성하였다. 교사는 학생들이 과제에서 벗어나려고 하면 멈추도록 주의를 주었다.</u>
① 장난치는 학생은 지정 구역에 한동안 서 있도록 한다.
② 2인 1조로 짝을 짓게 한다.
③ 배구공을 준비하는 학생과 정리하는 학생들을 지정한다.
④ '하던 것을 멈추고 모두 주목할까요' 라고 말한다.

㉢최 교사는 경호에게 야구공을 배트로 치기(striking)를, 재훈이에게 날아오는 공을 발로 잡기(trapping)를 연습하게 하였고, 보국이에게 철봉 잡고 앞뒤로 흔들기(swinging)·몸통을 굽히거나 접기(bending) 등을 연습하게 하였다.

<작성 방법>
○ 시덴탑(Siedentop)이 제시한 학습경험의 선정 기준에 근거하여 ㉠에서 보완해야 할 기준을 기술하고, 이에 해당하는 '2015개정체육과교육과정의 교수·학습의 방향'을 쓸 것.
○ ㉡의 밑줄 친 부분에 해당하는 교수 행동의 명칭을 쓰고, 이 교수행동의 하위 유형 2가지에 근거하여 ①~④ 중 그 빈도가 높은 것의 유형 명칭을 쓸 것.
○ 메츨러(Metzler)가 제시한 움직임 기능의 분류에 근거하여, ㉢에서 최 교사가 경호·재훈·보국에게 연습시킨 움직임 기능을 각각 순서대로 쓸 것.

---

4. 다음은 여러 체육교사들의 다양한 수업 사례이다. <작성 방법>에 따라 순서대로 서술하시오. [4점]

○ 최 교사는 '다리모아 앞구르기' 활동을 지도하면서, 학생들로 하여금 자신감을 갖고 열심히 하였는지, 수업에 적극적으로 참여하였는지, 차례를 지키면서 질서 있게 참여하였는지를 스스로 평가하도록 하였다.

○ 정 교사는 다영이에게 '다리모아 앞구르기'를 수행하고, 지윤이에게는 다영이가 수행한 동작을 관찰하고 이를 평가하도록 하였다. 동작에 대한 평가 관점은 '무릎을 굽히고 매트에 손을 짚었는가?, …, 발목이나 무릎을 잡고 일어났는가?'이며, 이를 '잘함·보통임·부족함'의 평가기준에 맞추어 평가하도록 하였다. 평가가 끝난 뒤에는 서로 역할을 바꾸도록 하였다.

○ 장 교사는 학습목표를 "5가지 줄넘기 동작 중 3가지 동작을 순서대로 각각 30회 이상씩 연속적으로 실시할 수 있다."로 설정하여 체력 운동의 지루함을 극복하고 학습 동기를 고취시키고자 하였다. 장 교사의 학습 목표는 메이거(R. Mager)의 '조건-(㉠)-행동' 요소를 충족시킨다.

○ 조 교사는 다음의 단계로 게임 기능 및 개방 기능을 개발하였다.
① 개방과제의 몇 가지 변인을 포함하는데, 전형적으로 상대자·장애물·구체적인 수행기준을 포함한 연습으로 이루어진다.
② 폐쇄기능으로 생각될 수 있는데, 이는 학습자가 분절된 기능을 분습법과 느린 속도로 연습하기 때문이다. 과제 요소의 수가 점차 증가하면서 수행의 속도도 증가하게 된다.
③ 실제 게임과 경쟁상황과 같은 전혀 예측할 수 없는 상황에서 이 기능들을 연습하고 학습하도록 한다.
④ 모든 변인과 복잡성이 개입된 리드업 게임으로 특징지어진다. 스크리미지(전술연습게임)·반코트 게임·팀 인원수를 줄인 경기(6대 6 축구)의 형태를 띠게 된다.

<작성 방법>
○ 최 교사와 정 교사가 실시한 수업에 해당하는 모스턴(Mosston)의 체육교수스타일을 각각 순서대로 쓰고, 이 두 교사의 수업내용에 해당하는 2015개정체육과교육과정-평가의 방향이 '평가방법과 평가도구의 다양성'이라고 할 수 있는 이유를 2015개정체육과교육과정(2015-74)에서 근거를 찾아 기술할 것.
○ 괄호 안의 ㉠에 해당하는 용어를 쓸 것.
○ 조 교사의 게임 기능 및 개방 기능 4단계(①~④)를 바르게 배열하여 제시할 것.

5. 다음은 여러 체육교사들의 다양한 수업 사례이다. <작성 방법>에 따라 순서대로 서술하시오. [4점]

○ 최 교사는 기준에 도달하는 팀에게는 누적 점수 특혜·공개적인 인정 또는 점수 등을 제공하였고, 모든 팀원의 수행이 팀 점수 또는 평가에 포함되기 때문에 모든 학생은 팀의 과제수행을 위해 노력해야 한다고 안내해 주었다.

○ 정 교사가 작성한 농구 수업의 교수·학습 과정안 일부이다.

학습 목표	㉠개인교사와 ㉡학습자의 역할 이해를 통한 체스트 패스의 기능 습득
수업 모형	동료교수 모형의 활용
교수·학습 활동	3인(관찰자 1인 – 수행자 2인) 1조 체스트 패스 연습

○ 장 교사는 다음의 수업주도성 프로파일을 활용하여 축구수업을 하였다.

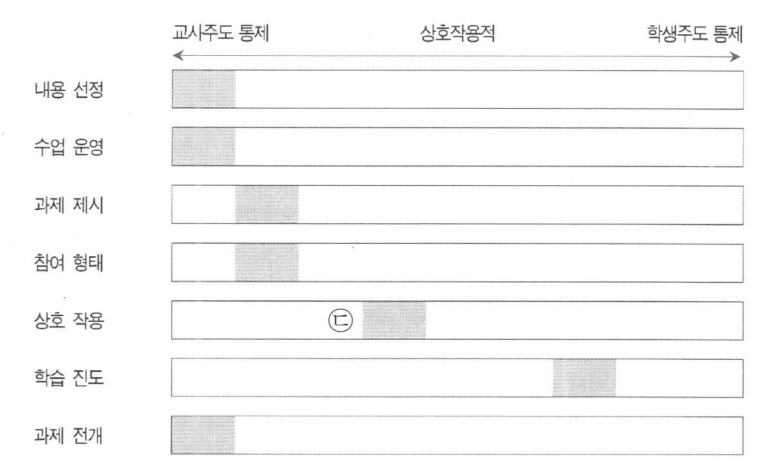

─────<작성 방법>─────

○ '슬라빈(R. Slavin)이 제시한 3가지 개념'에 근거하여, 최 교사의 교수·학습 활동에서 보완되어야 할 개념을 기술하고, 존슨, 존슨과 호루백(D. Johnson, R. Johnson, & E. Holubec)이 주장한 '학습과정에서 협동적인 학습을 촉진하는 기본 요인 5가지' 중에서 최 교사의 교수·학습 활동에 포함된 요인을 쓸 것.

○ 라이크먼과 그레이샤(S. Reichmann & A. Grasha)의 학습 선호 분류 차원에 근거하여, 밑줄 친 ㉠과 ㉡의 차이점을 학습 유형을 구분하는 기준을 포함여 기술할 것.

○ 장 교사가 활용한 메츨러(Metzler)의 체육수업모형의 주제를 쓰고, 수업 주도성 프로파일의 ㉢상호작용적 프로파일에 해당하는 특징을 기술할 것.

---

6. 다음은 개화기 체육의 발전단계에 관하여 정리한 최 교사의 수업 자료이다. <작성 방법>에 따라 순서대로 서술하시오. [4점]

개화기 체육의 발전 단계

태동기 (1876~1884)	• (㉠) • 1883년에 설립된 최초의 근대식 학교임. • 무예체육(전통 무술)을 가르침. • 동래 무예학교의 영향을 받았으며 무사양성 교육에 힘씀.
수용기 (1885~1904)	• 스크랜턴(M.F. Scranton)이 ①이화학당을 설립함. • 아펜젤러(H. G. Appenzeller)가 ②배재학당을 설립함. • 언더우드(H. G. Underwood)가 ③언더우드 학당(경신학교)을 설립함. • 고종이 교육입국조서(教育立國詔書)를 반포함. • 한국 최초의 운동회가 ㉡화류회(花柳會)라는 이름으로 개최됨. • 한국 YMCA(황성기독교청년회)가 설립되어 서구 스포츠가 본격적으로 도입됨.
정립기 (1905~1910)	• 우리나라 최초의 근대적인 체육 단체인 대한체육구락부가 결성됨. • 우리나라 근대체육의 선구자였던 (㉢)이 병식체조 중심의 체육을 비판하며 대한국민체육회를 설립함.

─────<작성 방법>─────

○ 괄호 안의 ㉠에 해당하는 용어를 쓸 것.
○ 가장 먼저 설립되었지만, 가장 늦게 체조가 교과목으로 편성된 학당을 밑줄 친 ①~③ 중에 골라 쓸 것(단, 동그라미 번호만을 사용함).
○ '스포츠사회화 과정'에 근거하여, 밑줄 친 ㉡의 기능을 쓸 것.
○ 괄호 안의 ㉢에 해당하는 인명(人名)을 쓸 것.

7. 다음의 ㈎는 사회제도와 스포츠, ㈏는 스포츠사회화 과정에 관한 사례이다. <작성 방법>에 따라 순서대로 서술하시오. [4점]

㈎

- 스포츠에서 관중의 흥미 촉발 요인 중 한 가지

요인	내용
(㉠)	• 경기 종료까지 승리자를 알 수 없는 긴박한 상황을 유지시키고자 함. • 프로리그 경기에서 특정 팀의 기량이 탁월하여 연승을 거두고 있는 상황이라면 관중의 흥미가 떨어지게 되는데 프로 협회에서는 이를 방지하기 위해 신인선수에 대한 드래프트(draft) 제도를 동원함.

- 스포츠미디어 관련 주요 이슈

권리	내용
(㉡)	• 올림픽·월드컵과 같이 국민의 관심이 큰 스포츠 경기 등에 대한 방송을 국민이 볼 수 있는 권리임. • 스포츠 프로그램에 대한 과잉경쟁, 과다한 중계권료 지출, 국민의 볼 권리 등에 대한 논쟁이 계속되면서 제도적 장치로 마련됨.

㈏

㉢ 태용이는 어린이날에 야구를 좋아하는 삼촌을 따라 처음으로 야구장에 가게 되었다. 처음 보는 현장 경기에서 실제로 본 선수들의 모습이 너무 멋있었다. 다음 날 부모님을 졸라 주변에 있는 리틀 야구단에 입단하였다.

㉣ 여성의 신체노출을 금기시 하는 일부 중동국가의 문화는 여성의 스포츠 참가를 불가능하게 하며 스포츠 경기 관람조차 허용하지 않고 있다.

<작성 방법>

- 괄호 안의 ㉠과 ㉡에 해당하는 내용을 각각 순서대로 쓸 것.
- ㉢·㉣의 사례에 해당하는 스포츠사회화 과정을 쓰고, 이 과정에 영향을 주는 3가지 요인 중 각각의 사례에 해당하는 요인을 순서대로 제시할 것[단, 케년과 맥퍼슨(Kenyon&McPherson)이 제시한 사회화 과정의 요소에 근거함].

8. 다음의 ㈎는 측정의 표준오차(SEM)에 대한 문제이고, ㈏는 추정의 표준오차(SEE)에 대한 최 교사와 예비 체육교사 간의 대화 내용이다. <작성 방법>에 따라 순서대로 서술하시오. [4점]

㈎

문1. 고등학교 3학년 남학생을 대상으로 실시한 팔굽혀펴기 검사의 표준편차는 3개, 검사점수의 신뢰도가 0.51이다. 측정의 표준오차(SEM)를 구하시오.

답1. (㉠)

문2. 두현이의 왕복달리기 기록은 10초이고 준완이의 기록은 11.1초이다. ±1SEM 신뢰구간에서 두현이가 준완이보다 왕복달리기를 더 잘한다라고 말할 수 있는 신뢰성은 몇 %인가? [단, 측정의 표준오차(SEM)는 0.5초임]

답2. (㉡)%

㈏

지 환 : 선생님이 지난 시간에 배운 측정의 표준오차(SEM)는 알겠는데, 추정의 표준오차(SEE)는 무엇인가요?

최 교사 : 측정의 표준오차가 신뢰도의 개념이라면, 추정의 표준오차는 타당도 유형 중 (㉢)를 추정할 때 사용되는 회귀방정식의 정확성 지수라고 볼 수 있지.

정 열 : 공식은 어떻게 되나요?

최 교사 : (칠판에 써 주며) $SEE = s_y \sqrt{1-(r_{xy})^2}$ 이란다.

경 준 : s_y는 무엇이고, $(r_{xy})^2$은 무엇인가요?

최 교사 : 음, 그것은 선생님이 만든 초록색·파란색·노란색 교재에 보면 있고, 브이존미니에도 있으니 찾아보렴.

경 준 : (가르쳐주지ㅠㅠ, 치사하게ㅠㅠ, 책 팔아 먹을려고, 쯧쯧... 그러나 표정은 웃으면서) 네 선생님. 그럴게요. 알려주셔서 감사해요.

최 교사 : ㉣오래달리기-걷기 검사를 이용해서 VO_2max를 예측한 회귀방정식의 SEE보다 스텝검사를 이용해서 VO_2max를 예측한 회귀방정식의 SEE가 작은 경우 현장검사로 무엇을 선택하겠니?

<작성 방법>

- 괄호 안의 ㉠과 ㉡에 해당하는 값을 각각 순서대로 쓸 것.
- 괄호 안의 ㉢에 해당하는 용어를 쓸 것.
- 밑줄 친 ㉣의 올바른 대답을 쓸 것.

9. 다음은 운동학습의 개념과 이론, 운동학습의 실제에 대한 자료의 일부이다. <작성 방법>에 따라 순서대로 서술하시오. [4점]

○ 번스타인(Bernstein)의 운동학습 단계
  ‣ 자유도 고정 단계는 자유도의 수를 줄이는 것이며, 베레이켄(Vereijken)은 이 단계를 초보 단계(novice stage)라고 하였다.
  ‣ 자유도 풀림 단계에서는 사용 가능한 자유도를 늘리고, 이를 결합하여 만든 기능적 단위인 (㉠)를 만든다.
  ‣ 반작용 활용 단계에서는 관성·마찰력 등 반작용 현상을 이용하여 다양한 환경에 적합한 동작을 숙련시킨다.

○ 쉬미트(Schmidt)의 도식 이론
  ‣ 회상도식(recall schema)은 피드백 정보가 작용할 수 없는 빠른 운동을 조절하는 데에 절대적인 역할을 한다. 과거의 (㉡)를 실제 결과에 비교하여 초기 조건에 맞추어 형성한 계획으로 운동 반응의 시작과 실행을 제어하는 역할을 한다.
  ‣ ㉢재인도식(recognition schema)은 피드백 정보를 통하여 잘못된 동작을 평가하고 수정하며 느린 움직임을 조절하기 위하여 동원된다.

○ 상훈이는 골프 스윙을 연습할 때 맨 처음 올바른 그립법을 익히고 다음에는 그립법에 연결해서 백스윙을 연습한 후 더 나아가서 탑 오브 백스윙의 정확한 자세를 배웠다.

<그림>

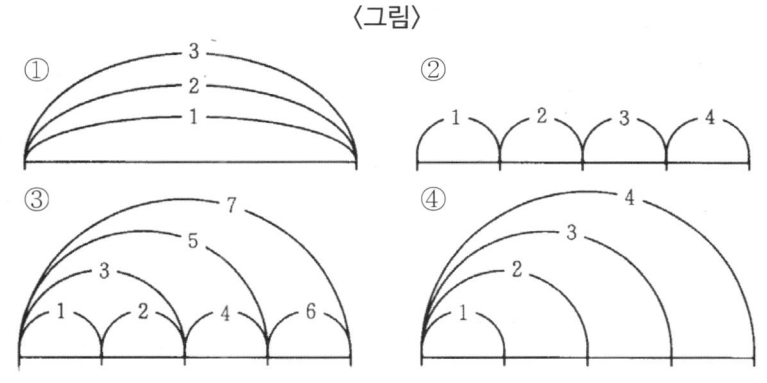

─── <작성 방법> ───
○ 괄호 안의 ㉠에 해당하는 용어를 쓰고, 뉴웰(Newell)의 협응 단계에 해당하는 번스타인(Bernstein)의 운동학습 단계를 모두 쓸 것.
○ 괄호 안의 ㉡에 해당하는 용어를 쓰고, 밑줄 친 ㉢의 유사개념을 폐쇄이론의 측면에서 제시할 것.
○ 상훈이의 운동기술 연습법의 명칭을 쓰고, 이 연습법에 해당하는 것을 <그림>의 ①~④에서 골라 쓸 것.

---

10. 다음은 운동과 근육계에 대한 자료의 일부이다. <작성 방법>에 따라 순서대로 서술하시오. [4점]

○ 운동단위의 신경자극 특성
  ‣ (㉠) : 하나의 전기 자극에 대해 근섬유 혹은 운동단위의 가장 작은 수축 반응
  ‣ (㉡) : 첫 번째 자극으로부터 완전히 이완되기 전에 빠른 속도로 연속적인 자극이 추가되면 더욱 증가된 힘 혹은 긴장상태가 나타나는 수축
  ‣ (㉢) : 자극빈도가 더 증가하고 수축들이 중첩되어 나타나면 더욱 강한 힘을 발휘하게 되어 운동단위의 힘 혹은 긴장 상태가 최고점에 도달하는 수축

[그림1]

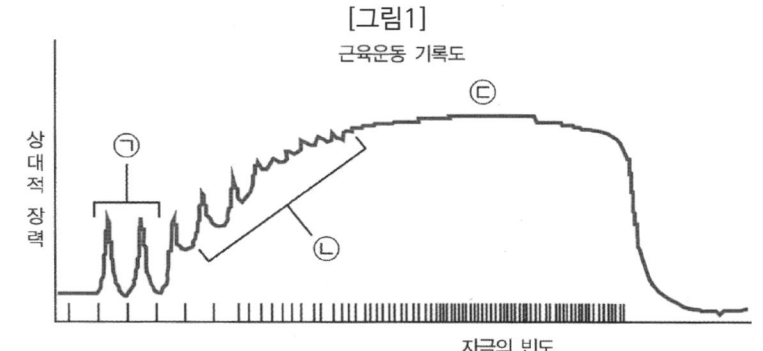

○ 철수가 무겁다고 느껴지는 중량 40kg을 선택하여 최대로 노력해 8회 반복 운동을 하였다. 이때 철수의 최대근력에 해당되는 중량은 ⓐ몇 kg인가?

$1RM = W_0 + W_1$
$W_1 = W_0 \times 0.025 \times$ 반복회수
$W_0 = $ 무겁다고 느껴지는 중량

○ 근육량의 증가와는 독립적으로, 저항성 트레이닝으로 (ⓑ)의 (ⓒ)는 약화되어 훈련된 근육이 더욱 큰 힘을 발휘하도록 해준다.

[그림2]

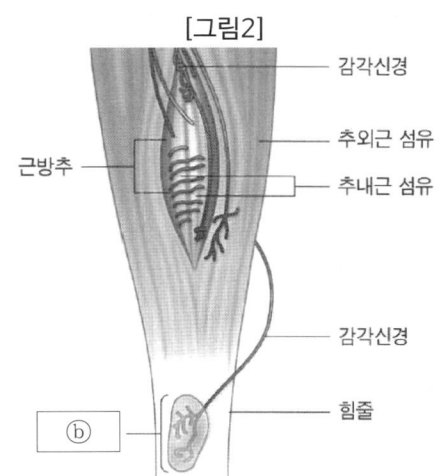

─── <작성 방법> ───
○ 괄호 안 및 [그림1]의 ㉠·㉡·㉢에 해당하는 용어를 각각 순서대로 쓸 것.
○ 밑줄 친 ⓐ에 해당하는 중량(kg)을 쓸 것.
○ 괄호 안 및 [그림2]의 ⓑ에 해당하는 고유수용기와, 괄호 안의 ⓒ에 해당하는 용어를 각각 순서대로 쓸 것.

11. 다음은 골프와 에르고미터에 대한 자료의 일부이다. <작성 방법>에 따라 순서대로 서술하시오. [4점]

골프클럽의 기울기는 볼에 백스핀을 만들기 위하여 고안되었다. 알맞게 ㉠임팩트된 볼은 ㉡마그누스 효과 때문에 상승한다.

문 바퀴저항이 15N, 바퀴의 반지름이 40cm인 에르고미터를 300회 회전시켰을 때의 일량을 구하시오(단, $\pi = 3.14$).
답 (㉢)J

― <작성 방법> ―

○ 밑줄 친 ㉠처럼 무게중심을 지나지 않는 힘의 명칭과, 공의 비행경로(원인과 결과)에 해당하는 운동의 형태를 각각 순서대로 쓸 것.
○ 밑줄 친 ㉡의 원리에 근거하여 ⓐ의 유속과 유압을 기술할 것(단, '빠르다·느리다, 높다·낮다'를 활용함).
○ 괄호 안의 ㉢에 해당하는 값을 쓸 것.

<수고하셨습니다.>

2020년 대비 VZONExam 단원별 모의고사

7월 실력점검 모의고사 I 전공A ··· 99

전공B ··· 105

1회 전공A 체육교육론[1] ··· 112

전공B 체육측정평가 ··· 118

2회 전공A 체육교육론[2] ··· 125

전공B 체육사·철학 ··· 131

3회 전공A 체육교육론[3] ··· 137

전공B 운동역학 ··· 144

4회 전공A 운동학습과 심리 ··· 150

전공B 스포츠사회학 ··· 156

5회 전공A 운동생리학[1] ··· 162

전공B 운동생리학[2] ··· 168

6회 전공A 운동생리학[3] ··· 174

8월 실력점검 모의고사 II 전공A ··· 180

전공B ··· 186

2019년 7~8월 전공체육 VZONExam ⇨ 9월 초 인강 open!

◆ 강의 내용 : 전공체육·스포츠지도사 기출문제 → 단원별 모의고사

◆ 강의 교재 : VZONExam 모의고사

◆ 강의 시간

1교시 09:00~10:00 : 2014~2019 전공체육 연도별 기출문제 실전 모의고사

2교시 10:30~11:30 : 전공 A

3교시 11:50~12:50 : 전공 B

점심후 14:00~18:00 : 모범답안 제시 및 해설 강의

Month	일자	1교시	2교시	3교시
7월	6 실력점검 모의고사	교육학	전공A	전공B
	13	전공체육 2014년	체육교육론^1	체육측정평가
	20	전공체육 2015년	체육교육론^2	체육사·철학
	27	전공체육 2016년	체육교육론^3	운동역학
8월	3 자율학습		중요문제	오답노트 완성
	10	전공체육 2017년	운동학습과 심리	스포츠사회학
	17	전공체육 2018년	운동생리학^1	운동생리학^2
	24	전공체육 2019년	운동생리학^3	VZO Emap 총정리
	31 스포츠지도사 2019^{456}월 모의고사	교육학	전공A	전공B

2020년 대비 VZONExam[78]

체 육

| 1차 시험 | **전공 체육** | 10문항 40점 | 시험 시간 60분 |

수험생 유의 사항

1. 문제지 및 답안지의 전체 면수와 인쇄 상태를 확인하시오.
   ◇ 답안지는 2면입니다.
2. 답안지 모든 면의 상단에 성명과 수험 번호를 기재하고, 검은색 펜을 사용하여 수험 번호를 해당란에 '●'로 표기하시오. ◇ '●'로 표기한 부분을 수정하고자 할 경우에는 반드시 수정 테이프를 사용해야 합니다.
3. 답안의 초안 작성은 문제지 여백을 활용하시오.
4. 각각의 문항에 대한 답안은 해당 문항의 답안란에 작성하시오.
   ◇ 답안지에는 문항 내용을 기재하지 않습니다.
5. 답안은 지워지거나 번지지 않는 동일한 종류의 검은색 펜을 사용하여 작성하시오.
   ◇ 연필이나 사인펜 종류는 사용할 수 없습니다.
6. 답안을 작성할 때, 가로 선을 그어 답안란의 줄을 추가하거나 세로 선을 그어 답안란을 다단으로 구분할 수 있으니, 필요한 경우에 활용하시오.
   ◇ 단, 가로 선과 세로 선은 해당 답안란 내에서만 활용할 수 있습니다.
7. 답안을 수정할 때에는 반드시 두 줄(=)을 긋고 수정할 내용을 작성하시오.
   ◇ 수정 테이프 또는 수정액을 사용하여 답안을 수정할 수 없습니다.
8. 문항에 대한 답안 내용 이외의 것(답안의 특정 부분을 강조하기 위한 밑줄이나 기호 등)은 일절 표시하지 마시오.
   ◇ 단, 일반적인 글쓰기 교정 부호는 사용이 가능합니다.
9. 문항에서 요구하는 내용의 가짓수가 제한되어 있는 경우, 요구한 가짓수까지의 내용만 답안으로 작성하시오.
   ◇ 첫 번째로 작성한 내용부터 문항에서 요구한 가짓수에 해당하는 내용까지만 순서대로 채점합니다.
10. **다음에 해당하는 답안은 채점하지 않으니 유의하시오.**
    ◇ 다른 문항의 답안란에 작성한 부분(문항 번호를 임의로 수정하거나 맞바꿔 작성한 부분을 화살표로 표시하는 경우 등 포함)
    ◇ 답안란 이외의 공간(옆면, 뒷면 등)에 작성한 부분
    ◇ 내용이 지워지거나 번지는 등 식별이 불가능한 부분
    ◇ 연필로 작성한 부분, 수정 테이프 또는 수정액을 사용하여 수정한 부분
    ◇ 개인 정보를 노출하거나 암시하는 표시(성명 및 수험 번호 기재란 제외)가 있는 답안지 전체
11. 답안지 교체가 필요한 경우에는 답안 작성 시간을 고려하시오.
    ◇ 종료종이 울리면 답안을 일절 작성할 수 없으며, 답안지 교체 후에는 교체 전 답안지를 폐 답안지로 처리합니다.
12. 시험 종료 전까지 답안 작성을 완료하시오.
    ◇ 시험 종료 후 답안 작성은 부정행위로 간주합니다.
13. **답안을 작성하지 않은 빈 답안지에도 성명과 수험 번호를 기재·표기한 후, 답안지를 모두 제출하시오.**
14. 위의 사항을 위반하여 작성한 답안은 채점 시 불이익을 받을 수 있습니다.

※ 시험이 시작되기 전까지 표지를 넘기지 마시오.

체 육

수험번호 : (   )   성 명 : (   )

| 1차 시험 | 2교시 전공A | 12문항 40점 | 시험 시간 80분 |

○ 문제지 전체 면수가 맞는지 확인하시오.
○ 모든 문항에는 배점이 표시되어 있습니다.

1. 다음은 2015 개정 체육과 교육과정 표현 영역 '현대 표현의 역사와 특성' 단원의 수업에 대한 교육 실습생의 교육 실습 일지이다. 시덴탑(D. Siedentop)의 주장에 근거해서 밑줄 친 ㉠에 해당하는 교수기능 발달 단계의 명칭과 ㉡에 해당하는 교수기능 연습법을 순서대로 제시하시오. [4점]

<교육 실습 일지>

2018년 ○○월 ○○일(금) 2교시 ○학년 ○반

<교육 실습생 성찰>
 오늘은 아이들과 현대 표현의 역사와 특성에 관해 '라인댄스와의 만남'이라는 주제로 수업을 했다. 단원 계획에 맞는 교수·학습 지도안도 작성하고, 수업에 필요한 지도 자료와 학습 자료를 꼼꼼히 준비했다. 하지만, 수업은 내 계획대로 진행되었다.
 나름 수업 준비를 철저히 했기 때문에, ㉠장난치는 학생들을 통제하는 것이 쉬워졌다. 심지어 잘한 행동에 대한 긍정적 피드백을 주고, 그렇지 못한 행동에 대한 교정적 피드백을 주는 것이 향상되었다. 수업운영기술의 개선에 신경을 쓰면서 피드백 제공이 원활해지도록 더 노력해야겠다.
 수업 내내 힘있고 부드러웠으며, 어떻게 내가 수업을 하는지 잘 파악되었다. 여기에 안주하지 않고 다음 수업에서는 더 좋은 수업을 위해 준비할 것이다.

<지도 교사 의견>
 많이 기쁘고 즐거웠겠어요. 지금 상황은 숙련 교사가 되어가는 과정인 것 같아요. 조금만 노력하면 교수기능을 연습하여 사용할 수 있을 뿐만 아니라, 학생들이 보이는 반응과 그 기능이 어떠한 효과를 미쳤는지를 알 수 있게 되는 수준이 될거에요. 다음에 기회가 되면, ㉡소집단의 동료교사들로 모의적인 수업장면을 만들어 교수기능을 연습하는 것도 큰 도움이 될거에요. 가능하다면, 수업활동을 비디오로 촬영한 다음, 나중에 다시 그것을 관찰하여 평가와 피드백의 정보로 사용해 보세요.

2. 다음은 근·현대 체육의 발달 과정에 관한 설명이다. 밑줄 친 ⓐ가 태어난 국가에 근거해서 ㉠의 명칭을 쓰고, 괄호 안의 ㉡의 핵심개념을 쓰시오. [2점]

○ 근대 유럽 '㉠체조 운동'이 활발하게 전개되었고, 영국에서는 각종 스포츠가 조직화되면서 '학교 및 사회 스포츠 운동'이 일어났다. 그 과정에서 성장했던 신체 문화는 전 세계로 확산되어 현대 체육의 기반이 되었다. 많은 체육 이론가 및 실천가 중에서도 ⓐ구츠무츠(J. Guts Muths)는 '청소년을 위한 체조(Gymnastik fur die Jugend)'를 출간하였고, 훗날 '근대 체육의 아버지'라는 칭호를 얻게 되었다.

○ 1885년 '체육진흥협회(AAPE)'가 창립되면서 미국 체육의 발전은 본격화되었다. 의학을 전공했던 일련의 학자 그룹은 건강 및 체력의 유지 증진에 관심을 집중했고, 체육의 개념은 체조 중심의 '신체 단련(physical training)'이란 의미가 강했다. 20세기 들어 놀이 이론과 실용주의(진보주의)의 영향을 받아 학교 체육 프로그램에 점차 스포츠 활동이 늘어나고, '(㉡)' 개념이 등장하게 되었다. '(㉡)'은 우드(T. Wood), 헤더링턴(C. Hetherington), 캐시디(R. Cassidy) 등에 의해 체계화되었고, 윌리엄스(J. Williams), 내시(J. Nash) 등의 지지를 받아 일반화되었다.

3. 다음은 학생이 제출한 학습 과제물의 일부이다. 괄호 안의 ㉠에 해당하는 용어를 쓰고, 밑줄 친 ㉡의 체육사적 의미(2가지)를 기술하시오. [2점]

신체 수련 활동

○○고등학교 ○학년 ○반 ○○번 ○○○

1. 화랑도
 우리나라에는 몸과 마음을 함께 수련하는 전인적인 체육활동이 있었는데 일례로 화랑도의 활동을 들 수 있다.
• 화랑에서 '화(花)'는 미모, '랑(郞)'은 남자를 지칭한다.
• 화랑도는 청소년 단체로서 심신의 수련을 통해 도덕적 인간을 육성하기 위한 청소년 단체로 반관반민의 성격을 띤 것이었다.
• 신라 진평왕 때 원광법사가 화랑에게 내려준 계율인 세속오계(世俗五戒)는 (㉠) 교육의 핵심이었다.
• 화랑도는 규율을 지키고 자연에서 풍류를 즐기며 정신을 수양하는 한편, 무예와 각종 신체 활동을 통해 몸을 수련하는 것으로 보아 심신 일체론적 신체관의 성격을 갖고 있다.
• 편력(遍歷)은 명산대천(名山大川)을 돌아다니며 행했던 야외 수련 활동으로서 시와 음악과 신체적 수련 활동을 통해 신체적·정신적 수양을 하던 교육의 한 방법이다.

… (하략) …

2. 궁도
• 중국에서는 활쏘기를 통한 인간 형성을 목적으로 하는 소위 학사사상(學射思想)이 널리 퍼져 있었다.
• 성균관에서 대사례(大射禮)가 거행되었으며, 성종치세 때부터 사례(射禮)는 하나의 의식으로 완성되어 강한 교육적 성격을 띠고 정착되었다.
• 전국적으로 광범위하게 확산되었으며, 대표적인 것으로 ㉡편사(便射)를 들 수 있다.
• 편사는 편싸움 즉, 팀을 구성하여 실시하던 궁술 대회였다. 조선시대의 궁술 훈련은 주로 각 지역의 사정(射程)에서 이루어졌으며, 편사는 5인 이상으로 구성된 여러 단체나 각 지의 궁수가 자기 사정을 대표하여 서로 승부를 겨루는 경기였다.

---

4. 자결성이론(Self-determination Theory; Deci & Ryan, 1975)에 근거하여 현우와 동수의 규제스타일을 순서대로 쓰고, 최 교사가 찬흠이에게 실시한 심리기술훈련의 명칭을 쓰시오. [2점]

◦ 현우는 농구를 좋아해서 동아리에 가입하였다. 그러나 얼마 지나지 않아 점점 흥미가 없어져서 동아리 활동을 그만두고 싶었지만, 가족과 동아리 친구들로부터 부정적인 평가를 받기 싫어서 그 활동을 계속하고 있다.
◦ 동수는 배드민턴에 흥미를 느끼고 스포츠클럽 활동을 시작했다. 시간이 지날수록 재미가 없어져서 클럽을 그만두고 싶었지만, 건강을 증진하고 외모를 개선시키고 싶어서 운동을 한다.
◦ 찬흠이는 평소 연습과는 달리 시합만 하면 생리적 각성상태가 높아져서 서비스 실수가 자주 발생한다. 최 교사는 찬흠이의 어깨 부분에 근육의 긴장도를 측정하는 센서와 가슴에 심박수를 측정하는 센서를 부착하였다. 불안감이 높아질 때 어깨 근육의 긴장도가 함께 증가하는 것을 시각적으로 보여주면서 각성 조절능력을 높이도록 하였다.

5. 다음은 고등학교 역도선수 A, B의 인상 동작에 대한 운동(역)학적 분석을 실시한 결과이다. <작성 방법>에 따라 순서대로 서술하시오. [4점]

A, B 선수의 인상 동작 운동(역)학적 자료

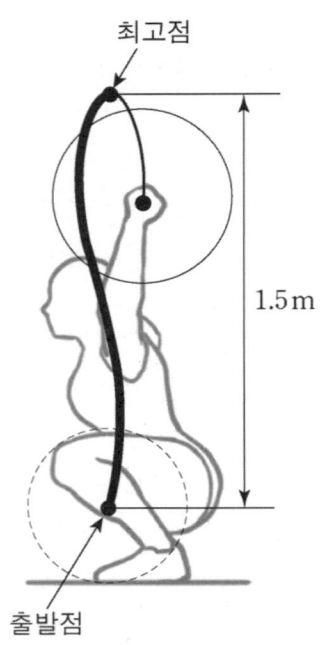

- 바벨 질량(무게) : 60kg
- 출발점에서 바벨이 최고점에 있을 때까지 바벨의 수직이동 거리 : 1.5m(두 선수가 같음.)
- 바벨을 출발점에서 최고점까지 들어 올릴 때 소요된 시간
  : A선수＝0.25초, B선수＝0.75초
  (단, 중력가속도는 $10m/s^2$이라고 가정함. 두 선수의 체중은 동일함.)
- 파워(power, 일률) 비교 : A선수가 B선수보다 (㉠)배 크다.
- ㉡파워 향상을 위한 훈련 방향 : 파워가 낮은 선수가 파워를 향상시키기 위해서는 다음과 같은 훈련이 필요함.
  - ⓐ힘(근력)을 증가시키는 훈련
  - ⓑ속도(스피드)를 증가(향상)시키는 훈련
  - 힘(근력)과 속도(스피드)를 증가(향상)시키는 훈련

＜작성 방법＞
- A 선수와 B 선수의 역학적 일을 비교하여 기술할 것.
- 괄호 안의 ㉠에 들어갈 숫자를 제시할 것.
- 역도의 인상 동작에 근거하여 밑줄 친 ㉡으로 가장 적합한 방법을 1가지만 쓰고, 이 방법의 특징을 근수축 형태의 순서에 근거하여 기술할 것.
- 파워가 일정할 경우, 밑줄 친 ⓐ와 ⓑ의 관계를 기술할 것.

6. 다음의 ㈎는 혈압과 세포외액의 부피를 조절하는 내분비계 경로를 나타낸 그림, ㈏는 췌장에서 분비되는 혈당조절 호르몬에 대한 설명, ㈐는 학생의 신체 구성 측정 및 조절 계획서이다. <작성 방법>에 따라 순서대로 서술하시오. [4점]

㈎

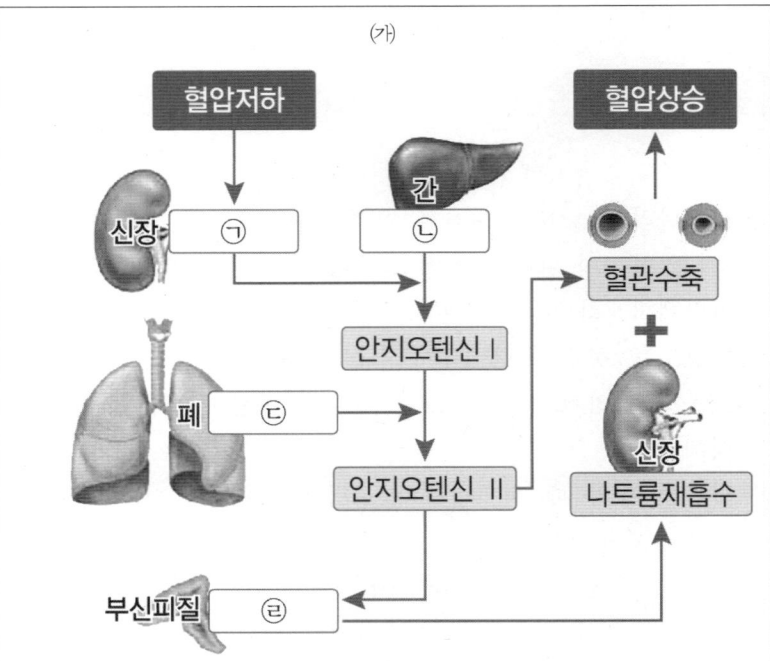

※ 레닌: renin, ACE: angiotensin converting enzyme, 안지오텐시노겐: angiotensinogen
안지오텐신 I: angiotensin I, 안지오텐신 II: angiotensin II, 알도스테론: aldosterone

㈏
- (ⓐ)은 혈당 저하 시 글리코겐과 중성지방의 분해를 증가시켜, 혈당을 높여주는 역할을 한다.
- (ⓑ)은 혈당 증가 시 세포 안으로 포도당 흡수를 촉진하여, 혈당을 낮추는 역할을 한다.

㈐
① 피부두겹법
  - 가슴or상완삼두근, 복부or상장골, 넙다리, 위팔 등의 피부두겹두께를 측정하여 체지방률을 추정함.
② 생체전기저항분석법(BIA)
  - 미약한 전류를 인체 조직에 전도시킴.
  - 지방 조직과 제지방 조직의 전도성 차이를 이용하여 체지방률을 추정함.
③ 수중체중측정법
  - Ⓐ아르키메데스의 원리를 이용한 측정법임.
  - 수중체중을 측정하여야 하므로 현장 적용에 제한이 있음.

＜작성 방법＞
- ㈎에서 그림의 기관과 경로에 근거하여 ㉠·㉣에 해당하는 물질의 이름을 각각 제시할 것.
- ㈏에서 괄호 안의 ⓐ·ⓑ에 해당하는 호르몬의 명칭을 각각 제시할 것.
- ㈐의 ①·②·③을 타당도가 가장 높은 것부터 순서대로 숫자로 제시하고, 밑줄 친 Ⓐ의 개념을 정확하게 기술할 것.

2020년 대비 VZONExam(07.06~07) 실력 점검 모의고사 Ⅰ　　　　　　　　　　　　　　　　　　　　　**전공A**

---

7. (가)는 교사들이 학교에서 실시한 설문조사 결과를 보고 나눈 대화이고, (나)는 학생 건강 체력 측정 결과를 보고 나눈 대화이다. <작성 방법>에 따라 순서대로 서술하시오. [4점]

(가) 설문조사 결과에 대한 대화

■ 철수의 집단 응집력 측정

문항 내용	전혀 그렇지 않다	그렇지 않다	보통이다	그렇다	매우 그렇다
1. 우리 팀 선수들은 서로 친하게 지낸다.	1	2	3	4✓	5
2. 우리 팀 선수들은 팀의 목표를 잘 알고 있다.	1	2	3	4✓	5
3. 우리 팀 선수들은 상대방의 이야기를 잘 들어준다.	1	2	3	4✓	5

■ 영수의 집단 응집력 측정

문항 내용	전혀 그렇지 않다	그렇지 않다	보통이다	그렇다	매우 그렇다
1. 우리 팀 선수들은 서로 친하게 지낸다.	1	2✓	3	4	5
2. 우리 팀 선수들은 팀의 목표를 잘 알고 있다.	1	2✓	3	4	5
3. 우리 팀 선수들은 상대방의 이야기를 잘 들어준다.	1	2✓	3	4	5

김 교사 : 철수가 리커트(Likert) 척도에 응답한 점수의 평균은 4점이고, 영수는 2점이니 철수가 영수보다 2배나 더 응집력이 좋다고 생각하는 것 같습니다.

박 교사 : 원칙적으로 리커트 척도는 질적인 서열척도입니다. 따라서 응답한 학생들 점수의 평균을 산출하여 비교하고 분석하는 것에는 부적절합니다. 선생님 해석은 척도를 ㉠가감승제할 수 있는 양적인 비율척도로 잘못 적용하신 것입니다.

(나) 학생 건강 체력 측정 결과에 대한 대화

학생 건강 체력 측정 결과

체력 항목 성명	심폐지구력 왕복오래달리기(회)	근지구력 윗몸말아올리기(회)
강태훈	35	32
김태민	33	30
⋮	⋮	⋮
김민수	30	30
평균	37	31
표준편차	2	1

오 교사 : 왕복오래달리기가 ⓐ태훈이는 35회, 태민이는 33회, 민수는 30회입니다.

최 교사 : 측정 횟수를 ⓑ표준점수(Z점수)로 표준화하여 상대적으로 비교해 보면…

─── <작성 방법> ───

○ (가)에서 밑줄 친 ㉠의 속성을 쓰고, 그 특징을 동간척도에 해당하는 온도(℃)와 비교하여 기술할 것.
○ (나)의 밑줄 친 ⓐ에서 가장 잘한 학생과 가장 못한 학생을 밑줄 친 ⓑ에 근거하여 기술할 것.
○ (나)에서 태훈이의 근지구력과 심폐지구력을 T점수에 근거하여 비교하여 기술할 것.

---

8. 다음은 여러 교사들의 다양한 수업 관련 일지이다. <작성 방법>에 따라 순서대로 서술하시오. [4점]

(가)

수업 일지

나는 체육수업에서 배구의 기술뿐만 아니라 역사, 전략, 규칙과 같은 개념과 원리를 참여자들에게 가르쳤다. 배구 게임을 제대로 이해하기 위해서 전술 연습을 진행했다. ㉠학생들에게 게임에 관련된 단순한 기능을 습득하도록 하게 하여 나중에 보다 복잡한 형태의 게임으로 전이될 수 있게 하였다.

(나)

관찰 일지

2019년 5월 7일

최 교사는 학습자들에게 농구 드리블의 개념과 핵심단서를 가르쳐주고, 시범을 보였다. 설명과 시범이 끝나고 "낮은 자세로 드리블을 5분 동안 연습하세요."라는 과제를 제시하였다. … (중략) … 최 교사는 적극적 수업을 활용했고, ㉡체육의 실제학습시간의 비율이 높은 수업을 운영했다. 수업의 마지막에는 질문식 수업을 활용했다. "만약 경기 중에 수비수가 자신에게 심한 반칙을 했는데도 심판이 호각을 불지 않았을 경우 여러분은 어떻게 하겠습니까?"라는 (㉢) 질문을 통해 학습자가 다양한 대안을 찾을 수 있도록 했다.

(다)

반성 일지

2019년 5월 7일

오늘은 테니스 수업에서 지난 시간에 이어서 모둠별로 포핸드 드라이브 연습을 수행했다. '테니스의 왕자'라고 자부하는 시안이는 포핸드를 정확하게 수행한 후 자랑스러운 듯 나를 바라보았다. 나는 고개를 끄덕이며 엄지손가락을 세워 보였다.
… (중략) …
한편, 경민이는 여전히 공을 맞히는 데 힘들어 보였다. 나는 ㉣"정민아 지금처럼 공을 끝까지 보지 않으면 안 돼!" ㉤"왼손으로 공을 가리키고 시선을 고정하면 정확하게 공을 맞힐 수 있어."라고 피드백을 주었다.

─── <작성 방법> ───

○ 밑줄 친 ㉠에 해당하는 체육 학습 활동을 제시할 것.
○ 밑줄 친 ㉡의 개념을 기술할 것(단, 성공률을 제시함).
○ 괄호 안의 ㉢에 해당하는 질문의 유형(Baird외 3인)을 쓰고, 그 개념을 기술할 것.
○ 메츨러(M. Metzler)가 제시한 분류에 근거하여, 밑줄 친 ㉣과 ㉤의 차이점을 피드백의 교정적 특성 차원에서 기술할 것.

9. 다음은 농구 자유투 검사 기준 설정에 대한 두 교사의 대화 내용이다. <작성 방법>에 따라 순서대로 서술하시오. [4점]

이 교사 : 이번 농구 종목의 수행평가는 학생의 성취기준 도달여부로 판단하는 ㉠준거지향 평가를 하기로 했습니다. 자유투 10회 시도 시 몇 회 성공을 합격 기준으로 판단하는 것이 타당할까요?

강 교사 : 준거지향 평가 합격 기준을 설정하는 방법이 있습니다. 우선 농구 교육을 미수료한 학생 20명과 수료한 학생 20명을 대상으로 자유투를 10회씩 실시하여 다음 표와 그림을 작성합니다.

농구 자유투 성공 수(회)	농구 교육 미수료 학생(명)	농구 교육 수료 학생(명)
0	1	0
1	3	0
2	5	0
3	6	1
4	3	1
5	1	3
6	1	6
7	0	4
8	0	3
9	0	1
10	0	1

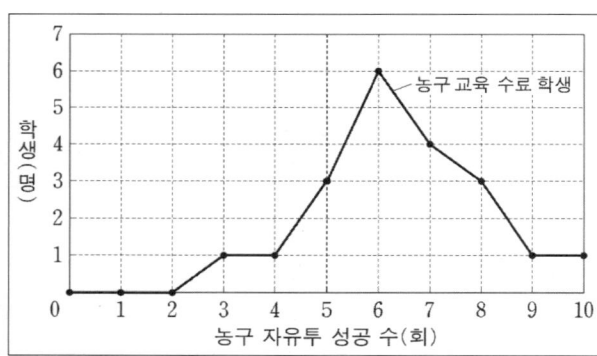

농구 교육 미수료 학생 빈도 분포 곡선까지 완성되면, 수료한 학생 빈도 분포 곡선과 교차하는 지점에서 가까운 자유투 성공 수를 준거지향 평가 기준으로 가정하고 유관표들을 작성합니다. 이들 중에서 분류정확확률이 상대적으로 가장 높게 나온 자유투 성공 수가 타당한 준거지향 평가 기준이 되는 것입니다.

이 교사 : ㉡4회와 5회의 분류정확확률을 계산해 보니, 자유투를 10회 시도할 때 5회 이상 성공하면 합격으로 판단하는 것이 좋겠습니다.

─── <작성 방법> ───

○ 위의 내용에 해당하는 타당도의 명칭을 제시할 것.
○ 밑줄 친 ㉠의 특징을 '교육관'과 '학생들의 관계' 측면에서 기술할 것.
○ 밑줄 친 ㉠과 관련된 '평가의 계획'의 하위 항목을 2015 체육과교육과정(2015-74)에 근거하여 제시할 것.
○ 밑줄 친 ㉡의 값을 각각 제시할 것(단, 소수로 제시함).

10. 다음은 A 체육교사의 교직 생활 성찰 일지이다. <작성 방법>에 따라 순서대로 서술하시오. [4점]

오랜 교직 생활을 거치며 체육교육에 대한 생각도 변화되고, 수업 방식도 바뀌었다.

초임기는 주로 학생들이 건강하고, 운동을 잘하고, 체육적 지식을 많이 알도록 가르치는 것이 제일인 줄 알았다. 때문에 체력과 운동기능, 스포츠, 체육 관련 지식 등을 가르치고자 노력하였다. 하지만, 그 시절에는 수업 방법도 다양하지 못하였고, ㉠일제식 수업과 직접교수모형을 주로 사용하였다.

… (중략) …

중년기에는 학생 개인의 발달도 중요하지만, 사회적 덕목이나 규범의 학습이 더욱 강조되어야 한다고 생각하였다. 때문에 협동심, 참여, 타인 존중 등 사회적 책무성을 중시하였다. 스포츠는 사회의 축소판이기에 스포츠 활동을 통해 사회적 덕목을 효과적으로 가르칠 수 있다고 믿고 지도하였다. 그 당시 책임감 발달을 위해 ㉡헬리슨(D. Hellison)이 개발한 개인적·사회적 책임감모형을 적용하기도 하였다.

동민이는 축구 클럽 활동 초기에는 연습에 관심이 없었고, 친구들의 연습을 방해하기도 했다. 그러나 박 교사의 지속적인 관심과 지도로 점차 연습에 열심히 참여했고, 코치가 자리를 비운 상황에서도 스스로 목표를 세우고 과제를 완수할 수 있게 되었다.

… (중략) …

점점 경륜이 쌓이면서(숙련기) 학생들이 자아를 발견하고, 자기관리 능력을 키워 전인적으로 성장하길 기대하였다. 체육수업을 통해 학생들이 성취를 경험하고, 자신감과 긍정적 자아개념을 형성하는 것을 의도하였다. 그런 경험들을 토대로 ㉢심동적, 인지적, 정의적 영역의 통합적 발달을 추구하였다. 수업 방식으로는 ㉣학생들의 적성과 개인차를 존중하는 수업을 실시하였다.

─── <작성 방법> ───

○ 밑줄 친 ㉠과 유사한 모스턴(Mosston)의 체육교수스타일의 명칭을 쓰고, 그 개념 및 특징을 교사와 학생의 관계 측면에서 기술할 것.
○ 밑줄 친 ㉡에 근거하여 동민이의 책임감 발달 수준과 특징을 각각 제시할 것.
○ 밑줄 친 ㉢과 ㉣에 해당하는 교수·학습의 방향을 2015 체육과교육과정(2015-74)에 근거하여 각각 제시할 것.
○ 밑줄 친 ㉣에 해당하는 모스턴(Mosston)의 체육교수스타일의 명칭을 쓰고, 그 과제설계방식의 특징을 기술할 것.

11. 다음의 ㈎는 왼쪽 손에 케틀벨(kettle bell)을 들고 오른쪽 한 다리 지지로 평행을 이루는 동작이고, ㈏는 카누 선수가 보트 위에서 오른손으로 패들의 끝을 잡고 왼손으로 패들을 잡고 당기는 순간이다. <작성 방법>에 따라 순서대로 서술하시오. [4점]

㈎

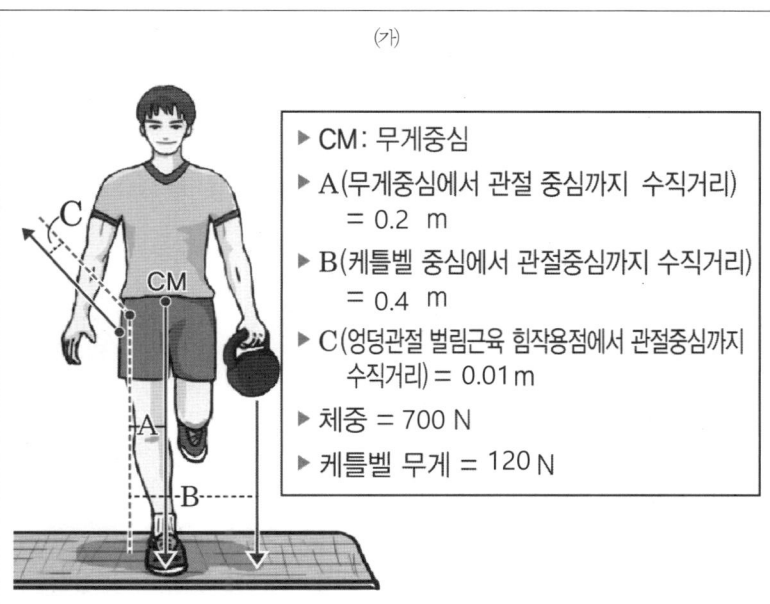

- CM: 무게중심
- A(무게중심에서 관절 중심까지 수직거리) = 0.2 m
- B(케틀벨 중심에서 관절중심까지 수직거리) = 0.4 m
- C(엉덩관절 벌림근육 힘작용점에서 관절중심까지 수직거리) = 0.01m
- 체중 = 700 N
- 케틀벨 무게 = 120 N

㈏

A: 오른손 받침점
F: 왼손 힘
R: 물의 저항력

─────── <작성 방법> ───────
○㈎에서 오른쪽 엉덩관절(고관절, hip joint) 벌림근육(외전근, abductor)에 발생하는 토크값(J)을 제시할 것[단, 반시계방향은 양(+)의 값임].
○안정성에 영향을 미치는 요인에 근거하여, ㈎의 무게중심 CM에서 지지하고 있는 오른발 쪽으로 내린 수직선의 명칭을 쓰고, 안정성이 높은 이유를 그 수직선을 활용하여 기술할 것.
○㈏의 사례에 해당하는 지레의 유형을 쓰고, 이 동작이 비효율적인 이유를 힘(F), 저항(R), 모멘트암(FA·RA)을 모두 활용하여 기술할 것.

12. 다음은 스포츠 사회학에 대한 자료의 일부이다. <작성 방법>에 따라 순서대로 서술하시오. [4점]

㉠ 2002년 한일월드컵에서 한국축구대표팀은 4강 신화를 만들었다. 이 과정에서 성별, 연령에 관계없이 많은 국민들이 길거리 응원에 참가하며 국가에 대한 애착심과 소속감을 되새겼다.

㉡ 일탈은 현존하는 사회질서의 유지에 기여한다는 점에서 정상적인 것으로 간주된다. 예를 들어, 도핑은 그 자체로는 일탈행위에 해당되지만, 이를 통해 사람들은 그런 행동을 경멸하게 되고 이에 대한 경각심을 갖게 된다.

㉢ A고교 농구 감독은 팀 훈련 과정에서 학생선수들의 운동수행 능력을 향상시키기 위하여 상과 벌을 활용한다. B선수는 다른 팀 선수가 독특한 타격 자세로 최다 안타상을 획득하자 그 선수의 타격자세를 관찰하여 자신만의 것으로 발전시켰다.

㉣ 여성의 신체노출을 금기시 하는 일부 중동국가의 문화는 여성의 스포츠 참가를 불가능하게 하며 스포츠 경기 관람조차 허용하지 않고 있다.

㉤ 이 제도는 각 팀이 선수들에게 지불할 수 있는 연봉 총액의 상한선을 가리키는 말이다. 원래 이 제도의 도입 취지는 부자 구단이 선수를 독점하지 못하게 하여 리그 수준의 평준화를 위한 것으로 미국 프로농구 NBA. 미국 프로풋볼리그 NFL. 우리나라의 KBL·KOVO 등에서 적용하고 있다. 그러나 한편으로 이 제도는 구단들이 심각한 재정난을 타개하기 위한 전략으로 활용되기도 한다. (ⓐ) 제도 도입으로 인해 재정이 열악한 구단들은 치솟는 선수들의 몸값을 감당할 수 없는 지경에 이르렀기 때문이다.

─────── <작성 방법> ───────
○㉠·㉡에 해당하는 스포츠사회학 이론과 ㉢·㉣에 해당하는 스포츠사회화 이론의 명칭을 각각 제시할 것.
○레오나르드(W.Leonard Ⅱ)가 제시한 3가지 접근 방법에 근거하여 ㉢에 없는 1가지를 쓰고, 케년과 맥퍼슨(Kenyon&McPherson)이 제시한 사회화 과정의 3가지 요소에 근거하여 ㉣에 해당하는 요소를 제시할 것.
○㉤에 해당하는 제도와 괄호 안의 ⓐ에 해당하는 제도를 각각 제시할 것.

<수고하셨습니다.>

2020년 대비 VZONExam (07.06~07) 최규훈 실력 점검 모의고사 I

체 육

수험번호 : (   )   성 명 : (   )

| 1차 시험 | **3교시 전공B** | 11문항 40점 | 시험 시간 80분 |

○ 문제지 전체 면수가 맞는지 확인하시오.
○ 모든 문항에는 배점이 표시되어 있습니다.

1. 다음은 최 교사의 체육 수업 상황을 기술한 것이다. 메츨러(Metzler)에 근거하여 <상황1>에 해당하는 예방적 차원의 일관성 있는 수업관리전략과 <상황2>에 해당하는 개별적 교수기술을 각각 쓰고, <상황3>에 해당하는 통합적 접근 방법의 명칭을 쓰시오. [2점]

○ 학년-반 : 2학년 5반
○ 내 용 : 이어달리기
○ 장 소 : 운동장
○ 일 시 : 2018년 6월 ○○일 2교시

<상황 1>
날씨가 더워 학생들의 육상 수업 참여 태도가 나빠지자, 최 교사는 학생을 팀으로 편성한 후, "여러분의 부적절한 행동이 나타날 때마다 1점씩 감점할 것이고, 각 팀은 이 게임에서 승리하기 위해 다른 팀과 경쟁을 하게 됩니다."라고 말한다. 최 교사는 수업이 진행되는 동안 전체적으로 각 팀의 평가표를 관리하고, 이긴 팀에게는 수업 후 보상을 제공하였다.

<상황 2>
과제 제시 시간에 몇몇 학생들이 장난을 치며 일탈행동을 보이자, 최 교사는 학생에게 가까이 다가가 학생을 주목하고 있다는 것을 알려준다. 때로는 학생을 교사가 서 있는 곳으로 움직이도록 하여 직접 관리하기도 한다.

<상황 3>
정 교사(과학 교과) : 어제 '힘의 원리' 수업에서 멀리뛰기 동작을 예로 들어 설명했더니 학생들이 작용-반작용의 원리를 아주 쉽게 이해하더군요.
최 교사(체육 교과) : 저는 '뜀틀' 수업 중 발구르기와 손짚기 동작에 대한 설명에서 그 부분을 가르쳤습니다. 발을 강하게 구르고 뜀틀을 힘차게 밀어낼수록 잘 넘을 수 있다고 설명했죠.

2. (가)에서 밑줄 친 ⊙·ⓒ에 해당하는 스포츠의 상업화에 따른 변화 항목 2가지를 각각 제시하고, (나)에서 괄호 안의 ⓒ에 해당하는 내용을 쓰시오. [2점]

(가)
2013년 미국프로야구 LA 다저스와 신시내티 레즈의 경기에서 ⊙한국의 류현진 선수와 추신수 선수 간의 맞대결이 펼쳐지자 미국프로야구 사무국은 이 날을 코리안 데이로 지정하고 한국의 걸그룹 소녀시대를 초청하여 애국가를 제창하게 하였다. 이 외에도 미국프로야구 사무국은 ⓒ각종 의전행사 및 경품행사를 개최하여 언론의 반응에 촉각을 곤두세웠다.

(나)
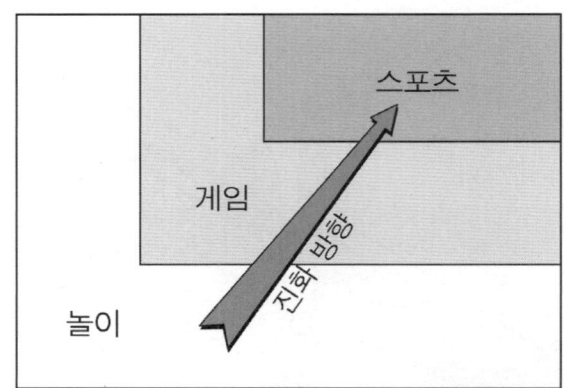
【그림】 놀이, 게임, 스포츠의 진화 과정

스포츠의 진화론적 관점에 따르면, 스포츠는 놀이에서 기원하였으며 중간 발전 단계라 할 수 있는 게임의 형태를 거쳐 발전 하게 되었다. 스포츠가 놀이, 게임에서 진화됨에 따라 놀이나 게임의 여러 가지 특징을 공유하면서 발전함과 동시에 고유한 특징을 지니게 되었다. 특히, 스포츠의 제도성은 놀이 및 게임과 구별되는 스포츠의 중요한 특징으로서, 사회적 과정, 의무, 혹은 실체가 사회적 사고 및 행동의 규칙과 동등한 지위를 지니게 되는 제 과정을 말한다. 스포츠 사회학자인 코클리(J. Coakley)는 이에 대한 요소로서 (ⓒ), 공식 규정 위원회의 규칙 시행, 활동의 조직적·전문적 측면의 강조, 경기기술의 정형화를 제시하고 있다.

3. (가)는 스포츠에 대한 동양 사상이고, (나)는 그와 관련된 체육교사 간의 윤리적 입장이다. <작성 방법>에 따라 순서대로 서술하시오. [4점]

(가) 스포츠에 대한 입장

> 승리지상주의가 팽배하는 현대 스포츠 현장에서 승리의 추구보다 스포츠 자체를 즐길 수 있도록 자기 자신을 낮추고 겸양과 배려로 상대를 대할 때, 진정한 의미의 스포츠윤리가 발현될 수 있다. 이를 위해서는 ㉠<u>스포츠에서 인위적 제도나 구속</u>이 최소화되도록 해야 하며, 윤리적 행위가 스포츠 자체를 통해 자연스럽게 발현되도록 해야 한다.

(나) 체육교사 간의 대화

A 교사: 정도(正道)를 지키기 위해 정정당당하게 승부에 임하며, 나아가 상대방의 선전을 존중하는 미덕을 갖추어야 합니다. 자기를 이기고 예로 돌아가는 것이 중요합니다.

B 교사: 무릇 도(道)는 실재한다는 확실한 믿음이 있지만, 인위적인 행함이 없고, 그 형체도 없습니다. 마음으로 전할 수는 있으나, 형체가 있는 것처럼 주고받을 수는 없습니다.

C 교사: 인(仁), 의(義), 예(禮), 지(智)가 도덕적 성향의 토대가 되면, 윤리적 사고가 필요한 상황에서 자연스럽게 실천적 행위가 가능합니다. ㉡<u>부상 당한 선수를 도와주는 것은 본능적인 행동</u>이기에 권장합니다.

— <작성 방법> —
- (가)의 관점에서 말하고 있는 교사를 쓰고, 그 동양윤리 사상을 제시할 것.
- 밑줄 친 ㉠을 강조하는 관점에서 말하고 있는 교사 2명을 쓰고, 그 동양윤리 사상에서의 스포츠맨십이 취하고 있는 형식을 기술할 것.
- 밑줄 친 ㉡을 뜻하는 마음을 제시할 것.

4. 다음의 (가)는 야구 투구와 타격 상황에 대한 해석, (나)는 협응의 주요문제, (다)는 운동학습 이론에 대한 자료의 일부이다. <작성 방법>에 따라 순서대로 서술하시오. [4점]

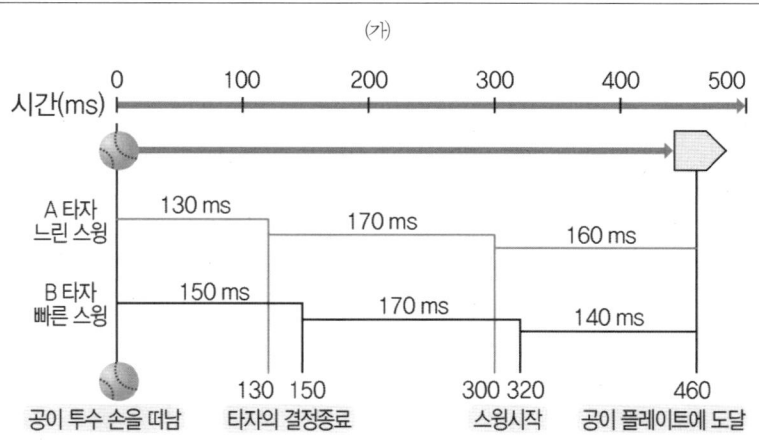

- 두 타자의 신체조건, 사용하는 배트, 기술 수준, 공이 맞는 지점은 모두 같다고 가정한다.

(나)
- (㉠)은/는 다른 근육군을 사용하여 같은 움직임을 수행할 수 있는 능력을 말한다.
- (㉡)은/는 근육의 활동이 동일해도 조건에 따라 운동결과가 달라질 수 있다는 것이다.

(다)
ⓐ 이 이론은 대뇌 겉질에 저장되어있는 운동 프로그램(motor program)이 인간의 움직임을 생성한다고 주장한다. 그러나 이 이론은 인간이 이전에 경험해 보지 못한 움직임도 수행할 수 있다는 현상을 설명하지 못한다.

ⓑ 움직임의 오류 탐지를 위해서는 정확성 참조 준거가 필요하다. 결과지식은 움직임의 오류에 관한 정보처리와 상관이 있다.

— <작성 방법> —
- (가)에서 정보처리 3단계에 해당하는 시간에 근거하여 A타자와 B타자를 비교하여 기술할 것(단, 시간을 포함함).
- (나)에서 괄호 안의 ㉠·㉡에 해당하는 용어를 각각 쓰고, ㉠과 관련된 문제를 제시할 것.
- 도식이론(Schema Theory; Schmidt, 1975)에 근거하여, ⓐ와 ⓑ에 해당하는 기전을 각각 제시할 것.

5. 다음은 운동생리학에 대한 자료의 일부이다. <작성 방법>에 따라 순서대로 서술하시오. [4점]

(가)
- 운동훈련에 의한 효과는 운동량이 일상생활 수준보다 높을 때 일어난다.
- 운동량은 운동의 빈도, 강도 또는 지속시간을 증가시킴으로써 늘릴 수 있다.

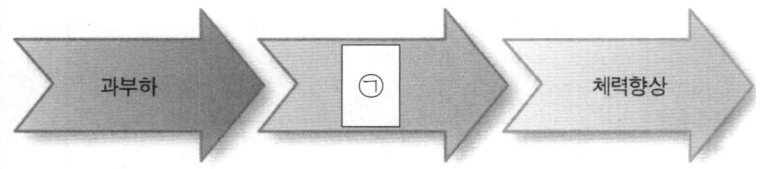
과부하 → ㉠ → 체력향상

(나)

- 골지건기관(Golgi tendon organ) 등에 의한 자가 억제(autogenic inhibition) (㉡)

(다)
- 도피반사로 인해 굽힘근(굴곡근, flexor)이 수축하면, 길항근인 폄근(신전근, extensor)에서는 억제성 시냅스후 전위(IPSP, inhibitory postsynaptic potential)가 발생한다.
- 흉곽 내부 압력의 감소는 흡기를, 증가는 호기를 유발시킨다. 이를 통해 복강의 압력을 변화시켜 심장으로 향하는 정맥혈회귀(venous return)를 증가시키는 것을 (㉢)이라고 한다.

(라)
ⓐ 축삭 종말에서 아세틸콜린(ACh) 방출
ⓑ 근형질세망(SR)에서 칼슘이온(Ca^{2+}) 분비
ⓒ 근육세포의 활동전위(action potential) 발생
ⓓ ATP 분해에 따른 근세사 활주 시작

─── <작성 방법> ───
o (가)의 과부하의 과정에서 네모 안의 ㉠에 해당하는 내용 3가지를 순서대로 제시할 것.
o (나)의 상황에 적용되는 근력 향상에 영향을 주는 요인에 근거하여 괄호 안의 ㉡에 '증가' 또는 '감소' 중 1가지를 골라 제시할 것.
o (다)에서 괄호 안의 ㉢에 해당하는 용어를 제시할 것.
o 근수축 과정에 근거하여 (라)에서 제시된 ⓐ·ⓑ·ⓒ를 순서대로 나열할 것(단, ⓓ는 맨 마지막 과정임).

6. 다음은 400m 달리기를 통한 심폐지구력 트레이닝에 대한 자료의 일부이다. <작성 방법>에 따라 순서대로 서술하시오. [4점]

(가)
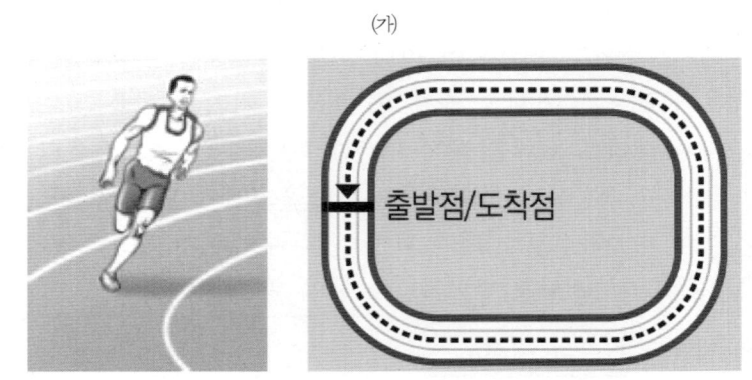
- 승규는 400m 트랙 한 바퀴를 50초에 달렸다.
- 체중 70kg인 승규가 반지름 20m의 곡선주로를 10m/s로 달렸다.

(나)
반복 트레이닝(repetition training)과 유사한 형태로, 트레이닝 과정을 3등분 하여 초반에는 실제 경주거리보다 짧은 거리를 레이스 페이스(race pace)로 반복하여 달리게 하고, 중반에는 경주거리보다 긴 거리를 유산소 지속달리기로 달리게 한다. 후반에는 실제 경주거리를 반복하여 달리게 한다.

─── <작성 방법> ───
o (가)에서 승규의 평균속력(m/s)과 평균속도(m/s)로 각각 제시할 것(단, 출발점과 도착점의 위치가 같음).
o (가)에서 승규의 원심력(N)의 값을 제시할 것.
o (가)에서 승규가 곡선 주로를 빠르게 달리기 위해서 필요한 동작과 그 역학적 원리(이유)를 기술할 것.
o 심폐지구력을 향상시키기 위해 (가)의 400m 트랙을 활용하여 (나)와 같이 트레이닝하는 방법의 명칭을 제시할 것.

7. (가)의 그림은 체형도(somatochart)이고, (나)는 다양한 사례의 일부이다. <작성 방법>에 따라 순서대로 서술하시오. [4점]

(가)

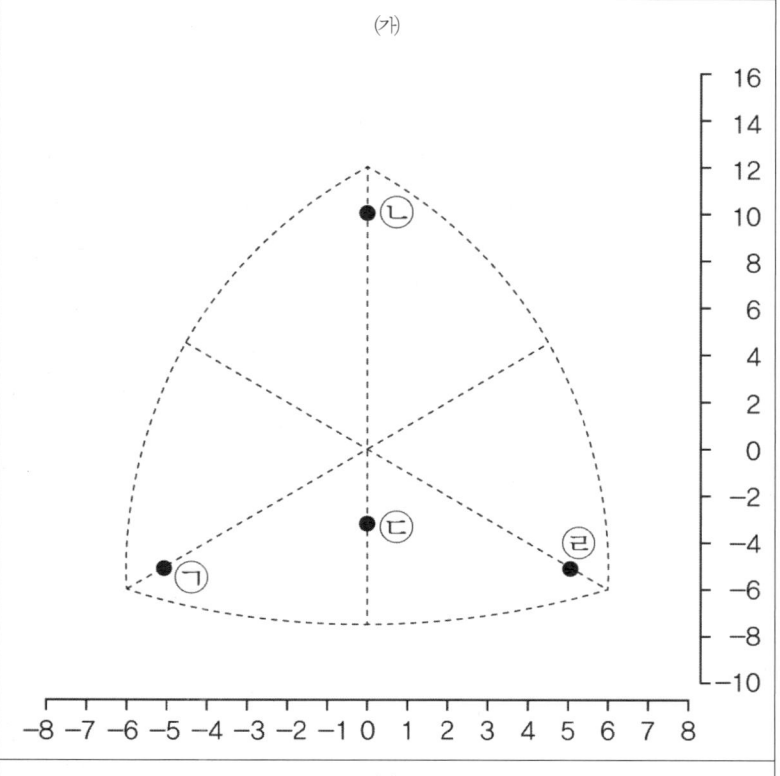

(나)

ⓐ 최 교사는 선수들을 대상으로 민첩성과 패스 성공률의 관계를 알아보기 위해 상관분석을 실시한 결과 r=.80로 나타났다.

ⓑ 국가대표 유도선수들의 체중을 측정한 자료를 입력하는 과정에서 기록자의 실수로 70kg인 선수의 체중 측정값을 170kg으로 입력하여 분석하였다.

ⓒ 2020년을 목표로 가칭 [전국 다이빙 대회]를 개최하여 심판들의 판정 일치도를 측정할 수 있다.

─── <작성 방법> ───

○ 셸던(W. H. Sheldon)의 분류에 근거하여, (가)에서 상대적으로 근육과 골격이 우세한 사람의 체형점(somatoplot: ●)을 ㉠~㉣에서 골라 그 체형의 명칭과 함께 제시할 것.

○ ⓐ에서 민첩성과 패스 성공률의 관계를 백분율(%)로 제시하고, 이 값을 일컫는 용어를 쓸 것.

○ ⓑ의 입력 오류에 가장 많은 영향을 받는 집중경향치(central tendency)를 먼저 쓰고, 이와 같은 상황을 우려해서 사용하는 대푯값을 뒤에 제시할 것.

○ ⓒ에 해당하는 신뢰도 지수(신뢰도를 추정하는 방법)를 제시할 것.

8. 다음은 운동학습과 심리에 대한 자료의 일부이다. <작성 방법>에 따라 순서대로 서술하시오. [4점]

(가)
• 각성 수준에 대한 개인의 인지적 해석에 따라 정서 경험이 다를 수 있다.
• 각성 수준이 높은 상태를 기분 좋은 흥분상태나 불쾌한 정서로 해석할 수 있다.
• 결정적 순간에 발생하는 심판의 오심은 선수의 정서 상태를 순간적으로 변화시킬 수 있다.

(나)
탁구 선수 A는 경기에서 패배한 것을 상대 선수의 능력이 자신보다 더 우수하였기 때문이라고 생각했다.

(다)
- 공고문 -
본 협회는 선수들의 경기장 폭력을 감소시키기 위해 폭력 정도에 따라 출전시간을 제한하는 제도를 시행합니다.
2019. 5. 11.
대한야구협회

(라)
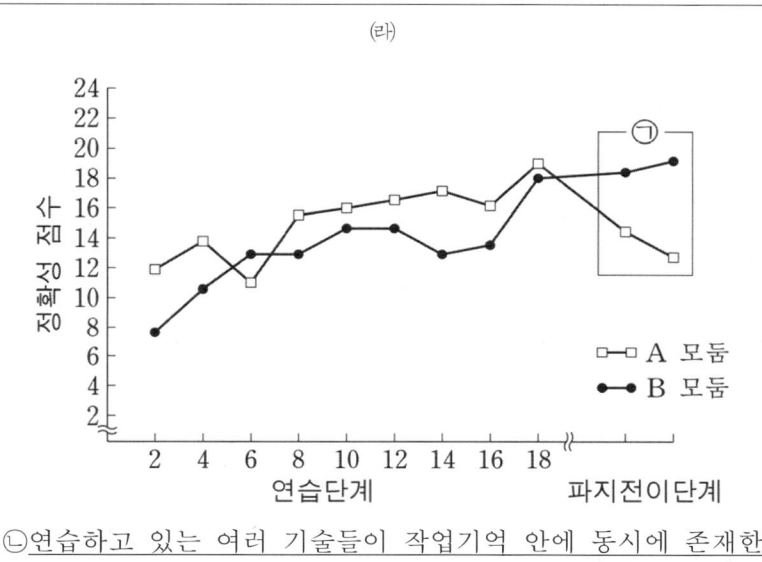

㉡ 연습하고 있는 여러 기술들이 작업기억 안에 동시에 존재한다.

─── <작성 방법> ───

○ (가)에서 설명하고 있는 커(S. Kerr)의 불안이론의 명칭을 제시할 것.

○ (나)에 해당하는 와이너(B. Weiner)의 귀인 범주를 인과성, 안정성, 통제성 차원에 근거하여 각각 제시할 것.

○ (다)에 해당하는 행동수정 전략(강화와 처벌의 유형)을 쓰고, 이와 관련된 시덴탑(Siedentop)의 학습자 관리전략(구체적·효과적 상벌 전략)을 제시할 것.

○ 구드(S. Goode)와 매길(R. Magill)의 실험 결과에 근거하여 ㉠과 같은 결과의 원인을 설명하는 바티그(W. Battig)의 학습 현상 용어를 쓰고, 이를 해석하는 밑줄 친 ㉡에 해당하는 가설의 명칭을 제시할 것.

9. 다음은 운동생리학의 계산문제이다. 답1~4를 순서대로 제시하시오. [4점]

문1. 체중 115kg, 나이 25세, 체지방률 30%인 대학 씨름선수 S는 스쿼트 1RM 측정에서 중량 100kg을 최대 노력하여 6회 반복하였다. 씨름선수 S의 스쿼트 80%RM를 구하시오.

답1. (㉠)kg

문2. 철수(체중 85kg, 체지방율 35%, 좌업생활자)의 운동 시 최대심박수는 170bpm이며, 안정 시 심박수는 80bpm이었다. 체지방 감소를 위해 1일 30분, 주당 3회, 50~60% 운동강도의 고정식 사이클 운동프로그램을 구성하였다. 철수의 여유심박수(HRR)를 활용하여 산출한 목표심박수(bpm)의 범위를 구하시오.

답2. (㉡)bpm

문3. 15세인 민수의 신장은 150cm, 체중은 60kg이다. 체질량 지수를 구하시오(단, 소수 둘째자리에서 반올림하고, 단위도 함께 제시함).

답3. (㉢)

문4. 체중이 60kg인 준호가 '40rpm의 속도, 10분 운동, 마찰저항 2kp'의 조건으로 정식 자전거 에르고미터(6m/rev) 운동을 할 때, 파워(power)의 값을 구하시오.

답4. (㉣)kpm/min

10. (가)는 윤 교사, 민 교사의 전문성 발전을 단계별로 나타낸 표이고, (나)는 (A)에 해당하는 수업 상황 중 질문과 관련한 교사의 행동 평정표이다. <작성 방법>에 따라 순서대로 서술하시오. [4점]

(가) 교사 전문성 발전 단계

단계	윤 교사	민 교사
초기 단계	• 방임적인 수업 중심 • 계획적이지 못한 수업	• 학생 선호 종목 중심 • 지시적이고 명령적인 수업
발전 단계 1 (교수 스타일 탐색)	(A) • 목표, 개념 중심의 논리적, 계열적 질문 설계 • 스스로 답변을 찾게 하는 계열적 질문 제공 • 교사와 학생의 문답적 상호과정 중시 • 수렴형 사고를 설계	(B) • 교사, 관찰자, 수행자 역할 설정 • 학생들 간의 역할 교대, 상호작용 중시 • 관찰과 수행 과정의 사회화 과정 중시 • 학습자의 수준에 맞는 과제 활동지 작성 제공
발전 단계 2 (수업 모형 탐색)	(C) • 질문자로서의 교사, (㉠)로서의 학습자 • 사고력, 문제해결력, 탐구력 증진 • ⓐ<u>다양한 형태의 질문</u> 제공 • ⓑ<u>학생의 창의적 대답을 중시</u>	(D) • 학생 상호 간의 교수·학습 활동 중시 • 학생은 ㉡<u>개인교사, 학습자</u> 역할 수행 • 개인교사는 관찰, 피드백 제공 • 상호작용에 의한 사회성 학습

(나) 교사 행동 평정표

교사의 행동	전혀	가끔	보통	자주	항상
□ 학생이 답변을 할 때까지 기다렸다.	1	2	3	4	5✓
□ 질문에 대해 해답을 말해줬다.	1✓	2	3	4	5
□ 학습자 반응에 피드백을 제공했다.	1	2	3	4✓	5
□ 수용적이고 인내하는 분위기를 조성·유지했다.	1	2	3	4	5✓

<작성 방법>

○ (A)와 (C)에 해당하는 링크의 체육수업방식(교수·학습전략)을 쓰고, 괄호 안의 ㉠에 해당하는 역할을 '주제'에 근거하여 제시할 것.
○ (B)와 (D)에 해당하는 링크의 체육수업방식(교수·학습전략)을 쓰고, 밑줄 친 ㉡의 학습 목표의 최우선 영역을 각각 제시할 것.
○ 메츨러(Metzler)가 제시한 분류에 근거하여 밑줄 친 ⓐ에 해당하는 질문의 유형 중 밑줄 친 ⓑ와 관련된 것을 쓰고, 그 특징을 정답의 개수·답변대기시간·블룸(Bloom)의 질문수준에 근거하여 기술할 것.

2020년 대비 VZONExam(07.06~07) 실력 점검 모의고사 I **전공B**

11. 다음은 ○○중학교에서 유 교사가 2015 개정 체육과 교육과정을 반영한 도전 영역 단원의 교수·학습 및 평가를 계획하면서 체육부장인 장 교사와 나눈 대화의 일부이다. <작성 방법>에 따라 순서대로 서술하시오. [4점]

유 교사 :	부장님, 제가 2015 개정 체육과 교육과정을 반영한 도전 영역의 단거리 달리기의 교수·학습 및 평가를 계획하고 있습니다. 이와 관련해서 조언을 부탁드립니다.
장 교사 :	교육과정의 내용 중 어떤 점을 반영해서 도전 영역 단원을 지도하고 싶으세요?
유 교사 :	우리 학교의 체육 수업 실태와 교육과정을 분석해 본 결과, 2015 개정 체육과 교육과정의 교수·학습의 방향 중 체육과 역량 함양을 지원하는 교수·학습, 맞춤형 교수·학습 방법의 선정과 활용, 학습자 특성을 고려한 수준별 수업에 관한 내용을 반영하고 싶습니다.
장 교사 :	유 선생님은 단거리 달리기 수업을 통해서 학생들이 어떤 역량을 함양하면 좋겠어요?
유 교사 :	단거리 달리기를 선택하여 교수·학습할 경우, ㉠게임·스포츠 등 유희적 본능을 바탕으로 하는 경쟁 상황에서 적합한 전략과 기능을 발휘하여 개인 혹은 공동의 목표 달성을 위해 상호 작용할 수 있는 능력을 길러주고 싶습니다.
	… (중략) …
장 교사 :	유 선생님께서 적용하고 싶은 수업 모형과 스타일, 전략, 수업 기법이 있나요?
유 교사 :	예, 저는 교수 전략 중 ㉡스테이션 교수법을 적용하고 싶습니다.
장 교사 :	왜 스테이션 교수법을 적용하고 싶으세요?
유 교사 :	그 이유는 우리 학교가 남녀공학이고, 통합 학급도 있어서 ㉢학습자 특성인 흥미, 체력, 성차를 고려한 수준별 수업에 어려움이 많습니다. 마침 도전 영역을 지도하는 시기에 사범대학 학생들의 교육 봉사활동이 있어서 해당 학생에게 지원 교사 역할을 부여하면 스테이션 교수법의 특성을 잘 살릴 수 있는 좋은 수업이 될 것 같습니다.
	… (중략) …
장 교사 :	우리 학교의 특성상 교수·학습 활동이 이루어질 때 학생들에게 평등한 학습 기회를 제공했으면 좋겠습니다.
유 교사 :	아, 그건 미처 생각하지 못했습니다. ㉣교사로 인해 체육 수업에서 발생할 수 있는 불평등 요소를 파악한다면 평등한 학습 기회를 제공하는데 도움이 될 것 같습니다.
	… (중략) …
장 교사 :	그럼, 평가는 어떻게 구상하고 있나요?
유 교사 :	예, 교육과정 내용을 반영하여 ㉤학습의 결과뿐만 아니라 학습의 과정을 포함하여 평가하고자 합니다. 스마트 기기를 활용해서 학생들의 수행 과정을 영상과 기록으로 남긴 자료와 최종 산출물로 제작한 UCC를 평가 자료로 활용한 평가를 할 예정입니다.
장 교사 :	유 교사의 수업에 대한 열정에 감동했습니다. 앞으로 계획한 수업이 잘 이루어지고, 수업 개선을 위한 반성적 체육 수업을 기대하겠습니다.

─────────── <작성 방법> ───────────

○ 밑줄 친 ㉠의 내용에 가장 부합하는 2015 개정 체육과 교육과정의 체육 교과 역량을 쓰고, 이와 연계된 총론의 핵심역량 3가지를 제시할 것.
○ 밑줄 친 ㉡의 장점을 밑줄 친 ㉢에 근거하여 1가지만 기술할 것.
○ 밑줄 친 ㉣을 주요 주제로 삼고 있는 스포츠사회학의 대표적인 이론을 2가지만 제시할 것.
○ 밑줄 친 ㉤에 해당하는 평가의 방향을 2015 체육과교육과정(2015-74)에 근거하여 제시할 것.

<수고하셨습니다.>

2020년 대비 VZONExam(07.13~14) 1회 모의고사

최규훈

체 육

체육교육론1

| 1차 시험 | 2교시 전공A | 10문항 40점 | 시험 시간 60분 |

Ⅰ. 수업^{교수·학습}	① 체육교육탐구^(최의창) · 스포츠교육학총론^(김대진) → 체육교수론^(박명기 외)
	② 체육교수이론^(강신복·손천택)
	③ 체육교수학습론^(손천택) → 체육교수이론^(손천택·박정준)
	④ 체육수업비평^(유정애)
	⑤ 체육과 교재연구 및 지도법^(유정애)
	⑥ 기타
Ⅱ. 체육수업모형^{Metzler}	① 모형 중심 체육 수업 개관

체육교육론¹의 9가지 테마

1. Rink 내용전개
2. 학습단서
3. 피드백
4. 체계적 관찰법
5. Kounin 6 6 3
   O&L 신·접·긴·상·유·비
6. 행동수정의 원리 : 구·행·조·단·일·현
   행동수정 전략의 공식화 : 공·계·바·대
   구체적이고 효과적인 벌의 전략 : 삭·적·퇴·보
   외적동기유발시스템 : 수반성 수업운영 / 프리맥의 원리
   수업관리기술 / 수업관리전략
7. 질문 – Baird
            Bloom
            Metzler / Borich
   인지 – Mosston
8. 슐만(7) → 메츨러(3)
9. 평가 → 체육측정평가 中 평가 및 검사 – 체육측정평가의 유형

※ 시험이 시작되기 전까지 표지를 넘기지 마시오.

2020년 대비 VZONExam(07.13~14) 1회 모의고사

체 육

최규훈

체육교육론1

수험번호 : (   )　　　성　명 : (   )

| 1차 시험 | 2교시 전공A | 10문항 40점 | 시험 시간 60분 |

○ 문제지 전체 면수가 맞는지 확인하시오.
○ 모든 문항에는 배점이 표시되어 있습니다.

---

1. 다음은 링크(J. Rink.)의 내용 발달(content development)에 대한 자료의 일부이다. <작성 방법>에 따라 순서대로 서술하시오. [4점]

─────────── (가) ───────────
㉠ 개인별로 체육관 벽으로부터 2미터 떨어진 곳에서 벽에다 소프트 발리볼을 가지고 언더 핸드 서브를 넣는 연습부터 하세요. 어느 정도 동작에 익숙해지면 거리를 5미터로 늘리고, 마지막에는 배구공을 가지고 연습하세요.
㉡ 언더핸드 서브부터 시작해서 플랫 서브, 좀 더 잘하는 학생들의 스파이크 서브까지 배우겠습니다.

─────────── (나) ───────────
이 교사 : 그동안 연습한 체스트 패스, 바운드 패스, 훅 패스를 경기에서 사용해 보자.
박 교사 : 영철아! 지금 시도한 바운드 패스에서 손목과 손가락 스냅에 좀 더 신경 쓰면 좋겠다.
김 교사 : 각자 점프 슛 연습을 5회 실시한 후 2인 1조가 되어 친구가 패스하는 공을 받아서 점프 슛을 해 보자.

─────────── (다) ───────────
① 기초적인 수준에서 학습하도록 소개하고 안내한다.
② 쉬운 과제에서 어려운 과제로 발전시킨다.
③ 학습자에게 가능한 한 많은 동작을 알려주는 형태로 개발한다.
④ 실제 게임에 적용할 수 있는 기회를 제공한다.

─── <작성 방법> ───
○ (가)의 ㉠·㉡에 해당하는 확대 과제 유형을 각각 쓰고, (다)의 ②에 해당하는 것을 (가)의 ㉠·㉡ 중에서 1가지를 골라 제시할 것.
○ (다)의 ①~④와 관련이 없는 교사를 (나)에서 골라 쓰고, (나)의 교사와 관련이 없는 1가지를 (다)의 ①~④에서 골라 제시할 것.
○ (가)에서 ㉠의 개념 및 특징을 (다)의 ②처럼 기술할 것.

---

2. 다음은 학습단서의 자료에 대한 일부이다. <작성 방법>에 따라 순서대로 서술하시오. [4점]

─────────── (가) ───────────
① 학습자의 연령이나 운동 수준에 따라 <u>다른 종류의 학습단서</u>가 필요하다.
② 선택적인 학습단서의 이용을 통해 <u>학습자에게 제시되는 정보의 양</u>을 조정해야 한다.
③ 학습단서를 올바르게 선택하기 위해서는 <u>과제 내용을 이해</u>해야 한다.
④ <u>개방기능의 교수</u>에 필요한 학습단서의 선택은 동작 자체의 수행에 중점을 두어야 한다.
⑤ 복잡한 과제에 관한 설명을 <u>계열성 있게 조직하여 한 단어</u>로 제시할 수 있다.

─────────── (나) ───────────
최 교사 : 조직적인 학습단서는 학습자가 수행할 운동기능을 인지적으로 이해할 수 있도록 합니다.
김 교사 : 좋은 단서의 특징은 무엇인가요?
최 교사 : ①정확하고(단서의 정확성), ②학습자가 수행해야 하는 과제에 중요한 부분을 담고 있어야 하며(단서의 요점과 간결성), ③단서의 수가 많지 않으며(단서의 양적 적절성), ④학습자의 연령과 학습단계에 적합해야 합니다(학습자의 연령과 수준에 적합한 단어).
김 교사 : 학습단서의 선택은 제시되는 과제의 종류에 따라 달라질 수 있나요?
최 교사 : (ⓐ)에서 단서는 기능의 요점을 시각적으로 제공하며, (ⓑ)의 단서는 복잡한 환경을 (ⓐ)의 연습조건 수준까지 단순화시켜 제공하는 것이 좋습니다.

─── <작성 방법> ───
○ (가)의 ①~⑤ 중 밑줄 친 내용이 <u>잘못된</u> 1가지를 골라 쓰고, 바르게 수정할 것.
○ (가)의 ⑤를 일컫는 용어를 제시할 것.
○ (나)에서 괄호 안의 ⓐ·ⓑ에 해당하는 용어를 각각 쓰고, 이 2가지의 분류 기준을 제시할 것.

3. 다음은 수업관리기술(학생통제와 수업관리)에 대한 자료의 일부이다. <작성 방법>에 따라 순서대로 서술하시오. [4점]

○ⓐ상규적 활동은 한 타임의 수업시간에 반복적으로 일어나는 활동이다. 예를 들어, 수업시작, 출석점검, 화장실에 가거나 물을 마시는 행동 등이 있다. 또한 경기를 시작하는 행동도 이러한 행동에 포함할 수 있다. 이러한 활동의 특성은 매번 빈번하게 일어나고 그 상황도 유사하다는 점이다. 그렇기 때문에 기대되는 행동을 매번 새롭게 가르칠 필요가 없으며, 상규적 활동이 일어나는 사건을 (㉠)으로 확립하여 학습자에게 적용하면 ㉡학습 과제 참여 시간을 증가시키는데 도움이 된다.
○아주 다양한 상황 하에서 벌어지는 일반적인 성격의 행동들에 대하여 다룬다
○ⓒ수업 운영의 효율성을 높이기 위해서는 다음과 같은 기술이 필요하다.
① 수업에서 최초로 하는 활동을 명시적으로 제시하고 통제한다.
② 수업이나 각 활동의 시작과 종료 시간을 정확히 지킨다. 교사가 시간을 엄수하는 모범을 보여줌으로써 학습자에게 책임감과 의무감을 심어 줄 수 있다.
③ 출석점검 시간을 절약할 수 있는 다양한 방법을 활용한다. 예를 들어, 학습자 스스로 자동적으로 출석 체크할 수 있는 방안을 강구한다.
④ 주의집중 신호를 명시화하고 반복적으로 연습한다.
⑤ 교사는 열정, 격려, 수업시간에 요구되는 올바른 행동 방법을 상기시켜줄 수 있는 피드백을 제공한다.
⑥ 게임을 통해 운영 행동 동기를 높일 수 있다.

─── <작성 방법> ───
○괄호 안의 ㉠에 해당하는 용어를 밑줄 친 ⓐ에 근거하여 쓰고(단, 2음절 외래어임), 이와 관련된 교수·학습활동 계획의 하위항목을 2015 체육과교육과정(2015-74)에 근거하여 제시할 것.
○㉡의 반대되는 시간 2가지에 근거하여, ⓒ의 목적을 기술할 것.
○괄호 안의 ㉠과 달리, 다양한 상황에서 벌어지는 행동들에 대한 일반적인 기대를 적어 놓은 것의 명칭을 제시할 것.

4. 다음은 Kemmis와 McTaggart(1988)가 제시한 현장개선 연구(실행 연구)에 대한 설명이다. <작성 방법>에 따라 순서대로 서술하시오. [4점]

<그림>

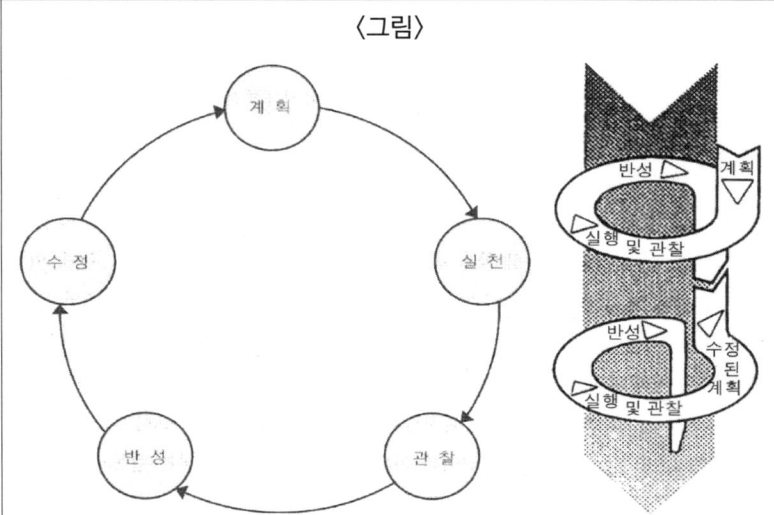

㉠체육 교사가 동료나 연구자의 도움을 받아 자신의 강좌를 반성적으로 탐구하여 개선하는 데 목적이 있다.
① 체육 수업에서 발생되거나 예상되는 문제점이 무엇인지를 명확히 규정한다.
② 체육 수업 개선을 위한 계획이 제대로 실천 되었는지, 실행 결과가 문제 상황을 해결하였는지를 검토한다.
③ 비판적인 반성을 위한 자료를 수집하는 데 주력하고, 의도하지 않은 사건들도 기록한다.
④ 교사는 현재 상황에 대한 보다 나은 이해와 자신의 수업 활동에 어떤 실제적 변화를 가져다 줄 계획을 실행한다.

─── <작성 방법> ───
○밑줄 친 ㉠에 해당하는 현장개선 연구(실행 연구)의 특징을 일컫는 용어를 제시할 것.
○<그림>에 근거하여, ①~④를 순서대로 바르게 제시할 것.
○위의 내용과 관련된 반성적 체육 수업에 근거하여, 이와 관련된 체육전문인의 성장 방법의 명칭과 개념을 각각 기술할 것.

5. 다음은 효율적 교수에 대한 자료의 일부이다. <작성 방법>에 따라 순서대로 서술하시오. [4점]

(가)
최 교사는 강제적·부정적·징계적 학습자 관리 기술에 의존하지 않고 학생들이 높은 비율로 학습 활동에 적절히 참여토록 하는 교사이다. 최 교사와 같은 효율적 교사는 다음과 같은 특징을 지닌다.
① 학습내용에 배당된 시간의 비율이 높고, 운영시간에 배당된 시간의 비율이 낮다.
② 학습자가 과제에 참여하는 시간의 비율이 높다.
③ 학습내용이 학습자의 학습능력에 적합한 성공지향적 학습이다.
④ 학습 과제의 난이도가 적절하다.
⑤ 따뜻하고 긍정적인 학습 분위기를 조성하고, 그 속에서 학습자의 과제참여비율을 높게 유지하는 학습구조를 개발한다.

[모둠별 허들 연습의 교수·학습 활동]

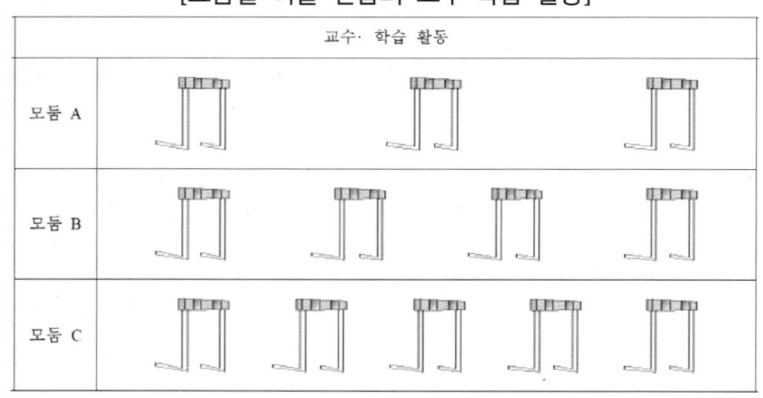

(나)
최 교사 : 저는 학생들이 무엇을 하고 있는지 항상 알고 있다는 사실을 학생들에게 전달합니다. 제 머리 뒤에도 눈이 있다고 학생들이 느끼도록 합니다.
박 교사 : 또 어떻게 학생들의 행동을 예방하나요?
최 교사 : 수업활동의 흐름을 중단하지 않고 부드럽게 이끌어 가면서 수업진행을 늦추거나 학생의 학습활동을 중단시키지 않고 계속해서 활력 있는 수업을 전개해 나가도록 합니다.
박 교사 : 그 외에는요?
최 교사 : 모든 학생들을 과제에 몰두하도록 지도합니다.

<작성 방법>
○ 모스턴(Mosston)이 제시한 포괄형 스타일(E)에 근거하여, 최 교사의 교수·학습과정안(모둠별 허들연습의 교수·학습활동)이 실제학습시간을 증가시킬 수 있는 이유를 (가)의 ①~⑤에서 2가지만 골라 제시할 것.
○ (가)의 ①~⑤와 가장 밀접한 메츨러(Metzler)의 체육수업모형의 주제를 기술할 것(이 질문에서 밑줄 친 부분은 ⓐ임).
○ (나)에서 학습자의 수업 방해 행동을 예방하고 과제 지향적 수업을 유지(수업 이탈 행동을 예방하고 학생들의 주의를 교과의 학습에만 집중함)하는데 유용한 최 교사의 교수기술이 가져오는 효과를 ⓐ의 목적에 근거하여 기술할 것.
○ 시덴탑(D. Siedentop)의 주장에 근거해서, (나)의 밑줄 친 부분에 해당하는 교수기능 발달 단계의 명칭을 제시할 것.

6. 다음은 최 교사가 3차시 수업 과정에서 학생과 나눈 대화 내용이다. <작성 방법>에 따라 순서대로 서술하시오[단, 시덴탑(D. Siedentop)의 '체육수업 생태의 과제 체계'를 근거로 함]. [4점]

최 교사 : 오늘은 A, B, C 모둠별로 400m 이어달리기 5회, 개인별로 출발법 10회, 20m 중간질주 10회 실시하는 것을 목표로 연습해 보자.
학 생 들 : (학생들은 연습을 시작한다. 연습 과정에서 A 모둠의 학생들은 이어달리기를 200m 구간에서 하고 있고, 개인 연습도 목표 횟수를 줄여 연습한다.)
최 교사 : (A 모둠의 연습 장면을 관찰한 후) ㉠너희 모둠은 개인 기록과 체력 수준이 가장 낮으니, 이어달리기는 200m 구간에서 연습하고, 출발법은 3회, 10m 중간 질주는 5회를 목표로 연습해 보자.
… (중략) …
최 교사 : (연습을 하지 않고 돌아다니면서 장난을 치는 등 수업 규칙을 지키지 않는 B 모둠의 학생들을 보며) 얘들아, 다른 모둠은 열심히 하는데, 너희는 제대로 하지 않는구나. 너희들 때문에 다른 모둠이 방해가 되고 있는 것 같다.
학 생 : 선생님, 날씨가 너무 더워서 힘이 들어요. 그늘에 가서 쉬게 해 주시면 안 될까요?
[상황A] 최 교사 : (엄하게) 안된다. 그 대신 ㉡만약 너희 모둠이 수업 규칙을 잘 지키면, 이어달리기는 200m 구간에서 연습하고, 출발법은 2회, 10m 중간 질주는 4회로 해 줄게.
[상황B] 최 교사 : (웃으며) 그래, 좋다. ㉢만약 너희 모둠이 수업 규칙을 잘 지키면 그렇게 하도록 해 주마.

〈그림〉
교사의 과제 제시
↓
학습자의 반응(일치 또는 불일치)
↓
교사의 관찰
↓
교사의 학생행동에 대한 반응
↓
실천적 과제 개발

<작성 방법>
○ 밑줄 친 ㉠, ㉡, ㉢의 타협 방식의 명칭을 각각 쓰시오.
○ 밑줄 친 ㉡, ㉢의 타협 방식에서 최 교사가 사용한 전략을 각각 서술할 것.
○ 알렉산더(Alexander)가 제시한 <그림>의 과정을 일컫는 명칭을 쓰고, 이 과정의 경향을 따르는 과제체계를 2가지만 제시할 것.

체육교육론1

7. 수석교사가 홍 교사의 체육 수업을 관찰한 기록의 일부이다. <작성 방법>에 따라 순서대로 서술하시오. [4점]

준비 운동 후 모둠 편성을 바로 시작한다. 홍 교사 주도로 3명을 한 모둠으로 하여 8개 모둠이 구성되고, 모둠별 활동 장소와 패스 과제가 주어졌다. 홍 교사는 모둠별로 돌아가며 패스 과제를 설명하고 시범 보인다. 홍 교사는 종종 ㉠스포츠 기능을 지나치게 상세히 분석하면서 이것이 결국 게임 상황에서의 의미 있는 전체적 기량으로 통합될 수 있을 것이라고 생각한다. 다양한 종류의 패스를 8개 모둠에서 동시에 진행하는 방식으로 수업이 조직·운영된다. 아웃사이드 패스와 같이 난이도가 높은 연습 과제를 수행해야 하는 모둠에서는 어려움을 겪고 있고, 모둠 간 활동 공간이 겹치는 현상이 자주 발생하기도 한다. ㉡너무 많은 모둠과 과제로 나누어져 수업이 운영되므로 대기 시간이 많아지는 등 비효율적으로 전개된다. 10분이 경과하자, 일부 모둠에서 ㉢과제 수행을 게을리 하고 과제를 하지 않는 학생이 늘어난다.

── <작성 방법> ──
- 쿠닌(J. Kounin)의 주장에 근거하여, 밑줄 친 ㉠·㉡과 같은 상황을 설명하는 용어를 각각 쓰고, ㉡은 개념 및 특징을 포함하여 기술할 것.
- 월리엄과 아난담(Williams&Anandam)의 주장에 근거하여, 밑줄 친 ㉢에 해당하는 학습자 행동의 유형(학생행동 사정의 유형)을 제시할 것.

8. 다음은 여러 교사들의 다양한 수업 관련 일지이다. <작성 방법>에 따라 순서대로 서술하시오. [4점]

(가)

최 교사는 야구를 지도하면서, 정민이가 야구 장비를 치우지 않는 일이 반복되자, ㉠지도 후 장비를 치우는 행동을 여러 번 반복하게 했다. 이후 정민이가 장비를 함부로 다루거나 정리하지 않는 행동이 감소되었다.

최 교사는 ㉡학생이 어떤 특정 행동에 관여하지 않는데 대해서 보상을 준다. 예를 들어, 설명 도중 떠들지 않거나 동료와 다투지 않은 것에 대하여 칭찬하거나 점수를 주고 그 점수가 5점이면 어떤 특혜를 준다.

최 교사는 ㉢연습 시간에 계속 지각하는 학습자의 경기 출전권을 제한하고, 옆 사람과 잡담하는 학습자에게 가까이 다가가며, ㉣동료의 연습을 방해하는 학습자를 일정 시간 동안 연습에 참여시키지 않는다.

[표]

행동	긍정적인 사건들(칭찬, 수상)	부정적인/회피하고자 하는 사건(비판, 고통)
제시	○	□
제거	△	◇

(나)

수업 방해 행동을 해결하기 위해서 최 교사에게 조언을 구했다. 최 교사는 (ⓐ)을 활용하여 '행동계약서'를 작성해 보라고 하였다. 김 교사는 최 교사의 조언에 따라 3반 수업에서 사용할 행동계약서를 작성하였다.

- 3반 학생들과 김성실 교사는 다음 계획을 4주 동안 진행하는 것에 동의합니다. 3반 학생들은 다음과 같이 행동합니다.
  - 모든 과제 활동에 열심히 참가합니다.
  - 수업에 참여할 때 체육복을 항상 착용합니다.
  - 과제 활동을 위해 이동할 때 잡담하지 않고 빠르게 이동합니다.

학생(계약자) : 최소망 (서명)
교사 : 김성실 (서명)
교감 : 황사랑 (서명)

── <작성 방법> ──
- 밑줄 친 ㉠에 해당하는 것을 [표]의 ○·□·△·◇에서 골라 그 명칭과 함께 제시할 것.
- 시덴탑(D. Siedentop)의 학습자 관리 전략에 근거하여, 밑줄 친 ㉡의 명칭을 제시할 것.
- 밑줄 친 ㉢·㉣에 해당하는 것을 [표]의 ○·□·△·◇에서 골라 그 명칭과 함께 제시할 것.
- 괄호 안의 ⓐ에 해당하는 용어를 제시할 것(단, 행동을 수정했을 경우 어떤 긍정적 혹은 부정적 일들이 일어날 것인가와 같은 행동에 대한 결과를 명시해 준다는 의미임).

9.

다음은 최 교사의 수업을 관찰한 일지의 일부이다. <작성 방법>에 따라 순서대로 서술하시오. [4점]

관찰 일지

2019년 7월 13일

최 교사는 학습자들에게 농구 드리블의 개념과 핵심단서를 가르쳐주고, 시범을 보였다. 설명과 시범이 끝나고 "㉠낮은 자세로 드리블을 5분 동안 연습하세요." 라는 과제를 제시하였다. … (중략) … 최 교사는 ㉡적극적 수업을 활용했고, 과제 참여 시간의 비율이 높은 수업을 운영했다. 수업의 마지막에는 ㉢질문식 수업을 활용했다. "키가 큰 상대팀 선수에게 가로막혔을 경우 어떻게 해야 합니까?" 라는 (㉣) 질문을 통해 학습자가 다양한 대안을 찾을 수 있도록 했다.

<작성 방법>

○ 링크(J. Rink.)의 내용 발달(content development) 과정에 근거하여, 밑줄 친 ㉠에 해당하는 과제 유형의 명칭과 개념을 제시할 것.
○ 밑줄 친 ㉡과 ㉢에 해당하는 각각의 모스턴(Mosston)의 체육교수스타일의 공통점을 '교수스타일을 구분하는 가정(기준)'에 근거하여 기술할 것.
○ 베어드(Baird)가 제시한 질문의 유형에 근거하여, 괄호 안의 ㉣에 해당하는 질문의 유형을 제시할 것.

10.

다음은 체계적 수업관찰 사례이다. <작성 방법>에 따라 순서대로 서술하시오. [4점]

[표1]

수업: 최 교사		내용: 테니스	관찰: 이 교사	
날짜: 11월 13일		관찰지속시간: 40분		
행동		발생 빈도		백분율(%)
학생 지도	학급	正正正正正正正正	40	70
	집단	正丨丨	7	12
	개인	正正	10	18
기술 피드백	긍정적	正正	10	22
	교정적	正	5	11
	부정적	正正正正正正	30	67
사회적 행동	칭찬	正	5	14
	제지	正正正正正正	30	86

[표2]

교 사: 박○○   수업 내용: 맨손체조
관찰자: 박○○   날 짜: 11월 21일

	2분	6분	10분	14분	18분	22분	26분	30분	34분	38분
성훈	MA	W	MA	W	MI	T	W	T	MA	W
동은	MA	T	MI	W	MI	T	W	T	MA	T
승재	MI	T	MI	W	W	T	MI	MI	MI	W
윤호	MI	T	MI	W	T	T	MI	MI	MI	T

이하 생략

행동	빈도	비율(%)
과제 참여(MA)	13	11
비과제 참여(MI)	31	26
대기(W)	40	33
이동(T)	36	30
계	120	100

<작성 방법>

○ [표1]에 해당하는 관찰법의 명칭을 쓰고, 이 관찰법을 사용하는 이유를 관찰 행동의 결과를 분석하는 요인에 근거하여 기술할 것.
○ [표2]에 해당하는 관찰법의 명칭을 쓰고, 이 관찰법을 사용하는 이유를 관찰 행동의 결과를 분석하는 요인에 근거하여 기술할 것.

<수고하셨습니다.>

2020년 대비 VZONExam(07.13~14) 1회 모의고사

최규훈

체 육

체육측정평가

| 1차 시험 | 3교시 전공B | 10문항 40점 | 시험 시간 60분 |

Ⅰ. 체육통계	① 통계적 개념의 이해	통계
	② 변인간의 상관관계	
	③ 표본추출 방법	
	④ 추리통계	
Ⅱ. 체육측정평가의 개요	① 체육측정평가의 이해	평가 및 검사
	② 체육측정평가의 유형	
Ⅲ. 체육측정평가의 양호도	③ 규준지향평가의 양호도	
	④ 준거지향평가의 양호도	
Ⅳ. 성적부여방법 및 검사구성의 원리	⑤ 성적부여방법	
	⑥ 검사구성의 원리	
Ⅴ. 체력검사장	⑦ 체력측정	
	⑧ PAPS(학생건강체력검사)	

※ 시험이 시작되기 전까지 표지를 넘기지 마시오.

2020년 대비 VZONExam(07.13~14) 1회 모의고사

체 육

체육측정평가

최규훈

수험번호 : (   )   성 명 : (   )

1차 시험	3교시 전공B	10문항 40점	시험 시간 60분

○ 문제지 전체 면수가 맞는지 확인하시오.
○ 모든 문항에는 배점이 표시되어 있습니다.

1. ㈎는 체육 중점 고등학교의 체육 기말 평가에 대한 최 교사와 정 교사의 대화이고, ㈏는 합격 중학교 중고강도 신체활동 참여시간을 나타낸 표이다. <작성 방법>에 따라 순서대로 서술하시오. [4점]

―――――――― <작성 방법> ――――――――
○ ㈎에서 밑줄 친 ㉠의 한계점을 기술할 것.
○ ㈎에서 괄호 안의 ㉡에 들어갈 용어를 제시할 것(이 질문의 정답을 ⓐ라고 함).
○ ㈏의 표에 해당하는 분산(변량)의 값과 ⓐ의 값을 각각 제시할 것.

㈎

최 교사 : 이번 학기 학생들의 총점 분포도가 지나치게 오른쪽으로 편중되어 나타났어요. 시험이 너무 쉬웠나 봐요. 이 경우 어떤 지수를 집중경향(central tendency)치로 선택해야 하나요?

정 교사 : 그림과 같은 분포의 경우에는 중앙값(중앙치)을/를 집중경향치로 선택하는 것이 더 적합해요.

최 교사 : 분포의 퍼진 정도를 나타내는 분산도$^{변산도(variability)}$는 지난 학기와 같이 ㉠표준편차를 사용하려는데, 적절할까요?

정 교사 : 아닙니다. 이번 학기처럼 성적이 그림과 같은 분포일 경우에는 (㉡)을/를 사용하는 것이 더 적절합니다.

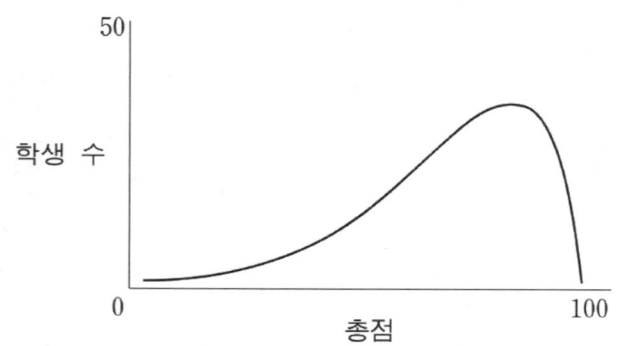

㈏

백분위	분/일
>99	180
95	100
75	60
50	40
25	30
5	20
<1	10
평균치	50
표준편차	20

2. ㈎는 A집단과 B집단의 1600m 오래달리기 기록(초)과 최대산소섭취량(VO_2max)의 관계를 나타낸 산점도(scatter plot)이고, ㈏는 분산(변량)에 대한 두 교사의 대화 내용이다. <작성 방법>에 따라 순서대로 서술하시오. [4점]

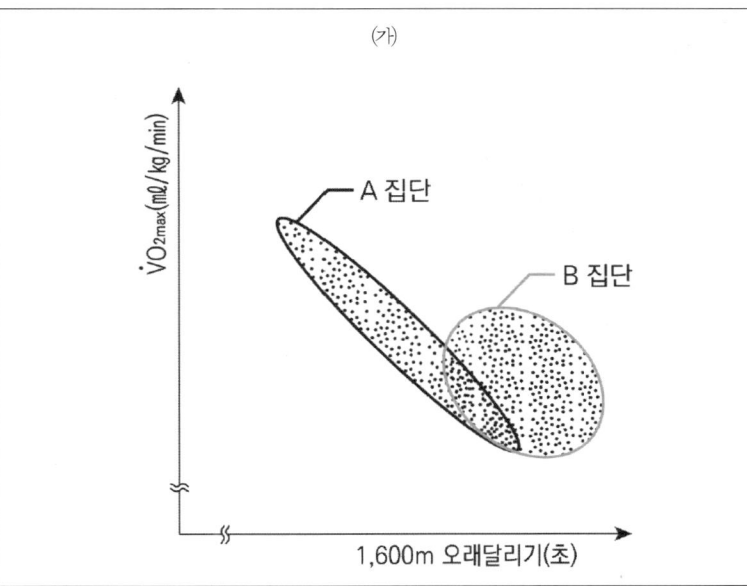

㈏
김 교사 : 분산을 계산할 때 분자인 편차점수에 제곱을 하는 이유는 무엇인가요?

최 교사 : 평균편차의 공식에 대입하여 편차들의 평균을 계산해 보면 편차들의 총합 즉, 분자가 (㉠)이 되어 편차들의 평균은 결국 (㉠)가 됩니다. 따라서, 평균적으로 흩어져 있는 정도가 얼마인지 알 수 없게 됩니다.

김 교사 : 어떤 값(X)에서 평균($\overline{X}$)을 빼서 편차들을 더한 값[$\Sigma(X-\overline{X})$]은 항상 (㉠)이 되어 자료의 흩어진 정도를 평균적으로 계산해 내기 어렵게 된다는 말씀이시죠?

최 교사 : 맞아요. 자료의 흩어진 정도를 계산해 내기 어렵기 때문에 편차점수($X-\overline{X}$)를 자승(제곱)하여 그 합 $\Sigma(X-\overline{X})$을 총 사례수(N)로 나누는 방법을 사용하게 됩니다. 편차점수를 제곱한 후에 모두 더하여 총 사례수로 나눈 값을 분산(s^2)이라고 하고, 그 값의 제곱근(루트 $\sqrt{}$)이 (㉡)입니다.

─────── <작성 방법> ───────

○ ㈎의 두 집단 중 심폐지구력이 평균적으로 더 우수한 집단과 1600m 오래달리기 기록의 분산도가 더 큰 집단을 각각 순서대로 제시할 것.

○ ㈎의 두 집단 중 '최대산소섭취량 추정식의 결정계수(R^2)'와 '최대산소섭취량 추정치의 신뢰구간(confidence interval)'이 더 큰 집단을 각각 순서대로 제시할 것.

○ ㈏에서 괄호 안의 ㉠에 해당하는 숫자를 쓰고, ㉡에 해당하는 용어를 제시할 것.

3. 다음은 체력검사 결과표와 그에 대한 설명이다. <작성 방법>에 따라 순서대로 서술하시오. [4점]

이름\항목		근력 (악력, kg)	심폐지구력 (PACER, 회)	유연성 (좌전굴, cm)
피검자		35	27	16
동일 연령	평균	30	24	10
	표준편차	2.5	3	4
Z점수		2	1	1.5
T점수		70	60	65

○ 한 집단의 대상자로부터 체력을 측정한 후 측정값들을 z-점수, T-점수 등과 같은 (㉠)으로 변환하였다.

① 분포의 모양이 (㉡)일 때 z-점수 0과 백분위수 50은 원점수(raw score)가 같다.

② (㉠)는 집단에 속한 다른 대상자들의 점수와 비교하여 각 점수의 상대적인 위치를 나타내기 위하여 사용한다.

③ (㉠)는 측정 단위가 다른 두 점수를 비교할 수 있다.

④ (㉢) 70은 집단 내에 이 점수보다 낮은 점수를 기록한 사람이 70%라는 의미이다.

─────── <작성 방법> ───────

○ 괄호 안의 ㉠에 해당하는 용어를 쓰고, z-점수일 경우 평균과 표준편차를 순서대로 제시할 것.

○ 괄호 안의 ㉡에 해당하는 용어를 쓰고, 이 경우 집중경향치(central tendency)의 3가지를 비교하여 기술할 것.

○ 괄호 안의 ㉢에 해당하는 용어를 제시할 것.

4. ㈎의 표는 K 선수의 3종목 체력점수를 전체 선수 40명의 평균·표준편차와 비교한 자료이고, ㈏의 그래프에 제시된 결과는 3개의 서로 다른 집단 A·B·C(각 집단 100명)에 대한 악력(kg) 검사 자료의 통계치를 나타낸 것이다(단, 자료에 극단치(outlier)는 없었으며, 그래프에는 25백분위수와 75백분위수가 제시되어 있음). <작성 방법>에 따라 순서대로 서술하시오. [4점]

＜작성 방법＞
○ ㈎에서 K 선수가 제일 잘하는 종목을 쓰고, 제일 못하는 종목보다 어느 정도 잘 하는지 Z점수에 근거하여 기술할 것.
○ ㈎에서 K 선수가 제일 잘하는 종목과 두 번째로 잘하는 종목의 기록이 상위 %인지 각각 산출하여 순서대로 제시할 것.
○ ㈏에서 수준별 수업이 더 많이 요구되는 집단을 선택하고 그 이유를 서술할 것.
○ ㈏에서 악력이 가장 우수한 집단에 속한 약 50%의 대상자들의 악력(kg)을 제시할 것(단, 모든 집단은 정규분포함).

㈎

종목	K 선수	팀 평균	표준편차
오래달리기 (sec)	510	510	120
앉아윗몸앞으로굽히기 (cm)	15	12	6
제자리멀리뛰기 (cm)	260	210	50

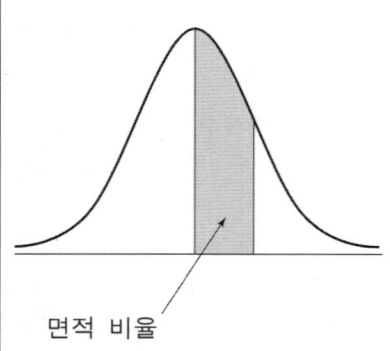

표준정상분포곡선 수표

Z	면적 비율	Z	면적 비율
0.0	0.00	1.1	36.43
0.1	3.98	1.2	38.49
0.2	7.93	1.3	40.32
0.3	11.79	1.4	41.92
0.4	15.54	1.5	43.32
0.5	19.15	1.6	44.52
0.6	22.57	1.7	45.54
0.7	25.80	1.8	46.41
0.8	28.81	1.9	47.13
0.9	31.59	2.0	47.72
1.0	34.13	이하생략	

면적 비율 = 분포의 평균(Z=0)으로부터 산출된 Z점수까지의 면적 비율(%)

㈏

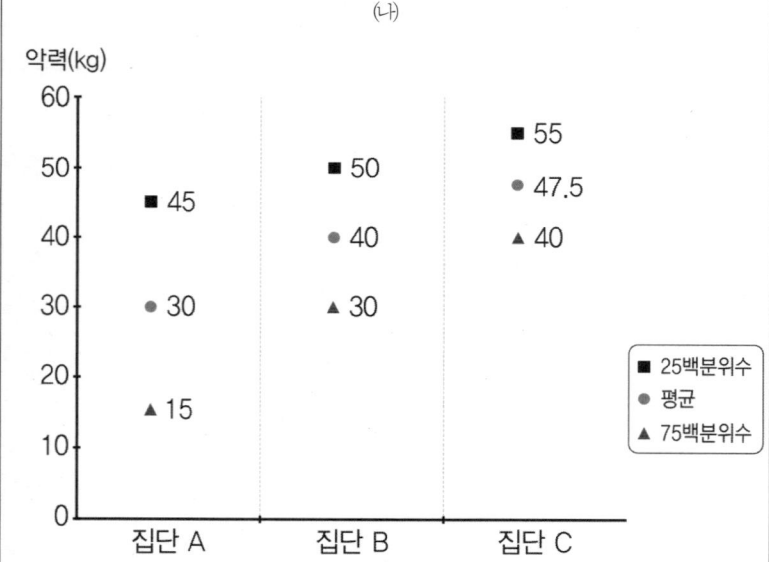

5. 다음은 하버드 스텝검사(Harvard step test)에 대한 자료의 일부이다. <작성 방법>에 따라 순서대로 서술하시오. [4점]

심폐지구력을 측정하는 검사인 하버드 스텝검사(Harvard step test)를 한국인에게 적용하였을 때 타당도는 0.4~0.6 정도로 높지 않게 나타난다. 타당도를 높이기 위하여 키(cm)와 체지방률(%)을 예측 변인으로 추가하여 최대산소섭취량(VO_2max; ml/kg/min)을 예측하는 공식을 다음과 같이 도출하였다. 이 결과에서 결정계수 R^2은 0.81이었으며, 모든 추정치는 $\alpha=0.05$에서 통계적으로 유의하였다.

$$\widehat{VO_2max} = 2.5 + 0.32 \times (스텝검사\ 점수)\\ - 0.40 \times (체지방률) + 0.18 \times (키)$$

① 공식에서 스텝검사 점수와 VO_2max는 (㉠) 관계를 보이고 있다.
② 평균적으로 체지방률이 1% 증가할 때마다 VO_2max는 (㉡)ml/kg/min 낮아진다.
③ 스텝검사 점수, 키, 몸무게로부터 VO_2max 분산의 약 (㉢)%를 설명할 수 있다.
④ <보기>의 공식에 의한 타당도가 하버드 스텝검사의 타당도보다 높다.

── <작성 방법> ──
o 괄호 안의 ㉠에 해당하는 상관계수의 방향을 제시할 것.
o 괄호 안의 ㉡·㉢에 들어갈 숫자를 제시할 것.
o 위의 사례에 해당하는 타당도의 유형을 제시할 것.

6. 다음은 가설검정에 대한 자료의 일부이다. <작성 방법>에 따라 순서대로 서술하시오. [4점]

(가)
(1) 영가설(H_0)과 대립가설(H_1)을 세운다.
(2) 유의수준(α)을 설정한다.
(3) 검정통계량 값을 계산한다.
(4) 검정통계량과 임계치(기각치)를 비교한다.
  o |임계치(기각치)| ≥ |검정통계량| : ㉠영가설 채택
  o |임계치(기각치)| < |검정통계량| : ㉡대립가설 채택
(5) 결론을 내린다.

(나)
[표1]

결정 \ 실제상태	H_0가 참인 경우	H_0가 거짓인 경우 (즉 H_A가 참인 경우)
H_0를 긍정할 경우	ⓐ	ⓑ
H_0를 부정할 경우	ⓒ	ⓓ

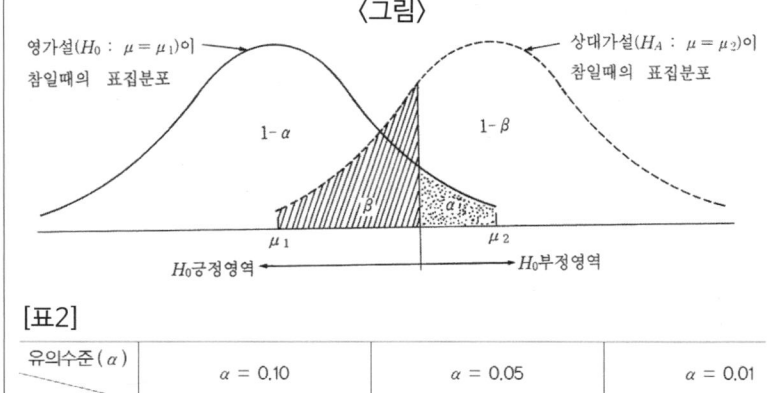
〈그림〉

[표2]

유의수준(α)	$\alpha=0.10$	$\alpha=0.05$	$\alpha=0.01$

── <작성 방법> ──
o (가)의 (4) 단계에서 ㉠이 성립되기 위한 조건으로 임계치(기각치)와 검정통계량의 용어를 변경하여 각각 순서대로 제시할 것 (단, 부등호는 동일함).
o (가)의 ㉠·㉡에 해당하는 것을 (나)의 ⓐ~ⓓ에서 골라 각각 제시할 것.
o 유의수준(α)이 [표2]의 왼쪽에서 오른쪽으로 설정될 경우, 상대적으로 증가하는 2가지를 [표1]의 ⓐ~ⓓ에서 골라 제시할 것.

7.

다음은 측정 및 평가의 개념 및 평가 유형에 대한 대화 및 자료의 일부이다. <작성 방법>에 따라 순서대로 서술하시오. [4점]

(가)

박 교사 : 평가의 유사개념에는 측정, 사정, 검사 등이 있는 것으로 알고 있습니다.
정 교사 : 네, 측정이나 검사는 가치 지향적이고 평가는 가치 중립적인 활동입니다.
김 교사 : 평가는 학습자의 학습 상태와 지도에 관한 정보를 제공할 수 있습니다.
최 교사 : 그래서 평가는 지도 활동에 대한 피드백이 될 수 있습니다.

(나)

(1)	(2)
㉠ 측정	Ⓐ 가치판단
㉡ 측정규칙	Ⓑ 절대평가
㉢ 평가	Ⓒ 수량화 과정
㉣ 준거기준	Ⓓ 표준화 과정

(다)

① A 대학 농구수업 : A 학점 기준은 레이업슛 15개 이상 성공하기
② B 역도클럽 : 우수 체력기준은 전체 회원 중에서 상위 10% 이상에 도달하기
③ C 걷기동호회 : 건강을 유지하기 위한 기준은 일일 만보(10,000보) 이상 걷기
④ D 보건소 : 신체활동권장량 기준은 주당 150분 이상 중·고강도 신체활동에 참여하기

─── <작성 방법> ───

○ (가)에서 잘못 이해하고 있는 교사를 쓰고, 바르게 수정할 것.
○ (나)에서 (1) 영역의 용어와 (2) 영역의 정의를 바르게 묶어 모두 제시할 것[단, (1)의 ㉠·㉡·㉢·㉣의 순서에 맞게 제시해야 함].
○ (다)의 ①~④ 중 2015체육과교육과정(2015-74)의 '성취기준 및 성취수준의 선정' 과 관련되지 않은 1가지를 골라 쓰고, 그 평가방법의 특징을 '교육관' 과 '학생들의 관계' 측면에서 기술할 것.

8.

(가)는 평가 유형에 대한 교사들의 대화 내용이고, (나)는 배드민턴 평가 계획표이다. <작성 방법>에 따라 순서대로 서술하시오. [4점]

(가)

이 교사 : 오리엔테이션 때 학생들에게 최종 목표를 분명하게 얘기했어요. 그 목표의 달성 여부를 종합적으로 확인하기 위해 시즌 마지막에 평가를 실시할 계획이에요.
최 교사 : 이번에 입학한 학생들은 기본기가 많이 부족했어요. 시즌 전에 학생들의 기본기 수준을 평가했어요.
김 교사 : 학교스포츠클럽에서 배구를 가르칠 때 수시로 학생들의 기본기능을 확인하고 있어요.

평가의 기능	내용 또는 특성
(ⓐ)	○교육 프로그램 실시 이전, 참여자의 특성을 점검하는 평가 활동 ○학습자의 정보 수집, 교육방향 설정
(ⓑ)	○교육 프로그램 운영 중간에 이루어지는 과정 중심의 평가활동 ○프로그램과 지도 방법의 수정가능
(ⓒ)	○교육 프로그램 운영 이후 프로그램의 효과성 검증 ○교육 프로그램의 결과에 대한 종합적 판단

(나)

㉠ 하이클리어 기능 평가 도구

항목	예	아니오
①포핸드 스트로크를 할 때 타점이 정확한가?		
②시선을 고정하고 있는가?		
③팔꿈치를 펴서 스트로크를 하는가?		

㉡ 배드민턴에 대한 태도 평가
· 학생의 배드민턴에 대한 열정과 의지를 물어봄
· 반구조화 된 내용으로 질의 응답을 함

─── <작성 방법> ───

○ (가)에서 세 명의 교사와 표의 ⓐ·ⓑ·ⓒ를 바르게 묶어 모두 제시할 것(단, 이 교사·최 교사·김 교사의 순서에 맞게 제시해야 함).
○ (나)에서 ㉠, ㉡에 해당하는 평가기법을 각각 제시할 것.
○ (나)의 ②에 해당하는 니데퍼(Nideffer)의 주의집중 유형을 제시할 것.
○ (나)의 ③의 역학적 이유를 각운동의 운동학적 분석에 근거하여 기술할 것.

9. 다음은 평가도구의 양호도에 대한 자료의 일부이다. <작성 방법>에 따라 순서대로 서술하시오. [4점]

- ㉠체력 측정의 오차에 영향을 주는 요인에는 측정 대상자의 피로도, 측정도구(기기)의 정확도, 대상자별로 적용되는 측정 절차의 차이(다양성) 등이 있다.
- '체력'이라는 복합적 특성을 측정하기 위해서 흔히 여러 개의 세부 항목(종목)으로 구성된 ⓐ체력 검사장(fitness test battery)을 개발·적용한다.
  ① 체력 검사장을 구성하는 세부 종목들 간의 상관관계가 낮을수록 효율성이 높은 검사장으로, 다양한 요인을 비교적 독립적으로 측정해 낼 수 있다.
  ② 일반적으로 현장(field)에서 사용되는 항목은 실험실 검사 항목에 비해 (㉡)가 낮으나 측정의 효율성이 높은 종목들로 구성되어 있다.
  ③ 타당도가 높은 종목과 낮은 종목들이 혼합되어 ⓑ체력장 전체의 타당도 계수가 0.90 내외로 유지되도록 해야 한다.
  ④ 검사의 종목 수가 많을수록 더 객관적이고 효율적인 측정치를 얻을 수 있을뿐만 아니라, 전체 체력장의 신뢰도가 높아진다.
- 중학교 남자 축구선수들을 대상으로 훈련시간에 기능 검사를 실시하고자 한다. 기능검사의 ⓒ타당성이 높은 검사는 패싱 검사(passing test), 드리블 검사(dribble test), 드로우인 검사(throw-in test) 등이 있다.
- 신뢰도와 타당도의 개념
  ① 타당도는 신뢰도의 종속 개념이라고 할 수 없다.
  ② (㉢)는 '자료를 얼마나 오차없이 수집했느냐'를 의미한다.
  ③ 검사의 신뢰도를 높이려 할 때 타당도가 내려가는 경우가 있다.
  ④ (㉣)는 '검사도구가 측정하고자 하는 것을 얼마나 충실히 측정하는가'에 대한 의미이다.

─── <작성 방법> ───
- 밑줄 친 ㉠과 괄호 안의 ㉡에 해당하는 평가의 양호도를 각각 제시할 것.
- 밑줄 친 ⓐ·ⓑ·ⓒ에서 공통적으로 중요하게 여기는 타당도의 유형을 쓰고, 이 타당도를 검증하기 위해 집단 차이 방법 시 활용하는 통계기법을 제시할 것(단, A·B·C 집단이 있음).
- 괄호 안의 ㉢·㉣에 해당하는 평가의 양호도를 각각 제시할 것.

---

10. 다음은 체력검사에 대한 자료의 일부이다. <작성 방법>에 따라 순서대로 서술하시오. [4점]

(1) 체력요인의 개념 및 특징
  ① 유연성 – 관절의 가동능력(운동범위)
  ② 평형성 – 신체의 균형을 유지하는 능력
  ③ 근지구력 – 근육의 작업을 일정한 강도로 오랫동안 지속시킬 수 있는 능력
  ④ 순발력 – 신체 일부분 혹은 전신을 빠르게 움직이거나 방향을 전환 시킬 수 있는 능력

(2) 체력요인 측정 방법
  ① 하버드스텝검사, 2.4 km 달리기, 6분 걷기, 사이드 스텝
  ② 피부두겹법, 인체둘레측정, 수중체중법
  ③ 앉아서 윗몸 앞으로 굽히기, 외발서기
  ④ YMCA 벤치 프레스 검사, 팔굽혀펴기, 윗몸 일으키기

(3) 피하지방(skinfolds) 측정법
  - 피하지방 분포도의 특성을 파악할 수 있음.
  - 피부 바로 아래에 위치한 피하지방의 정도를 나타냄.
  - 개인·집단·연령에 따라 차이가 있음.
  - 측정부위나 측정방법에 따른 오차가 크기 때문에 숙련된 측정자가 필요함.

(4) 핸드볼 경기 상황 : 최선환 선수는 핸드볼 경기에서 (㉠ 신체를 빠르게 움직여서 수비수를 따돌린 후에) 골대를 향하여 (㉡강력한 점프 슛)을 시도하였다.

<그림>

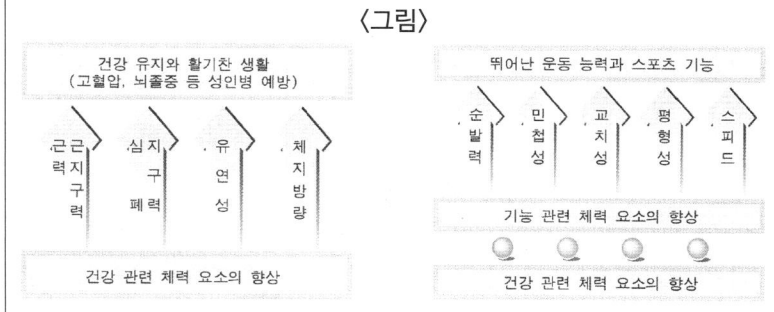

─── <작성 방법> ───
- (1)에서 옳지 않은 체력요인을 1가지를 골라 바르게 수정할 것.
- (2)의 ①~④ 중 학생건강체력평가(PAPS)의 체력요인에 해당하지 않는 1가지를 골라 쓰고, 그 이유를 검사항목과 체력요인에 근거하여 기술할 것.
- (3)의 밑줄 친 부분에 해당하는 신뢰도의 유형을 제시할 것.
- (4)에서 밑줄 친 ㉠·㉡에 해당하는 체력의 명칭을 각각 쓰고, 이 체력을 포함하는 상위 개념을 <그림>에 근거하여 제시할 것.

<수고하셨습니다.>

2020년 대비 VZONExam(07.20~21) 2회 모의고사

최규훈

체 육

체육교육론2

1차 시험	**2교시 전공A**	10문항 40점	시험 시간 60분

Ⅱ. 체육수업모형 Metzler	② ⁸⁺¹가지 체육수업 모형	
	③ 체육교육과정 모형	
	④ 체육수업방식/교수·학습전략/맥락적합 수업체제 Rink	
Ⅲ. 체육교수스타일 Mosston	① 모스턴 체육교수스타일 개관	
	② ¹¹가지 체육교수스타일(A~K)	

② ⁸⁺¹가지 체육수업 모형

1. 직접교수 모형(OTR)
2. 개별화지도 모형(개인학습지)
3. 협동학습 모형(팀)
4. 동료교수 모형(tutor·tutee·dyad)
5. 스포츠교육 모형(선수와 비선수)
6. 전술게임 모형(GPAI)
7. 탐구수업 모형(질문→생각하고 움직이기)
8. 개인적·사회적 책임감 모형(책임감×신체활동)
9. 하나로수업 모형

③ 체육교육과정 모형

1. 체육과 교육과정의 수준 3가지 : ⑴이념적 수준, ⑵문서적 수준, ⑶실천적 수준
2. 체육교육과정 사조(가치정향) - ①내용숙달, ②자아실현, ③사회개혁 사회재건(사회적 책무성), ④학습과정, ⑤생태통합
3. 체육교육과정 사조·원천·모형의 관계 : ⑴사조→원천, ⑵사조→모형, ⑶모형→사조
4. ⁶⁺¹가지 체육교육과정모형
   1) 체력교육
   2) 발달단계 : ⑴발달교육(Thompson&Mann)
                  ⑵사회적 책임감(Hellison)
   3) 움직임분석 : ⑴움직임교육(Laban)
                    ⑵학문중심(Lawson&Placek)
   4) 사회적 책임감[수준0~5]
   5) 스포츠교육(Siedentop)
   6) 개인의미추구(Jewett&Mullan)
   7) 이해중심게임

④ 체육수업방식/교수·학습전략/맥락적합 수업체제 Rink

1. 적극적 수업·상호작용교수·능동적 교수체제
2. 과제식 수업·스테이션교수·과제 교수체제
3. 질문식 수업·인지전략·발문 교수체제 : ①회상형(회고적)·②수렴형(집중적)·③확산형(분산적)·④가치형(가치적)
4. 동료 수업 또래 수업·또래교수·또래 교수체제
5. 협동적 수업·협동학습·소모둠학습 체제(협동학습)
6. 자기지도식 수업·자기교수·자기지도 체제
7. 팀티칭(협력 교수)

② 체육교수스타일(A~K)

1. A(지시형 스타일) T – T – T
2. B(연습형 스타일) T – L – T
3. C(상호학습형 스타일) T – L_d – L_o
4. D(자기점검형 스타일) T – L – L
5. E(포괄형 스타일)   T – L – L
6. 모사중심 교수스타일군(A~E)의 특징
7. F(유도발견형 스타일) T – T_L – T_L
8. G(수렴발견형 스타일) T – L – L_T
9. H(확산발견형 스타일) T – L – L_T
10. I(자기설계형 스타일) T – L – L
11. J(자기주도형 스타일) L – ( ) – L
12. K(자기학습형 스타일) L – L – L
13. A~K 의사결정 이전

※ 시험이 시작되기 전까지 표지를 넘기지 마시오.

2020년 대비 VZONExam(07.20~21) 2회 모의고사

최규훈

체 육

체육교육론2

수험번호 : (   )   성 명 : (   )

| 1차 시험 | 2교시 전공A | 10문항 40점 | 시험 시간 60분 |

○ 문제지 전체 면수가 맞는지 확인하시오.
○ 모든 문항에는 배점이 표시되어 있습니다.

1. 다음은 메츨러(Metzler)의 직접교수 모형에 대한 자료의 일부이다. <작성 방법>에 따라 순서대로 서술하시오. [4점]

[특징]
① (㉠) 수업으로 불리기도 한다.
② 높은 비율의 학습 참여 기회(OTR)를 제공한다.
③ 초기 학습 과제의 진도는 교사가, 이후 연습단계의 학습 진도는 학생이 결정한다.
④ 교사의 의사결정을 따르고, 주도적 참여 형태는 학생이다.
⑤ 학습자는 교사의 지시에 따르며, 교사의 질문에 적극적으로 대답한다.
⑥ 학습자로 하여금 연습과제와 기능연습에 높은 비율로 참여하도록 안내한다.
⑦ 교사는 학습자가 연습하는 것을 관찰하고, 학습자에게 (㉡) 피드백을 제공한다.

<표>
1단계	전시 과제연습
2단계	새로운 과제 제시
3단계	초기 과제연습
4단계	피드백 및 □
5단계	독자적인 연습
6단계	본시 복습

─ <작성 방법> ─
○ 괄호 안의 ㉠에 해당하는 수업의 명칭을 링크(Rink)의 체육 수업방식(교수·학습전략·맥락적합수업체제)에 근거하여 제시할 것.
○ 괄호 안의 ㉡에 해당하는 피드백의 유형 2가지를 <표>에 근거하여 제시할 것.
○ [특징]의 ②~⑥에서 옳지 않은 1가지를 골라 쓰고, 바르게 수정할 것.

2. 다음은 메츨러(Metzler)의 개별화지도 모형에 대한 자료의 일부이다. <작성 방법>에 따라 순서대로 서술하시오. [4점]

(가)
수업 방식으로는 학생들의 적성과 개인차를 존중하며, 개별화지도 모형과 수준별 수업을 실시하였다. 개별화지도 모형을 적용함에 있어서, ㉠학생은 과제를 제시받고 짧은 시간을 소비하여 물체·도구 및 움직임 패턴을 익히도록 수업을 진행하였다.

<표1 : 개별화 지도 모형을 위한 과제>
㉠	• 학생은 공간, 물체, 기구에 친숙해 지기 위해 단순히 치고, 던지고, 받고, 달리고, 뛰고, 쏘는 활동을 한다.
	• 학생은 교사에게 간단한 시범을 보임으로써 과제 제시의 주요 요소를 제대로 □하고 있음을 보여준다(예 : 골프의 올바른 그립, 축구 트래핑, 배드민턴 서브의 바른 자세).
㉡	• 교사는 주요 요소가 포함되어 있는 간단한 점검표를 활용하여 각 학생의 시범을 관찰한다. • 학생이 주요 요소들을 정확히 시범 보이게 되면 독자적인 연습에 들어갈 수 있다.
	• 개별화 지도 모형에서 대부분의 연습 과제는 □ 과제로, 학생은 교사가 수립한 □에 따라 기능을 반드시 숙달해야 한다.
㉢	• 학생은 과제가 숙달될 때까지 연습한다. □은 정확성, 일관성, 시간, 거리, 속도, 획득 점수로 설정될 수 있다.
도전 과제	• □ 과제의 숙달은 분절적이고 정적인 연습 형태에서 나타나기 때문에, 학생들은 단계로 확장하여 보다 복잡한 다음 단계의 과제를 숙달할 필요가 있다. • 학생이 2가지 이상의 기준 과제에서 습득한 기능을 조합하여 연습할 수 있는 리드-업 게임이나 변형게임에 해당된다.
퀴즈	• 일부 내용 영역은 게임의 역사, 규칙, 득점 방법, 전략에 대한 학생의 지식을 발달시키는 것이다. • 개별화 지도 모형에서 학생은 대개 비디오테이프나 CD를 읽거나 봄으로써 그 내용을 학습한다. 학생이 그 자료들을 학습하고 나면, 이미 진술된 수행 기준에 따라 준비된 퀴즈를 통과해야 한다.
게임 또는 시합	• 학생이 단원에서 학습해야 할 모든 과제를 완수하면, 게임이나 시합을 하게 된다. 단원의 내용 모듈을 빨리 끝낸 학생은 게임을 할 수 있는 수업 시간을 더욱 많이 갖게 된다.

(나)
① 학생의 학습 과제는 사전에 계열화된다.
② 학습 진도가 빠른 학생은 교사의 동의 없이 진도를 나갈 수 있다.
③ 학습영역의 우선순위는 심동적·인지적·정의적 영역의 순이다.
④ 교사는 운영 과제 전달 시 미디어 사용을 활용하고, 학습 과제 정보 전달 시간을 줄인다.

<표2 : 개별화지도 모형의 주도성 프로파일>
직접적 ─ 상호작용적 ─ 간접적

내용 선정			
수업 운영			
과제 제시			
참여 형태			
상호작용			
학습 진도			
과제 전개			

─ <작성 방법> ─
○ (가)에서 밑줄 친 또는 네모 안의 ㉠, 네모 안의 ㉡·㉢에 해당하는 과제의 명칭을 각각 제시할 것.
○ (나)의 ①~④에서 옳지 않은 1가지를 골라 바르게 수정할 것.
○ (나)의 <표2>에 근거하여 '학습진도'와 '과제전개'의 수업 주도성 프로파일의 형태를 각각 제시할 것.

3. 다음은 메츨러(Metzler)의 협동학습 모형에 대한 자료의 일부이다. <작성 방법>에 따라 순서대로 서술하시오. [4점]

(가)

협동학습 모형-학습과정에서 협동적 학습을 촉진하는 요인
- 팀원들간의 긍정적인 상호의존
- (㉠)
- 개인의 책무성
- 대인관계와 소집단 인간관계 기술
- 팀반성

〈 협동학습 모형의 3가지 개념 : 슬라빈(R. Slavin) 〉

팀 보상	교사에 의해 제시된 기준에 도달하는 팀에게는 누적 점수, 특혜, 공개적인 인정 또는 점수 등의 보상이 제공된다.
개인 책무성	모든 팀원의 수행이 팀 점수 또는 평가에 포함되기 때문에 모든 학생은 팀의 과제 수행을 위해 노력해야 한다.
학습 성공에 대한 평등한 기회 제공	㉡

(나)
① 모든 팀에게 동일한 학습 과제와 연습 시간을 주며, 팀 점수는 팀원의 개별 점수를 합하여 만든다.
② 각 팀원은 전문가 집단을 구성하여 학습 내용을 익히고 난후 자신의 팀으로 돌아가 다른 팀원을 가르친다.
③ 팀원은 스스로 또는 다른 팀원의 도움을 받으면서 과제를 연습하고, 다른 팀원이 과제 수행 결과를 평가한다.
④ 각 팀에서 1등·2등·3등·4등 점수를 받은 학생은 다른 팀의 같은 등수인 학생의 점수와 비교한다.

(다)
- 교사는 학습자를 몇 개 팀으로 나누고, 각 팀마다 학습 과제를 분배한다(테니스의 경우, A팀은 포핸드스트로크, B팀은 백핸드 스트로크, C팀은 발리, D팀은 서비스).
- 각 팀의 모든 팀원들은 팀에 할당된 과제를 익힌 후, 다른 팀에게 해당 과제를 가르친다.

─── <작성 방법> ───
- 존슨, 존슨과 호루벡(D. Johnson, R. Johnson, & E. Holubec)의 주장에 근거하여, (가)에서 괄호 안의 ㉠에 해당하는 요인을 기술할 것.
- (가)의 ㉡에 근거하여 팀원 선정 기준 2가지를 제시할 것.
- 운동기능이 낮은 학생도 자기 팀을 위해 무엇인가를 공헌할 수 있다는 자신감을 가질 수 있는 교수·학습 전략을 (나)의 ①~④에서 골라 그 명칭과 함께 제시할 것.
- (다)의 내용과 관련된 1가지를 (나)의 ①~④에서 골라 쓰고, 그 교수·학습 전략의 명칭을 함께 제시할 것.

4. 다음은 메츨러(Metzler)의 협동학습 모형에 대한 자료의 일부이다. <작성 방법>에 따라 순서대로 서술하시오. [4점]

(가)
협동학습의 4가지 지도목표(Eileen Hike)는 다음과 같다.
① 학생 사이에 협동적인 협력 학습을 증진하는 것
② 긍정적인 팀 관계를 독려하는 것
③ _____
④ 학업 성취력을 향상시키는 것

이와 같은 목표를 통해 협동 학습은 성취 지향적이며 과정 중심적인 모형이라는 것을 알 수 있다.

〈표 : 협동학습 모형의 주도성 프로파일〉

	직접적	상호작용적	간접적
내용 선정			■
수업 운영	A		B
과제 제시		■	
참여 형태		A	B
상호작용		A	B
학습 진도	A		B
과제 전개	A		B

(나)

평가영역	테니스 서비스		
성취기준	수준		
	상	중	하
동작 연결	세부 동작의 연결이 자연스럽고 리듬감이 있다.	세부 동작의 연결이 자연스러우나 리듬감이 부족하다.	세부 동작의 연결이 자연스럽지 않고 리듬감이 없다.
정확성	서비스 성공률이 70% 이상이다.	서비스 성공률이 30~70%이다.	서비스 성공률이 30% 미만이다.

─── <작성 방법> ───
- (가)에서 밑줄 친 ③을 완성하여 기술할 것.
- (가)의 <표> 중 '참여형태'와 '상호작용'의 'A'에서 교사의 공통된 역할을 기술할 것.
- (나)에서 제시된 평가기법(평가도구)의 명칭을 협동학습 모형에 근거하여 쓰고, 이 평가기법을 주로 활용하는 교수전략의 명칭을 제시할 것.

5. 다음은 모스턴(Mosston)의 상호학습형 스타일(C)과 메츨러(Metzler)의 동료교수 모형에 대한 자료의 일부이다. <작성 방법>에 따라 순서대로 서술하시오. [4점]

(가)
발전 단계 1 (교수 스타일 탐색)
○ 교사, 관찰자, 수행자 역할 설정
○ 학생들 간의 역할 교대, 상호작용 중시
○ 관찰과 수행 과정의 사회화 과정 중시
○ 학습자의 수준에 맞는 과제 활동지 작성 제공

(나)
발전 단계 2 (수업 모형 탐색)
○ 학생 상호 간의 교수·학습 활동 중시
○ 학생은 개인교사, 학습자 역할 수행
○ 개인교사는 관찰, 피드백 제공
○ 상호작용에 의한 사회성 학습

[주도성 프로파일 그래프: 직접적 - 상호작용적 - 간접적]
내용 선정
수업 운영
과제 제시
참여 형태
상호작용 A   B
학습 진도
과제 전개

학생들이 개인교사, 학습자의 역할을 할 수 있도록 2인 1조로 짝을 구성하며, 인원이 짝수가 안 될 때는 3인 1조로 구성한다. 짝을 이룬 학생은 개인 교사와 학습자의 역할을 교대한다.

(다)
① 개인교사는 교사에게 역할 수행을 위한 훈련을 받지 않는다.
② 교사는 개인교사, 학습자 모두와 상호작용을 한다.
③ 학생은 개인교사 역할과 학습자 역할을 번갈아가며 경험한다.
④ 학습 활동의 직접적인 참여 기회가 증가한다.

─── <작성 방법> ───
○ (가)와 (나)의 유사점을 학생의 역할(과제 수행 형태)에 근거하여 기술할 것.
○ (나)의 밑줄 친 부분에 해당하는 수업의 주도성 프로파일 형태를 결정하는 지침을 제시할 것.
○ (다)의 ①~④에서 옳지 않은 3가지를 모두 제시할 것.

6. 다음은 메츨러(Metzler)의 스포츠교육 모형에 대한 자료의 일부이다. <작성 방법>에 따라 순서대로 서술하시오. [4점]

(가)
㉠ 스포츠의 규칙·의례·전통을 이해하고 그 가치를 알 수 있으며, 프로나 아마추어 스포츠를 막론하고 바람직한 수행과 그렇지 못한 수행을 구별할 수 있는 스포츠인
㉡ 게임에 참여할 수 있는 충분한 기술을 가지고 있고, 게임의 난이도에 따라 적절한 전략을 이해하고 실행할 수 있으며, 경기지식이 풍부한 스포츠인
㉢ 어떤 스포츠 문화이든 관계없이 다양한 스포츠 문화를 보존하고 보호하며 증진할 수 있는 방향으로 행동하고 참여하며, 스포츠 집단의 일원으로 지역·국가·국제적 수준의 스포츠 경기에 참여하는 스포츠인

(나)
ⓐ 학생은 시즌을 조직하고 운영하는 의사결정에 참여하게 된다. 학생은 경기의 공정성과 좀 더 나은 경기 참여를 위해 게임 규칙을 수정할 수 있다. 학생들은 경기 시즌에 대한 장·단기 의사결정을 할 수 있다. 경기 일정 동안 팀과 선수들은 지속적인 경기 연습과 준비를 하게 된다.
ⓑ 학생은 전체 시즌 동안 한 팀의 일원으로 수업에 참여하면서 시즌이 끝날 때까지 공동 목표를 위해 함께 일하고, 팀의 의사결정 과정에 참여하고 성공과 실패를 함께 경험하며, 스스로 팀의 정체성을 확립해 나감으로써 수많은 정의적·사회적 발달 목표를 성취하도록 한다.

(다)
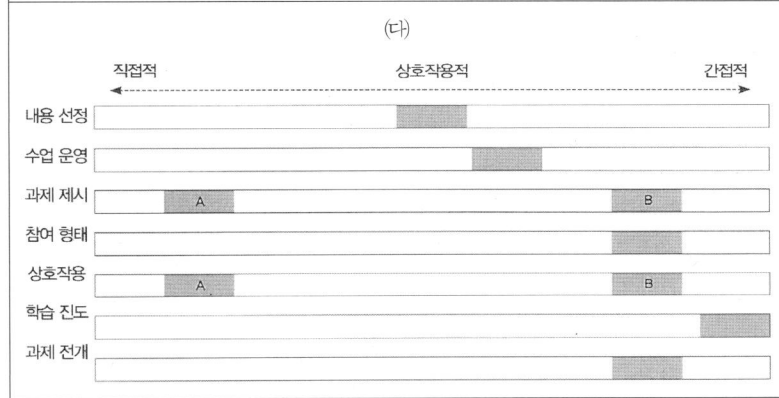

─── <작성 방법> ───
○ (가)의 ㉠·㉡·㉢에 해당하는 목적(스포츠인)을 각각 제시할 것.
○ (나)의 ⓐ·ⓑ에 해당하는 스포츠교육 모형의 특징(특성)을 각각 제시할 것.
○ (다)에서 '과제제시(B)·참여형태·상호작용(B)'에서 활용된 교수·학습 전략 2가지를 제시할 것.

7. 다음은 메츨러(Metzler)의 전술게임 모형에 대한 자료의 일부이다. <작성 방법>에 따라 순서대로 서술하시오. [4점]

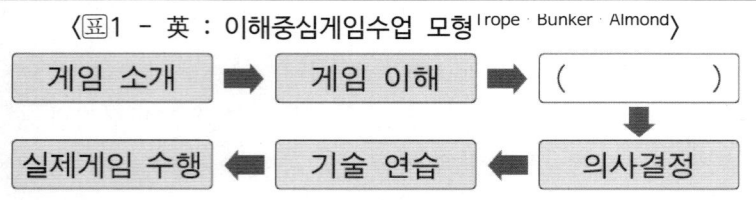
〈표1 - 英 : 이해중심게임수업 모형 Thorpe·Bunker·Almond〉
게임 소개 ➡ 게임 이해 ➡ (　　　　) ➡ 의사결정 ➡ 기술 연습 ➡ 실제게임 수행

① 게임 소개 : 수행될 게임의 분류 및 개관이 포함된다.
② 전술적 지식의 적용 시기와 방법에 대한 인식을 학생에게 가르치기 위해서 게임유사 학습활동을 활용한다.
③ 주요한 전술문제들을 게임 상황에서 제시함으로써 학생의 전술 인지를 발달시킨다.
④ 다시 게임유사 학습활동을 통해서 전술적 지식과 기능 수행을 결합시키기 시작한다.
⑤ 게임의 역사와 전통을 가르쳐 줌으로써 게임에 대한 학생의 흥미를 진작시킨다.
⑥ 실제게임 수행 : 학생은 전술 및 기능 지식의 결합으로 능숙한 수행이 이루어지도록 한다.

〈표2 - 게임분류〉

침범형(영역형)	농구, 하키, 풋볼, 라크로스, 넷볼, 축구, 프리스비
네트형/벽면형	네트형(배드민턴, 피클볼, 탁구, 배구), 벽면형(라켓볼, 스쿼시)
필드형(타격형)	야구, 크리켓, 킥볼, 소프트볼
표적형(타겟형)	크로켓, 당구, 볼링, 골프

──── <작성 방법> ────
○ 이해중심게임 모형(Thorpe·Bunker·Almond)의 6단계에 근거하여, ②~⑤를 순서대로 바르게 나열할 것.
○ <표1>에서 괄호 안에 들어갈 용어를 쓰고, 이에 해당하는 내용을 ②~⑤에서 골라 제시할 것.
○ 2015 체육과 교육과정(2015-74)의 내용체계[표]에 근거하여, <표2>의 4가지 게임 유형에 해당하는 영역을 순서대로 제시할 것(단, 침범형→표적형 순으로 제시함).
○ 전통적인 체육교육접근 방법의 첫 번째 단계에 해당하는 것을 ①~⑥ 중에서 골라 그 단계의 명칭과 함께 제시할 것.

8. 다음은 메츨러(Metzler)의 전술게임 모형에 대한 자료의 일부이다. <작성 방법>에 따라 순서대로 서술하시오. [4점]

① 이 게임의 과제 구조는 '(㉠)'이면서 동시에 '과장' 되어야 한다. 이 게임의 과제 구조는 기술 과제와 정식게임 사이를 직접적으로 연결시키는 가교 역할을 한다.
② 교사는 학생들이 변형게임에서 탁월한 능력을 지속적으로 보일 경우에만 정식게임을 하게 한다. 교사는 변형게임에서 학생들의 지식에 대해 공식적·비공식적인 평가를 할 수 있으며, 평가결과에 따라 정식게임을 과제 구조로 채택할지 여부를 결정한다.
③ 게임형식은 변형게임 또는 정식게임의 맥락에서 일어나는 일반적인 상황에 대한 모의상황으로 볼 수 있다. 교사는 학생들이 전술인지·의사결정·기타 필요한 기술을 연습하고 평가할 수 있도록 각 상황을 합리적으로 대표하는 학습 과제를 구성한다.
④ 학생이 전술적 의사결정을 하는데 필요한 기능을 개발할 수 있도록 많은 기술연습 방식들이 고안될 수 있다. 즉 '개별 연습·2인조 연습·소집단 연습·대집단 연습' 등 다양한 과제 구조들을 활용할 수 있다.

──── <작성 방법> ────
○ 그리핀Griffin·미첼Mitchell·오슬린Oslin이 고안한 전술게임 모형의 4단계에 근거하여, ①~④를 순서대로 바르게 나열할 것.
○ 전술게임 모형의 이론적 배경 2가지를 제시할 것.
○ 괄호 안의 ㉠에 해당하는 용어를 쓰고, 그 개념을 기술할 것.

9. 다음은 모스턴(Mosston)의 유도발견형 스타일(F)과 메츨러(Metzler)의 탐구수업 모형에 대한 자료의 일부이다. <작성 방법>에 따라 순서대로 서술하시오. [4점]

(가)

발전 단계 1 (교수 스타일 탐색)

○ 목표·개념 중심의 논리적·계열적 질문 설계
○ 스스로 답변을 찾게 하는 계열적 질문 제공
○ 교사와 학생의 문답적 상호과정 중시

질문^S - 인지적 불일치^D - (㉠)^M - 정답 발견^R

○ 수용적 분위기 제공

(나)

발전 단계 2 (수업 모형 탐색)

○ 질문자로서의 교사, 문제해결자로서의 학습자
○ 사고력, 문제해결력, 탐구력 증진
○ 다양한 형태의 질문 제공
○ 학생의 창의적 대답을 중시

[표1]

(수업주도성 프로파일: 내용 선정, 수업 운영, 과제 제시, 참여 형태, 상호작용, 학습 진도, 과제 전개 — 직접적/상호작용적/간접적 척도)

(다)

[표2]

탐구 수업 모형	협동 학습 모형	전술 게임 모형
학생 개인의 사고에 의존하는 ⓐ	팀 구조 기반의 ⓐ	상황 중심의 활동

<작성 방법>

○ 괄호 안의 ㉠에 해당하는 용어를 제시할 것.
○ [표1]의 '학습진도'에서 학생의 측면에 해당하는 수업주도성 프로파일의 형태를 쓰고, 그 내용을 기술할 것.
○ [표2]의 ⓐ에 근거하여 탐구수업 모형, 협동학습 모형, 전술게임 모형의 유사점(공통점)을 기술할 것.

---

10. 다음은 메츨러(Metzler)의 개인적·사회적 책임감^{TPSR} 모형과 최의창의 하나로수업 모형에 대한 자료의 일부이다. <작성 방법>에 따라 순서대로 서술하시오. [4점]

(가)

○ 헬리슨(Hellison)은 개인적·사회적 책임감^{TPSR}이라는 수업 모형을 '㉠통합·전이·권한 위임·교사-학생 관계'라는 4가지의 주제로 설명하고 있다.

○ 책임감 수준

① 다른 사람들을 방해하는 시도, 자기 통제 능력 없음
② 자기 목표 설정 가능, 자기 평가 가능, 교사 감독 없이 과제 완수
③ 타인의 요구와 감정을 인정, 거드름 피우지 않고 돕기, 먼저 단정하지 않고 경청하고 대응하기
④ 평화로운 갈등 해결 시도, 타인을 고려하면서 안전하게 참여하기
⑤ 열심히 시도하는 학습(실패하는 것도 좋음), 자기 동기 부여 있음
⑥ **학교 밖에서 훌륭한 역할 본보기 되기, 집에서 개인적 체력 프로그램 실행하기, 지역사회 환경에서 타인 가르치기**

(나)

<그림>

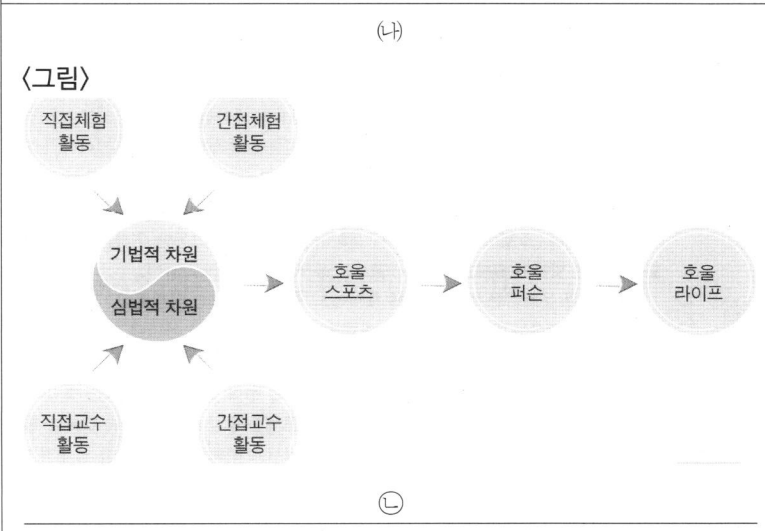

○ 스포츠의 심법적 차원(전통·안목·정신)을 가르친다.
○ 스포츠를 잘 알 수 있도록 한다.
○ 스포츠 문화에로의 입문을 도와준다.

<작성 방법>

○ (가)에서 밑줄 친 ㉠의 의미를 기술할 것.
○ 헬리슨(Hellison)의 책임감 수준에 근거하여, (가)의 ②~⑤를 순서대로 바르게 나열할 것.
○ (나)의 <그림>에 근거하여, ㉡에 해당하는 학습 활동을 쓰고, 이와 관련된 교수·학습의 방향을 2015 체육과 교육과정 (2015-74)에 근거하여 제시할 것.

<수고하셨습니다.>

2020년 대비 VZONExam(07.20~21) 2회 모의고사

체 육

체육사·철학

최규훈

| 1차 시험 | 3교시 전공B | 10문항 40점 | 시험 시간 60분 |

체육사·철학¹ 동·서양 체육사	Ⅰ. 고대 사회의 체육과 스포츠 문화	① 원시 및 고대 사회의 신체 문화 ② 그리스의 체육과 스포츠 문화 ③ 로마의 체육과 스포츠 문화 ④ 고대 중국의 체육과 스포츠 문화
	Ⅱ. 중세 및 근세 초기의 체육과 스포츠 문화	⑤ 중세의 체육과 스포츠 문화 ⑥ 르네상스와 종교개혁의 체육과 스포츠 문화 ⑦ 절대주의 시대의 체육과 스포츠 문화
	Ⅲ. 근·현대의 체육과 스포츠 문화	⑧ 근대 사회의 발전과 신체 문화의 발달 배경 ⑨ 유럽 대륙의 체육과 스포츠 문화 ⑩ 영국의 체육과 스포츠 문화 ⑪ 미국의 체육과 스포츠 문화 ⑫ 중국과 일본의 체육과 스포츠 문화 ⑬ 근대 올림픽
체육사·철학² 한국 체육사	Ⅰ. 선사~광복이후의 체육과 스포츠 문화	⓪ 선사·부족국가시대 ① 삼국시대 ② 고려시대 ③ 조선시대 ④ 개화기 ⑤ 일제강점기 ⑥ 광복이후
	Ⅱ. 현대·국제대회·남북체육	① 현대 체육·스포츠 ② 국제스포츠대회 참가 ③ 남북체육교류
체육사·철학³ 체육철학	Ⅰ. 체육철학 Ⅱ. 스포츠철학試론 Ⅲ. 움직임예술과학의 이해 Ⅳ. 스포츠·체육철학	① 체육원리 및 체육의 개념 ② 체육의 목적과 가치 ③ 놀이·게임론·스포츠론 ④ 체육의 철학적 이해 ⑤ 스포츠의 철학적 이해 ⑥ 스포츠의 존재론 ⑦ 기타
체육사·철학⁴ 스포츠 윤리학	Ⅰ. 스포츠윤리의 기초	① 윤리와 스포츠 ② 스포츠 경쟁의 윤리 ③ 스포츠 윤리 규범
	Ⅱ. 윤리 이론	⓪ 동양사상과 윤리체계 ① 공리주의(결과론) ② 의무주의(의무론) ③ 덕윤리(덕론) ④ 종합
	Ⅲ. 스포츠와 불공정	① 도핑 ② 차별 ③ 폭력
	Ⅳ. 스포츠와 사회·조직윤리	① 스포츠와 환경윤리 ② 스포츠와 동물윤리 ③ 심판의 윤리 ④ 스포츠와 정책윤리 ⑤ 스포츠조직의 윤리경영
	Ⅴ. 스포츠와 학교교육 및 인권	① 스포츠와 도덕·인성교육 ② 학생선수와 인권 ③ 스포츠지도자의 윤리

※ 시험이 시작되기 전까지 표지를 넘기지 마시오.

체 육

체육사·철학

2020년 대비 VZONExam(07.20~21) 2회 모의고사 최규훈

수험번호 : (   )   성 명 : (   )

| 1차 시험 | 3교시 전공B | 10문항 40점 | 시험 시간 60분 |

○ 문제지 전체 면수가 맞는지 확인하시오.
○ 모든 문항에는 배점이 표시되어 있습니다.

1. 다음은 근대 영국의 체육에 대한 자료의 일부이다. <작성 방법>에 따라 순서대로 서술하시오. [4점]

근대 축구(soccer) 탄생의 근간이 된 것은 '(㉠)'이었다. 그 후인 축구 협회(FA)는 1863년 통일된 규칙을 제정하였다.

[어소시에이션 풋볼 클럽 멤버]

[표]

```
            ㉡
   ┌────────┼────────┐
  종교      도덕      정치
강건한기독교도  신사도   제국주의적 충성심
```

진솔, 헌신, 정직	정직	리더십, 복종심
신적인 인간 기질	절제	용맹, 강한 체력
의지력	예의	스파르타적 근성
신체적 탁월성	공명정대	희생
성실, 침착자기신뢰	명예	팀스피리트

─── <작성 방법> ───
○ 괄호 안의 ㉠에 해당하는 용어를 제시할 것.
○ 네모 안의 ㉡에 해당하는 근대 영국의 체육사상을 쓰고, [표]에 근거하여 ㉡이 갖는 체육사적 의의를 1가지만 기술할 것.
○ [표]에서 강건한 기독교도 사상을 수용하여 미국 스포츠의 조직화와 확산에 지대한 영향을 끼친 인물을 제시할 것.

2. 다음은 근대 미국 학교 체육의 발달 과정 및 체육 사상가에 대한 자료의 일부이다. <작성 방법>에 따라 순서대로 서술하시오. [4점]

○ 체육진흥운동을 주도했던 미국 체육진흥협회는 미국체육의 발달에 지대한 영향을 미쳤다. 체육진흥협회 초대회장으로서 체육측정평가 분야의 개척자로 평가받고 있는 인물은 (㉠)이다.

○ 19C 후반 미국체육진흥운동의 선구적인 역할을 수행했던 (㉡)의 체육 가치관은 건강을 중시하는 생물학적 사고(biological thought)를 바탕으로 하고 있었다. 그는 경기적인 스포츠(athletic sports)보다는 신체 단련을 위한 운동에 더 관심을 가졌고, 체육의 과학화와 체계화를 위해 가장 큰 공헌을 한 인물로 평가되며, 체육사범학교의 설립과 운영·교사교육과정의 개발·과학적 측정방법과 기구의 개발 등으로 미국 체육진흥에 견인차 역할을 했다. 의학을 전공한 그는 체육(신체 단련)을 예방의학의 한 분야로 생각하고 과학적인 신체 훈련으로 건강을 유지·증진시키는데 목적을 둔 연구에 몰두한 미국 체육의 개척자였다.

○ 하버드의학교(Harvard Medical School)의 존 와렌 박사(Dr. J. C. Warren)는 1830년대 '체육(Physical Education)'이란 용어를 처음으로 사용하였다. 그러나 19C 후반까지 미국의 체육은 건강을 생각하며, 신체단련에 목적을 둔 것이었다. 근대 신체단련(physical Training)을 강조하던 건강중시 체육 사조가 약화되고, 소위 신체육(new physical education)이 등장하게 된 과정에는 놀이이론, ㉢YMCA, 실용주의 사상의 영향이 컸다.

─── <작성 방법> ───
○ 괄호 안의 ㉠과 ㉡에 해당하는 인명(人名)을 각각 제시할 것.
○ 밑줄 친 ㉢의 귤릭(Gulick)이 미국 체육의 발달에 공헌한 바를 '①스포츠의 조직화' · '②청소년의 건전한 레저활동'에 근거하여 각각 기술할 것.

3. 다음은 고려시대의 체육과 스포츠 문화에 대한 자료의 일부이다. <작성 방법>에 따라 순서대로 서술하시오. [4점]

○ 격구는 페르시아의 폴로(Polo)에서 기원을 둔 것으로 알려져 있다. 폴로란 말은 티베트어의 풀루(pulu)에서 왔다고 한다. 중국 당나라 때 태종은 격구의 운동 방식을 체계화하여 축국(蹴鞠)과 더불어 무예를 익히기 위한 훈련의 한 방법으로 장려하였다고 한다. 격구는 고려 일대를 통하여 크게 유행하였던 가히 국기라 할 만한 유희적인 경기였으며, 말이나 광활한 구장이 필수적이라는 점에서 볼 때 귀족적인 것이었다. 이러한 격구가 한반도에 전해져 ⊙2가지 성격을 띠고 발달하였다.

○ 고려 충목왕 원년(1344) 5월조에 "단오 척석희를 금지하다"라는 기록이 보이며, 『고려사』 우왕(1374~1388)조에는 '단오에 무뢰한들이 큰길에 모여 좌우로 편을 가르고 돌이나 기와를 서로 치고 단봉으로 승부를 결하는데, 이것을 석전이라고 한다.'는 기록이 있다. 고려시대의 석전에 관한 기록은 주로 우왕과 관련하여 집중되는데, 우왕은 신하의 만류를 뿌리치면서까지 석전을 구경할 정도로 관심을 가졌던 것으로 나타난다. 또 이색(1328~1396)의 『목은집(牧隱集)』에 나타나는 단옷날 석전에 관해 옳은 내용에는 "석전의 싸움기세가 강한 바람 일 듯하니 높은 데서 구경해도 가슴이 서늘하군", "바야흐로 조정에서 용사를 구하니 상처투성이의 얼굴이 호한일세." 등과 같은 내용이 있다. 이러한 내용은 고려 석전의 성격을 3가지로 규정 지워준다. 첫째는 국속(國俗)으로서의 석전이다. 석전은 단오나 명절에 행하던 민속놀이의 성격을 지니고 있었다. 둘째는 무(武)로서의 석전이다. 군사훈련의 성격을 지녔다는 것이다. 셋째는 ⓒ_____을 지녔다. 석전의 이러한 성격은 조선시대로 가서 더욱 뚜렷하게 나타나게 된다.

○ (ⓒ)은 단오절 행사에 여성들의 놀이로 인기가 있었다. 두 줄을 붙잡고 온몸을 흔들고 발의 탄력을 이용해 온몸을 마음껏 날려 보내는 놀이이다.

○ 조선후기의 기록인 『동국세시기』에 따르면 "최영 장군이 탐라를 토벌하려 할 때 생겨 나라의 풍속으로 지금에 이르기까지 행하는 것이다."라고 되어 있는 서민의 민속놀이를 (ⓒ)이라고 한다.

─── <작성 방법> ───
○ 밑줄 친 ⊙을 기술할 것.
○ 밑줄 친 ⓒ을 완성할 것.
○ 괄호 안의 ⓒ·ⓒ에 해당하는 놀이의 명칭을 각각 제시할 것.

4. 다음은 조선시대의 체육과 스포츠 문화에 대한 자료의 일부이다. <작성 방법>에 따라 순서대로 서술하시오. [4점]

○ [표1] 무과의 시취과목(경국대전 권4, 병전 시취조)

과목 시별	고시과목		비고
	무예	강서	
초시 (初試)	목전(240步) 철전(80步) 편전(130步) 기사 기창 격구		• 향리의 무과 응시 경우 초시 전 무경칠서의 강독시험에서 조(粗) 이상을 받아야 함 • 목전과 철전은 3일 중 1일 이상 되어야 다음 과목을 치를 수 있음 • 원시와 향시의 정원은 각각 70명, 120명으로 인구비례에 의해 합리적으로 편성함
복시 (覆試)	초시와 동일		• 강서의 고시방법은 임문고강(臨文考講)[채점방법: 통(通)은 7분(分), 약통(略通)은 5분, 조통(粗通)은 3분]
전시 (殿試)	기격구(騎擊毬) 보격구(步擊毬)		• 전시의 과차(科次)는 갑과 3인, 을과 5인, 병과 20인

○ 조선 시대의 중요한 무예서인 (⊙)는 한·중·일 삼국의 140여종의 서적을 참고하여 1790년에 정조의 명에 의해 완성되었다. 이 책은 「무예제보(武藝諸譜)」와 「무예신보(武藝新譜)」를 모체로 하였다.

○ 무예의 다양한 기술이 「임원경제지(林園經濟志)」를 통해서도 소개되었다. 이 책에는 과학적인 (ⓒ) 방법이 상세히 소개되었다.

○ [표2]

종류	내용
사정편사(射亭便射)	사정 간에 열리던 경기
동편사(洞便射)	동네 간에 열리던 경기
장안편사(長安便射)	도성 안의 3개 팀이 벌이던 경기
사랑편사(舍廊便射)	사랑을 중심으로 한 경기
사계편사(射契便射)	계원 사이에 행해지던 경기
한량편사(閑良便射)	사정 간의 편사로, 한량으로 참가가 제한된 경기
한출편사(閑出便射)	사정의 한량과 출신(出身, 무과에 합격한 자) 사이의 경기
삼동편사(三同便射)	당상관급의 퇴직자, 출신, 한량 3계급의 연합경기
남북촌편사(南北村便射)	고종 병자년(1876)에 거행된 남촌과 북촌 간 한량들의 경기
아동편사(兒童便射)	동리 단위로 열리던 16세 미만의 총각들 경기

─── <작성 방법> ───
○ 무예와 강서의 고시 과목을 모두 부과하는 시별의 명칭을 [표1]에 근거하여 제시할 것.
○ 괄호 안의 ⊙에 해당하는 서적의 명칭과 ⓒ에 해당하는 무예의 명칭을 각각 제시할 것.
○ [표2]에서 밑줄 친 사정편사와 동편사를 일컫는 또다른 용어를 순서대로 각각 제시할 것.

5. 다음은 개화기의 체육과 스포츠 문화에 대한 자료의 일부이다. <작성 방법>에 따라 순서대로 서술하시오. [4점]

─────────── (가) ───────────
① 관서체육회(關西體育會)가 결성되어 전조선빙상대회가 개최되었다.
② 최초의 근대 학교인 원산학사에서는 무사 양성을 위한 무예반을 개설했다.
③ 선교사들이 미션 스쿨을 설립하고, 서구의 체조 및 근대 스포츠를 도입하였다.
④ 한국 최초의 여성교육기관인 이화학당이 설립되고, 정규 수업에 체조 수업을 실시하였다.

─────────── (나) ───────────
① 한국 YMCA가 설립되어 서구 스포츠가 본격적으로 도입되었다.
② 한국 최초의 운동회가 화류회(花柳會)라는 이름으로 개최되었다.
③ 우리나라 최초의 근대적인 체육 단체인 대한체육구락부가 결성되었다.
④ 언더우드(H. G. Underwood) 학당이 설립되어 체조가 정식교과목에 편성되었다.
⑤ 개화기에 교육입국조서(教育立國詔書)가 반포되었다.

─────────── (다) ───────────
○ 관립교육기관
 ‣ (㉠) : 조선 정부가 영어교육을 위해서 세운 학교이다.
 ‣ 통변학교
 ‣ 육영공원
○ 민간교육기관
 ‣ 원산학사
 ‣ 흥화학교(1895, 민영환, 서울), 낙영의숙(1895, 사회유지, 서울), 중교의숙(1896, 민영기, 서울)
 ‣ 보성학교(1905, 고려대 전신, 이용익), 대성학교(1907, 안창호), 오산학교(1907, 이승훈)
○ 선교단체 교육기관
 ‣ (㉡) : 알렌(H. N. Allen)에 의해 설립된 학교로 건강 및 보건을 위한 활동을 실시했다.
 ‣ 배재학당, 이화학당, 경신학교(언더우드학당)

─── <작성 방법> ───
○ (가)의 ①~④ 중 가장 먼저 발생한 사건과 가장 늦게 발생한 사건을 각각 골라 그 동그라미 번호의 합을 아라비아 숫자로 제시할 것.
○ (나)의 ①~⑤ 중 가장 먼저 발생한 사건의 연도와 가장 늦게 발생한 사건의 연도를 합하여 아라비아 숫자로 제시할 것.
○ (다)에서 괄호 안의 ㉠ · ㉡에 해당하는 학교명을 각각 제시할 것.

---

6. 다음은 개화기와 일제강점기의 체육단체에 대한 자료의 일부이다. <작성 방법>에 따라 순서대로 서술하시오. [4점]

─────────── (가) ───────────
㉠ 1903년 10월에 발족했으며 1906년 4월 조직 내에 운동부를 결성하였다. 개화기에 결성된 단체 중 가장 왕성한 체육활동을 했던 단체였다. 1906년 6월 흥천사에서 운동회를 개최했는데 1등 상으로 은장 상패를 수여하였다.
㉡ 병식체조의 개척자로서 우리나라 근대체육의 선구자였던 노백린이 병식체조 중심의 학교체육을 비판하며 체육의 올바른 이념 정립과 체육관련 정책의 올바른 개혁을 목표로 설립했다.

─────────── (나) ───────────
• 1903년 '황성기독교청년회'라는 이름으로 창설된 단체이다.
• 외국인 선교사를 주축으로 근대스포츠를 도입, 보급하여 한국 근대스포츠 발전에 많은 영향을 미쳤다.
• 1910년 한일병합 이후에도 스포츠 보급 활동에 기여하였다.
• 1916년 우리나라 최초의 체육관을 개관하여 스포츠 활동의 활기를 도모했다.

─────────── (다) ───────────
㉢ 1920년 7월 13일에 창립되었다. 조선인의 체육을 지도 장려함을 목적으로 삼고, 체육에 관한 조사 연구 및 선전, 체육 도서의 발행, 각종 경기대회의 주최 및 후원, 기타 체육회 사업 등의 활동을 실행하였다. 1948년 9월 3일 대한체육회로 명칭을 변경하였다.
㉣ 1919년 2월 조선에서 체육을 장려하고 회원의 친목을 도모하기 위해 당시 활발하게 스포츠 활동을 하고 있던 경성정구단과 경성야구협회가 중심이 되고 언론기관인 조선신문사의 적극적인 후원에 힘입어 설립되었다. 이 단체는 본회의 목적을 달성하기 위해 정구ㆍ야구, 기타 운동부를 조직하여 활동했는데 이러한 와중에 1925년 경성운동장의 개장을 기념하기 위해 조선에서 최초의 종합경기대회라고 할 수 있는 조선신궁경기대회를 개최하였다.

─── <작성 방법> ───
○ (가)의 ㉠과 ㉡에 해당하는 단체명을 각각 제시할 것.
○ (나)에서 설명하는 단체의 명칭을 쓰고, 이 단체가 한국에서 펼친 교육 및 체육사업의 바탕에 깔려 있는 사상을 제시할 것(단, 복음주의와 연계된 사상임).
○ (다)의 ㉢과 ㉣에 해당하는 단체명을 각각 제시할 것.

7. 다음은 전통철학과 교육철학에 대한 자료의 일부이다. <작성 방법>에 따라 순서대로 서술하시오. [4점]

(가)
- ㉠ 학생의 요구수용을 통한 적극적 참여유도가 교육의 필수 요소라고 강조한다. 체육수업방법은 문제해결 방법·질문식 수업이고, 교사의 역할은 안내자·조력자·동기유발자·유도발견 촉진자 등이다.
- ㉡ 학생들 자신이 선택한 체육 활동 참여를 통해 자아실현 능력을 기르는데 목적을 두고 지도하는 것이 중요하다.

(나)
- ㉢ 학생들에게는 경쟁보다 협동과 자발적 흥미가 중요하며, 과제 수행 시 문제해결 능력을 발달시키는 학습 과정에 초점을 맞추는 것이 중요하다.
- ㉣ 체육 교사는 체력 발달을 위하여 학생들에게 운동을 체계적으로 지도하고 지속적인 훈련을 강조해야 한다.

─── <작성 방법> ───
- (가)의 ㉠·㉡에 해당하는 전통철학의 명칭을 각각 쓰고, 이 철학이 지향하는 휘트니스(fitness)를 각각 제시할 것.
- (나)의 ㉢·㉣에 해당하는 교육철학의 명칭을 각각 쓰고, 이 철학이 지향하는 휘트니스(fitness)를 각각 제시할 것.

---

8. (가)는 '스포츠 현장의 윤리적 갈등과 올바른 선택'이라는 주제로 진행된 체육교사 연수 자료이고, (나)는 최 교사의 주장이다. <작성 방법>에 따라 순서대로 서술하시오. [4점]

(가) 연수 자료

○○주말 리그배 전국 중학교 야구대회 결승전

6회 말, 4 : 3으로 1점을 이기고 있는 상황에서 우리 팀 4번 타자 ○○이가 ㉠빈볼(beanball)*을 맞고 부상을 당했다. 이에 대한 앙갚음으로 우리 팀 코치 선생님은 투수인 내게 상대방 타자에게 똑같이 빈볼을 던지라고 지시하셨다. 만약 내가 빈볼을 던진다면 상대 선수가 부상을 당할 테고, 만약 던지지 않는다면 나는 코치 선생님께 야단을 맞고 우리 팀의 분위기도 저하될 텐데…. 이러한 상황에서 난 어떻게 해야 할까?

*빈볼: 투수가 고의적으로 타자를 겨누어 던지는 투구

(나) 최 교사의 주장

윤리적 갈등 상황에서 중요한 것은 행위자의 (㉡)입니다. 선수가 지닌 (㉡)에 따라 실천 행위는 달라집니다. 그래서 빈볼을 던지는 투수의 의무판단보다는 투수가 지닌 덕성판단에 주목해야 합니다. 따라서 스포츠 현장에서 우리는 선수뿐만 아니라 지도자가 (㉡)를 지닐 수 있도록 교육해야 합니다.

〈참고자료〉

(㉢)은 고대 그리스어로 '경쟁'을 의미한다. 이것은 전쟁이나 싸움 같은 집단 또는 개인 간의 폭력적 상호작용을 제도화된 규칙을 통해 순화시킨 활동이다. 경쟁은 '아름답게 변용된 투쟁'이다. 여기서 중요한 점은 힘을 통해서든 계략을 통해서든 상대를 제압하여 승리를 거두는 일이다. 우리는 스포츠경기에서 경쟁이 과열될 경우에 규칙이 위반되거나 무시되고, 심한 경우에는 물리적 폭력이 행사될 수도 있음을 일상에서 쉽게 경험할 수 있다.

─── <작성 방법> ───
- 밑줄 친 ㉠에 해당하는 스포츠 폭력 유형을 스미스(M. Smith)의 주장에 근거하여 제시할 것.
- 덕 윤리적 입장에 근거하여 괄호 안의 ㉡에 해당하는 용어를 쓰고, 괄호 안의 ㉢에 해당하는 용어를 제시할 것.
- ㉢보다 ㉡이 스포츠에서 더 중시되어야 하는 이유를 포함 관계에 근거하여 기술할 것(단, 괄호 안의 ㉡과 ㉢에 해당하는 용어를 활용하여 기술함).

9. 다음은 공정시합에 대한 견해이다. <작성 방법>에 따라 순서대로 서술하시오. [4점]

(가)
지용이는 학교스포츠클럽 농구팀에 소속되어 다양한 대회에 참여하면서 경기 규칙을 준수하고, 친구들과 서로 협동하고 배려하는 행동을 보여주었다.

(나)
김 교사 : 공정시합은 규칙을 준수하며 경기를 하는 것입니다. 이때의 규칙에는 구성적 규칙(constitutive rules)과 (㉠) 모두가 포함됩니다. 경기의 모든 참가자들이 규칙을 준수하기만 하면 (공평하고 정의로운) 공정은 실현될 것입니다.

최 교사 : 공정의 개념을 규칙의 준수보다 더 포괄적으로 적용할 것을 제안합니다. 스포츠의 경쟁은 규칙의 준수만으로 이루어지지 않습니다. 스포츠만의 독특한 경쟁의 에토스가 만들어지게 됩니다. 예를 들어, 축구에서 상대 선수가 부상으로 쓰러져 있으면 공을 밖으로 걷어내는 행위는 축구의 규칙 체계에 포함되어 있지 않은 (㉡)에 의해 만들어집니다. 이는 경쟁자에 대한 배려를 습관적으로 몸에 익힌 도덕적 능력이라 할 수 있습니다.

─── <작성 방법> ───
○ 지용이가 학교스포츠클럽 활동을 통해 얻은 교육적 가치에 해당하는 학습 영역을 쓰고, 그 하위수준(분류체계)도 함께 제시할 것.
○ 괄호 안의 ㉠에 해당하는 규칙의 명칭을 쓰고, 괄호 안의 ㉡에 해당하는 용어를 제시할 것

10. 다음은 윤리 이론에 대한 자료의 일부이다. <작성 방법>에 따라 순서대로 서술하시오. [4점]

㉠ 스포츠에 참여하는 사람은 승리나 명예와 상관없이 반드시 규칙을 지켜야 합니다. 스포츠가 올바른 경쟁이 되려면 개인의 일시적인 감정이나 팀의 욕심에 이끌리지 않고 모두가 지켜야 할 법칙으로서 페어플레이를 준수해야 합니다.

㉡ A선수는 마라톤 대회에 참가하여 2등으로 달리고 있던 중, 결승선 바로 앞에서 탈진하여 쓰러진 1등 선수를 발견하였다. A선수는 그 선수를 무시하고 1등을 차지할 수 있었지만, 쓰러진 선수를 돕는 것이 스포츠선수로서의 마땅한 행위라고 생각했다. 그래서 넘어진 선수를 부축하여 결승선까지 함께 도착하였으나 최종 성적은 순위권 밖으로 밀려났다.

㉢ 심판은 페널티킥을 선언했다. A 선수는 심판에게 다가가 "상대선수의 발에 걸려 넘어진 것이 아니라 내가 스스로 넘어진 것이니 반칙이 아니다"라고 판정을 번복해 달라고 요청했다. 아무 잘못이 없는 상대에게 피해를 입히는 행위는 도덕적으로 옳지 않다고 판단했기 때문이다.

㉣ 프로야구 A 선수는 매 경기마다 더위에 고생하고 있는 어린 볼보이들을 위해 시원한 음료를 제공했다. A 선수의 행위는 유덕한 품성으로부터 나온 선한 행동으로 볼 수 있다. 스포츠윤리에서 중요한 것은 도덕적 원리가 아니라 행위자의 내면적 품성과 도덕적 행위의 실천이다.

<사례>
어릴 적부터 함께 운동하며 동고동락한 절친한 선배가 최근 타율이 점점 떨어져 2군으로 밀려날 상황에 놓여 있다. 오늘 투수로 등판 예정인 나에게 선배가 연락을 했다. 오늘 의도적으로 쉬운 볼을 던져 자신이 안타를 칠 수 있도록 한번만 도와달라고 한다. 어렵게 올라온 1군 무대에서 계속 기회를 잡을 수 있도록 도와달라고 사정한다. 거기다 최근 생활고에도 시달리고 있다고 한다.

─── <작성 방법> ───
○ ㉠~㉣에 해당하는 윤리 이론의 명칭을 각각 제시할 것.
○ <사례>의 투수가 처한 윤리적 입장의 난점을 기술할 것.
○ ㉣의 사례와 유사한 동양사상을 제시할 것.

<수고하셨습니다.>

2020년 대비 VZONExam(07.28~29) 3회 모의고사

최규훈

체 육

체육교육론3

| 1차 시험 | 2교시 전공A | 10문항 40점 | 시험 시간 60분 |

	⓪ 체육과 교육과정의 역사
	① 2009 초·중등교육과정 총론
Ⅳ. 체육교육과정	② 2009 체육과 교육과정
	③ 2015 초·중등교육과정 총론 (2015-80)
	④ 2015 체육과 교육과정 (2015-74)

⑤ 체육교육과정의 이해

15. 교육과정 구성을 위한 일반적인 원리 5가지

16. 체육과 교육과정의 개념과 유형 : (1)사고·이념, (2)문서, (3)실천, (4)표면^{의도된} 결과, (5)잠재^{의도되지 않은} 결과

17. 체육과 교육과정 개발의 수준 : (1)국가수준, (2)지역수준, (3)학교수준, (4)교사수준(교실교육과정) 2018

18. 교사수준의 체육과 교육과정 개발과 운영 : ①연간지도계획서, ②단원계획안, ③교수·학습과정안 2018, ④수업자료(과제활동지·학생설문조사)

19. 체육교육과정에서의 쟁점들

 1) 통합교육과정 → 전인적 발달을 위한 통합적 교수·학습 2015

  (1) 통합적 접근 : 방법(교과내·교과간), 전략(Fogarty3·일반4), 방식(접속형·공유형 2019·동업형)

  (2) 포가티 Fogarty 통합모형 방식 10 中 접속형·공유형 2019·동업 통합형

  (3) 통합적 성격을 띤 체육교육과정 모형 : ①이해중심게임 모형(기능과 지식), ②개념 학문중심 모형(기능과 지식), ③사회적 책임감 모형(기능과 태도), ④스포츠교육 모형(기능과 지식과 태도)

  (4) 통합적 체육수업 : 하나로수업 모형 - 직접체험(게임)·간접체험(문화)

 2) 수준별 체육수업 수준별교육과정 → 학습자 특성을 고려한 수준별 수업 2015

  (1) 개인차를 고려한 체육수업

  (2) 포괄형 스타일(E)

 3) 선택 중심 교육과정

 19-1. 교육과정 개선의 관점 (1) 관점 : ①기능적 관점, ②생태적 관점, ③문화적 관점

    (2) 전략 : ①하향식 전략, ②상향식 전략, ③하향식과 상향식의 조화

※ 시험이 시작되기 전까지 표지를 넘기지 마시오.

2020년 대비 VZONExam(07.28~29) 3회 모의고사

최규훈

체 육

체육교육론3

수험번호 : (   )   성 명 : (   )

| 1차 시험 | **2교시 전공A** | 10문항 40점 | 시험 시간 60분 |

○ 문제지 전체 면수가 맞는지 확인하시오.
○ 모든 문항에는 배점이 표시되어 있습니다.

---

1. 다음은 체육교육과정 개념의 다의성이다. <작성 방법>에 따라 순서대로 서술하시오. [4점]

오늘은 내가 설정한 ㉠인지적 영역과 ㉡심동적 영역의 학습 목표가 제대로 달성되어 기분이 좋았다. 그런데 경기 감상 태도와 같은 ㉢정의적 영역의 학습 목표는 제대로 달성되지 못한 것 같다. 또한, ⓐ간이 게임 중에는 생각지도 않게 일부 학생들이 속임수를 이용한 반칙, 심판에 대한 항의와 같은 비신사적인 행동을 많이 해서 걱정스러웠다.

[표]

관점	특징
	· 체육에 대한 철학적 관점 · 체육의 성격, 목적 등 체육과 관련된 사고와 이념
	· 학생이 배워야할 체육 목표, 내용, 방법, 평가를 제시한 문서 · 국가 수준의 체육교육과정, 체육교육과정 해설서, 교과서, 지도서 등
	· 학교에서 실제로 일어나는 체육 관련 교과 활동 · 문서와 관계없이 교사가 실제로 가르치는 것
	· 학생이 교수·학습에 참여한 결과로 나온 성과 · 학생의 수준에서 경험된 것과 성취된 것
	· 의도하지 않았지만 체육에서 가르쳐진 교육 내용 · 바람직하지 못한 교육과정 요소에 대한 대책 필요

─── <작성 방법> ───
○ 밑줄 친 ㉠·㉡·㉢ 모두를 강조하는 체육교육과정 모형의 명칭을 쓰고, 이 모형에서 밑줄 친 ⓐ에 해당하는 개념틀의 측면을 제시할 것.
○ [표]에 근거하여, 밑줄 친 ⓐ의 결과와 관계있는 교육과정의 명칭을 쓰고, 그 개념을 기술할 것.

---

2. 다음은 체육과 교육과정 개발의 수준에 대한 자료의 일부이다. <작성 방법>에 따라 순서대로 서술하시오. [4점]

<표 1> 제 7차 체육과 교육과정 내용 체계

8학년	
영역	지도 내용
체조	뜀틀 운동 또는 평균대 운동 외 선택
육상	이어달리기, 높이뛰기 외 선택
수영	배영 외 선택
개인 및 단체 운동	농구, 배드민턴, 씨름 외 선택
무용	한국의 민속 무용 외 선택
보건	소비자 보건
체력 운동	근력 및 근 지구력 운동, 심폐 지구력 운동, 유연성 운동 등의 개념 이해와 적용
이론	체육의 발달

<표 2> 체육과 교육과정 계획서

8학년 지도 내용	
1학기	2학기
· 농구 · 뜀틀 운동 · 높이뛰기 · ㉮인라인스케이트 · 배영 · 체육의 발달	· 이어달리기 · 강강술래 · 체력 운동 · 배드민턴 · 씨름 · 소비자 보건

─── <작성 방법> ───
○ <표1>과 <표2>에 해당하는 교육과정 개발의 수준을 각각 제시할 것.
○ 1.[표]에 근거하여, 제 7차 체육과 교육과정이 내포하고 있는 한계점을 기술할 것.
○ 밑줄 친 ㉮가 2015체육과교육과정(2015-74)의 중학교 1~3학년 신체활동 예시에 없음에도 불구하고 학교 현장에서 수업이 가능한 이유를 기술할 것(단, 신체활동은 교육과정의 목적에 근거하여 선택하고, 단위 학교의 교과 협의회를 통해 결정함).

3. 다음은 교사수준의 체육과 교육과정에 대한 자료의 일부이다. <작성 방법>에 따라 순서대로 서술하시오. [4점]

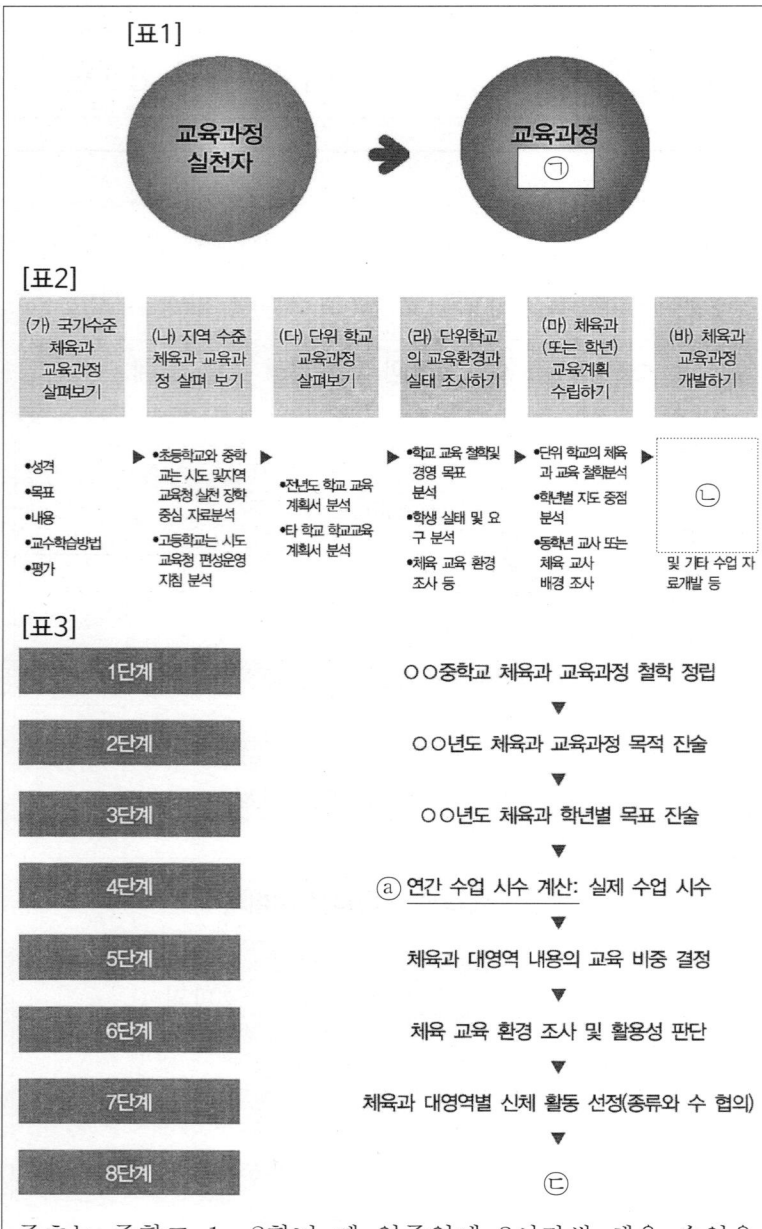

준호는 중학교 1·2학년 때 일주일에 3시간씩 체육 수업을 하였다.

― <작성 방법> ―
○ 네모 안의 ㉠에 해당하는 용어를 쓰고, 밑줄 친 ㉡과 ㉢에 공통적으로 들어갈 교육과정문서를 제시할 것.
○ 준호의 중학교 3학년 밑줄 친 ⓐ를 교과와 창의적 체험활동으로 구분하여 각각 순서대로 제시할 것.

4. 다음은 체육교육과정에서 통합교육과정에 대한 자료의 일부이다. <작성 방법>에 따라 순서대로 서술하시오. [4점]

(가)
김 교사 : 이번 핸드볼 활동에서는 경기 기능에 과학적 원리를 적용하고 사회적 자질을 가르치고 싶습니다.
송 교사 : 기존의 체육교육과정 모형이나 수업 모형의 통합 방식을 참고하면 좋을 것 같습니다. ㉠운동과 관련된 개념과 원리를 발견하고 실천하는 능력을 가르치는 방식이 있습니다. 예를 들어 체육 교사가 핸드볼 슛을 가르칠 때 회전능률의 개념을 함께 가르치는 방법이죠.
또한 ㉡경기와 관련된 전술을 기능과 함께 가르치는 방식도 있습니다.
김 교사 : 사회적 자질은 어떤 방법으로 가르칠 수 있죠?
송 교사 : ㉢핸드볼 경기 후 그룹 토의를 하며 경기에서 느낀 점을 발표하고 책임감을 갖도록 하는 방식을 활용할 수 있겠죠.

(나)
○ ㉣높이뛰기 과제를 제시하기 위해 높이뛰기 동작에 대하여 시범을 보인 후 관련된 운동역학적 지식을 활용하여 설명함.
○ ㉤박 교사는 과학교사와 관성의 법칙에 대한 개념을 지도하기로 사전 합의하였고, 체육 시간에 학생들이 이 내용을 배웠는지 확인한다. 그 후 수업 내용을 상기시키며, 배턴터치 구간에서 관성의 법칙을 어떻게 적용해야 하는지 설명하고 시범을 보인다.

― <작성 방법> ―
○ (가)에서 밑줄 친 ㉠·㉡·㉢에 해당하는 통합적 성격을 띤 체육교육과정 모형의 명칭을 각각 쓰고, 이에 해당하는 통합 방법의 명칭을 제시할 것.
○ (나)의 ㉣에 해당하는 통합 방법과 통합 전략을 각각 쓰고, ㉤에 해당하는 통합 방법을 제시할 것.

5. 다음의 (가)는 체조 단원에서 활용할 수 있는 수업 내용의 설계 방식, (나)는 박 교사가 농구 수업에서 체육관을 4개의 스테이션(station)으로 구분하여 모스톤(Mosston)의 티칭 스타일을 활용한 모습, (다)는 학습자 특성을 고려한 수준별 수업이다. <작성 방법>에 따라 순서대로 서술하시오. [4점]

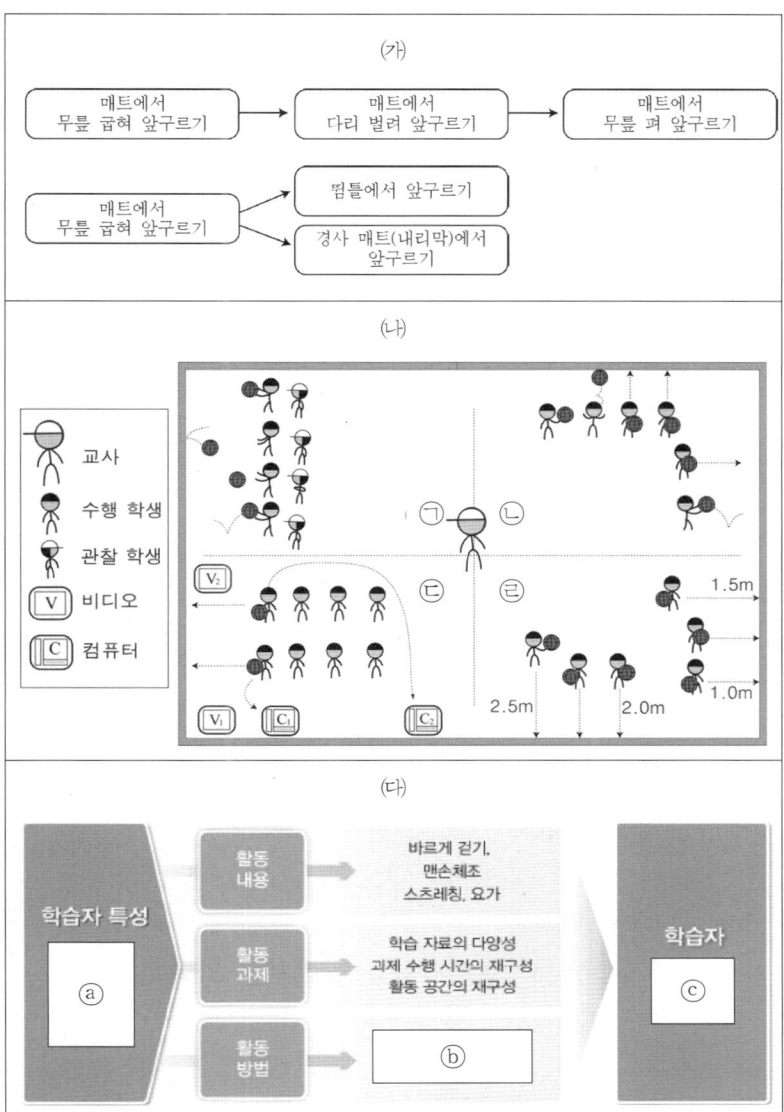

― <작성 방법> ―
○ (가)의 사례에 해당하는 모스톤(Mosston)의 티칭 스타일을 (나)의 ㉠~㉣에서 골라 그 명칭과 함께 제시할 것(밑줄 친 부분을 Ⓐ라고 함).
○ (가)·(나)의 사례에 맞는 학습자 특성을 (다)의 ⓐ에 근거하여 제시할 것.
○ Ⓐ에 해당하는 링크(Rink)의 체육수업방식(교수·학습 전략)을 (다)의 ⓑ에 근거하여 제시할 것.
○ 학생들 스스로 과제를 선택하게 하는 것의 장점(효과)을 (다)의 ⓒ에 근거하여 제시할 것.

6. 다음은 2015체육과교육과정(2015-74)의 체육과의 성격에 대한 자료의 일부이다. <작성 방법>에 따라 순서대로 서술하시오. [4점]

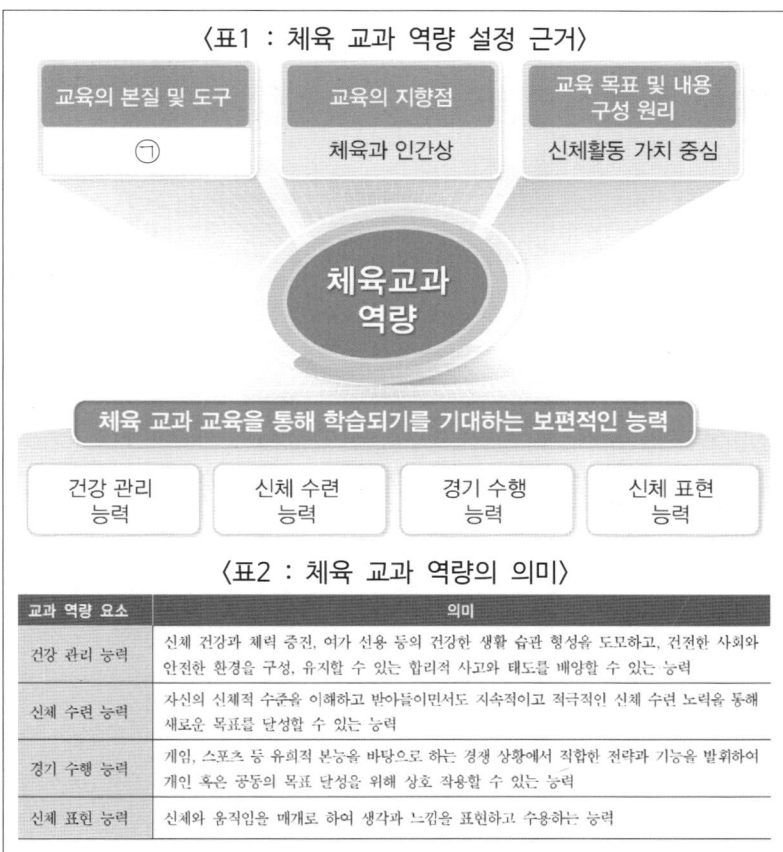

― <작성 방법> ―
○ 괄호 안의 ㉠에 해당하는 용어를 제시할 것.
○ '경기 수행 능력'에 해당하는 심동적 영역(Harlow)의 하위수준과 움직임 기능(Metzler)을 각각 제시할 것.
○ '신체 표현 능력'에 해당하는 심동적 영역(Harlow)의 하위수준과 움직임 기능(Metzler)을 각각 제시할 것.

7. 다음은 2015체육과교육과정(2015-74)의 내용체계 및 성취기준에 대한 자료의 일부이다. <작성 방법>에 따라 순서대로 서술하시오. [4점]

[표1 : 내용체계]

[표2 : 성취기준의 코드 부여]

[건강과 체력 평가]
[9체01-01] 건강과 신체활동(신체 자세, 규칙적인 운동 등)의 관계를 이해하고, 건강 증진을 위한 신체활동을 계획적으로 실천한다.
[9체01-02] 체력의 개념을 이해하고, 다양한 측정 방법을 적용하여 체력을 측정하고 분석한다.
[9체01-03] 청소년기의 신체적, 정신적 변화(2차 성징, 성 의식, 성 역할 등)를 이해하고, 자신의 신체적 특성을 가치 있게 여긴다.

[건강과 체력 관리]
[9체01-04] 건강과 생활 환경(감염성·비감염성 질환, 기호품 및 약물의 오·남용, 영양 등)의 관계를 이해하고, 건강한 생활 습관을 실천한다.
[9체01-05] 체력 증진의 과학적 원리, 운동 내용, 관리 방법을 이해하고 자신에게 적합한 체력 증진 프로그램을 계획하고 습관화한다.
[9체01-06] 건강과 체력 증진을 위한 올바른 생활 습관을 유지하고, 건강한 생활에 부정적인 영향을 미치는 행동을 삼간다.

[여가와 운동처방]
[9체01-07] 여가의 개념과 실천 방법을 이해하고, 다양한 여가 활동 참여 방법을 계획하고 실천한다.
[9체01-08] 운동처방의 개념, 절차, 방법, 원리 등을 설명하고, 자신에게 적합한 운동처방 프로그램을 계획하고 적용한다.
[9체01-09] 신체적 여가 활동과 운동처방을 위한 전 과정(계획, 실행, 평가 등)을 스스로 선택하고 실천한다.

[표3 : 중학교 1~3학년 신체활동예시]

영역		신체활동 예시
건강	(가)	심폐지구력, 순발력, 유연성, 근력 및 근지구력 향상을 위한 건강 체력 측정 운동, 성폭력 예방 및 대처 활동 등
	(나)	건강 체조, 웨이트 트레이닝, 인터벌 트레이닝, 서킷 트레이닝 등의 건강 체력 증진 운동, 위생 및 질병 예방 활동, 올바른 영양 섭취 및 식습관 개선 활동, 약물 및 기호품의 올바른 사용법 등
	(다)	체력 요소별 운동처방의 계획과 여가 활동(단축마라톤, 파워워킹, 트레킹, 사이클링, 수영, 요가, 래프팅, 스키, 스노보드 등)
도전	(가) 동작 도전	마루운동, 도마운동, 평균대운동, 철봉운동, 다이빙 등
	(나) 기록 도전	트랙경기, 필드경기, 경영, 스피드스케이팅, 알파인스키, 사격, 궁도, 볼링, 다트, 스포츠스태킹 등
	(다) 투기 도전	태권도, 택견, 씨름, 레슬링, 유도, 검도 등
경쟁	(가) 영역형 경쟁	축구, 농구, 핸드볼, 럭비, 풋살, 넷볼, 츄크볼, 플로어볼, 얼티미트 등
	(나) 필드형 경쟁	야구, 소프트볼, 티볼, 킨볼 등
	(다) 네트형 경쟁	배구, 배드민턴, 탁구, 테니스, 정구, 족구 등
표현	(가) 스포츠 표현	창작체조, 리듬체조, 음악줄넘기, 피겨스케이팅, 싱크로나이즈드스위밍, 치어리딩 등
	(나) 전통 표현	우리나라의 전통무용, 외국의 전통무용 등
	(다) 현대 표현	현대무용, 댄스스포츠, 라인댄스, 재즈댄스, 힙합댄스 등
안전	(가)	스포츠 유형별 연습과 경기에서의 손상 예방 및 대처 활동
	(나)	스포츠 생활에서 발생하는 폭력 및 안전사고, 스포츠 시설 및 장비 사용 시 사고 예방 및 대처 활동
	(다)	야외 및 계절 등의 여가 스포츠 활동 시 사고 예방 및 대처 활동(RICE, 심폐소생술)

<작성 방법>

○ 트로페(R. Thorpe), 벙커(D. Bunker), 알몬드(L. Almond)가 고안한 이해 중심 게임 수업 모형의 6단계에 근거하여, [표1]·[표3]의 '도전'과 '경쟁' 영역에 해당하는 단계의 명칭과 그 수업 과정을 각각 제시할 것.
○ [표1]에 근거하여 [표2]가 진술된 형태를 기술할 것.
○ [표3]의 빈 칸에 들어갈 영역을 위에서 아래 순서대로 제시할 것.

8. 다음은 2015체육과교육과정(2015-74)의 교수·학습의 방향에 대한 자료의 일부이다. <작성 방법>에 따라 순서대로 서술하시오. [4점]

(가)

영역형 경쟁 단원(축구)

(나)
김 교사 : 축구 수업에서 체육 수업 모형을 하나 선택해서 적용해 보려 합니다. 선생님들의 생각은 어떠세요?

박 교사 : 뭘 그렇게 복잡하게 가르치려 해요. 축구 수업을 하는 순서는 대개 정해져 있어요. 드리블, 패스, 슛 등과 같은 기초 기능을 순서대로 가르치고, 학생들의 기능 수준이 어느 정도 되면 경기하는 식으로 수업을 전개하면 돼요. 그리고 한 차시 수업에서는 시범을 정확하게 보이고, 학생들을 연습시키면 돼요. 저는 이를 다른 수업에도 적용하고 있어요. 선생님도 이런 방식으로 수업해 보세요. 몇 번 가르치다 보면, '아! 이렇게 가르치면 어떤 종목에도 적용할 수 있겠구나!' 하는 자신만의 노하우가 생길 거예요.

정 교사 : 저는 교수 전략만 잘 세우면 된다고 봐요. 한 차시 수업은 발문이나 과제 제시, 과제 연습과 피드백, 학습자 관리, 평가 등으로 구성되는데, 교수 전략은 각각의 수업 활동에서 교사와 학생이 수행해야 하는 역할을 명확히 해 줘요. 단원의 계획보다는 한 차시 수업에서 상황에 맞는 교수 전략들을 그때그때 사용해도 수업 목표를 달성할 수 있어요.

… (하략) …

──── <작성 방법> ────
○ (가)의 ㉠~㉣에 해당하는 내용요소를 각각 쓰고, 이와 관련된 교수·학습의 방향을 제시할 것.
○ (나)의 내용에 해당하는 교수·학습의 방향을 제시할 것.

9. 다음은 체육교사들이 수업에 대해 나눈 대화 내용이다. <작성 방법>에 따라 순서대로 서술하시오. [4점]

(가) 김 교사와 박 교사의 대화 내용
박 교사 : 그러면, 김 선생님, 제가 영역형 경쟁 활동 지도 계획서를 작성해 보았는데요, 학생들의 학업 성취를 높이기 위해 포괄형 스타일을 우선 적용해 보는 것은 어떻게 생각하십니까?
김 교사 : 포괄형 스타일은 학생들이 ㉠_____으로 해 볼 수 있기 때문에 학생들 모두에게 평등한 학습 기회를 부여한다는 측면에서도 의미가 있다고 생각합니다.

(나) 홍 교사와 정 교사의 대화 내용
홍 교사1 : 그동안 저의 체육 수업은 학생들의 다양한 특성을 제대로 반영하지 못한 것 같습니다. 나름대로 학생들의 특성을 고려하여 수업을 하려고 했지만 모든 학생들에게 고른 기회를 주지는 못한 것 같습니다.
정 교사1 : 학생들이 학습 유형을 선택하여 연습을 하도록 하면 어때요? 다양한 ㉡학습 스테이션을 활용해서요.
홍 교사2 : 좋은 생각입니다. 제가 다음 주부터 배구 수업을 하려고 하는데요. 학생들의 학습 유형을 어떻게 알아볼 수 있을까요?
정 교사2 : 학생들에게 배구를 배웠던 경험과 선호하는 학습 방식에 대해 사전에 설문 조사를 해 보는 것은 어떨까요?

──── <작성 방법> ────
○ 홍 교사1과 정 교사2의 대화에서 나타난 교수·학습 방법의 의미를 포함하는 '교수·학습의 계획'의 하위 수준을 각각 제시할 것.
○ 밑줄 친 ㉠을 포괄형 스타일의 과제 설계 방식에 근거하여 완성할 것.
○ 링크(Rink)의 체육수업방식(교수·학습전략)에 근거하여 밑줄 친 ㉡의 개념 및 특징을 기술할 것.

10. 다음은 2015체육과교육과정(2015-74)이다. <작성 방법>에 따라 순서대로 서술하시오. [4점]

(가) 교육과정과의 연계성
- 평가는 교육과정과 연계되어야 한다. 즉, 국가 및 지역 수준의 체육과 교육과정에서 추구하는 목적과 목표를 파악하고, 이를 근거로 단위 학교의 체육과 교육과정을 계획·실천하여 의도한 교육적 효과가 어느 정도 성취되었는지 평가하는 일련의 과정이 연계성 있게 진행되어야 한다.
- 평가는 수업 목표 및 교수·학습 활동과 일관되어야 한다. 즉, ㉠수업 목표 달성을 위해 지도된 교수·학습 활동과 평가 내용이 서로 다르지 않도록 일관성을 유지하여야 한다.

(나) 평가 내용의 균형성
- 평가는 교육과정에 제시된 건강·도전·경쟁·표현·안전의 전 영역을 대상으로 균형 있게 실시하여야 한다. 즉, 5개 영역의 평가 비중은 단위 학교의 실정에 따라 차이는 있을 수 있으나, 특정 영역에 치우쳐 지나친 평가 비중을 두거나 축소되는 일이 없도록 유의한다.
- 건강·도전·경쟁·표현·안전의 각 영역별 내용요소의 평가 비중을 달리하여 실시할 수 있다. 즉, 5대 영역의 각 내용요소의 평가는 성취기준에 따라 균형 있게 평가하되 그 비중은 (㉡)을 거쳐 달리할 수 있다.

(다) 평가 방법과 평가 도구의 다양성
- 평가는 ⓐ학습의 결과뿐만 아니라 학습의 과정을 포함하여 실시한다.
- 단편적 기능 또는 일회성 기록 측정 위주의 평가를 지양하고, 수업 목표와 교수·학습 내용에 따라 다양한 평가 요소를 제시하고 충분한 시간을 확보하여 평가한다.
- 평가의 타당도와 신뢰도를 높이기 위해 평가 목표와 내용, 방법이 밀접하게 관련되도록 점검하고, 다양한 유형의 방법을 활용하여 평가한다.
- 양적 평가와 ⓑ질적 평가를 병행하고, 실제성과 종합성이 확보되고 핵심역량의 성취 정도를 파악할 수 있는 평가를 비중 있게 실시한다.
- ㉢교사에 의한 평가뿐만 아니라, ⓒ상호 평가·ⓓ자기 평가 등 ㉣학생이 주체가 된 평가를 병행하여 실시할 수 있다.

<작성 방법>
- 밑줄 친 ㉠을 위해 교사가 평가 계획 시 작성해야 할 양식의 명칭을 제시할 것.
- 괄호 안의 ㉡에 해당하는 회의를 2가지만 제시할 것.
- 밑줄 ㉢과 비교하여 밑줄 친 ㉣의 장점과 단점을 각각 기술할 것(단, 평가검사도구의 양호도에 근거함).
- 밑줄 친 ⓐ·ⓑ를 평가할 경우, 이에 적합한 평가 방법을 ⓒ·ⓓ에서 골라 바르게 연결하여 제시할 것[단, 모스턴(Mosston)의 모사 중심 교수스타일군에 근거함].

2020년 대비 VZONExam(07.27~28) 3회 모의고사

체 육

최규훈

운동역학

| 1차 시험 | 3교시 전공B | 10문항 40점 | 시험 시간 60분 |

Ⅰ. 운동역학의 개요		⓪ 운동역학의 기초지식	운동역학¹
		① 운동의 형태	
Ⅱ. 정역학		② 인체의 중심	
		③ 부력	
		④ 자세와 안정	
Ⅲ. 동역학	1) 운동학적 분석	⑤ 직선운동의 운동학적 분석	
		⑥ 곡선운동의 운동학적 분석	
		⑦ 각운동의 운동학적 분석	
	2) 운동역학적 분석	⑧ 선운동의 운동역학적 분석	운동역학²
		⑨ 각운동의 운동역학적 분석	
Ⅳ. 운동역학적 지식의 현장 적용		⑩ 걷기와 달리기	운동역학³
		⑪ 뜀뛰기	
		⑫ 던지기, 치기, 차기	
		⑬ 밀기, 당기기, 들어올리기, 옮기기	

※ 시험이 시작되기 전까지 표지를 넘기지 마시오.

1. 다음은 걷기와 달리기 시 발목관절복합체(ankle joint complex)에서 발생하는 동작에 대한 설명이다. 괄호 안의 ㉠·㉡·㉢·㉣에 해당하는 용어를 각각 순서대로 제시하시오. [4점]

(가)

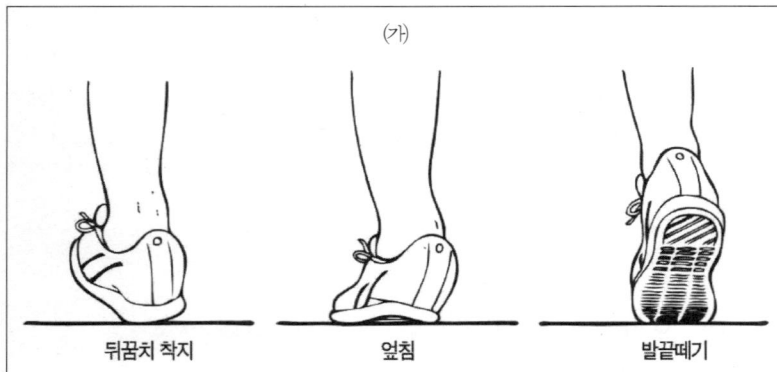

뒤꿈치 착지   엎침   발끝떼기

걷거나 달리는 동안에 발과 발목은 순차적으로 반복되는 움직임을 겪게 된다.
◦ 발꿈치가 지면에 접촉할 때 발의 뒷부분은 약간 역전된다. 발이 앞쪽으로 구르고 앞발이 지면에 접촉할 때 (㉣)이 일어난다.
(㉠)은 발의 안쪽뒤집기·(㉣)·모음의 결합으로 알려져 있다.
◦ 체중을 지지하며 서있는 동안에는 발이 가쪽뒤집기·벌림·(㉢)되는 경향이 있다. 이 움직임의 결합은 (㉡)으로 알려져 있다.
◦ (㉠)은 보행 동안 힘이 유지되는 시간간격의 증가에 의한 지면반발력의 크기를 감소시키는 역할을 한다.

(나)
• (㉠) 동작을 통해 지면을 차고 나갈 때 발이 고정된 지레 역할을 수행한다.
• (㉢) 동작을 통해 발목관절의 안정성을 높인다.

2. 다음은 운동역학의 기본 개념에 대하여 예비 체육교사들이 나눈 대화이다. 잘못 설명하고 있는 두 사람을 찾아 쓰고, 잘못된 내용을 바르게 수정하여 기술하시오. [4점]

두현 : 철봉 대차돌기는 복합운동 형태입니다. 복합운동은 병진운동 및 회전운동이 결합된 복합적 운동으로서 신체 운동의 대부분이 이에 해당됩니다.
보국 : 선운동(병진운동)에는 직선운동과 곡선운동이 있습니다.
현빈 : 대부분의 인간 움직임은 각운동과 선운동 요소가 결합되어 나타납니다.
…(중략)…
봉주 : 인체의 무게중심은 회전력의 합이 '0'인 지점입니다.
혁민 : 무게중심은 인체 내부에도 외부에도 위치할 수 있습니다.
강민 : 무게중심의 위치는 안정성에 영향을 줄 수 있습니다.
기현 : 무게중심의 위치는 변하지 않습니다.
…(중략)…
대현 : 골프의 속력(speed), 비거리(distance), 위치에너지(potential energy)는 스칼라(scalar)입니다.
덕진 : 골프클럽의 가속도(acceleration)는 벡터(vector)입니다.

3. 다음은 야구 배트 스윙과 야구공의 비행에 대한 예비 체육교사들의 대화 내용이다. 잘못 설명하고 있는 두 사람을 찾아 쓰고, 잘못된 내용을 바르게 수정하여 기술하시오. [4점]

동욱 : 야구 배트 스윙 시 파워를 증가시키려면 어떻게 해야 하나요?
상협 : 백스윙에서 임팩트까지의 스윙구간을 두 부분으로 나눌 수 있습니다. 초기에 회전속도를 증가시키고 임팩트 순간에 가까워질 때 팔을 펴고 스윙하여 직선 속도를 증가시킵니다.
승균 : 네, 맞아요. 백스윙에서 임팩트까지의 스윙구간 중 초기에 관성모멘트를 최대한 줄여 배트의 직선속도를 증가시킨다고 생각하면 되어요.
요한 : 파워를 증가시키기 위한 방법으로 근력운동은 편심성(eccentric) 수축과 동심성(concentric) 수축을 활용하면 좋습니다.
유영 : 맞습니다. 요한님이 이야기한 근력운동은 신장-수축 사이클(SSC : stretch-shorten cycle)의 스윙메커니즘에 영향을 주고 스윙속도 증가에도 영향을 미칩니다.
의진 : 배트 스윙 속도 및 배트 끝의 속도를 동일하게 유지할 수 있다면 무거운 배트를 사용하여 파워를 증가시킬 수 있습니다.
인태 : 배트에 맞은 야구공은 포물선 운동으로 진행된다고 볼 수 있나요?
재순 : 네 맞아요. 공중에서 공기저항을 무시하면, 야구공의 속력은 항상 일정합니다.
재영 : 야구공의 수평가속도는 0m/s²이고, 공의 수직가속도는 중력가속도와 같습니다.
재홍 : 야구공의 투사각도는 투사거리에 영향을 미치는데, 상대투사높이가 양(+)의 값이기 때문에 적정투사각도가 45° 보다 작아야 합니다.

4. 다음은 걷기 동작에서 측정되는 지면반력(ground reaction force) 및 물체에 힘을 가할 때 충격량(impulse)에 대한 자료의 일부이다. <작성 방법>에 따라 순서대로 서술하시오. [4점]

재훈 : 걷기 동작에서 측정되는 ㉠지면반력(ground reaction force)은 어떻게 측정이 가능하나요?
정재 : 지면반력기로 측정할 수 있고, 지면반력은 ㉡발이 지면에 가하는 근력을 측정한 값입니다.
준석 : 지면반력은 뉴턴의 작용-반작용 법칙으로 설명할 수 있습니다.
…(중략)…
진기 : 2초 동안 40N의 일정한 힘을 발생시켰어요.
찬호 : 3초 동안 20N의 일정한 힘을 발생시켰어요.
태완 : 4초 동안 15N의 일정한 힘을 발생시켰어요.
태형 : 5초 동안 10N의 일정한 힘을 발생시켰어요.
…(중략)…
태환 : 800N 바벨을 정지 상태에서 위로 올린 후 다시 정지시키는 벤치프레스 동작에서 바벨에 가한 시간-수직 힘 크기 그래프를 그리면 어떻게 되나요?
최 교사 : x축은 시간(sec)이고, y축은 수직 힘크기(N)이고, 그래프를 그리면 다음과 같다.

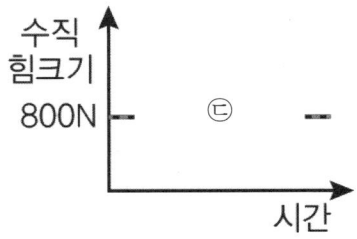

─────── <작성 방법> ───────
○ 밑줄 친 ㉠을 구하기 위해서 알아야 하는 2가지 힘을 제시할 것.
○ 밑줄 친 ㉡을 바르게 수정하여 기술할 것.
○ 진기·찬호·태완·태형 중에서 충격량(impulse)의 크기가 가장 큰 값과 가장 작은 값의 차이를 단위와 함께 제시할 것.
○ 그래프 안의 ㉢을 그려 넣을 것.

5. 다음은 선운동의 운동역학적 분석에 대한 대화의 일부이다. <작성 방법>에 따라 순서대로 서술하시오. [4점]

효식 : 마찰(friction)이란 무엇인가요?
희준 : 한 물체가 다른 물체와 접촉한 상태에서 움직이거나 움직이려고 할 때 발생하는 힘이라고 할 수 있어요.
민영 : 마찰력은 저항력 또는 추진력으로 작용할 수 있지요.
유경 : 마찰력은 (㉠)와 수직항력의 곱으로 구할 수 있어요.
나희 : 즉, (㉠)는 접촉면의 형태와 성분에 따라 달라지고, 마찰력의 크기는 접촉면에 가한 수직 힘의 크기에 비례합니다.
단비 : 마찰력은 접촉면과 평행하게 작용하며 물체의 운동방향과 반대방향으로 작용합니다.
…(중략)…
미진 : 트램펄린 위에서 점프 동작을 할 때 신체의 위치에너지와 운동에너지는 어떻게 변하나요?
민재 : 위치에너지는 신체의 점프 높이에 상관없이 일정합니다.
서현 : 위치에너지는 신체가 트램펄린에 닿기 직전에 최대가 됩니다.
선정 : 위치에너지는 신체가 수직으로 가장 높이 올라갔을 때 최대가 됩니다.
…(중략)…
연우 : 파워(power)는 무엇인가요?
예린 : 단위 시간 당 수행한 (㉡)의 양입니다.
은솔 : 일의 빠르기를 나타내는 물리량입니다.
진주 : 힘과 속도의 곱으로 계산하기도 합니다.
혜지 : 파워의 단위는 watt 혹은 J/s이고 에너지의 단위와 다릅니다.

―― <작성 방법> ――
○ 괄호 안의 ㉠에 해당하는 용어를 제시할 것.
○ 밑줄 친 위치에너지에 근거하여, 민재·서현·선정 중 잘못 설명하고 있는 학생을 모두 골라 쓰고, 그 밑줄을 바르게 수정할 것.
○ 괄호 안의 ㉡에 해당하는 용어를 제시할 것.

6. 다음은 근수축의 형태와 케틀벨(kettle bell)에 대한 자료의 일부이다. <작성 방법>에 따라 순서대로 서술하시오. [4점]

(가)
(㉠) 수축(contraction)은 근육군에 의해 발휘되는 ⓑ힘 모멘트가 외력에 의한 ⓒ저항 모멘트보다 작아서, 근육이 길어지며 발생하는 수축형태이다.

(나)
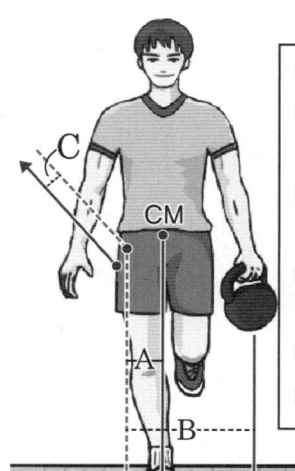

▶ CM: 무게중심
▶ A(무게중심에서 관절 중심까지 수직거리) = 0.10 m
▶ B(케틀벨 중심에서 관절중심까지 수직거리) = 0.35 m
▶ C(엉덩관절 벌림근육 힘작용점에서 관절중심까지 수직거리) = 0.05 m
▶ 체중 = 680 N
▶ 케틀벨 무게 = 130 N

왼쪽 손에 케틀벨(kettle bell)을 들고 오른쪽 한 다리 지지로 평행을 이루는 동안 오른쪽 엉덩관절(고관절, hip joint) 벌림근육(외전근, abductor)에 발생하는 토크값은 113.5Nm이고, ⓑ시계 방향이다(단, ⓒ오른손 법칙을 따름, 엉덩관절 전후축 전방으로 향함).

―― <작성 방법> ――
○ 괄호 안의 ㉠에 해당하는 근수축의 형태를 제시할 것.
○ 밑줄 친 ⓑ과 ⓒ의 단위를 제시할 것.
○ (나)의 근수축 형태를 쓰고, 밑줄 친 ⓑ-ⓒ에 근거하여 각속도의 벡터 방향을 제시할 것(단, 상·하·좌·우·전·후 중에 한 가지로 답함)

7. 다음은 카누(canoe)와 관련된 인체의 기계작용에 대한 자료의 일부이다. <작성 방법>에 따라 순서대로 서술하시오. [4점]

제(㉠)종 지레에서 힘과 항력은 축으로부터 같은 측면에 있으나 작용된 힘이 축에 더 가까이 있다.

A : 오른손 받침점
F : 왼손 힘
R : 물의 저항력

카누(canoe)의 노(櫓)는 제(㉠)종 지레의 예로 볼 수 있다. 또한, 대부분의 인체의 근골격계는 작용력을 제공하는 근육이 분절무게에 의해 제공되는 항력 또는 더 말단의 분절무게에 의해 제공되는 항력이 작용하는 거리에 비해 관절중심으로부터 짧은 거리에 부착하여 (㉡) 수축을 하는 제(㉠)종 지레이다

―――― <작성 방법> ――――
○ 괄호 안의 ㉠에 들어갈 아라비아 숫자를 제시할 것(밑줄 친 부분을 Ⓐ라고 함).
○ 밑줄 친 Ⓐ에 해당하는 바퀴와 축을 로마자 숫자를 활용하여 쓰고, 그 이유를 기술할 것.
○ 괄호 안의 ㉡에 해당하는 근수축의 형태를 제시할 것.

8. ㈎는 형직이의 중력중심(무게중심)을 구하는 과정이고, ㈏는 다이빙 공중동작의 자세이다. <작성 방법>에 따라 순서대로 서술하시오. [4점]

㈎ 형직이의 중력중심(무게중심)

형직이의 질량은 100kg, 반력판의 질량은 40kg, 저울의 눈금은 60kg, l=2m이다(단, 중력가속도는 $10m/s^2$임).

$$\sum T_a = 0 = (RF_2)(l) - (Wt_p)(d) - (Wt_b)(\tfrac{1}{2}l)$$

a지점의 토크를 합산하면 d(a로부터 피검자의 중력중심까지의 거리)를 계산할 수 있다.

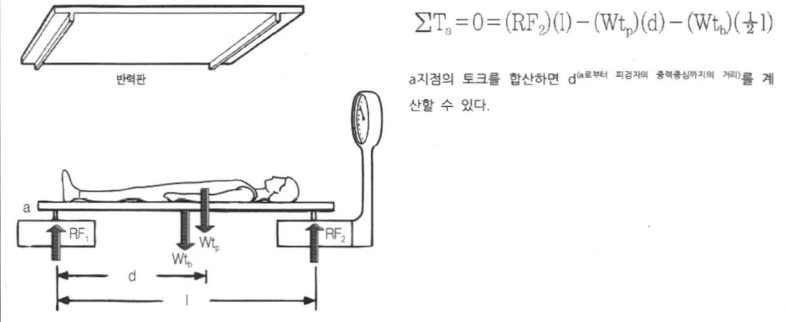

㈏ 형직이의 다이빙 공중 동작

① 두 팔과 두 다리 모두 편 자세를 취할 때
② 두 팔과 두 다리를 동시에 몸통 쪽으로 모으는 자세를 취할 때
③ 두 다리는 편 상태에서 두 팔만 몸통 쪽으로 모으는 자세를 취할 때
④ 두 팔은 편 상태에서 두 다리만 몸통 쪽으로 모으는 자세를 취할 때

―――― <작성 방법> ――――
○ ㈎의 지지대에서 형직이의 중력중심(무게중심)까지의 거리(m)를 제시할 것.
○ ㈎와 ㈏의 회전축을 각각 제시할 것.
○ ㈏의 ①~④에서 회전속도(각속도)의 크기가 가장 큰 동작부터 작은 동작 순으로 배열할 것(단, 형직이의 신장은 175cm임).
○ ㈏에서 ①~④의 각운동량(angular momentum)의 크기를 비교하여 기술할 것.

9. 다음은 야구 경기에서 투수의 피칭과 타자의 배팅에 대한 사례이다. <작성 방법>에 따라 순서대로 서술하시오. [4점]

야구에서 투수의 투구 동작은 '㉠와인드업-코킹-가속-감속-㉡팔로우드로우'의 5단계로 구분된다.

∘코킹단계에서는 앞발을 지면에 접촉한다.
∘가속단계에서는 어깨안쪽돌림(내측회전, internal rotation)을 담당하는 근육들을 사용한다.
∘감속단계에서는 어깨가쪽돌림(외측회전, external rotation)을 담당하는 돌림근띠(회전근개, rotator cuff)의 수축이 활발하다.

야구에서 타자가 배트 스윙 시 각운동량을 증가시키기 위한 방법은 3가지가 있다.

① 배트의 질량을 증가시킨다.
② 배트를 스윙 시에는 질량이 배트 끝에 분포되어 있는 길이가 긴 것을 사용하거나 배트를 길게 잡는다.
③ 배트의 (㉢)를 증가시킨다.

─────── <작성 방법> ───────
∘밑줄 친 ㉠에 해당하는 근수축의 형태의 특징을 근육의 수축속도와 근력의 관계로 기술할 것.
∘밑줄 친 ㉡에 해당하는 뉴턴(I. Newton)의 1번째 법칙을 쓰고, 그 유형을 제시할 것.
∘①과 ②의 곱이 의미하는 바를 제시할 것.
∘괄호 안의 ㉢에 해당하는 용어를 제시할 것.

10. 60kg인 주훈이가 아래로 30cm 내려갔다가 0.2초 만에 수직점프를 하였다. 점프하는 순간의 속도(m/s), 운동에너지(J), 파워(watt), 점프 높이(m)를 각각 구하시오(단, 중력가속도=10m/s²). [4점]

2020년 대비 VZONExam(08.10~11) 4회 모의고사

체 육

운동학습과 심리

최규훈

| 1차 시험 | 2교시 전공A | 10문항 40점 | 시험 시간 60분 |

스포츠·운동심리학	Ⅰ. 스포츠수행의 심리적 요인	① 성격 ② 동기 ③ 불안
	Ⅱ. 심리기술훈련과 수행향상	⓪ 심리기술훈련 ① 목표설정 ② 자신감 ③ 경쟁불안의 조절 ④ 심상 ⑤ 주의집중 ⑥ 루틴
	Ⅲ. 스포츠수행의 사회·심리적 요인	① 응집력 ② 리더십 ③ 사회적 촉진 ④ 공격성
	Ⅳ. 운동심리학	① 운동의 심리적 효과 ② 운동실천 이론 ③ 운동실천 촉진 ④ 운동의 과훈련 증후와 탈진
	Ⅴ. 스포츠심리상담	① 스포츠심리상담의 개념 ② 스포츠심리상담의 적용
운동학습과 제어	Ⅰ. 운동의 이해	① 운동기술의 이해 ② 운동의 측정
	Ⅱ. 운동제어	③ 운동제어의 신경생리적 기초 ④ 정보처리와 운동수행 ⑤ 운동의 정확성과 타이밍 ⑥ 운동의 협응 ⑦ 시지각과 운동수행
	Ⅲ. 운동학습	⑧ 운동학습의 개념과 이론 ⑨ 운동학습의 실제 ⑩ 운동학습의 평가와 활용 ⑪ 운동능력과 숙련성

※ 시험이 시작되기 전까지 표지를 넘기지 마시오.

2020년 대비 VZONExam(08.10~11) 4회 모의고사

체 육

운동학습과 심리

최규훈

수험번호 : (   )   성 명 : (   )

| 1차 시험 | 2교시 전공A | 10문항 40점 | 시험 시간 60분 |

○ 문제지 전체 면수가 맞는지 확인하시오.
○ 모든 문항에는 배점이 표시되어 있습니다.

1. 다음의 ㈎는 데시(Deci, 1975)의 인지평가이론(Cognitive Evaluation Theory)이고, ㈏는 자기결정이론(Self-determination Theory; Deci & Ryan, 1975)이다. <작성 방법>에 따라 순서대로 서술하시오. [4점]

―――――――――― ㈎ ――――――――――
특정한 상황을 통제적 측면 또는 정보적 측면으로 인식하는가에 따라 내적동기 수준은 변화한다.
○ 사건 → 통제적 측면 → 내적 → (㉠) 증가 → 내적동기 증가
○ 사건 → 정보적 측면 → 긍정적 → (㉡) 증가 → 내적동기 증가

―――――――――― ㈏ ――――――――――
○ 동수는 배드민턴에 흥미를 느끼고 스포츠클럽 활동을 시작했다. 시간이 지날수록 재미가 없어져서 클럽을 그만두고 싶었지만, 지도자와 동료들로부터 부정적인 평가를 받기 싫어서 클럽 활동을 유지하고 있다.
○ 현우는 농구를 좋아해서 동아리에 가입하였다. 그러나 얼마 지나지 않아 점점 흥미가 없어져서 동아리 활동을 그만두고 싶었지만, 가족과 동아리 친구들로부터 부정적인 평가를 받기 싫어서 그 활동을 계속하고 있다.

―――――――― <작성 방법> ――――――――
○ 괄호 안의 ㉠ㆍ㉡에 해당하는 인간의 본능적 욕구를 각각 제시할 것.
○ 동수와 현우의 규제 스타일에 해당하는 동기 유형을 쓰고, 이 이론의 기본적 심리 욕구 3가지 중 ㉠ㆍ㉡ 이외의 1가지를 제시할 것.

2. 다음은 동기 이론에 대한 자료의 일부이다. <작성 방법>에 따라 순서대로 서술하시오. [4점]

―――――――――― ㈎ ――――――――――
탁구 선수 지은이는 경기에서 패배한 것을 상대 선수의 능력이 자신보다 더 우수하였기 때문이라고 생각했다.

―――――――――― ㈏ ――――――――――
① 달성하기 어려운 목표를 설정한다.
② 평가 상황에서는 평소보다 수행이 더 저조할 수 있다.
③ 상대 선수의 실수로 인해 승리하였다고 생각한다.
④ 자신의 노력 부족으로 인해 패배하였다고 생각한다.

―――――――――― ㈐ ――――――――――
• 정기적으로 운동하여 체지방의 감량과 체형의 변화를 확인하였다.
• 피트니스센터에 가면 정서적 안정감을 느낀다.
• 스포츠지도사로부터 칭찬을 자주 받는다.
• 가족들로부터 운동참여에 대한 지지를 받고 있다.

―――――――― <작성 방법> ――――――――
○ ㈎의 사례에 해당하는 와이너(B. Weiner)의 귀인 범주를 안정성, 인과성, 통제성의 순서로 제시할 것.
○ 니콜(Nicholls, J. G.)의 성취목표성향 이론에 근거하여, ㈏의 ①~④에 해당하는 목표성향 2가지 중 빈도가 적은 1가지를 골라 그 명칭과 함께 제시할 것.
○ 자기존중감(self-esteem) 향상과 관련된 가설에 근거하여, ㈐의 내용과 관련된 가설의 명칭을 제시할 것.

3. 다음은 스포츠수행의 심리적 요인에 대한 자료의 일부이다. <작성 방법>에 따라 순서대로 서술하시오. [4점]

(가)
- 각성 수준에 대한 개인의 인지적 해석에 따라 정서 경험이 다를 수 있다.
- 각성 수준이 높은 상태를 기분 좋은 흥분상태나 ⊙불쾌한 정서로 해석할 수 있다.
- 결정적 순간에 발생하는 심판의 오심은 선수의 정서 상태를 순간적으로 변화시킬 수 있다.

(나)
① 자기효능감이 높은 선수는 역경 상황에 잘 대처한다.
② 타인의 수행에 대한 관찰은 자기효능감에 영향을 주지 않는다.
③ 자기효능감은 농구드리블과 같은 구체적인 기술을 수행할 수 있다는 믿음이다.
④ 경쟁상황에서 각성상태에 대해 부정적으로 인식할 때 자기효능감은 떨어질 수 있다.
⑤ 외적동기를 제공한다.
⑥ 간접경험 또는 롤모델을 제공한다.
⑦ 언어적으로 지지 또는 격려를 해준다.
⑧ 수행 및 성공경험을 제공한다.

<작성 방법>
○ (가)에 해당하는 경쟁불안이론을 쓰고, 이 이론에 근거하여 밑줄 친 ⊙을 제시할 것.
○ 반두라(Bandura, 1986)의 자기효능감 이론(Self-efficacy Theory)에 근거하여, (나)의 ①~⑧에서 잘못된 2가지를 골라 제시할 것.
○ 반두라(Bandura, 1986)가 주장한 자기효능감 이론(Self-efficacy)에 영향을 미치는 요인에 근거하여, (나)의 ①~⑧에서 없는 1가지를 기술할 것.

4. 다음은 심리기술훈련에 대한 자료의 일부이다. <작성 방법>에 따라 순서대로 서술하시오. [4점]

(가)
테니스선수 보라는 평소 연습과는 달리 시합만 하면 생리적 각성상태가 높아져서 서비스 실수가 자주 발생한다. 최 교사는 보라 선수의 어깨 부분에 근육의 긴장도를 측정하는 센서와 가슴에 심박수를 측정하는 센서를 부착하였다. 불안감이 높아질 때 어깨 근육의 긴장도가 함께 증가하는 것을 시각적으로 보여 주면서 각성 조절능력을 높이도록 하였다.

(나)
① 심상훈련이 효과가 있다는 믿음을 가지고 실시한다.
② 조용하고 편안한 장소에서 진행한다.
③ 특정기술에 소요되는 실제 시간보다 짧게 요약하여 시행한다.
④ 선명하고 ⊙구체적인 상(image)을 만든다.

(다)
① 시합 당일에 수정한다.
② 불안을 감소시키고 집중력을 증대시킨다.
③ 심상과 혼잣말이 포함될 수 있다.
④ 상황이 달라져도 편안함을 유지 시킨다.

<작성 방법>
○ (가)에 해당하는 경쟁불안 감소 기법의 명칭을 제시할 것.
○ (나)의 ①~③ 중 잘못된 1가지를 골라 바르게 수정하고, 밑줄 친 ⊙에 해당하는 심상 능력의 요소를 제시할 것.
○ (다)에 해당하는 심리기술훈련의 명칭을 쓰고, 이 훈련에 근거하여 잘못된 1가지를 ①~④에서 골라 제시할 것.

5. 다음은 응집력과 리더십에 대한 자료의 일부이다. <작성 방법>에 따라 순서대로 서술하시오. [4점]

―――――――――――――――― (가) ――――――――――――――――
① 팀의 능력   ② 팀의 규모
③ 팀의 목표   ④ 팀의 승부욕
―――――――――――――――― (나) ――――――――――――――――
① 권위적 행동 유형 – 선수에게 항상 일정한 거리를 두고 행동하며, 지도자 자신이 모든 의사를 결정한다.
② 사회적 지지 행동 유형 – 지도자가 팀의 긍정적인 분위기를 조성하고, 선수들과 따뜻한 관계를 유지하려고 노력한다.
③ 긍정적 피드백 행동 유형 – 지도자가 선수들의 동기를 부여하는 방법으로 선수들의 성공적인 운동수행에 칭찬을 아끼지 않는다.
④ 훈련과 지시 행동 유형 – 지도자가 게임의 전술과 전략, 연습방법, 팀 목표의 의사결정 시 선수에게 많은 참여를 허용한다.

――――――――――――― <작성 방법> ―――――――――――――
○ 캐론(A. V. Carron)의 응집력 모형에 근거하여 (가)에 해당하는 요소를 쓰고, ①~④ 중 옳지 않은 것을 골라 바르게 수정할 것.
○ 첼라두라이와 살레(Chelladurai & Saleh, 1980)가 제시한 지도자 행동유형에 근거하여, (나)의 ①~④ 중 옳지 않은 것을 골라 행동 유형을 바르게 수정할 것.

6. 다음의 (가)는 강화(reinforcement)와 처벌(punishment)이고, (나)는 운동실천 이론에 대한 자료의 일부이다. <작성 방법>에 따라 순서대로 서술하시오. [4점]

―――――――――――――――― (가) ――――――――――――――――
① 강화는 어떤 행동이 나타난 다음에 자극을 제시해줌으로써 미래에 그 반응이 나타날 확률을 높이거나 줄여주는 것을 의미한다.
② 강화는 정적강화와 부적강화로 구분한다.
③ 강화는 일반적으로 즉시 제시될수록 그 효과도 커진다.
④ 초보자에게는 강화의 빈도를 낮추고, 숙련자에게는 그 빈도를 높이는 것이 좋다.

――――――――――― - 공고문 - ―――――――――――
본 협회는 선수들의 경기장 폭력을 감소시키기 위해 폭력 정도에 따라 출전시간을 제한하는 제도를 시행합니다.
2019. 5. 11.
대한야구협회

〈표〉

행동	긍정적인 사건들(칭찬, 수상)	부정적인/회피하고자 하는 사건(비판, 고통)
제시		
제거		

―――――――――――――――― (나) ――――――――――――――――
○ 운동행동의 변화를 설명하는 단계변화이론(단계적변화모형, Transtheoretical Model; Prochaska&DiClemente, 1983)에서 개인이 규칙적인 운동참여의 이득(pros)과 손실(cons)을 비교하고 평가하는 구성개념을 (㉠)이라고 한다.
○ 베커(Becker, 1984)의 건강신념모형(Health Belief Model)
① (㉡)을 인식시켜야 한다.
② 질병의 심각성을 인식시켜야 한다.
③ 운동실천의 혜택을 인식시켜야 한다.
④ 운동실천에 따른 혜택과 비용의 차이를 인식시켜야 한다.
○ 운동행동을 설명하는 계획된 행동이론(Theory of Planned Behavior; Fishbein & Ajzen, 1975)의 주요 구성개념
① 태도(attitude)
② 주관적 규범(subjective norm)
③ 행동통제인식(perceived behavioral control)
④ 의도(intention)

――――――――――――― <작성 방법> ―――――――――――――
○ (가)의 ①~④에서 옳지 않은 2가지를 골라 쓰고, 대한야구협회(공고문)가 활용한 행동수정 전략을 <표>에 근거하여 제시할 것.
○ (나)에서 괄호 안의 ㉠·㉡에 해당하는 개념 및 요소를 각각 제시할 것.

7. 다음은 운동의 이해에 대한 자료의 일부이다. <작성 방법>에 따라 순서대로 서술하시오. [4점]

(가)
- ㉠야구에서 공을 잡은 외야수는 2루 주자의 주력과 경기상황을 고려하여 홈으로 송구하기로 결정한다. 그리고 홈까지의 거리와 위치를 확인하고 ㉡공을 던진다.
- 운동제어 분야에서는 외야수가 경기상황에서의 여러 정보를 종합·판단하여 어떻게 동작을 생성하고 조절하는지와 관련된 원리와 법칙을 밝히는 데 관심을 가진다.

(나)
운동기술(motor skill)의 일차원적 분류체계
1) 환경의 안정성에 따른 분류
2) ㉢움직임의 연속성에 따른 분류
3) 움직임에 동원되는 근육의 크기에 따른 분류

(다)
- 반응시간(reaction time)의 유형으로 단순반응시간(simple reaction time), 선택반응시간(choice reaction time), 변별반응시간(discrimination reaction time) 등이 있다.
- 운동학습의 측정
  ‣ 학습이 이루어졌는지를 눈으로 직접 판단하기 어렵기 때문에 그 대안으로 사용하는 것이 (㉣) 검사는 연습으로 향상된 운동기술의 수행력이 얼마나 오랫동안 지속될 수 있는가를 측정한다.
  ‣ ㉤수영장에서 연습한 수영기술이 바다에서도 잘 발휘할 수 있는지를 확인하는 검사를 전이 검사(transfer test)라고 한다.

<작성 방법>
- 밑줄 친 ㉠과 ㉡에 해당하는 시간의 명칭을 각각 제시할 것.
- '밑줄 친 ㉢에 따른 3가지 운동기술'과 '괄호 안의 ㉣에 들어갈 용어'의 관계를 기술할 것.
- 전이의 양에 따른 전이 유형에 근거하여 밑줄 친 ㉤에 해당하는 전이 유형을 쓰고, 이와 관련된 손다이크(E. Thorndike)의 이론을 제시할 것.

8. 다음은 정보처리단계에 대한 교사와 학생들이 나눈 대화의 일부이다. <작성 방법>에 따라 순서대로 서술하시오. [4점]

(가)
최 교사 : 정보처리단계 중 '반응실행 단계'에 해당하는 내용을 설명할 수 있는 사람?
승 우 : 실제 움직임을 생성하기 위하여 움직임을 조직화하는거요.
재 민 : 받아들인 정보의 내용을 분석하여 의미를 부여하는거요.
재 중 : 자극을 확인한 후, 환경특성에 맞는 반응을 선택하는거요.
기 현 : 환경정보 자극에 대한 확인과 자극의 유형에 대해 인식하는거요.

(나)
최 교사 : 정보처리 3단계의 관점에서 ㉠100m 달리기 스타트의 반응시간이 ㉡배구 서브 리시브 상황에서의 반응시간보다 짧은 이유는 무엇일까요?
석 원 : 배구 서브 리시브 상황에서는 자극선택(욕구 구분, stimulus selection) 단계의 소요시간이 상대적으로 길기 때문입니다.
연 우 : 100m 스타트에서는 자극확인(감각-지각, stimulus identification) 단계의 소요시간이 상대적으로 짧기 때문입니다.
지 원 : 배구 서브 리시브 상황에서는 의사결정(반응선택, response selection) 단계의 소요시간이 상대적으로 짧기 때문입니다.
지 호 : 100m 스타트에서는 반응계획/준비(운동 프로그래밍, motor programming) 단계의 소요시간이 상대적으로 길기 때문입니다.

<작성 방법>
- (가)에서 최 교사의 질문에 바르게 답한 친구의 이름과, 정보처리단계 중 '반응실행 단계' 이전 단계를 설명한 친구의 이름을 순서대로 제시할 것.
- (가)에서 정보처리단계 중 첫 번째 단계를 설명한 친구 중 그 단계의 2가지 기능을 요약한 친구의 이름을 제시할 것.
- (나)에서 최 교사의 질문에 바르게 답한 친구의 이름을 쓰고, 밑줄 친 ㉠·㉡에 해당하는 반응시간(reaction time)의 유형을 각각 제시할 것.

9. 다음의 (가)는 야구 투구와 타격 상황에 대한 해석이고, (나)는 협응의 주요 문제에 대한 자료의 일부이다. <작성 방법>에 따라 순서대로 서술하시오. [4점]

(가)
- 투수가 시속 145km의 속도로 던진 공이 홈플레이트에 도달하는 시간은 460ms이다.
- 두 명의 타자 중 A 타자의 스윙 시간은 160ms이며, B 타자의 스윙 시간은 140ms이다.
- 두 타자의 신체조건, 사용하는 배트, 기술 수준, 공이 맞는 지점은 모두 같다고 가정한다.

〈 타자의 스윙속도와 정보처리 시간의 관계(Schmidt&Lee) 〉

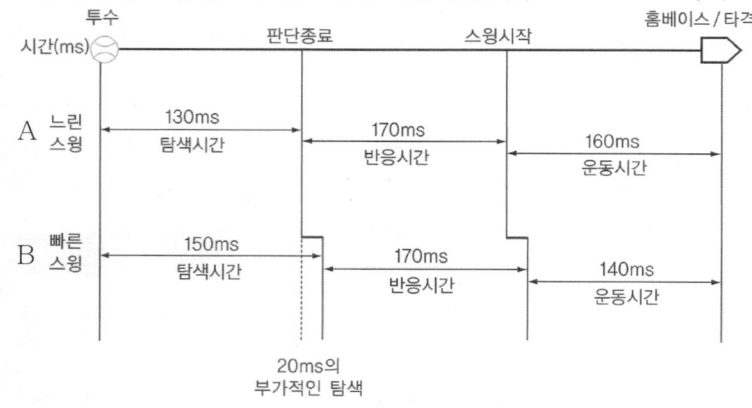

① (㉠) 타자는 (㉡) 타자보다 구질을 파악하는데 더 많은 시간을 활용할 수 있다.
② (㉠) 타자는 (㉡) 타자보다 타격의 충격력이 커서 더 멀리 공을 쳐 낼 수 있다.
③ (㉠) 타자는 (㉡) 타자보다 공에 대한 정보를 파악하는데 유리하다.
④ (㉡) 타자는 (㉠) 타자보다 스윙 시작이 빨라야 한다.

(나)
㉢ 운동 등가(motor equivalence)는 다른 근육군을 사용하여 같은 움직임을 수행할 수 있는 능력을 말한다.
㉣ 맥락 조건 가변성(context-conditioned variability)은 근육의 활동이 동일해도 조건에 따라 운동결과가 달라질 수 있다는 것이다.

─── <작성 방법> ───
○ 괄호 안의 ㉠·㉡에 해당하는 알파벳을 각각 제시할 것.
○ ㉢과 관련된 문제를 쓰고, ㉣에 영향을 주는 3가지 요인을 제시할 것.

<수고하셨습니다.>

10. 다음은 운동학습에 대한 자료의 일부이다. <작성 방법>에 따라 순서대로 서술하시오. [4점]

(가)
① 학습 과정 그 자체를 직접 관찰할 수 있다.
② 신경가소성(neural plasticity)의 특성을 나타낸다.
③ 비교적 영구적인 운동 수행의 향상으로 나타나는 일련의 내적 과정이다.
④ 연습과 경험에 의해서 나타나는 현상이며, 성숙이나 동기 또는 훈련 등에 의해 일시적으로 변화하는 것은 포함하지 않는다.

(나)
○ 개방회로 이론은 대뇌 겉질에 저장되어있는 운동 프로그램(motor program)이 인간의 움직임을 생성한다고 주장한다. 그러나 개방회로 이론은 ㉠인간이 이전에 경험해 보지 못한 움직임도 수행할 수 있다는 현상을 설명하지 못한다.
○ 도식이론(Schema Theory; Schmidt, 1975)에 따른 운동학습과정
  ▸ 움직임의 오류 탐지를 위해서는 (㉡)가 필요하다.
  ▸ 결과지식은 움직임의 오류에 관한 정보처리와 상관이 있다.
  ▸ 재인(recognition) 도식은 직전에 수행한 움직임을 회상해서 움직임 오차를 계산하고, (㉡)와 유사한 개념이다.

(다)
① "이 서브는 목표지점에서 우측으로 20cm 벗어났어."
② "임팩트 때 팔꿈치가 굽혀졌어."
③ "공이 네트를 건드리고 넘어갔어."
④ "잘했어, 바로 그거야."

(라)
① (㉢) 기억은 운동 상황에서 무엇을 해야 하는지에 관한 정보를 포함한다.
② 장기기억에 정보를 저장하기 위해서는 연습, 반복과 같은 과정이 필요하다.
③ (㉢) 기억에 저장된 정보는 인출(retrieval) 과정을 거쳐 작업기억으로 보내진다.
④ 장기기억에 저장되는 정보는 부호화(encoding) 과정을 거친다.

─── <작성 방법> ───
○ (가)의 ①~④ 중 운동학습의 정의 및 특성에 대한 설명으로 옳지 않은 1가지를 골라 바르게 수정할 것.
○ (나)에서 밑줄 친 ㉠ 이외의 문제를 쓰고, 괄호 안의 ㉡에 해당하는 용어를 제시할 것.
○ (다)의 ①~④에서 코치가 테니스 서브를 수행한 학생에게 제시하는 보강적 피드백의 2가지 유형 중 빈도가 적은 1가지를 골라 그 명칭과 함께 제시할 것.
○ (라)에서 괄호 안의 ㉢에 해당하는 기억의 명칭을 제시할 것.

2020년 대비 VZONExam(08.10~11) 4회 모의고사

체 육

최규훈

스포츠사회학

1차 시험	3교시 전공B	10문항 40점	시험 시간 60분

Ⅰ. 스포츠의 사회학적 이해	1 스포츠사회학의 본질	스포츠사회학 이론들 총정리
	2 스포츠사회학의 주요이론	
Ⅱ. 사회제도와 스포츠	3 스포츠와 정치	
	4 스포츠와 경제	
	5 스포츠와 교육	
	6 스포츠와 종교	
	7 스포츠와 대중매체	
Ⅲ. 사회과정과 스포츠	8 스포츠와 사회화	
	9 스포츠와 사회계층	
Ⅳ. 사회조직과 스포츠	10 스포츠와 사회집단	
	11 스포츠와 사회조직	
Ⅴ. 사회문제와 스포츠	12 스포츠와 여성	
	13 스포츠와 일탈	
	14 스포츠와 집합행동	
Ⅵ. 미래사회와 스포츠	15 스포츠의 변화와 미래	
	16 스포츠와 세계화	

※ 시험이 시작되기 전까지 표지를 넘기지 마시오.

2020년 대비 VZONExam(08.10~11) 4회 모의고사

체 육

스포츠사회학

최규훈

수험번호 : (   )   성 명 : (   )

| 1차 시험 | 3교시 전공B | 10문항 40점 | 시험 시간 60분 |

○ 문제지 전체 면수가 맞는지 확인하시오.
○ 모든 문항에는 배점이 표시되어 있습니다.

---

1. 다음은 스포츠의 사회적 기능에 대한 자료의 일부이다. <작성 방법>에 따라 순서대로 서술하시오. [4점]

   ㉠ 2002년 한일월드컵에서 한국축구대표팀은 4강 신화를 만들었다. 이 과정에서 성별, 연령에 관계없이 많은 국민들이 길거리 응원에 참가하며 국가에 대한 애착심과 소속감을 되새겼다.
   ㉡ 올림픽에서 농구 주전선수인 ○○이는 1차전 경기에서 어깨에 심각한 부상을 입었다. 그러나 팀의 승리와 메달획득 때문에 감독은 응급처치 후 ○○이를 다시 경기에 출전하도록 강요하였고 이후 부상이 심각해져서 결국 입원하게 되었다.
   ㉢ 정치인들이 국민의 스포츠에 대한 관심을 증대시켜 정치적 무관심을 유도한다. 정치인들이 스포츠 경기를 자신의 이익이나 권력을 공고히 하는데 이용한다.
   ㉣ 스포츠는 사회구성원의 긴장과 공격성을 해소해 주고, 공격성·긴장감·좌절감을 효과적으로 방출시키며, 신체적·정신적 스트레스를 해소시켜준다.

   ─────── <작성 방법> ───────
   ○ ㉠·㉡·㉢·㉣에 해당하는 스포츠의 사회적 기능을 각각 제시할 것.

2. 다음의 (가)는 정치의 스포츠 이용방법에 대한 대화의 일부이고, (나)는 스포츠에 대한 정치의 개입 원인(Coakley)에 대한 대화의 일부이다. <작성 방법>에 따라 순서대로 서술하시오. [4점]

   ─────── (가) ───────
   최 교사 : 스포츠에 참여하는 선수나 팀이 스포츠 경기 자체를 뛰어넘어 특정 집단을 대리 또는 대표하는 것으로 의미가 확장되는 과정이 무엇인지 말해 볼래요?
   진   완 : 자신과 타인이 일치된 상태를 의미합니다.
   태   희 : 운동선수가 국가를 대표하는 것을 의미합니다.
   병   렬 : 국가가 스포츠참여를 제한하는 것을 의미합니다.
   요   한 : 정치권력이 인위적 개입을 통해 상징 등의 효과를 극대화하는 것을 의미합니다.
   명   진 : 직접 자각할 수 없는 의미나 가치 등을 유사적인 표현을 사용해 구상화하는 것을 의미합니다.
   대   림 : 상징과 동일화의 효과를 극대화하기 위한 행위를 의미합니다.

   ─────── (나) ───────
   최 교사 : 국가가 스포츠에 개입하는 원인은 무엇인가요?
   승   민 : 국민건강증진과 여가기회 제공입니다.
   영   민 : 사회질서의 유지와 보호입니다.
   민   섭 : 경기규칙의 선진화입니다.
   전   우 : 정부나 정치가에 대한 통제입니다.
   인   기 : 지배이데올로기에 부합하는 가치 및 성향의 강조입니다.
   원   영 : 정부 및 정치가에 대한 지지 확보입니다.

   ─────── <작성 방법> ───────
   ○ (가)에서 최 교사의 질문에 올바른 대답을 한 친구를 모두 골라 쓰고, 정치의 스포츠 이용방법과 관련되지 <u>않은</u> 대답을 한 친구를 제시할 것.
   ○ (나)에서 최 교사의 질문에 올바른 대답을 한 학생수와 그렇지 <u>않은</u> 대답을 한 학생 이름^{모두}을 각각 순서대로 제시할 것.

3. 다음은 스포츠와 경제에 대한 자료의 일부이다. <작성 방법>에 따라 순서대로 서술하시오. [4점]

─────────────── (가) ───────────────
○ 현대 스포츠의 발전에 영향을 미친 요소는 산업화, (㉠), 교통과 통신의 발달이다(Loy·McPherson&Kenyon).
○ 상업주의 스포츠가 출현하기 위해서는 아래와 같은 몇 가지 조건이 충족되어야 한다(Coakley).
 ① 자본주의적 시장 경제 체계 : 스포츠 관련 경제적 보상 체계의 발달
 ② (㉡) : 스포츠 관련 흥행 성공가능성
 ③ 자본의 집중 : 대단위 체육시설의 유치 및 유지
 ④ 소비문화의 발전정도 : 스포츠의 소비촉진

─────────────── (나) ───────────────
2013년 미국프로야구 LA 다저스와 신시내티 레즈의 경기에서 한국의 류현진 선수와 추신수 선수 간의 맞대결이 펼쳐지자 미국프로야구 사무국은 이 날을 코리안 데이로 지정하고 한국의 걸그룹 소녀시대를 초청하여 애국가를 제창하게 하였다. 이 외에도 미국프로야구 사무국은 각종 의전행사 및 경품행사를 개최하여 언론의 반응에 촉각을 곤두세웠다.

─────────────── (다) ───────────────
㉠ 내면적 욕구 충족 강화   ㉡ 스포츠 규칙의 변화
㉢ 스포츠 제도의 변화   ㉣ 아마추어리즘의 퇴조
㉤ 스포츠의 직업화   ㉥ 심미적 경기성향 강화

─── <작성 방법> ───
○ (가)에 괄호 안의 ㉠에 해당하는 용어와 ㉡에 해당하는 내용을 각각 제시할 것.
○ (나)의 사례에 해당하는 스포츠의 상업화에 따른 변화 영역을 제시할 것.
○ (다)의 ㉠~㉥ 중에서 스포츠의 상업화로 인한 변화로 옳지 <u>않은</u> 것을 모두 골라 제시할 것.

4. 다음은 프로스포츠에서 시행되는 제도와 특징에 대한 자료의 일부이다. <작성 방법>에 따라 순서대로 서술하시오. [4점]

① (㉠) - 일정 기간 선수들의 자유로운 계약과 이적을 막아 선수단 운영비를 줄이기 위한 목적으로 도입되었다.
② (㉡) - 프로스포츠에서 신인선수를 선발하는 방식으로써 리그 내 팀 간 전력 평준화를 위해 도입되었다.
③ 트레이드(trade) - 특정 구단들끼리 합의 하에 선수를 교환하는 것을 말한다. 구단들은 주로 당장 혹은 미래의 팀 전력보강을 위해서 또는 구단의 재정 상황을 개선하기 위해서 활용한다.
④ 샐러리 캡(salary cap) - 각 팀이 선수들에게 지불할 수 있는 연봉 총액의 상한선으로 이 제도의 도입 취지는 부자 구단이 선수를 독점하지 못하게 하여 리그 수준의 평준화를 위한 것이다.
⑤ 최저연봉제(minimum salary) - 프로야구선수들이 생계고민 없이 운동에 전념할 수 있도록 구단이 지불해야 하는 연봉의 최하한선으로 이 제도는 신인선수와 연봉협상력이 떨어지는 선수들에게 종종 불이익으로 작용한다.

─── <작성 방법> ───
○ 괄호 안의 ㉠·㉡에 해당하는 제도의 명칭을 각각 제시할 것.
○ 위의 제도와 관련된 스포츠일탈의 사회학적 이론(관점)을 쓰고, 그 관점의 하위 측면을 제시할 것.

5. 다음은 스포츠와 교육에 대한 자료의 일부이다. <작성 방법>에 따라 순서대로 서술하시오. [4점]

(가)
우리나라 학원스포츠의 문화적 특성
- (㉠) 문화 : 경기에서 이겼는가와 어떤 메달을 땄는가가 삶의 서열화를 결정하는 주된 논리로 작동하는 문화
- (㉡) 문화 : 절대적 상명하복을 원칙으로 '예외'를 인정하지 않는 규율중심의 문화
- (㉢) 문화 : 주류문화나 전체문화에서 자의적/타의적으로 분리되어 그 문화와 단절된 채 부정적으로 형성된 왜곡 문화. 하위문화로도 봄.

(나)
미래중학교는 학생 상호간, 학생과 교사 간 교류가 줄어들면서 '우리'라는 공동체의식을 형성하지 못한 채 갈등을 겪고 있다. 미래중학교는 이러한 문제를 해결하기 위해 스포츠를 적극 활용하려고 한다.

<작성 방법>
- (가)에서 괄호 안의 ㉠·㉡·㉢에 해당하는 용어를 순서대로 각각 제시할 것.
- (나)에서 목표로 하고 있는 스포츠의 교육적 순기능을 제시할 것(단, 하위개념을 포함할 것).

---

6. 다음은 대중전달이론에 대한 자료의 일부이다. <작성 방법>에 따라 순서대로 서술하시오. [4점]

㉠ 미디어의 영향력과 스포츠의 소비 형태는 연령, 성, 사회계층, 교육수준, 결혼여부 등에 따라 달라질 수 있다. 미디어의 영향력이 서로 다른 하위집단의 구성원에게 획일적으로 미치지 않을 수 있다.

㉡ 비공식적 사회관계는 개인이 대중매체가 제공하는 메시지에 대해 반응하는 태도를 수정하게 하는 중요한 역할을 담당한다.

㉢ 대중매체는 다음의 3가지 방법으로 개인의 규범 인지에 영향을 미친다.
 ① 기존의 규범과 유형이 강화된다.
 ② 새로운 사상이나 규범이 창조된다.
 ③ 기존의 규범이 바꾸어지고 새로운 행동유형이 대두된다.

㉣ 대중매체가 스포츠에 대한 일반 대중의 욕구를 충족시켜 주는 기능을 보여 주는 것이다. 대중매체가 스포츠 경기 방송을 통하여 관중에게 흥미를 제공하는 것은 대중매체의 (ⓐ)적 기능을 의미한다.

<작성 방법>
- ㉠·㉡·㉢에 해당하는 디 플로어(M. De Fleur)의 미디어 이론을 순서대로 각각 제시할 것.
- ㉣에 해당하는 대중전달이론의 명칭을 쓰고, 괄호 안의 ⓐ에 들어갈 용어를 제시할 것.

7. 다음은 스포츠와 사회화에 대한 자료의 일부이다. <작성 방법>에 따라 순서대로 서술하시오. [4점]

(가)
여성의 신체노출을 금기시 하는 일부 중동국가의 문화는 여성의 스포츠 참가를 불가능하게 하며 스포츠 경기 관람조차 허용하지 않고 있다.

(나)
• A고교 농구 감독은 팀 훈련 과정에서 학생선수들의 운동수행 능력을 향상시키기 위하여 상과 벌을 활용한다. • B선수는 다른 팀 선수가 독특한 타격 자세로 최다 안타상을 획득하자 그 선수의 타격자세를 관찰하여 자신만의 것으로 발전시켰다.

(다)
○○이는 어린이날에 야구를 좋아하는 삼촌을 따라 처음으로 야구장에 가게 되었다. 처음 보는 현장 경기에서 실제로 본 선수들의 모습이 너무 멋있었다. 다음 날 부모님을 졸라 주변에 있는 리틀 야구단에 입단하였다.

─────── <작성 방법> ───────
○ (가)의 사례에 해당하는 스포츠사회화의 과정을 쓰고, 이 과정에 영향을 주는 요인(Kenyon&McPherson)을 제시할 것.
○ (가)와 (나)의 사례에 해당하는 스포츠사회화 이론(W.LeonardⅡ)의 명칭을 제시할 것.
○ (다)의 사례에 해당하는 '스포츠 활동자의 역할학습에 관련된 사회화 과정의 요소(Kenyon&McPherson)'를 제시할 것.

8. 다음은 스포츠와 계급·계층에 대한 자료의 일부이다. <작성 방법>에 따라 순서대로 서술하시오. [4점]

① 마르크스(C. Marx)의 계급론에 따르면, 구단주는 생산수단을 소유한 지배계급에 속하고, 운동선수는 생산수단을 소유하지 못한 노동자 계급이다.
② 베버(M. Weber)의 계층론에 따르면, 프로스포츠에서 감독과 선수의 사회계층 수준은 연봉액수만으로 평가되지 않는다.
③ 부르디외(P. Bourdieu)의 계급론에 따르면, ⓐ골프는 상류계급의 스포츠로 분류된다.
④ 베블렌(T. Veblen)의 계급론에 따르면, ⓑ상류계급이 스포츠에 참가하는 이유는 자신의 지위를 과시하기 위해서이다.

─────── <작성 방법> ───────
○ ①에서 강조한 '경제' 요인에 ②에서 추가한 2가지 요인을 제시할 것.
○ ①에서 강조한 '경제자본' 이외에 ③에서 강조한 2가지 자본을 쓰고, 그 2가지 자본 중 밑줄 친 ⓐ에 해당하는 자본의 하위유형을 제시할 것.
○ ④에 근거하여 밑줄 친 ⓑ를 일컫는 용어를 제시할 것.

9. 다음의 (가)는 스포츠와 계층이동 유형이고, (나)는 스포츠일탈에 대한 자료의 일부이다. <작성 방법>에 따라 순서대로 서술하시오. [4점]

(가)
① 수평이동은 한 팀의 선수가 다른 팀으로 같은 대우를 받고 이적하는 경우를 말한다. ② 집단이동은 소속 집단이 특정 계기를 통하여 집합적으로 이동하는 것을 말한다. ③ 수직이동은 팀의 2군에 소속되어 있던 선수가 1군으로 승격하여 이동하는 경우를 말한다. ④ (㉠)은 운동선수가 부모보다 더 많은 수입과 명예를 얻게 되는 경우를 말한다.

(나)
○ ㉡일탈은 현존하는 사회질서의 유지에 기여한다는 점에서 정상적인 것으로 간주된다. 예를 들어, 도핑은 그 자체로는 일탈행위에 해당되지만, 이를 통해 사람들은 그런 행동을 경멸하게 되고 이에 대한 경각심을 갖게 된다. ○ 일탈적 과잉동조를 유발하는 스포츠 윤리규범의 유형과 특징(J. Coakley) ① 몰입규범 - 운동선수는 경기에 헌신해야 하며 이를 그들의 삶에서 우선순위에 두어야 한다. ② (㉢)규범 - 운동선수는 탁월성을 추구해야 한다. ③ 인내규범 - 운동선수는 위험을 받아들이고 고통 속에서도 경기에 참여해야 한다. ④ 무한도전규범 - 운동선수는 스포츠에서 성공을 위해 장애물을 극복하고 역경을 헤쳐 나가는 노력을 해야 한다.

<작성 방법>
○ (가)에서 괄호 안의 ㉠에 해당하는 사회 이동 현상의 유형을 이동방향과 시간간격에 근거하여 쓰고, 이에 해당하는 스포츠사회학 이론의 명칭을 제시할 것.
○ (나)의 밑줄 친 ㉡이 설명하는 스포츠일탈에 관한 스포츠사회학 이론의 명칭을 쓰고, 괄호 안의 ㉢에 해당하는 규범의 명칭을 제시할 것.

10. 다음은 스포츠와 세계화에 대한 자료의 일부이다. <작성 방법>에 따라 순서대로 서술하시오. [4점]

(가)
스포츠 세계화와 (㉠)의 관계
○ (㉠)는 냉전 시대에 스포츠 세계화 현상을 가속화시켰다. ○ (㉠)는 국가 간 갈등의 원인이 되어 스포츠 세계화의 걸림돌로 작용해 왔다. ○ 스포츠에서 (㉠)의 발현은 20세기 초 제국주의 시대에 더욱 두드러지게 나타났다. ○ 스포츠에 내재된 (㉠)적 속성은 다국적 기업의 세계화 전략에 중요한 자원으로 활용되고 있다.

(나)
(㉡) 시대의 스포츠 세계화
○ 프로스포츠의 이윤 극대화에 기여하였다. ○ 스포츠 시장의 경계가 국경을 초월해 전 세계로 확대되었다. ○ 세계인들에게 표준화된 스포츠 상품을 소비하도록 만들었다. ○ 스포츠시장의 빈익빈 부익부라는 양극화 문제를 심화시키고 있다.

(다)
최근 들어 우리나라 야구, 축구 선수들의 해외리그 진출이 증가하고 있다. 또한 우리나라에도 축구·농구·배구 등에서 많은 외국선수들이 활동하고 있다.

<작성 방법>
○ (가)에서 괄호 안의 ㉠에 해당하는 용어를 쓰고, 이와 관련된 일장기말소의거와 관련된 올림픽의 명칭을 '제24회 서울올림픽(1988년)'처럼 제시할 것.
○ (나)에서 괄호 안의 ㉡에 해당하는 용어를 제시할 것.
○ (다)의 사례와 같이 스포츠의 세계화로 인해 파생되는 현상을 제시할 것.

<수고하셨습니다.>

2020년 대비 VZONExam(08.17~18) 5회 모의고사 　　최규훈

체 육

운동생리학1

| 1차 시험 | 2교시 전공A | 10문항 40점 | 시험 시간 60분 |

I. 운동생리학의 개요	⓪ 스포츠 영양학	0. 영양소의 역할과 기능 : (1)3대영양소, (2)3대 조절소
II. 에너지·운동 대사 및 내분비계	① 에너지·운동 대사	*1-0. 에너지의 개념과 대사작용* 1. ATP 생성체계 2. 젖산의 제거 : ①산화되어 CO_2와 H_2O로 전환, ②코리사이클 3. 탄수화물과 지방의 유산소성 과정(화학식) 4. 에너지연속체 = 유산소성 및 무산소성 ATP 생산의 상호작용 5. 운동초기산소결핍 & EPOC 6. 연료선택의 결정요인들 : (1)운동강도, (2)운동시간 7. 운동시 연료의 이용과 피로 8. 에너지·운동대사 트레이닝
	② 내분비계	∘내분비계의 특성 *9-0. 근육당원 분해이용의 조절기전* 9. 운동 중 혈당의 항상성 유지 & 지구성 트레이닝을 통한 호르몬의 변화 10. 운동 중 체수분 조절 : ①항이뇨호르몬(ADH=바소프레신), ②알도스테론 11. 호르몬의 분비샘과 작용
III. 신경·근골계	③ 신경계	*12-0. 신경계의 분류* 12. 활동전위^{전압} 1)가중→역치·실무율 2)활동전위 3)시냅스전위^{전압} 4)시냅스발생 전기적·화학적 흥분 전도 순서 *13-0. 중추신경계의 운동기능 조절 1)뇌 2)척수 3)^{수의적}운동기능의 조절* 13. 말초신경계의 운동기능 조절(고유수용기) : (1)근방추, (2)골지건 (3)관절고유수용기 / (4)전정기관 14. 신경계의 트레이닝 효과
	④ 근골계	∘뼈의 기능 *15-0. 골격근의 구조와 기능 : (1) 근다발·근섬유·근원섬유·근원세사* *(2) 근형질세망(칼슘이온)-트로포닌* 15. 골격근 수축 단계·근수축 과정·근세사활주설·스위닝 레버-암 모델 *16-0. 골격근·심장근·내장근 - 근육의 구조와 기능적 특징* 16. 골격근 섬유 : (1)$FT_b(FT_x)$ **Type II$_b$·FT$_a$ Type II$_a$·ST Type I**의 특성 　(2)유산소 트레이닝(지근 $^{미·마·모·산화효소}$) 17. 근수축의 형태 : (1)등척성, 　(2)등장성[①단축성concentric · ②신장성eccentric], (3)등속성 18. 골격근 수축의 원리 　1) 근육수축과 근력의 발휘 　2) 근력 결정 요인(근력 조절 기전) 　3) 파워-속도 / 힘-속도의 상관관계 19. 근피로 및 근통증 20. 저항성 트레이닝

※ 시험이 시작되기 전까지 표지를 넘기지 마시오.

2020년 대비 VZONExam(08.17~18) 5회 모의고사

체 육

최규훈

운동생리학1

수험번호 : (   )   성 명 : (   )

| 1차 시험 | 2교시 전공A | 10문항 40점 | 시험 시간 60분 |

○ 문제지 전체 면수가 맞는지 확인하시오.
○ 모든 문항에는 배점이 표시되어 있습니다.

1. 다음은 스포츠 영양학에 대한 자료의 일부이다. <작성 방법>에 따라 순서대로 서술하시오. [4점]

- 운동선수들이 섭취한 (㉠)는 간이나 근육에 글리코겐 형태로 저장된다.
- (㉡)는 중성지방의 형태로 지방조직과 골격근 등에 저장된다. 중성지방은 리파아제(lipase)에 의해 지방산과 글리세롤(glycerol)로 분해된다.
- 운동강도가 증가함에 따라 에너지 생산을 위한 주연료는 (㉡)에서 (㉠)으로 전환된다.
- 운동선수의 영양상태 개선을 위한 보조제로 사용되는 지용성 비타민은 A, D, E, K이다. 비타민 B_1 결핍 시에는 아세틸 조효소A(acetyl-CoA)로 전환되지 못한 피루브산(pyruvate)이 증가하여 젖산 증가의 원인이 된다.
- (㉢)은 인체 내 가장 풍부한 무기질이다. 인과 (㉢)은 함께 골격과 치아조직을 형성하는 주성분이다. 고강도 운동을 지속적으로 하면 (㉢)의 배출량이 증가하므로 (㉢)의 영양상태가 불량해질 수도 있다.
- 장시간 저강도 운동 중 지방대사에 참여하여 유산소성 능력을 향상시키는 물질은 (㉣)이다.
- 스포츠음료는 운동 중 에너지원과 혈당 유지를 위하여 (㉠)를 공급한다. 혈장량 유지와 탈수 예방에 도움이 된다. 수분 균형을 조절하고 손실되는 전해질을 보충한다.

— <작성 방법> —
○ 괄호 안의 ㉠~㉣에 해당하는 영양소·조절소 및 물질을 각각 제시할 것.

2. 다음은 에너지 시스템(ATP 생성 체계)에 대한 자료의 일부이다. <작성 방법>에 따라 순서대로 서술하시오. [4점]

(가)
- (ⓐ) 시스템은 순간적인 고강도 운동을 위한 주요 에너지 시스템이고, 운동 시작 시기에 가장 빠르게 에너지를 생산하는 방법이다. 역도, 높이뛰기, 20m 달리기 등에 사용되는 주요 에너지 시스템이다.
- 운동 시 해당작용$^{(glycolysis)}$의 속도제한효소$^{(rate-limiting\ enzyme)}$인 포스포프룩토키나아제$^{(phosphofructokinase,\ PFK)}$의 활성을 높이는 요인은 시트르산염(citrate) 감소, ADP (ⓑ), pH 증가, H^+ 감소이다.

(나)
<축구선수들의 경기 중 신체에서 생성되는 젖산>
① 피루브산의 환원에 의해서 생성된다.
② 젖산은 (ⓒ)를 통해서 에너지원으로 재사용된다.
③ 고강도 운동이 지속될수록 근육 내 젖산생성이 증가한다.
④ 무산소성 대사과정에서 포도당이 분해될 때 생기는 최종 산물이다.

(다)

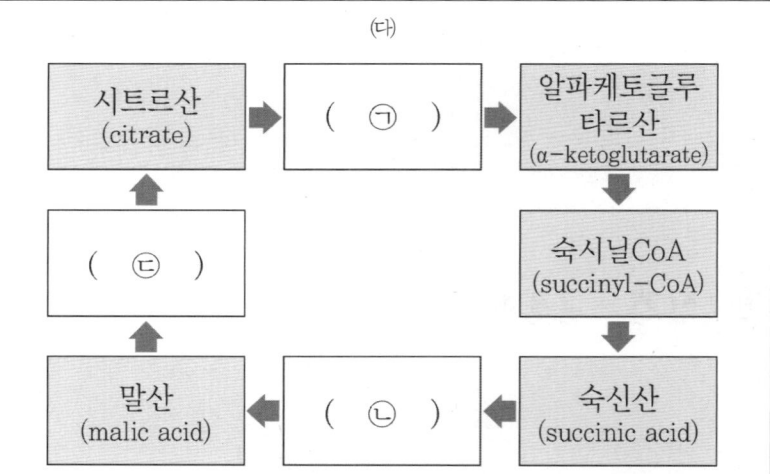

— <작성 방법> —
○ (가)에서 괄호 안의 ⓐ, ⓑ에 해당하는 용어를 각각 제시할 것(단, 괄호 안의 ⓑ는 '증가' 또는 '감소'로 제시함).
○ (나)에서 괄호 안의 ⓒ에 해당하는 용어를 제시할 것.
○ 크렙스회로(Krebs cycle) 관련 화합물의 작용 순서에 근거하여, (다)에서 괄호 안의 ㉠·㉢에 해당하는 용어를 각각 제시할 것(단, ㉡을 쓰면 틀린 것으로 채점함).

3. 다음은 에너지·운동 대사에 대한 자료의 일부이다. <작성 방법>에 따라 순서대로 서술하시오. [4점]

- 장시간의 사이클 운동 시 동원되는 에너지 대사에서 유리지방산이 (㉠)으로 되는 과정을 베타산화(β-oxidation)라고 한다.
- 운동 후 초과산소섭취량(Excess Post-exercise Oxygen Consumption : EPOC)이 발생하는 원인은 ㉡운동 중 증가한 혈압 감소, 운동 중 증가한 젖산 제거, 운동 중 증가한 체온 저하, 카테콜라민 농도의 증가 등이다.
- ㉢운동강도와 운동시간에 따라 에너지 생성에 동원되는 기질의 변화
  ① 고강도 운동(85%VO₂max) 시 근글리코겐 이용 비율은 혈당의 이용 비율보다 높다.
  ② 저강도 운동(25%VO₂max) 시 혈장 유리 지방산이 지방의 주원료로 사용되나, 중고강도 운동(65~85%VO₂max) 시 근중성지방의 이용 비율과 혈장유리지방산의 이용 비율은 비슷한 수준이다.
  ③ 장시간 최대하 운동 초기에는 근육에 의해 대사된 탄수화물의 대부분은 당원에서 생성된다.
  ④ 최대하 운동이 장시간(1시간 이상) 지속될 경우 혈장 유리지방산의 이용 비율은 중성지방의 이용 비율보다 높다.
- ㉣고강도 운동 중 젖산역치(LT)가 발생하는 원인은 ①근육 내 산소량 감소, ②속근섬유 사용률 증가, ③코리사이클(cori cycle) 증가, ④무산소성 해당과정 의존율 증가 등이다.

─── <작성 방법> ───
○ 괄호 안의 ㉠에 해당하는 용어를 쓰고, 운동 후 초과산소섭취량(Excess Post-exercise Oxygen Consumption : EPOC)에 근거하여 밑줄 친 ㉡과 관련된 영역의 명칭을 제시할 것.
○ 밑줄 친 ㉢의 ①~④ 중 옳지 않은 1가지를 골라 바르게 수정하여 기술할 것.
○ 밑줄 친 ㉣의 ①~④ 중 옳지 않은 1가지를 골라 바르게 수정하여 기술할 것.

---

4. 다음은 에너지·운동 대사 및 내분비계에 대한 자료의 일부이다. <작성 방법>에 따라 순서대로 서술하시오. [4점]

(가)

호흡교환율(RER) = 0.8

① 산소 소비량이 이산화탄소 생성량보다 많다.
② 에너지 대사의 주 연료로 지방을 사용하고 있다.
③ VO₂max 80% 이상의 고강도 운동을 수행하고 있다.
④ 에너지대사의 연료로 탄수화물은 전혀 사용되지 않고 있다.

(나)
<내분비계의 특성>
① 혈장 호르몬 농도는 세포 수준에서의 효과를 결정하는 중요한 요인이다.
② 내분비계는 선(분비샘, gland), 호르몬, 목표기관 또는 수용 기관으로 구성된다.
③ 호르몬은 화학적인 구조에 따라 펩티드호르몬, 스테로이드호르몬, 아민호르몬으로 분류된다.
④ 부신피질은 알도스테론, 코티솔, 에피네프린을 분비한다.

<운동에 대한 호르몬의 반응>
⑤ 운동 시 성장호르몬의 분비량은 모든 연령에서 비슷하게 나타난다.
⑥ 알도스테론은 스테로이드성 호르몬으로 운동 중 체액과 전해질 조절에 중요한 역할을 한다.
⑦ 카테콜라민 분비는 운동강도에 영향을 받지만, 연령에 따른 차이는 나타나지 않는다.
⑧ 테스토스테론은 남성과 여성 모두 분비되며 저항성 운동 시 증가되는 경향이 나타난다.

(다)
- (㉠)는 운동 시 부신수질로부터 분비가 증가된다. 간과 근육의 글리코겐 분해를 촉진시킨다. 심박수와 심근의 수축력을 증가시킨다.
- 테니스선수의 근력 트레이닝으로 증가되는 근육합성에 긍정적인 영향을 미치는 주된 인자로 뇌하수체 전엽에서 분비되는 (㉡)가 있다.

─── <작성 방법> ───
○ (가)의 ①~④에서 옳은 것을 모두 골라 제시할 것.
○ (나)의 ①~④에서 옳지 않은 1가지를 골라 쓰고, 바르게 수정할 것.
○ (나)의 ⑤~⑧에서 옳은 것을 모두 골라 제시할 것.
○ (다)에서 괄호 안의 ㉠·㉡에 해당하는 호르몬의 명칭을 각각 제시할 것.

5. 다음은 혈당 조절과 수분·전해질의 균형에 대한 자료의 일부이다. <작성 방법>에 따라 순서대로 서술하시오. [4점]

(가)

<이자(췌장, pancreas)에서 분비되는 혈당 조절 호르몬>

- (㉠)은 혈당 저하 시 글리코겐과 중성지방의 분해를 증가시켜, 혈당을 높여주는 역할을 한다.
- (㉡)는 혈당 증가 시 세포 안으로 포도당 흡수를 촉진하여, 혈당을 낮추는 역할을 한다.

<제2형 당뇨병 환자의 혈당 조절을 위한 생활습관 및 약물복용>

① 소근육 위주의 운동보다는 전신운동을 권장한다.
② 저혈당을 예방하기 위해 혈당수준에 따라 운동 전·후 추가적인 탄수화물 섭취를 권장한다.
③ 탄수화물 대사의 이상으로 지질대사가 증가하므로 고지방 식이를 섭취하도록 권장한다.
④ 경구혈당강하제는 췌장에서 (㉡) 분비를 촉진하거나 (㉡) 민감도를 높여주는 역할에 따라 복용 시기가 달라진다.

(나)

- 운동 시 뇌하수체에서 분비되어 체수분 평형을 조절하는 호르몬은 (㉢)이다.
- 혈압과 세포외액의 부피를 조절하는 내분비계 경로

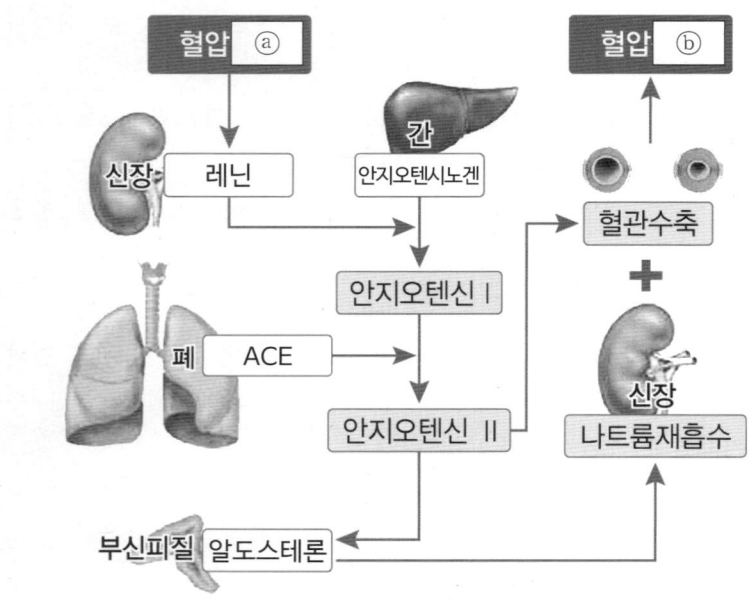

※ 레닌: renin, ACE: angiotensin converting enzyme, 안지오텐시노겐: angiotensinogen
안지오텐신 I: angiotensin I, 안지오텐신 II: angiotensin II, 알도스테론: aldosterone

─── <작성 방법> ───
○ (가)에서 괄호 안의 ㉠·㉡에 해당하는 호르몬의 명칭을 각각 쓰고, ①~③에서 옳지 않은 1가지 골라 제시할 것.
○ (나)에서 괄호 안의 ㉢에 해당하는 호르몬의 명칭을 쓰고, 네모 안의 ⓐ·ⓑ에 '증가' 및 '감소'를 각각 제시할 것.

6. 다음은 내분비계와 신경계에 대한 자료의 일부이다. <작성 방법>에 따라 순서대로 서술하시오. [4점]

(가)
스트레스 자극에 대하여 대응 또는 안전하게 도망치려고 하는 단계로 심박수가 증가되고 호흡이 빨라지는 신체반응이 나타난다.

(나)
- 신경계는 중추신경계(CNS)와 말초신경계(PNS)로 구분된다.
- 말초신경계 중, 자율신경계(autonomic nervous system)는 '흥분성'의 (㉠)과 '억제성'의 (㉡)으로 구분된다.
- 운동뉴런의 세포체는 척수 내에 위치하고, 축삭은 신경정보를 전달할 근육과 연결되어 있다.

(다)
- 성인 체중의 약 60%는 수분으로 이루어져 있으며, 이중에서 약 2/3는 세포내액에, 나머지 약 1/3은 세포외액에 존재한다. 안정 시 세포외액에서 많은 양이온은 (㉢)이온이며, 세포내액에서 많은 양이온은 (㉣)이온이다.
- 신경전달물질과 시냅스
  ① 신경전달물질 중 아세틸콜린(acetylcholine)은 억제성과 흥분성 전위에 모두 관여한다.
  ② 아세틸콜린이 시냅스후 신경(post-synaptic neuron)의 수용체와 결합하면 세포 바깥쪽 칼륨이 신경이나 근육세포 안으로 들어간다.
  ③ 억제성 시냅스후 전위(IPSP)는 아세틸콜린에스테라아제(acetylcholinesterase)의 작용에 의해 발생한다.
  ④ 흥분성 시냅스후 전위(EPSP) 수와 억제성 시냅스후 전위 수의 비율에 따라 흥분성, 억제성 신경전달이 나타난다.

─── <작성 방법> ───
○ Hans Selye의 스트레스에 대한 일반적응 증후군(GAS) 단계에 근거하여 (가)의 다음 단계의 명칭을 제시할 것.
○ (나)·(다)에서 괄호 안의 ㉠~㉣에 해당하는 용어를 각각 제시할 것.
○ 밑줄 친 부분에 한정하여, (다)의 ①~④에서 옳지 않은 2가지를 골라 바르게 수정할 것.

7. 다음은 신경·근골계에 대한 자료의 일부이다. <작성 방법>에 따라 순서대로 서술하시오. [4점]

(가)

<도피반사(withdrawal reflex)>
① 고통의 원인으로부터 빠르게 사지를 회피하기 위해 발생하는 무조건(무의식적) 반사(non-conditioned reflex)이다.
② 수용체의 감각 신호가 반사궁(reflex arc)을 거쳐 상위중추로 전달됨으로써 유발된다.
③ 도피반사에 의해 오른 팔꿈치 관절의 굴곡이 일어나는 동안 동시에 왼 팔꿈치 관절이 신전하는 상호억제(reciprocal inhibition)가 일어난다.
④ 도피반사로 인해 굽힘근(굴곡근, flexor)이 수축하면, 길항근인 폄근(신전근, extensor)에서는 (ⓐ)가 발생한다.

(나)
- (㉠)는 골격근에서 발견되고, 근육의 길이를 감지한다. 근육의 급격한 신전 시 반사적 근육활동을 촉발시킨다.
- (㉡)는 ①장기(organ) 보호·②칼슘 저장·③혈액세포 생성의 기능을 수행하고, 근육은 ④열(heat) 생산을 한다.

(다)

<근수축 과정>
① 근육세포의 활동전위(action potential) 발생
② ATP 분해에 따른 근세사 활주 시작
③ 축삭 종말에서 아세틸콜린(ACh) 방출
④ 근형질세망(SR)에서 칼슘이온(Ca^{2+}) 분비

<작성 방법>
- (가)의 ①~③에서 옳지 않은 1가지를 골라 쓰고, 괄호 안의 ⓐ에 해당하는 용어를 제시할 것.
- (나)에서 괄호 안의 ㉠·㉡에 해당하는 용어를 각각 제시할 것.
- 근수축 과정의 단계에 근거하여, (다)의 ①~④를 순서대로 바르게 나열할 것.

8. 다음은 근수축의 형태에 대한 자료의 일부이다. <작성 방법>에 따라 순서대로 서술하시오. [4점]

(가)
- 저항성 트레이닝 수행 시 근육의 수축속도가 0 °/sec 형태는 (㉠) 수축(contraction) 운동이다.
  ① 근수축 시 근육 길이의 변화가 없다.
  ② 훈련된 관절 각도에 근력 향상이 나타난다.
  ③ 장소에 구애받지 않고 장비 없이 실시할 수도 있다.
  ④ 근력손실 및 근육 위축 시 재활운동으로 빈번히 처방된다.
- (㉡) 수축(contraction) 운동은 관절각의 변화가 일정한 각속도로 이루어지는 동적 근수축으로 재활 마지막 단계에서 사용된다.
- (㉢) 수축(contraction) 운동은 근육의 길이가 변화하는 동적 운동이다.

(나)
① 관절각도의 변화 없이 장력 발생
② 관절각도에 따라서 발휘되는 근육의 장력 변화
③ 관절의 전 운동범위에서 동일한 움직임 속도 유지
④ 관절의 전 운동범위에서 정해진 속도로 최대근력 운동 가능

<작성 방법>
- (가)에서 괄호 안의 ㉠·㉡·㉢에 해당하는 근수축의 형태를 각각 제시할 것.
- (나)의 ①~④에서 가장 빈도가 높은 근수축의 형태를 쓰고, 그 동그라미 번호를 모두 제시할 것.

9. 다음의 (가)·(나)는 근력 결정 요인이고 (다)는 근피로에 대한 자료의 일부이다. <작성 방법>에 따라 순서대로 서술하시오. [4점]

(가)
- 근력 향상에 영향을 주는 요인
  - 동원되는 운동단위 수의 증가
  - α-운동뉴런의 신경 자극 전달 증가
  - ㉠근비대에 의한 근섬유 횡단면적의 증가
  - (㉡) 등에 의한 자가 억제 감소
- 근력 수준에 영향을 미치는 요인은 ①근섬유 비율, ②근육 횡단면적, ③운동단위 수 등이다.

(나)
〈운동단위(motor unit)〉
① 하나의 운동신경과 그 신경에 의해 지배되는 근육섬유들로 정의된다.
② 운동신경에 연결된 근섬유 수가 많을수록 큰 힘을 내는데 유리하다.
③ 자극비율(innervation ratio)이 낮은 근육은 정교한 움직임에 적합하다.
④ 단시간 고강도 운동 수행 시에는 크기원리(size principle)에 대한 예외가 발생한다.

(다)
〈근피로〉
- 운동 시 동원되는 운동단위 수의 (ⓐ)
- 장시간 지속적인 운동 시 활동하는 근섬유 내 글리코겐 양의 (ⓑ)
- 단시간 최대운동 시 산소 결핍 및 혈중과 근육의 젖산 (ⓒ)
- 신경근연접(neuromuscular junction)에서 운동신경세포로부터 근섬유로의 신호 전달 (ⓓ)

─── <작성 방법> ───
○ (가)에서 밑줄 친 ㉠ 이외의 기전 1가지를 쓰고, 괄호 안의 ㉡에 해당하는 용어를 제시할 것.
○ (나)의 ①~④에서 옳지 않은 것을 모두 골라 제시할 것.
○ (다)에서 괄호 안의 ⓐ~ⓓ에 들어갈 '증가' 또는 '감소' 중 빈도가 높은 것을 쓰고, 그 개수를 아라비아숫자로 제시할 것.

---

10. 다음은 지연성 근육통(delayed onset muscle soreness) 및 저항성 트레이닝에 대한 자료의 일부이다. <작성 방법>에 따라 순서대로 서술하시오. [4점]

(가)
① 지연성 근육통은 일시적인 칼슘 항상성의 변화를 동반한다.
② 근통증 감각은 C신경섬유와 Aβ신경섬유가 전달한다.
③ 근육의 신장 정도(% strain)와 지연성 근육통의 크기는 반비례한다.
④ 등척성(isometric) 수축 후 발생하는 지연성 근육통의 크기는 신장성 수축에 의한 것보다 작다.

(나)
문1. 체중 115kg, 나이 25세, 체지방률 30%인 대학 씨름선수는 스쿼트 1RM 측정에서 중량 100kg을 최대 노력하여 7회 반복하였다. 아래의 공식을 이용하여 씨름선수의 스쿼트 80%RM을 제시할 것.

- $1RM = W_0 + W_1$
- $W_1 = W_0 \times 0.025 \times R$
- $W_0 =$ 최대 노력한 중량, $R =$ 반복횟수

답 (㉠)kg

문2. 아래 <표>를 이용하여, 대상자가 최대근력(1RM)의 50~60% 운동강도로 근력운동을 하고자 할 때 가장 적절한 중량의 범위를 제시할 것.

〈반복 횟수와 최대근력 백분율 표〉

최대 반복 횟수(RM)	1	2	3	4	5
최대근력 백분율(%)	100	95	93	90	87
최대 반복 횟수(RM)	6	7	8	9	10
최대근력 백분율(%)	85	83	80	77	75

- 성별 : 남성
- 체중 : 70kg
- 실시한 벤치프레스 중량 : 50kg
- 최대 반복 회수 : 8회

답 (㉡) ~ (㉢)kg

─── <작성 방법> ───
○ (가)의 ①~④ 중 옳은 것을 모두 골라 제시할 것.
○ (나)의 ㉠, ㉡·㉢에 해당하는 숫자를 각각 제시할 것.

<수고하셨습니다.>

2020년 대비 VZONExam(08.17~18) 5회 모의고사

체 육

최규훈

운동생리학2

1차 시험	3교시 전공B	10문항 40점	시험 시간 60분

Ⅳ. 호흡·순환계 및 환경	⑤ 호흡계	21-0. 호흡계의 구조 및 호흡의 단계, 호흡역학(흡기와 호기-보일의 법칙-호흡근), 폐용적과 폐용량, 강제호기량(1초율=1초강제폐활량비율=1초강제호기량비율=FEV1), 최대 수의적 환기량(MVV), 환기능력과 관련된 고려사항
		21. 폐포환기와 사강환기
		22. 가스의 운반 1) 산소의 운반 2) 이산화탄소의 운반 형태
		23. 환기량의 변화 및 호흡조절 중추
		24. 환기량과 무산소성 역치
	⑥ 순환계	25-0. 심혈관계 : (1)심장의 구조와 기능 (2)폐순환·체순환, (3)혈액
		25. 심장
		26. 최대산소섭취량 = 최대심박출량 × 최대동정맥산소차
		27. 1회박출량
		28. 심박수 1) THR(목표심박수·운동시 항정상태 심박수) 2) 심박수의 조절 : 교감신경·부교감신경, 아세틸콜린, 카테콜라민 3) 심박수 변이 : 심장박동 사이의 시간변화(R-R 시간 간격) 4) 예비산소섭취량 = 목표산소섭취량
		29. 혈류 재분배 - 활동근육 혈관 확장, 비활동근육 혈관 수축
		30. 혈류, 저항, 압력 간의 상관관계 - 공식
		30-I. 중강도 운동 중 심혈관 변화
		31. 심근산소요구량^{DP}(혈압-심박수 지수^{RPP}) = 수축기 혈압^{SBP} × 심박수^{HR}
		32. 장시간^{고온} 운동 - 심혈관 유동(CO 일정, HR ↑, SV ↓)
		33. 전신지구력 향상 트레이닝 방법
		34. 유산소성 트레이닝을 통한 골격근·순환계의 효과
		34-1. 지구력훈련과 운동중단
		35. 준비운동·정리운동
		36. 산-염기 조절에 관여하는 완충계
	⑦ 체온조절과 환경	37-0. 체온조절 : 0)부적피드백, 1)열생성과 열손실, 2)운동 중 신체의 열 저장
		37. 고온 환경에서의 생리적 반응과 열순응
		37-1. 열 관련 장애와 안전^{예방} 지침 : 1)열질환^{열손상}의 유형, 2)안전^{예방} 지침
		37-2. 저온 환경에서의 생리적 반응과 순응
		38. 고지 환경에서의 생리적 반응과 고지순응
		38-1. 수중 환경에서의 생리적 반응과 순응 / 수중 트레이닝

※ 시험이 시작되기 전까지 표지를 넘기지 마시오.

1. 다음은 호흡·순환계에 대한 자료의 일부이다. <작성 방법>에 따라 순서대로 서술하시오. [4점]

- 운동 시 폐포와 폐모세혈관 사이에서의 산소교환율을 증가시키는 직접적인 원인은 (㉠)의 낮은 산소량이다.
- 운동 시 산소 운반과 산소포화도(%O₂ saturation)
  ‣ 산소분압이 20mmHg일 때, (㉡)의 산소포화도는 (㉢)의 산소포화도보다 높다.

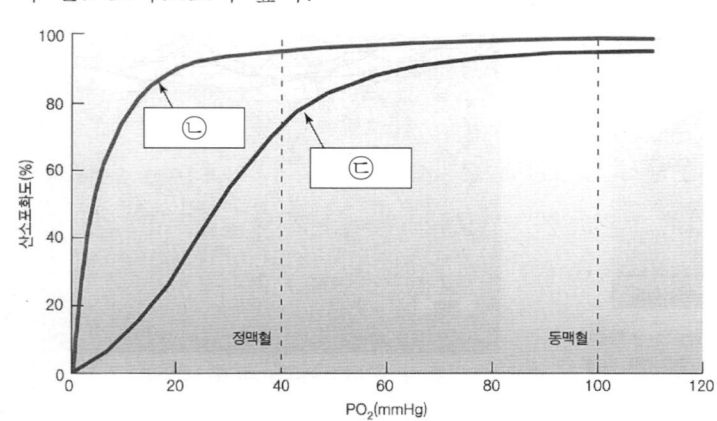

  ‣ 산소분압이 40mmHg일 때, pH 7.45보다 pH 7.35의 헤모글로빈 산소포화도가 더 (㉣).
  ‣ 폐조직 내 가스 교환 직후 동맥혈 산소분압은 약 100mmHg이다.
  ‣ 산소분압이 40mmHg일 때, 혈액 온도가 37℃일 때 보다 42℃일 때 헤모글로빈 산소포화도가 더 (㉣).
- 혈액 내 산소운반 물질은 (㉢)이고, (㉡)은 골격근과 심장근에서 볼 수 있는 산소와 결합하는 단백질로서 근육세포막에서 미토콘드리아로 산소를 운반하는 역할을 한다.

<작성 방법>
○ 괄호 안의 ㉠에 해당하는 혈관의 명칭을 제시할 것.
○ 괄호 안의 ㉡과 ㉢에 해당하는 단백질의 명칭을 각각 제시할 것.
○ 괄호 안의 ㉣에 '높다' 또는 '낮다'를 제시할 것.

2. 다음은 호흡·순환계에 대한 자료의 일부이다. <작성 방법>에 따라 순서대로 서술하시오. [4점]

- 운동 중 호흡조절 중추의 신경자극
  ① 운동 중 관절, 힘줄 및 근육의 말초수용체로부터 호흡조절 중추로의 정보 전달이 나타난다.
  ② 근육 내 화학수용체는 칼륨(K⁺)과 수소이온(H⁺)의 농도 변화에 반응하여 호흡조절중추에 정보를 보낸다.
  ③ 심장의 우심실에 있는 기계적 수용체는 정보를 호흡조절 중추로 보내 운동 중 심박출량을 증가시킨다.
  ④ 동맥의 산소 분압 증가는 중추화학수용체와 경동맥 소체를 자극하여 환기량을 증가시킨다.

- 순환계의 구조와 기능
  ⑤ 순환계는 산소와 영양소를 조직에 전달하고, 체온을 조절한다.
  ⑥ 정상상태에서 심장주기를 조절하는 박동기를 방실결절(AV node)이라고 한다.
  ⑦ 운동 중 근육 혈류량은 산화질소, 아데노신 등의 증가에 의해 자율조절 된다.
  ⑧ 혈류에서 가장 큰 혈관 저항이 일어나는 곳은 세동맥(arteriole)이다.

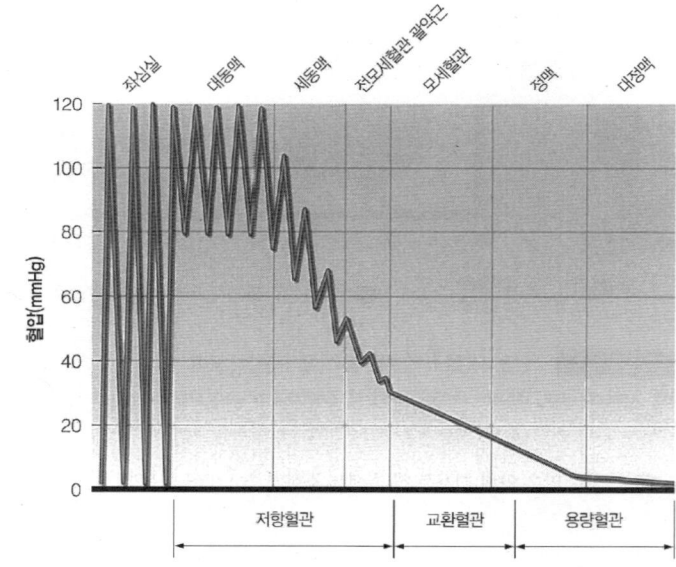

<작성 방법>
○ ①~④ 중 옳지 않은 1가지를 골라 쓰고, 바르게 수정하여 기술할 것.
○ ⑤~⑧ 중 옳지 않은 1가지를 골라 쓰고, 바르게 수정하여 기술할 것.

3. 다음은 최대산소섭취량의 결정요인에 대한 자료의 일부이다. <작성 방법>에 따라 순서대로 서술하시오. [4점]

- 최대산소섭취량(VO₂max)
  ① 최대환기량과 반비례한다.
  ② 상대값의 단위는 ml/kg/min이다.
  ③ 최대심박출량과 최대동정맥산소차로 산출된다.
  ④ 심혈관질환자의 예후(prognosis)를 알 수 있는 지표에 포함된다.
- 1회박출량은 심실이 수축할 때 배출되는 혈액의 양이다.

1회박출량$^{(SV)}$ = 확장기말 혈액량$^{(EDV)}$ - 수축기말 혈액량$^{(ESV)}$

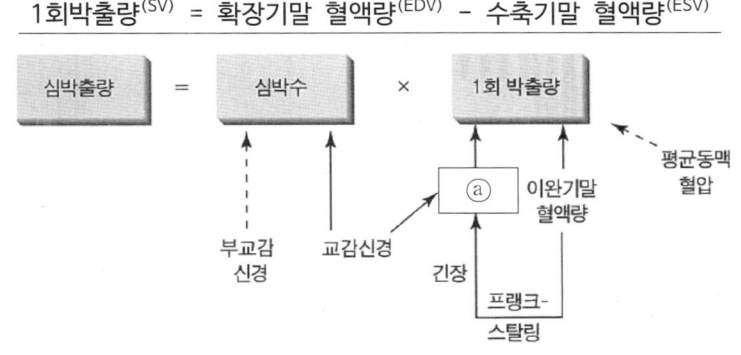

- 흉곽 내부 압력의 (㉠)는 흡기를, (㉡)는 호기를 유발시킨다. 이를 통해 복강의 압력을 변화시켜 심장으로 향하는 정맥혈회귀$^{(venous\ return)}$를 증가시키는 것을 (㉢)라고 한다.

―――――― <작성 방법> ――――――
○ ①~④ 중 옳지 않은 1가지를 골라 쓰고, 바르게 수정하여 기술할 것.
○ 네모 안의 ⓐ에 해당하는 용어를 제시할 것.
○ 괄호 안의 ㉠ㆍ㉡에 '증가' 또는 '감소'를 쓰고, 괄호 안의 ㉢에 해당하는 용어를 제시할 것.

4. 다음은 건강한 성인 남성의 운동부하검사에 대한 심박수 및 혈압 반응에 대한 자료의 일부이다. <작성 방법>에 따라 순서대로 서술하시오. [4점]

문 제시된 대상자의 목표심박수를 제시할 것.
- 신장 : 180cm • 체중 : 80kg • 나이 : 40세
- 안정 시 심박수 : 60회/분
- 운동강도 : 50~70% HRR

답 (㉠) ~ (㉡) 회/분

- 혈압의 변화
▸ 안정시 정상 혈압은 각각 120mmHg와 80mmHg이며, 수축기혈압과 이완기혈압의 차이를 맥압(pulse pressure)이라고 한다.
▸ ⓐ동적 지구성 활동 중 혈압은 감소하겠지만, 실제로는 수축기 혈압이 크게 상승하게 되는데, 그것은 운동과 함께 동시적으로 심박출량이 크게 증가되기 때문이다. 동적 운동 중 이완기 혈압은 보통 변화가 없거나, 약간 상승 또는 저하하는 양상을 보인다. 그것은 수축기 혈압이 주로 (ⓑ)의 영향을 받는 반면, 이완기 혈압은 (ⓒ)의 저항에 의해서 조절되기 때문이다.

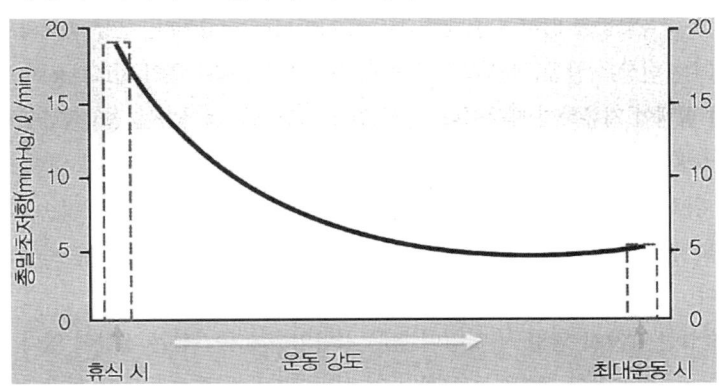

▸ 동적인 운동 중에서도 팔과 같은 소근육운동이 다리와 같은 대근육운동에 비해 더 높은 혈압상승을 초래한다. 그 이유는 소근육운동은 대근육운동에 비해 혈류저항의 감소 폭이 적기 때문이다.

―――――― <작성 방법> ――――――
○ 괄호 안의 ㉠, ㉡에 해당하는 숫자를 각각 제시할 것.
○ 밑줄 친 ⓐ의 이유(기전)를 기술할 것.
○ 괄호 안의 ⓑ와 ⓒ에 해당하는 용어를 각각 제시할 것.

5. 다음은 점진적 최대운동 시 혈압 변화에 대해 교사와 학생이 나눈 대화의 일부이다. <작성 방법>에 따라 순서대로 서술하시오. [4점]

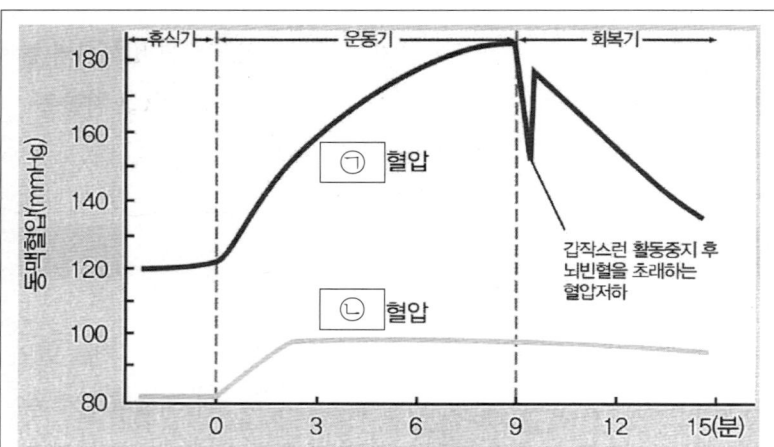

최 교사 : 위의 그래프는 탈진상태까지 지구성 운동을 수행할 때 (㉠) 혈압의 변화를 나타낸 것으로 운동 종료 직후 혈압이 급격히 하락하는 현상을 보여주고 있단다. 이는 선 자세에서의 운동시 운동종료와 동시에 근육활동을 일시에 중단한 경우에 나타나는 현상이지. 운동종료와 동시에 혈압이 급격히 저하되는 이유를 아는 사람 있을까?

희 식 : 활동근육부위의 정맥혈관에 대한 <u>근수축의 펌프작용</u>이 중단되고, 확장된 혈관 내에 혈액이 저류하기 때문이에요. 그로 인해 심장으로 돌아가는 <u>정맥환류혈량</u>이 감소되고, 이어서 심박출량의 급격한 감소로 뇌빈혈 현상(cerebral anemia)이 초래되지요.

최 교사 : 뇌혈류 부족으로 인한 졸도 등의 위험을 방지하기 위해서는 주운동이 종료된 후 어떻게 해야 할까?

재 훈 : 수 분간 가벼운 정리운동을 지속하는 것이 바람직합니다. 운동 후 회복기에 정리 운동을 하는 것이 급작스러운 혈액 환류 감소를 예방합니다.

최 교사 : 완전히 탈진되어 가벼운 운동조차 행할 수 없다면 어떻게 해야 할까?

정 무 : 뇌빈혈을 방지하기 위해 누운회복(supine recovery)보다 동적회복(active recovery)을 실시해야 합니다.

— <작성 방법> —

○ 그래프에서 네모^{괄호} 안의 ㉠, ㉡에 해당하는 용어를 각각 제시할 것.
○ 희식이의 대화 중 밑줄 친 부분에 근거하여, 운동 중에 골격근이 수축할 때 혈액 역류를 막아 심장으로의 혈액 환류를 도와주는 기관의 명칭을 제시할 것.
○ 3명의 학생(희식·재훈·정무) 중 <u>잘못</u> 설명한 학생의 이름을 쓰고, 바르게 수정하여 기술할 것.

6. 다음은 심폐지구력 트레이닝의 방법에 대한 자료의 일부이다. <작성 방법>에 따라 순서대로 서술하시오. [4점]

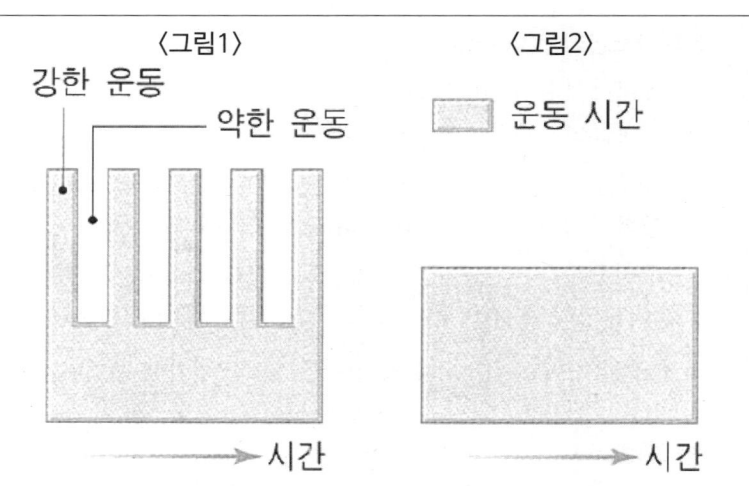

• (㉠) 트레이닝은 스피드 플레이로 부르기도 하고, 언덕이 많은 자연 지형을 이용하여 스스로 페이스를 조절하면서 장시간 실시하는 심폐지구력 트레이닝이다.
• (㉡) 트레이닝은 실제 경주 거리보다 짧거나 긴 거리를 반복해서 달리는 트레이닝 방법으로 경기 지구력 또는 전문 지구력을 발달시키는 데 주로 이용된다.
• (㉢) 트레이닝은 실제 경주 거리를 달림으로써 ⓐ___ 지구력 및 ⓑ___ 지구력을 향상시키려는 목적으로 실시한다. 트레이닝 과정을 3등분하여 초반에는 실제 경주거리보다 짧은 거리를 레이스 페이스(race pace)로 반복하여 달리게 하고, 중반에는 경주거리보다 긴 거리를 유산소 지속달리기로 달리게 한다. 후반에는 실제 경주거리를 반복하여 달리게 한다.

— <작성 방법> —

○ <그림1>에 해당하는 트레이닝을 ㉠·㉡·㉢에서 모두 골라 그 명칭과 함께 제시할 것.
○ <그림2>에 해당하는 트레이닝을 ㉠·㉡·㉢에서 모두 골라 그 명칭과 함께 제시할 것.
○ ⓐ와 ⓑ에 해당하는 지구력의 유형을 각각 제시할 것(단, 순서는 무관함).

7. 다음은 유산소성 트레이닝을 통한 골격근·순환계의 효과에 대한 자료의 일부이다. <작성 방법>에 따라 순서대로 서술하시오. [4점]

1) 장기간의 규칙적인 유산소 훈련에 따른 생리적 적응 현상
   ① 근섬유의 항산화 능력 향상
   ② 지근섬유의 속근섬유로의 전환
   ③ 근섬유의 미토콘드리아 밀도 증가
   ④ 최대하운동 중 지방대사 능력의 향상

2) 유산소성 트레이닝을 통한 근육 내 미토콘드리아의 변화
   ① 미토콘드리아 생성을 촉진하는 유전자의 발현이 증가한다.
   ② 미토콘드리아 기능이 향상되며 최대산소섭취량이 높아진다.
   ③ 미토콘드리아는 크기의 변화없이 수가 증가한다.
   ④ 전자전달계 효소 활성도가 높아져 산화적 인산화 능력이 향상된다.

3) 장기간의 심폐지구력 훈련 효과
   ① 근섬유의 모세혈관 밀도 증가
   ② 근섬유의 젖산 생성 감소
   ③ 환기역치 시점이 빠르게 나타남
   ④ 혈중 수소 이온 농도의 항상성 조절 능력 향상

―――――― <작성 방법> ――――――
○ 1)~3)의 ①~④ 중 옳지 않은 동그라미 번호를 모두 합한 값을 제시할 것.
○ 1)-②의 밑줄 친 부분 중 '피로에 대한 저항성이 큰 것'과 '피로도가 큰 것'을 각각 순서대로 제시할 것.
○ 3대 영양소의 '2)-④' 과정의 1단계는 아세틸조효소A(아세틸-CoA)의 생성이다. 2단계와 3단계를 각각 기술할 것.

8. 다음은 유산소성 트레이닝을 통한 골격근·순환계의 효과에 대한 자료의 일부이다. <작성 방법>에 따라 순서대로 서술하시오. [4점]

1) 규칙적인 신체활동에 의한 이점
   ① 안정 시 수축기 혈압의 감소
   ② 근육 내 중성지방 증가 및 혈관 내 중성지방 감소
   ③ 혈액 내 젖산축적 시점에 대한 운동역치 증가
   ④ 절대적 최대하 운동강도에서 심근산소소비량의 증가

2) 장기간의 규칙적 운동이 심혈관계에 미치는 영향
   ① 안정 시 이완기 혈압의 감소
   ② 고밀도지단백콜레스테롤(HDL-C) 감소
   ③ 동정맥산소차 증가
   ④ 안정 시 1회 박출량 증가

3) 운동 시 비훈련자의 심혈관계 변화
   ① 최대강도까지 운동강도에 비례하여 심박수 증가
   ② 최대강도까지 운동강도에 비례하여 심박출량 증가
   ③ 최대강도까지 운동강도에 비례하여 1회박출량 증가
   ④ 최대강도까지 운동강도에 비례하여 동정맥산소차 증가

―――――― <작성 방법> ――――――
○ 1)~3)의 ①~④ 중 옳지 않은 동그라미 번호를 모두 합한 값을 제시할 것.
○ 1)-④의 밑줄 친 부분에 영향을 주는 2가지 요인을 제시할 것.
○ 3)-①의 밑줄 친 부분에 영향을 주는 2가지 요인을 신경계와 내분비계에 근거하여 제시할 것.

9. 다음의 (가)는 준비운동과 정리운동이 신체에 미치는 효과이고, (나)는 체온조절과 환경에 대한 자료의 일부이다. <작성 방법>에 따라 순서대로 서술하시오. [4점]

(가)
- 준비운동
  ‣ 알파섬유의 활동 (   )   ‣ 신경자극 속도 (   )
  ‣ 근육의 혈류량 (   )   ‣ 관절운동범위 (   )
  ‣ 심박수와 호흡률 (   )
  ‣ 활동 근육으로 유입되는 혈액의 양 (   )
- 정리운동
  ‣ ⓐ젖산의 제거율 (   )

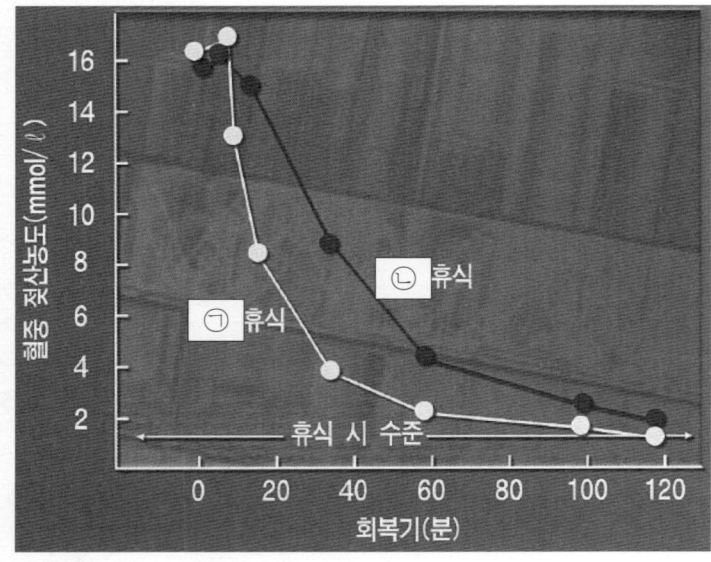

  ‣ 혈액 내 산·염기 평형 (   )

(나)
- 피부의 땀 증발에 영향을 미치는 요인은 환경온도, 신체주위의 대류, 상대습도, 환경에 노출된 피부표면적 등이다.
- <u>열순응에 의한 신체변화 요인</u>
  ① 혈장량 감소   ② 운동 중 빠른 땀 배출
  ③ 높은 발한능력   ④ 땀의 염분손실 감소
- 심부온도 41℃, 뜨겁고 붉은 피부, 높은 혈압 등은 (ⓑ)의 증상이다.

<작성 방법>
- (가)에서 괄호 안에 들어갈 '증가' 및 '감소' 중 빈도가 낮은 것을 쓰고, 그 빈도수도 함께 제시할 것.
- (가)에서 밑줄 친 ⓐ에 해당하는 휴식의 유형을 ㉠·㉡ 중에 골라 그 명칭과 함께 제시할 것.
- (나)에서 밑줄 친 부분의 ①~④ 중 <u>잘못된</u> 것을 1가지 골라 바르게 수정할 것.
- (나)에서 괄호 안의 ⓑ에 해당하는 열손상(heat injury)의 유형을 제시할 것.

<수고하셨습니다.>

10. 다음은 저항성 트레이닝에 대한 자료의 일부이다. <작성 방법>에 따라 순서대로 서술하시오. [4점]

(가)
- ㉠ 피검자는 1RM을 결정하기 위해 최대하 수준으로 몇 차례 반복하는 준비운동을 실시한다.
- ㉡ 더 이상 반복수행을 하지 못할 때까지 상체는 5~10%씩, 하체는 10~20%씩 지속적으로 증가시킨다.
- ㉢ 최초 중량은 피검자의 인지된 능력(50~70%) 내에서 선택한다.
- ㉣ 마지막으로 들어 올린 중량을 1RM으로 기록한다.

(나)
- 최대파워 향상을 위해서 세트 간 휴식 시간을 늘린다.
- 양(quantity) 보다 질(quality)이 중요하다.
- (ⓐ) 수축 후 (ⓑ) 수축 원리가 연속적으로 적용된다.
- 점진적 과부하의 원리가 적용된다.

(다)
1) 운동으로 인한 근육세포의 변화
  ① 장시간 지구성 훈련으로 인체 내 근육세포 증식(hyperplasia)이 활발히 일어난다.
  ② 저항성 운동은 세포 내 단백질 합성을 증가시켜 근비대를 촉진할 수 있다.
  ③ 운동 중 발생한 반응성산소종(reactive oxygen species)이 근섬유 비대를 유도하기도 한다.
  ④ 운동으로 인한 인산 및 에너지 수준의 변화는 AMPK(AMP activated protein kinase)와 같은 신호전달 단백질 발현을 자극한다.
2) 저항성 트레이닝에 의한 근육의 적응 효과
  ① 운동단위 동기화 향상
  ② 근섬유 횡단면적 감소
  ③ 운동 신경원 격발(motor neuron firing) 비율 향상
  ④ 액틴과 마이오신 필라멘트의 증가
3) 비만인을 위한 규칙적인 운동 효과
  ① 근육량(제지방) 증가 및 체지방 감소
  ② 기초대사량 감소
  ③ 심혈관 기능개선
  ④ 고밀도지단백콜레스테롤(HDL-C) 감소

<작성 방법>
- 최대근력 추정을 위한 1RM(repetition maximum)의 측정 순서에 근거하여 (가)의 ㉠~㉣을 바르게 나열하여 제시할 것.
- 플라이오메트릭 트레이닝(plyometric training)에 근거하여 (나)에서 괄호 ⓐ·ⓑ에 해당하는 근수축의 유형을 각각 제시할 것.
- (다)에서 1)~3)의 ①~④ 중 옳지 <u>않은</u> 동그라미 번호를 모두 합한 값을 제시할 것.

2020년 대비 VZONExam(08.24~25) 6회 모의고사

체 육

최규훈

운동생리학3

| 1차 시험 | 2교시 전공A | 10문항 40점 | 시험 시간 60분 |

V. 트레이닝·운동처방 및 건강교육

⑧ 건강·체력을 위한 트레이닝·운동처방	39-0. 트레이닝 : (1)트레이닝의 개념 및 목적, (2)트레이닝의 체계와 계획 **2018**
	39. 트레이닝·운동처방의 원리(체력운동의 기본 원리) : (1)특이성^{특수성}의 원리 **2018**, (2)과부하의 원리 vs 가역성의 원리 **2019**, (3)기타
	39-1. 과훈련 증후군(overtraining syndrome) **2018** **2019**
	40. 운동처방의 요소^{트레이닝의 구성요소} **2014** **2015** **2018** **2019** : (1)질적요소(운동형태·운동강도)
	(2)양적요소(운동시간·운동빈도·운동기간)
	41. 체력을 구성하고 있는 요소 **2018** **2019** : (1)방위체력·행동체력, (2)건강관련체력·운동기능관련체력
	41-1. 트레이닝의 주기화 **2018** **2019**
	(1) 주기화의 개념 및 원리 : 일반적응증후군이론^{GAS} (①경계경보 충격, ②보상저항, ③탈진^{부적응})
	(2) 국면별 트레이닝 : ①조직적응기, ②근비대기^{슬림짓부문·슈퍼세트}, ③최대근력기^{목적성·신장성}, ④파워 및 근지구력 전환기^{플라이오메트릭}, ⑤유지기, ⑥전이기
	(3) 트레이닝 사이클(장기·중기·단기)
	42. 체력 트레이닝의 방법 : (1)근력(근력·최대근력·근지구력·근파워 **2019**) **2018** **2019**, (2)심폐지구력 **2018** **2019**, (3)유연성(정적·동적·PNF) **2018** **2018** **2019**, (4)협응력(스피드·민첩성·평형성 **2018**), (5)기타
	43. 운동량과 반응곡선 : 신체활동량과 건강관련 효과 사이의 관계
	44-0. 체력의 측정 및 평가 **2018** **2019** (1)건강관련체력의 측정과 평가 : ①근력, ②근지구력, ③심폐지구력, ④유연성, ⑤신체조성^{신체구성}(체지방률)
	(2) 운동기능관련체력의 측정 및 평가 : ①평형성, ②순발력, ③민첩성, ④협응력, ⑤스피드 및 반응시간
	44. 심폐기능평가(최대운동부하검사의 판단기준) : %VO₂max·%HRmax·MET^{대사적 요구량}·RER^{호흡교환율}(1.15↑)·혈중젖산 농도(8mM↑)·RPE^{운동자각도}(19↑)·km/hr^{달리기속도} **2018** **2019** **2019**
⑨ 신체구성과 체중조절	45. 목표체중의 결정 = 제지방체중 / (1-목표체지방률) **2018** **2019**
	46. 신체구성 : (1)비만도 측정방법(수중체중측정법·신체질량지수^{BMI} **2019**·생체전기저항분석법^{BIA} **2019**·피부두겹법·WHR^{허리수영둘레}·컴퓨터단층촬영법^{CT}) **2018** **2019**
	(2)히스카터^{Heath-Carter}의 체형 분류법 **2019** - 셀돈^{Sheldon}(내배엽^{비만}·중배엽·외배엽^{마른})
	47. 체중조절 : (1) 에너지섭취량과 에너지소비량 **2017** **2019**
	(2) 비만 예방 및 해소 방법 **2016** **2017** **2018** **2019**
	48-0. 기능향상 보조제 / 운동수행능력과 제고 보조물과 스포츠 : 크레아틴^{글리신·아르기닌·메티오닌}, 카페인, L-카르니틴 **2018** **2019**
	48. 대사성 질환을 위한 운동처방 **2018** **2019** : 콜레스테롤(HDL-C·LDL-C), 당뇨병(인슐린) **2017**, 고혈압
	(0) 비만 (1) 고지혈증 (2) 심장병 (3) 당뇨병 (4) 고혈압 (5) 골다공증 (6) 호흡기질환 (7) 뇌질환 (8) 스트레스 (9) 대사증후군 (10) 기타 (11) 검사
⑩ 어린이, 노인, 여성의 운동	49-0. 어린이, 노인 **2018** **2019**
	49. 여성 : 신경성 거식증(anorexia nervosa)과 신경성 폭식증·대식증(bulimia nervosa) **2019**
⑪ 일, 파워, 에너지소비량, 효율성 측정	50. 일(운동량·작업량) kpm과 파워(운동강도) kpm/min **2019**
	51. 운동시 에너지소비량(kcal) = 운동시 산소소비량(L) × 5kcal/L **2018** **2019**
	52. 효율성(%) = (운동량 / 에너지 소비량) × 100
⑫ 면역계	52-1. 면역계 1) 선천적 면역체계(비특이적 저항) : (1)신체보호벽, (2)세포반응^{포식세포·자연살해세포}(백혈구^{호중구·호염기구·호산구})
	2) 후천적 면역체계(특이적 저항) : B세포^{림프구}·T세포^{림프구}
⑬ 보건론	1. 건강 : WHO 정의, 웰리스(Wellness) 영향 요인 **2018**
	2. 공중보건 : (1)법정전염병, (2)환경오염(대기)
	3. 소비자보건 : (1)흡연(니코틴·타르·일산화탄소), (2)알코올 **2018** **2019**
	4. 안전 : 운동상해 원인, 응급처치(순서·ABC·RICE·냉찜질·온찜질) **2018** **2019**
	5. 방어기제 - 투사

※ 시험이 시작되기 전까지 표지를 넘기지 마시오.

2020년 대비 VZONExam(08.17~18) 6회 모의고사

체 육

최규훈

운동생리학3

수험번호 : (   )   성 명 : (   )

| 1차 시험 | 2교시 전공A | 10문항 40점 | 시험 시간 60분 |

○ 문제지 전체 면수가 맞는지 확인하시오.
○ 모든 문항에는 배점이 표시되어 있습니다.

1. 다음의 ㈎는 운동훈련의 원리이고, ㈏는 과훈련(overtraining)에 의한 증상이다. <작성 방법>에 따라 순서대로 서술하시오. [4점]

> ㈎
> ㉠ 운동훈련에 의한 효과는 운동량이 일상생활 수준보다 높을 때 일어난다. 운동량은 운동의 빈도, 강도 또는 지속시간을 증가시킴으로써 늘릴 수 있다.
> ㉡ 규칙적인 운동을 실시한 후, 향상된 체력이 운동을 중단하였더니 원상태로 감소하였다.
>
> ㈏
> ① 운동 협응력 감소
> ② 안정 시 심박수와 수축기 혈압의 감소
> ③ 근육 글리코겐 분해능력 감소
> ④ 근력 생성 감소

<작성 방법>
○ ㈎의 ㉠·㉡에 해당하는 트레이닝의 원리를 각각 제시할 것.
○ ㈏의 ①~④ 중 옳지 않은 1가지를 골라 쓰고, 바르게 수정하여 기술할 것(단, 증가 및 감소에 한정함).
○ ㈏에서 밑줄 친 ①협응력·④근력에 해당하는 능력을 '행동체력'에 근거하여 각각 순서대로 제시할 것.

2. 다음은 운동처방의 요소와 체력의 구성 요소에 대한 자료의 일부이다. <작성 방법>에 따라 순서대로 서술하시오. [4점]

• 운동처방의 요소
  ▸ 운동 초보자의 심폐체력 단련 단계에서 가장 먼저 증가시켜야 할 트레이닝의 구성 요소(운동처방의 요소)는 (ⓐ)이다.
  ▸ 유산소 운동강도를 측정하는 요인으로 운동자각도, 심박수, 산소섭취량 등이 있다.
  ▸ 저항성 운동강도를 측정하는 요인으로 1RM이 있다.
• 체력을 구성하고 있는 요소
  ▸ 건강관련체력(health-related physical fitness) - ⓑ신체구성, 근력 및 근지구력, 심폐(전신)지구력, 순발력을 포함하는 체력이다.
  ▸ 창민이는 핸드볼 경기에서 ⓒ신체를 빠르게 움직여서 수비수를 따돌린 후에 골대를 향하여 ⓓ강력한 점프 슛을 시도하였다.
  ▸ '㉠' 체력요인에 가장 많은 영향을 받는 경기 종목

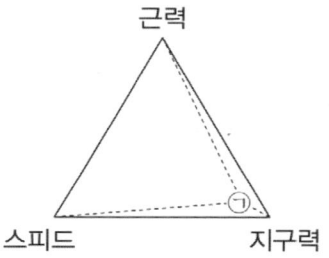

<작성 방법>
○ 괄호 안의 ⓐ에 해당하는 용어를 제시할 것.
○ 밑줄 친 ⓑ에서 옳지 않은 체력을 1가지 골라 쓰고, 바르게 수정하여 제시할 것.
○ 밑줄 친 ⓒ와 ⓓ에 해당하는 체력요인을 각각 제시할 것.
○ 밑줄 친 ㉠에서 동원되는 3가지 에너지 시스템의 명칭을 기여도가 큰 순서대로 제시할 것.

3. 다음은 트레이닝의 주기화에 대한 자료의 일부이다. <작성 방법>에 따라 순서대로 서술하시오. [4점]

(가) Hans Selye의 스트레스에 대한 일반적응 증후군(GAS) 단계
① 신체가 자극에 적응하는 단계로서 운동수행능력이 향상되고 때로는 과보상(supercompensation)이라고도 함.
② 1~2주 동안 지속되는 단계로서 근육통증, 뻣뻣한 증상이 일어날 수 있고 운동수행능력도 저하될 수 있음.
③ 단순자극 또는 운동부하에 의한 과도한 스트레스로 운동수행 능력이 감소할 수 있음. 지루함, 과훈련, 탈진 등이 유발됨.

(나) 근력 트레이닝의 주기화 단계
① 근비대기는 근육의 크기를 증가시키기 위한 시기이다.
② 조직적응기는 전신의 근력을 고르게 발달시키기 위한 시기이다.
③ 유지기는 경기력 감소를 예방하기 위한 훈련 방법이 적용되는 시기이다.
④ 최대근력기는 근육의 협응력과 수축력을 향상시키기 위한 시기이다.

(다) 트레이닝 방법
• 저항훈련에서 휴식시간 없이 2개의 각기 다른 운동을 연속적으로 구성하여 1세트를 실시하는 운동방법이다.
• 2가지 운동이 같은 주동근을 자극하는 운동방법은 (㉠)이고, 2가지 운동이 각각 주동근과 길항근을 자극하는 운동방법은 (㉡)이다.

─── <작성 방법> ───
○ (가)에 근거하여, ①~③을 순서대로 바르게 배열할 것.
○ (나)에 근거하여, ①~④를 순서대로 바르게 배열할 것.
○ (다)에서 괄호 안의 ㉠, ㉡에 해당하는 용어를 각각 제시할 것.

---

4. 다음은 근력 및 심폐지구력 훈련에 대한 자료의 일부이다. <작성 방법>에 따라 순서대로 서술하시오. [4점]

(가) 미국대학스포츠의학회(ACSM)에서 권고하는 근력 훈련
① 상급자의 ⓐ근력 훈련은 80~100% 1RM의 강도를 권장한다.
② 초급자의 ⓑ근비대 훈련은 70~85% 1RM의 강도를 권장한다.
③ 상급자의 속도 향상을 위한 근파워 훈련은 30~60% 1RM의 강도를 권장한다.
④ 초급자의 근지구력 훈련은 80~90% 1RM의 강도를 권장한다.

(나) 인터벌트레이닝
• 인터벌 트레이닝은 지속 트레이닝과 달리 운동 중에 휴식 구간이 편성되어 있는 훈련 방법이다.

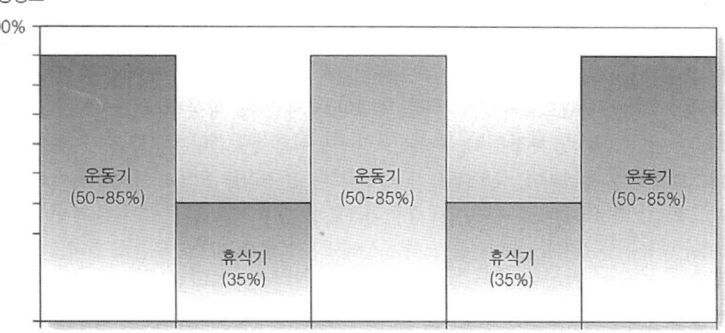

• 짧은 시간의 고강도 운동을 반복하면서 중간에 회복기를 가짐으로써 더 많은 운동량을 소화할 수 있게 되어 훈련의 효과를 높일 수 있는 장점이 있다.
• 고강도 운동 사이에 완전 휴식을 취하는 형태의 운동은 반복 트레이닝이고, 고강도 운동 중간에 (㉠) 휴식을 취하는 형태의 운동은 인터벌 트레이닝이다.
• 인터벌 트레이닝은 ①반복 거리, ②반복 운동의 스피드(강도), ③운동 사이의 휴식 시간, ④반복횟수를 조절함으로써 트레이닝 목표를 ㉡_____에 둘 수 있다.

─── <작성 방법> ───
○ (가)에서 ⓑ와 비교하여, ⓐ의 특징(차이점)을 기술할 것(단, ⓑ의 특징은 기술하지 말 것).
○ (가)의 ①~④ 중 옳지 않은 1가지를 골라 쓰고, 운동강도를 바르게 수정할 것(단, 옳지 않은 운동강도는 제시하지 말 것).
○ (나)에서 괄호 안의 ㉠에 해당하는 용어를 제시할 것.
○ (나)에서 밑줄 친 ㉡을 완성하여 기술할 것.

5. 다음은 유연성 트레이닝 방법에 대한 자료의 일부이다. <작성 방법>에 따라 순서대로 서술하시오. [4점]

(가) 정적스트레칭의 주요 원리
- 근육 속에 있는 근방추는 근육의 길이와 신전 속도를 감지한다. 근육이 빠르게 수축될 경우 근육은 (㉠)라고 불리는 근육의 빠른 수축을 야기시킨다. 그러나 부드럽고, 느린 속도의 정적 스트레칭은 근방추의 민감성을 줄여주어 근육이 이완되고 더 큰 범위로 신전되는 것을 허용한다.
- 인체의 근방추는 (㉡) 작용을 초래하여 주동근의 수축 시 원활한 동작을 수행할 수 있도록 반대편 근육을 이완시키는 기능을 담당한다. 따라서 (ⓐ) 스트레칭의 방법은 주동근의 수축에 의해 길항근을 이완시키는 (㉡) 기전을 주로 이용하는 방법이다.
- 골지힘줄기관은 근육과 힘줄 사이의 장력을 감지하며, 근육이 자극을 받아 힘줄의 긴장이 증가되면 근육을 이완시키는 (㉢) 기전을 가진다. 약 5초 동안의 지속되는 정적 스트레칭은 골지힘줄기관을 자극시키게 되며, 결국 신전 부위의 근육을 이완시킨다. 따라서 정적 스트레칭 훈련의 주요 기전은 (㉢) 기전이다.

(나) 고유수용성근신경촉진 스트레칭(PNF stretching)
- 근육의 신경 지배 원리를 이용하여 근수축과 신전능력을 증가시키는 방법
- 근육을 최대한으로 신전시킨 후 보조자의 도움을 받아 등척성 수축을 하는 방법
- 골지건기관(golgi tendon organ, GTO)을 자극하여 관절 운동 범위를 증가시키는 방법
- 운동유형
  ‣ 유지-이완 : 수동적 이완→(ⓑ) 근수축→수동적 이완
  ‣ 수축-이완 : 능동적 이완→(ⓑ) 근수축→수동적 이완
  ‣ 유지-이완-수축 : 수동적 이완→(ⓑ) 근수축→능동적 이완

<작성 방법>
○ 괄호 안의 ㉠·㉡·㉢에 해당하는 주요 원리를 각각 제시할 것.
○ (가)에서 괄호 안의 ⓐ에 해당하는 스트레칭의 유형과, (나)에서 괄호 안의 ⓑ에 해당하는 근수축의 유형을 각각 제시할 것.

6. 다음의 (가)는 체력의 측정과 평가이고, (나)는 심폐 기능 평가(최대운동부하검사의 판단기준)에 대한 자료의 일부이다. <작성 방법>에 따라 순서대로 서술하시오. [4점]

(가) 체력요인을 측정하기 위한 방법
① 하버드 스텝검사, 2.4 km 달리기, 6분 걷기
② 피부두겹법, 인체둘레측정, 수중체중법
③ 앉아서 윗몸 앞으로 굽히기, 외발서기, 사이드 스텝(10초)
④ YMCA 벤치 프레스 검사, 팔굽혀펴기, 윗몸 일으키기

(나) 운동부하검사 중 최대 운동 수행능력에 도달한 기준
① 운동부하가 증가해도 심박수가 더 이상 증가하지 않는 경우
② 자각인지도(RPE)가 6~20 척도에서 17 이상 또는 0~10 척도에서 7 이상인 경우
③ 정맥의 젖산 농도가 4.0 mmol·L^{-1}에 도달한 경우
④ 호흡교환율(RER)이 1.10 이상인 경우

<작성 방법>
○ (가)의 ①~④ 중 동일한 체력요인을 측정하기 위한 방법으로 옳지 않은 1가지를 골라 쓰고, 그 3가지 방법에 해당하는 체력요인을 각각 순서대로 제시할 것(단, 방법은 기술하지 말 것).
○ (나)의 ①~④ 중 옳지 않은 1가지를 골라 쓰고, 바르게 수정하여 기술할 것.

7. 다음은 신체구성과 체중조절에 대한 자료의 일부이다. <작성 방법>에 따라 순서대로 서술하시오. [4점]

(가) 승현이의 키와 몸무게
- 신장 180 cm
- 체중 70 kg

<BMI 수치의 평가기준>

BMI	평가
17.5 이하	신경성 식욕부진증 위험
18.5 이하	과소체중
18.5~22.9	정상
23~24.9	위험체중
25~29.9	경도비만(1단계 비만)
30 이상	비만(2단계 비만)

(나) 체형도(somatochart)

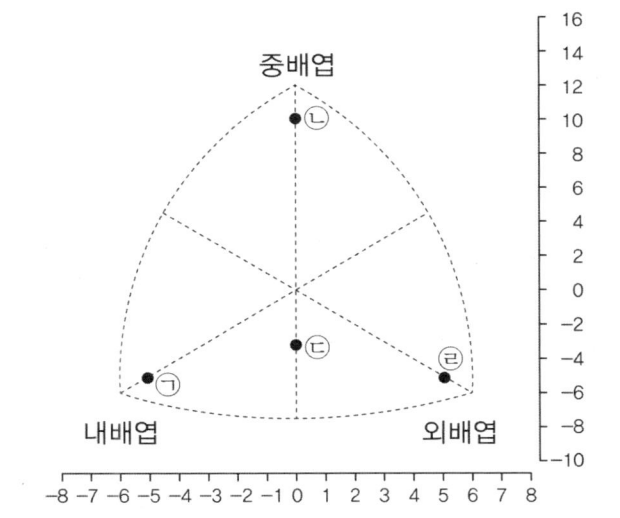

(다) 영양섭취기준의 구성 요소 - (ⓐ)은 인구집단의 약 97~98%에 해당하는 개인의 영양소 필요량을 충족시키는 값이며, 일반적으로 평균필요량에 표준편차의 2배를 더하여 산출한다.

────── <작성 방법> ──────
○ (가)에서 승현이의 BMI 수치에 대한 '평가'를 제시할 것.
○ (나)의 ㉠~㉣ 중 '사지의 근육이 빈약하고 신체용적에 비해서 표면적이 발달된 형'과 '소화기관의 발달이 뚜렷하고 근육의 발달은 미약한 형'을 각각 골라 순서대로 제시할 것.
○ (다)에서 괄호 안의 ⓐ에 해당하는 요소를 제시할 것.

8. 다음은 대사성 질환을 위한 운동처방에 대한 자료의 일부이다. <작성 방법>에 따라 순서대로 서술하시오. [4점]

(가) 비만인의 체중 감량을 촉진하고 지속시키기 위한 생활습관
① 주당 최소 2,000 kcal 이상 소비되도록 중강도 또는 고강도 운동을 실시해야 한다.
② 규칙적인 운동과 함께 일상생활에서 신체활동량을 늘리도록 한다.
③ 신체활동 수준과 체중감소 사이에 양-반응(dose-response) 관계가 있다.
④ 극소열량식이(very low calorie diet)는 1일 2,000kcal 정도로 설정해야 한다.

(나) 운동선수의 체중 감량을 위한 방법
① 체중과 체성분 감량 정도를 지속적으로 관찰한다.
② 여성 선수의 경우 섭식장애, 생리장애 등의 부작용이 일어나지 않도록 주의한다.
③ 체급 경기를 위한 준비과정에서 단기간 체수분을 감량하는 방법은 건강에 무해하다.
④ 체중 감량 시 균형적인 영양을 고려하여 구성한다.

(다) 비만인을 위한 규칙적인 운동 효과
- 근육량 ( )
- 체지방 ( )
- 기초대사량 ( )
- 당 내성 ( )
- 혈중 지질과 저밀도지단백콜레스테롤(LDL-C) ( )
- 인슐린 감수성 ( )

(라) 당뇨병 환자의 운동처방
① 공복에 운동을 실시하는 것을 권장한다.
② 운동 전 126 mg/dL의 고혈당이 나타나면 운동을 금지한다.
③ 인슐린 복용자(사용자)들은 초기 혈당수준이 100 mg/dL 이하로 떨어진 경우 운동 전 탄수화물을 섭취하도록 권장한다.
④ 고강도의 신체활동은 에피네프린의 분비를 유발하여 혈당을 낮추는데 효과적이다.

────── <작성 방법> ──────
○ (가)와 (나)의 ①~④ 중 옳지 않은 동그라미 번호를 모두 합한 값을 제시할 것.
○ (다)에서 여섯 개의 괄호 안에 들어갈 '증가' 및 '감소' 중 빈도가 높은 것을 그 빈도수와 함께 제시할 것.
○ (라)의 ①~④ 중 옳은 1가지를 제시하고, '탄수화물 대사의 증가'에 근거하여 ④에서 밑줄 친 부분 이외의 1가지 기전을 기술할 것.

9. 다음은 대사성 질환을 위한 운동처방에 대한 자료의 일부이다. <작성 방법>에 따라 순서대로 서술하시오. [4점]

(가)
(1) 제1형 당뇨병 환자의 운동 시 고려사항
 ① 운동 시작 시 혈당 수준이 250 mg/dl 이상일 때, 케톤뇨를 확인한다.
 ② 유산소 운동은 췌장의 인슐린 분비를 증가시켜 혈당을 감소시킨다.
 ③ 혈당이 100 mg/dl 미만인 경우 운동 참여 전에 탄수화물 15g을 부가적으로 섭취해야 한다.
 ④ 규칙적인 운동은 인슐린 주사 요구량을 낮출 수도 있다.
(2) 제2형 당뇨병 환자의 혈당 조절을 위한 생활습관 및 약물복용
 ① 전신운동보다는 소근육 위주의 운동을 권장한다.
 ② 저혈당을 예방하기 위해 혈당수준에 따라 운동 전·후 추가적인 탄수화물섭취를 권장한다.
 ③ 경구혈당강하제는 췌장에서 인슐린 분비를 촉진하거나 인슐린 민감도를 높여주는 역할에 따라 복용 시기가 달라진다.
 ④ ⓐ탄수화물 대사의 이상으로 ⓑ지질 대사가 증가하므로 고지방식이를 섭취하도록 권장한다.

(나)
(1) (㉠) 환자의 운동 시 수축기 혈압이 220mmHg이하, 또는 이완기 혈압은 105mmHg이하를 유지하여야 하며, 알파차단제·칼슘통로차단제·혈관확장제와 같은 항고혈압제는 운동부하 후 혈압의 과도한 (㉡)를 야기할 수 있다.
(2) (㉠) 환자의 운동 및 식이요법
 ① 고나트륨과 고칼로리의 음식 섭취를 주의해야 한다.
 ② β-차단제를 복용하는 경우 운동 후 회복기에 나타나는 기립성저혈압을 주의해야 한다.
 ③ 운동의 형태로는 걷기, 수영과 같은 대근육군을 이용하는 유산소운동이 권장된다.

(다)
Wilhelm Rabb와 Hans Kraus가 사용한 용어로서 (㉢)는 성인병에 영향을 주며, 심장기능 저하·혈관 탄력성 저하·심폐기능 저하·근력 및 골격의 쇠퇴 등으로 신체기능의 약화를 가져와 건강에 악영향을 주는 원인이 된다.

─── <작성 방법> ───
○ (가)에서 (1)과 (2)의 ①~④ 중 옳지 않은 동그라미 번호를 모두 합한 값을 제시할 것.
○ (가)에서 밑줄 친 ⓐ와 ⓑ의 공통적 증가 기전을 내분비계에 근거하여 제시할 것.
○ (나)에서 괄호 안의 ㉠에 해당하는 대사성 질환을 쓰고, 괄호 안의 ㉡에 '증가' 또는 '감소'를 제시할 것.
○ (다)에서 괄호 안의 ㉢에 해당하는 용어를 제시할 것.

10. 다음은 일, 파워, 에너지소비량, 효율성 측정에 대한 자료의 일부이다. <작성 방법>에 따라 순서대로 서술하시오. [4점]

문1. 체중이 70kg인 운동선수가 아래의 조건으로 고정식 자전거 에르고미터(6 m/rev) 운동을 할 때, 일량(work)과 파워(power)의 값을 각각 구하시오.

분당 50 rpm의 속도, 10분 운동, 마찰저항 1.5kp

답1. (㉠)kgm, (㉡)kgm/min

문2. 다음과 같은 운동을 실시하였을 경우, 대상자가 주당 1,100 kcal의 순(net) 목표운동에너지를 소모하고자 할 때 가장 적절한 운동빈도를 구하시오(단, 소수 첫째 자리에서 반올림함).

• 성별 : 여성 • 연령 : 30세 • 체중 : 60kg
• 체지방율 : 30%
• 최대산소섭취량 : 10METs
• 운동강도 : 60%
• 운동시간 : 30분/일
• 1주간 운동에너지 소모 목표 : 1,100kcal
※ O_2 1L : 약 5kcal, 소수점 반올림

답2. (㉢)일/주

문3. 체중이 60kg인 A씨는 1주일에 4회, 회당 30분씩 8METs의 강도로 달리기를 한다. 달리기에 의한 A씨의 주당 순 에너지소비량을 구하시오. (단, 달리기 시 순에너지 소비량은 7METs, 산소 1L=5kcal, 1MET=1kcal/kg/hr)

답3. (㉣) kcal/주

─── <작성 방법> ───
○ 괄호 안의 ㉠~㉣에 해당하는 값을 각각 제시할 것.

<수고하셨습니다.>

체 육

수험번호 : (   )   성 명 : (   )

| 1차 시험 | 2교시 전공A | 12문항 40점 | 시험 시간 80분 |

○ 문제지 전체 면수가 맞는지 확인하시오.
○ 모든 문항에는 배점이 표시되어 있습니다.

1. 다음은 시덴탑(D. Siedentop)이 제시한 수업의 효율성 및 효과적 교사에 대한 내용이다. 밑줄 친 ⓒ에 근거하여 밑줄 친 ㉠의 명칭을 쓰고, 밑줄 친 ⓒ에 근거하여 밑줄 친 ㉣에 해당하는 기술을 쓰시오. [4점]

○ 중학교 김 선생님의 45분간의 뜀틀 수업을 ㉠체계적인 관찰방법을 이용하여 분석한 결과, ⓒ학생들이 실제로 뜀틀을 넘는데 소요한 시간은 5분으로 나타났다. 동료 교사는 김 선생님에게 '효율적인 교수를 위해서는 과제 참여 시간을 최대한 확보해야만 한다'는 조언을 하였다. 이에 김 선생님은 자신의 수업을 반성하고 수업 방법을 개선하기로 결심하였다.
○ 우수한 교사들은 수업 이탈 행동을 예방하는 수업 운영 체계를 개발하고 유지함으로써 학생들의 주의를 교과의 학습에만 집중하도록 한다. ⓒKounin(1970)은 학습자의 수업 방해 행동을 예방하고 과제 지향적인 수업을 유지하는 데 유용한 교수 기술을 제시하였다.
  ‣ 최 교사는 배드민턴 수업에서 짝과 함께 하이클리어 랠리 10회 수행을 과제목표로 제시하였다.
  ‣ ㉣김 교사는 개별적으로 배구 토스를 지도하면서 나머지 학생들에게도 시선을 유지하였다.

2. 다음은 근대 영미 체육사에 관한 설명이다. 괄호 안의 ㉠에 해당하는 용어와, 괄호 안의 ⓒ에 해당하는 기관의 명칭을 각각 순서대로 쓰시오. [2점]

○ 강건한 기독교주의란 말은 영국의 찰스킹즐리(Charles Kingsley)란 인물이 만든 조어였다. 그가 생각한 '강건한 기독교인'의 개념은 여성처럼 나약하지 않은 남성다움(manliness)이었고, 남성다움을 뜻하는 자질은 (㉠)이었다. '남성다운(manly)'이란 형용사는 일반적 낱말이었으나, 튼튼한 신체·강인한 정신력·지고한 도덕성 등 다양한 자질을 함축하는 개념으로 사용되었으며, 토마스휴즈(Thomas Hughs)의 소설 「톰 브라운의 학창시절(Tom Brown's Schooldays)」은 강건한 기독교주의 사조가 영국과 미국에 확산되는데 있어서 매개체 역할을 하였다.
○ 19C말 미국의 (ⓒ)는 자국의 학교와 지역 사회에 스포츠를 보급하고 확산하는 데 결정적인 역할을 하였다. 그 사상적 토대는 강건한 기독교주의였고, 그 핵심 개념은 '남성다움'이었다. 미국 (ⓒ)의 중심 인물이었던 귤릭(L. Gulick)은 남성다움을 길러 주기 위한 것이 (ⓒ)의 목적이라고 주장하며 자국은 물론 전 세계에 서구 근대 스포츠를 보급하는 데 노력하였다.

3. 다음은 한국 체육사에 대한 자료의 일부이다. 괄호 안의 ㉠에 해당하는 용어와, 괄호 안의 ㉡에 해당하는 용어를 순서대로 각각 쓰시오. [2점]

○ 선사시대에는 애니미즘(animism, 만유정령설)에 대한 믿음을 바탕으로 놀이와 신체활동이 포함된 제천의식을 시행하였다. 부족국가와 삼국시대의 제천의식으로는 부여의 영고, 동예의 무천, 고구려의 동맹, 신라의 (㉠)가 있었다.

○ 고려시대 귀족 사회에는 다양한 신체 활동적 오락이 있었다. 그 중 (㉡)는 군사적 훈련, 즉 ①승마 능력의 향상뿐만 아니라, ②왕·귀족·무인들의 여가 활동으로 각광을 받았기 때문에 매우 성행하였으며, 특히 무인 집권기에는 더욱 장려되어 일반 서민층에까지 확산될 정도였다.

4. 와이너(Weiner)의 귀인 이론을 토대로 선수 A와 C가 다음 경기에서도 패배가 지속되리라고 생각하는 이유에 해당하는 차원을 쓰고, 밑줄 친 부분에 해당하는 니데퍼(Nideffer)의 주의집중 형태를 쓰시오. [2점]

○ 스포츠 경기에서 패배한 후, 선수 A는 패배의 원인을 '키가 작아서', 선수 B는 '불충분한 연습 때문에', 선수 C는 '상대방 실력 때문에', 선수 D는 '운이 나빠서'로 생각하고 있다.

○ 김 교사는 남학생에게 축구 페널티킥 과정을 다음과 같이 설명하였다.
"먼저, 공을 페널티킥 위치에 가져다 놓으면서 골대의 위치를 확인해야 한단다. 그리고 뒤로 물러서면서 킥의 종류, 방향 등을 구상한 후, <u>머릿속으로 슛의 상(image)을 그려 보면서</u> 자신감을 가지고 공에 시선을 집중하는 거란다."

5. 다음의 <그림1>은 상대 투사높이에 따른 적정 투사각도에 대한 것이고, <그림2>는 테니스의 그라운드 스트로크에 대한 것이다. <작성 방법>에 따라 순서대로 서술하시오. [4점]

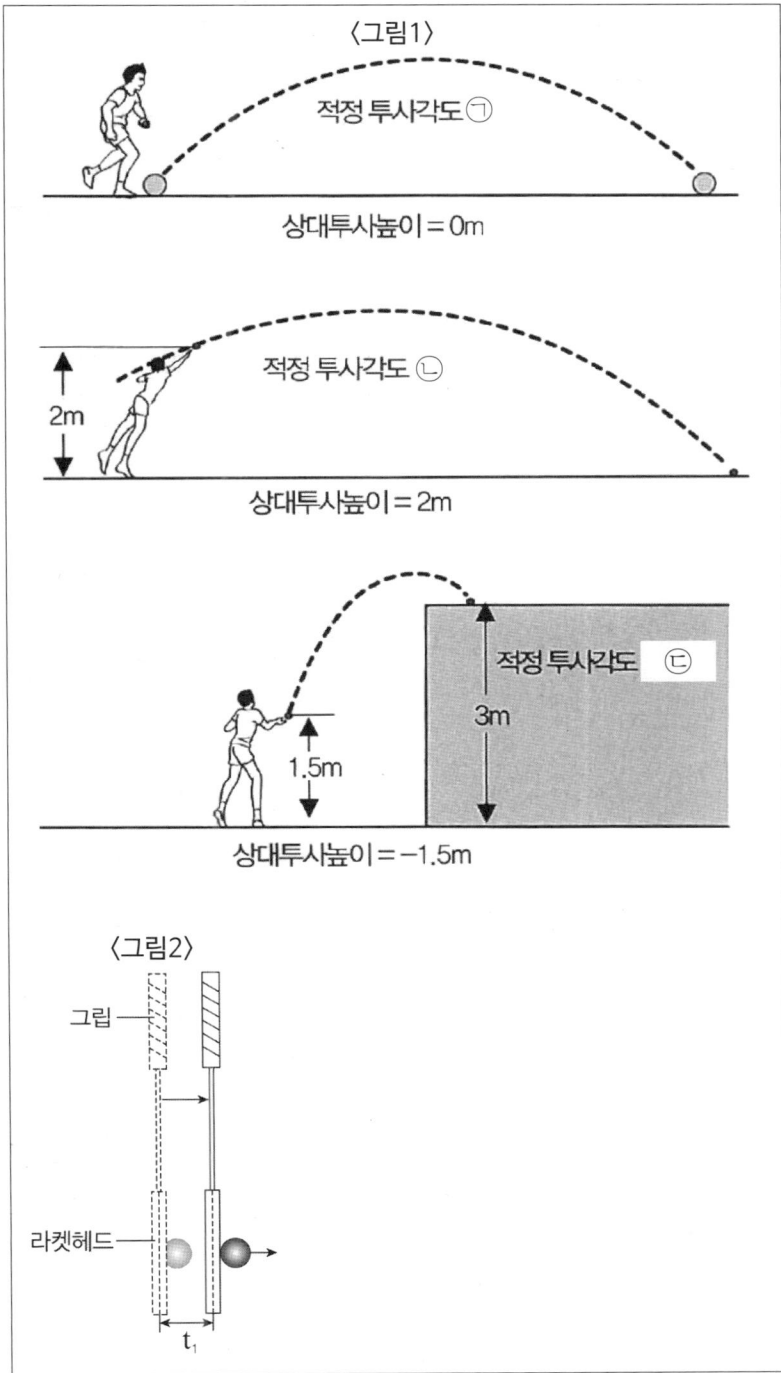

<작성 방법>
- <그림1>의 ㉠·㉡·㉢에 해당하는 적정 투사각도를 45°와 비교하여 기술할 것.
- 투사거리에 영향을 주는 3가지 요인 중 <그림1>에서 제시되지 않은 1가지를 쓰고, 던지기 기록을 향상시키기 위한 방법 또는 조건을 포함하여 기술할 것.
- <그림2>에서 테니스공 스트로크 시 충격작용시간을 증가시키기 위한 라켓의 특징을 '파운드와 탄성계수'에 근거하여 쓰고, 임팩트 시 선운동량을 증가시키기 위한 방법을 '선운동량의 공식'에 근거하여 제시할 것.

6. 다음은 운동과 순환계 및 내분비계에 대한 사례이다. <작성 방법>에 따라 순서대로 서술하시오. [4점]

- 심장은 인체의 각 조직의 항상성을 위해 필요한 혈액을 골고루 나누어 공급한다. 따라서 운동 중일 때에 심박출량이 증가하며, 활동근에 더 많은 혈액을 보내기 위하여 온몸에서 혈류의 재분배가 이루어진다. 운동 중에 정맥혈 회귀가 증가되는 주요 요인으로 정맥 주위 골격근의 수축과 정맥 자체의 수축, 그리고 ㉠호흡펌프이다.
- 전신지구력을 향상시키기 위하여 오래달리기를 지도할 때, 체육교사는 ㉡목표심박수를 이용하여 운동강도를 설정한다. 체력수준이 낮은 18세 유빈이를 대상으로 60% 운동강도의 전신지구성 운동을 시키려고 한다. 안정시 심박수는 분당 60회이다.
- 최 교사는 인체가 운동 중에도 항상 안정된 생리적 상태를 유지하려는 경향에 대하여 학생들에게 이해시키기 위해 운동 중의 혈장 포도당에 대하여 예를 들어 설명하였다. 운동 중 혈장 내의 포도당을 일정하게 조절하는 호르몬은 ㉢부신수질의 카테콜라민, ㉣췌장의 글루카곤과 인슐린, 부신피질의 코티졸, 뇌하수체 전엽의 성장호르몬 등이 있다.
- 배드민턴을 하면서 철수의 심장은 지구성 운동에 적합한 ㉤스포츠 심장이 되었다.

<작성 방법>
- 밑줄 친 ㉠의 기전을 기술할 것.
- 유빈이의 밑줄 친 ㉡을 단위와 함께 제시할 것.
- 밑줄 친 ㉢과 ㉣의 관계를 기술할 것.
- 밑줄 친 ㉤을 형태와 기능의 측면에서 각각 기술할 것.

7. ㈎는 학생체력왕 선발을 위한 체력검사이고, ㈏는 축구기능 평정척도를 통한 실험설계법 결과 자료이다. <작성 방법>에 따라 순서대로 서술하시오. [4점]

㈎ 체력검사

> 학생체력왕을 선발하기 위하여 <u>1600미터달리기, 팔굽혀펴기, 제자리멀리뛰기, 50미터달리기, 앉아윗몸앞으로굽히기</u>의 5개 항목으로 구성된 체력검사를 실시하였다.

㈏ 축구기능 결과 자료

기능 검사 요인과 항목	실험 집단 (우수군) 합 점수 평균	비교 집단 (일반군) 합 점수 평균	평균의 동일성에 대한 t 검정		
			t	자유도	유의확률
드리블: ·20m 직선 주로 스피드 드리블 ·20m 지그재그 드리블(왼발, 오른발) ·5m 방향 전환 드리블	24.37점	15.37점	12.29	58	.000
패 스: ·1:1 허닝 패스 ·롱킥 패스 ·논스톱 패스	17.97점	17.87점	.11	58	.911
슈 팅: ·20m 슈팅 ·터닝 슛 ·헤딩 슛	23.40점	14.70점	7.03	58	.000

―― <작성 방법> ――
○ ㈎에서 측정치의 원점수를 직접 합산할 수 없는 이유를 기술할 것.
○ 학생건강체력평가(PAPS)의 필수 평가의 5가지 체력 요인에 근거하여, ㈎의 밑줄 친 항목에서 보완해야 할 체력요인과 검사항목을 각각 제시할 것.
○ 유의수준(α)이 .05일 때 ㈏에서 수정해야 할 항목을 쓰고, 그 이유를 유의확률(p) 측면에서 기술할 것.

8. 다음은 체육교육과정모형과 체육수업모형에 대한 자료의 일부이다. <작성 방법>에 따라 순서대로 서술하시오. [4점]

○ 체육 교육과정을 개발하기 위해서는 먼저 추구하고자 하는 체육 교육의 방향과 목적을 명확하고 분명하게 드러내야 한다. 이 방향과 목적을 이론적 근거를 부가하여 개념적으로 체계화시킨 것을 '체육 교육과정 사조'라고 부르며, 이 사조를 기반으로 만든 좀 더 구체화된 모습의 실천 프로그램을 '체육 교육과정 모형'이라고 부른다.
 ▸ 체육 교육 과정 모형 중 스포츠교육 모형은 스포츠가 인류 문화의 핵심적인 한 부분이라는 점을 강조함으로써 체육의 가치를 정당화하고 있으며, 이 모형은 ㉠<u>운동 기능이 뛰어 나고, 운동에 관해서 많은 것을 알며, 운동에 대한 사랑과 열정을 지닌 스포츠인</u>으로 성장할 수 있도록 구성되어 있다.
 ▸ '사회성 개발 모형(사회적 책임감 모형 The Social Responsibility Model)'은 학생의 사회적 품성과 자질을 다섯 단계에 걸쳐 함양시키는 것을 주된 목적으로 한다.
  .선엽이는 선생님이 일일이 시키지 않아도 스스로 알아서 줄을 서면서 농구 연습을 열심히 하는 모습을 보여주었다.
  .우림이는 코치가 자리를 비운 상황에서도 스스로 목표를 세우고 과제를 완수할 수 있게 되었다.
○ 기능중심 수업모형의 한계를 극복하기 위하여 새로운 게임 수업모형들이 개발되어 왔다. 그 중의 하나인 이해중심 게임수업모형에서 제시한 수업 과정은 다음과 같다.
  ① 게임 소개
  ② 게임 이해
  ③ <u>전술 이해</u>
  ④ 전술지식의 적용
  ⑤ 기술 연습
  ⑥ 실제게임 수행

―― <작성 방법> ――
○ 밑줄 친 ㉠에 근거하여, 메츨러(Metzler)의 체육수업모형 중 스포츠교육 모형의 주제를 기술할 것.
○ 선엽이와 우림이의 책임감 수준과 특징을 각각 제시할 것.
○ 밑줄 친 ③의 특징을 기술할 것.

9. 다음은 3명의 교사가 학생들의 한국 무용 능력을 검사한 결과표이다(단, 교사 3명은 서로 잘 협의하는 관계였고, 검사 시행 당일 간단한 자기 평가 지침을 전달받고 검사에 임하였다). <작성 방법>에 따라 순서대로 서술하시오. [4점]

검사자 학생	박 교사	이 교사	최 교사
홍○○	45	35	57
이○○	56	55	43
김○○	35	56	46
⋮	⋮	⋮	⋮
⋮	⋮	⋮	⋮
정○○	34	32	54
박 교사와 이 교사의 검사 결과 상관 계수(r) = 0.25			
이 교사와 최 교사의 검사 결과 상관 계수(r) = 0.24			
박 교사와 최 교사의 검사 결과 상관 계수(r) = 0.18			

─────────── <작성 방법> ───────────
○ 위의 결과 자료에 해당하는 F검정 방법의 명칭을 쓰고, F값을 구하는 공식에서 분모에 들어가는 분산의 명칭을 제시할 것.
○ 위의 결과를 토대로 이 검사에서 나타난 문제점을 검사도구의 양호도 측면에서 쓰고, 이와 같은 문제를 해결하기 위한 방법을 1가지만 제시할 것.

10. 다음은 모스톤(M. Mosston)의 교수 스타일에 대한 내용이다. <작성 방법>에 따라 순서대로 서술하시오. [4점]

○ 체육과의 수업스타일 가운데 ⓐ수업 전, 수업 중, 수업 후의 의사결정을 교사와 학생 가운데 누가 하는가에 따라 수업 스펙트럼을 구분해 놓았다.
○ ⓑ몸의 안정성과 기저면의 크기 및 무게중심 위치의 관계를 학습하는 체육수업 장면
  교사의 발문1 : 몸의 안정성에 대해 생각해 보세요. 그런 다음 몸으로 표현해 보세요.
  학생의 반응1 : 학생들은 다양한 동작으로 균형을 잡는다.
  교사의 발문2 : 조금 더 안정된 자세로 균형을 잡아 보세요.
  학생의 반응2 : 학생들은 안정된 동작으로 균형을 잡는다. 어떤 학생들은 ⓒ다리를 벌리고 서 있고, 다른 학생들은 레슬링이나 테니스 준비자세에서 볼 수 있는 안정된 자세를 취한다.
  교사의 발문3 : 여러분이 지금 취한 동작이 가장 안정된 자세입니까?
  학생의 반응3 : 학생들은 ⓓ좀 더 낮은 자세로 균형을 잡는다. 어떤 학생들은 바닥에 눕는다.
○ 최 교사는 준비운동을 하기 전에 학생들에게 "ⓔ오늘은 5바퀴 돌았구나." 라고 이야기했다. 학생들의 질문에 "ⓕ천천히 말하렴, 듣고 있으니까." 라고 이야기 했다.

─────────── <작성 방법> ───────────
○ 밑줄 친 ⓑ에 해당하는 교수 스타일의 밑줄 친 ⓐ을 제시할 것(단, 교사는 T, 학습자는 L로 표시할 것)
○ 안정성에 영향을 미치는 요인에 근거하여, 밑줄 친 ⓒ과 ⓓ에 해당하는 요인의 변화를 각각 기술할 것.
○ 밑줄 친 ⓔ과 ⓕ에 해당하는 피드백의 형태를 제시할 것.

11. 다음은 다양한 운동 상황이다. <작성 방법>에 따라 순서대로 서술하시오. [4점]

- 육상 경기 중 200m 달리기 경기는 곡선 주로를 포함하게 된다. 이 곡선 주로를 달릴 때 선수는 ㉠원심력을 갖게 된다. 따라서 선수가 곡선 주로에서 주로를 이탈하지 않으려면 원심력과 동일한 구심력을 생성해야 한다.

- 피겨 스케이팅 선수가 빙판 위에 서서 회전하고 있다. 이 선수는 ㉡회전을 빠르게 하고자 할 때, 또는 회전을 느리게 하고자 할 때, 주로 팔과 다리를 이용하여 동작을 조절한다.

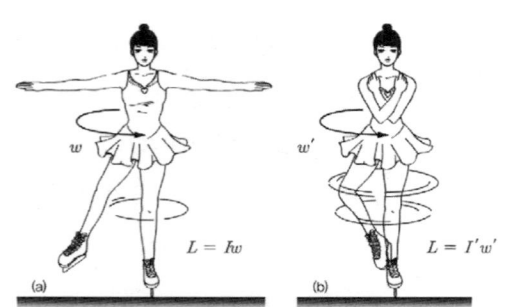

- 멀리뛰기에서 신체가 도약하면 전신은 시계 방향의 각운동량 값을 갖고 공중으로 올라가게 된다. 공중에 떠 있는 동안 전신의 균형을 유지하기 위하여 양팔과 양다리를 시계 방향으로 교차시켜 회전한다. 이는 신체의 (㉢) 회전을 유발한다.

- 팔굽혀펴기에서 ㉣팔을 펴는 동작

―――――― <작성 방법> ――――――
- 밑줄 친 ㉠과 트랙 반경의 관계를 기술할 것.
- 밑줄 친 ㉡에 해당하는 뉴턴(I. Newton)의 1번째 법칙을 제시할 것.
- 괄호 안의 ㉢에 해당하는 용어를 제시할 것.
- 밑줄 친 ㉣에 해당하는 인체지레의 특징을 '역학적 효율 이점'에 근거하여 기술할 것.

12. 다음은 스포츠 사회학에 대한 자료의 일부이다. <작성 방법>에 따라 순서대로 서술하시오. [4점]

- 근래에 오면서 스포츠나 무용 활동에 참가하는 학생들이 늘고 있다. 이와 같은 활동의 참가에는 사회화 주관자들이 영향을 미치고 있으며, 참가 이후에 학생은 개인적 특성이나 이 주관자들의 영향력 등으로 인해 가치나 태도가 다르게 형성된다. 가치나 태도 형성에 영향을 미치는 요인들을 참가와 관련된 요인은 참가정도, 참가빈도, 참가기간이다.
  ㉠중학생 고영주는 학교스포츠클럽에 참가하면서 교우관계가 원만해졌다.
  ㉡프로야구 강동훈 선수는 부상으로 은퇴한 후, 해설가로 활동하면서 사회인 야구의 감독을 맡고 있다.

- 사회 또는 스포츠에서 (㉢)는 구조적 긴장감을 유발시키고, 그 강도가 점점 커짐으로써 다양한 일탈 현상의 원인이 될 수 있다. 머튼(Merton)의 아노미 이론에서 제시하고 있는 (㉢)에 따른 긴장감을 해소시키는 5가지 행동 유형에는 동조, 혁신, 의례, 도피, 반역 등이 있다.

- 스포츠사회화의 과정을 설명하는 이론 중 사회학습이론은 특정 개인이 어떻게 사회적 행동을 습득하고 수행하는가를 규명하려는 이론이다. 사회학습이론에 근거하여 스포츠 참가자의 역할 학습에 영향을 미치는 사회화 과정의 3가지 요인에는 개인적 특성, ㉣사회화 주관자, 사회화 상황이 있다.

- 스포츠 계층은 스포츠라는 특정 사회체계 내에서 권력·부·심리적 만족, 사회적 ㉤평가 등이 특정 집단이나 개인 및 종목에 차별적으로 배분되어 상호서열의 위계적인 체계를 이루고 있는 현상을 의미한다.
  ▸㉥초등학생 팬에게 최우수선수상을 받은 A 선수에 대한 평가를 묻자, "너무 멋져요, 나도 열심히 축구를 해서 A 선수처럼 훌륭한 선수가 되고 싶어요"라고 말했다.

―――――― <작성 방법> ――――――
- 밑줄 친 ㉠과 ㉡에 해당하는 스포츠사회화 과정을 각각 제시할 것.
- 괄호 안의 ㉢에 해당하는 내용을 기술할 것.
- 청소년기에 가장 영향력이 큰 밑줄 친 ㉣을 제시할 것.
- 밑줄 친 ㉥에 해당하는 밑줄 친 ㉤의 판단적 요소를 제시할 것.

<수고하셨습니다.>

체 육

수험번호 : (   )   성 명 : (   )

1차 시험	**3교시 전공B**	11문항 40점	시험 시간 80분

○ 문제지 전체 면수가 맞는지 확인하시오.
○ 모든 문항에는 배점이 표시되어 있습니다.

---

1. 다음은 축구 수업에서 문 교사와 학생이 나눈 대화의 일부이다. 메츨러(Metzler)에 근거하여 밑줄 친 ㉠에 해당하는 움직임 기능을 쓰고, 베어드(Baird)에 근거하여 밑줄 친 ㉡에 해당하는 질문의 유형을 제시하시오. [2점]

> 문 교사 : 먼저 지난 시간에 배웠던 내용을 복습해 봅시다. 지난 시간에 몇 가지 기초 기능을 실제 축구 경기상황과 연관해 배웠습니다. 그 중에서도 드리블은 수비수가 가까이 있을 때와 멀리 있을 때 시선 조정이 중요합니다. ㉠<u>수비수가 가까이 있을 때 드리블을 할 경우에는 시선을 어디에 두어야 할까요?</u>
> 학생 1 : 수비수가 공을 가로채려 하니까 앞에 있는 수비수를 봐야지요.
> 문 교사 : 그렇지요, 맞습니다. 그럼 지금부터 프리킥을 다양한 방법으로 연습해 봅시다. (1모둠은 수비수 없이, 2모둠은 수비수 2명을, 나머지 모둠은 수비수 5명을 키커와 골대 사이에 세워 놓고 프리킥을 연습한다. 문 교사는 학생들을 다시 집합하게 한다.)
> 문 교사 : 왜 프리킥을 할 때 키커와 골대 사이에 수비수가 많은 것이 좋을까요?
> 학생 2 : 키커가 직접 슛을 할 때 골대가 잘 보이지 않게 되고요.
> 문 교사 : 그래요, 맞습니다. 그러면 ㉡<u>덩치가 큰 상대팀 선수에게 가로막혔을 경우 어떻게 해야 할까요?</u>
> ⋯⋯⋯⋯<중략>⋯⋯⋯⋯
> 문 교사 : 자, 이제 여러분이 축구 경기에서 느꼈던 바를 솔직히 말해 볼까요. 만약 경기 중에 수비수가 자신에게 심한 반칙을 했는데도 심판이 호각을 불지 않았을 경우 여러분은 어떻게 하겠습니까?
> 학생 3 : 심판에게 따져야지요. 그리고 그 선수에게 욕이라도 해야지요.

---

2. 다음은 스포츠와 교육, 스포츠의 사회학적 이해에 대한 자료의 일부이다. 밑줄 친 ㉠을 비판하는 스포츠사회학의 대표적인 이론과, 괄호 안의 ㉡에 해당하는 용어를 각각 순서대로 쓰시오. [2점]

> ○ 스포츠의 교육적 기능
> ▸ 학교의 모든 교육 프로그램은 학생의 잠재력을 계발시키는 데 중점을 두고 있다. 이러한 의미에서 스포츠는 교육의 수단이 되어 학생을 최적의 상태에서 육체적·정신적·사회적으로 건강하게 성장시키는 역할을 담당하고 있다.
> ▸ 스포츠 사회학적인 측면에서 ㉠<u>상업주의가 학원 스포츠에 미치는 부정적인 영향</u>에는 교육목표의 결핍, 부정행위의 조장, 편협한 인간 육성 등이 있다.
> ○ 카이와(Caillois)가 분류한 4가지 놀이 유형 중에서 '스포츠 경기'는 아곤이고, '스키'는 이링크스이다.
> ○ 구트만(Guttmann)이 제시한 근대 스포츠의 특성
> ▸ (㉡) : 우리나라의 공식적 야구 경기는 대한야구협회에서 제정한 규칙에 따른다. 대한야구협회는 필요에 따라 규칙을 개정하고 이를 담은 규정집(rule book)을 발간하여 배포한다.
> ▸ 전문화 : 과거 야구팀의 코칭은 감독 1인이 전담하였으나 근래에는 감독 이외에도 투수 코치, 타격 코치, 수비 코치 등이 분담한다.
> ▸ 근래의 야구 경기 중계에서 투수 방어율의 경우, 주자 1루에서의 방어율, 주자 1·2루에서의 방어율, 주자 만루에서의 방어율 등과 같은 새로운 통계치가 사용된다.

3. (가)는 프로야구 최 선수의 행위이고, (나)는 그와 관련된 체육 교사 간의 대화이다. <작성 방법>에 따라 순서대로 서술하시오. [4점]

(가) 최 선수의 행위

프로야구 최 선수는 매 경기마다 더위에 고생하고 있는 어린 볼보이들을 위해 시원한 음료를 제공했다. 최 선수의 행위는 어린 볼보이들을 안쓰럽게 여겼기 때문에 나온 행동이라고 볼 수 있다.

(나) 체육교사 간의 대화

A 교사: 의무론적 관점에서 최 선수의 행위는 선수로서 긍정적인 이미지를 구축하기 위한 행동으로 볼 수 있습니다.

B 교사: 덕론적 관점에서 최 선수의 행위는 유덕한 품성으로부터 나온 선한 행동으로 볼 수 있습니다. 마라톤경기 중 넘어진 경쟁자를 부축해 주는 선수의 마음과 유사합니다.

C 교사: 결과론적 관점에서 최 선수의 행위는 어린 볼보이들을 안쓰럽게 여겼기 때문에 나온 행동이라고 볼 수 있습니다.

D 교사: 상대론적 관점에서 최 선수의 행위는 도덕법칙에 따라 행동한 것이라고 볼 수 있습니다.

―――――――― <작성 방법> ――――――――
○ 최 선수의 행위를 판단하는 동양사상과 사상가의 명칭을 순서대로 제시하고,
○ B 교사의 대화 중 밑줄 친 부분에 해당하는 한자어를 1음절로 제시할 것.
○ 4명의 교사 중 바르게 설명한 교사를 모두 골라 제시할 것.

4. 다음은 운동학습단계 및 운동기술의 연습에 대한 자료의 일부이다. <작성 방법>에 따라 순서대로 서술하시오. [4점]

○ 테니스를 ㉠처음 배우는 학생은 시행착오를 반복하고 수정하면서 테니스 운동에 익숙하게 된다.
○ 전습법과 분습법을 활용할 때 운동기술 특성을 고려할 필요가 있다.

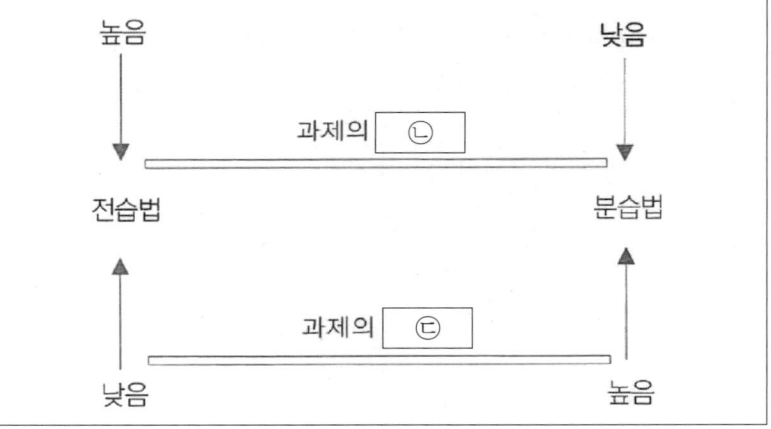

―――――――― <작성 방법> ――――――――
○ 밑줄 친 ㉠에 근거하여 번스타인(Bernstein)이 제시한 운동 학습 단계를 순서대로 쓰고, 그의 운동 학습 단계를 바탕으로 형성된 이론의 명칭을 제시할 것.
○ 네모 안의 ㉡과 ㉢에 해당하는 운동기술 특성을 구성하는 요소를 각각 제시하고, 그 요소의 개념을 기술하시오.

5. 다음은 에너지 대사 및 순환계와 운동, 트레이닝 방법에 대한 자료의 일부이다. <작성 방법>에 따라 순서대로 서술하시오. [4점]

○ 운동시간에 따른 에너지의 동원 비율을 나타낸 것이다.

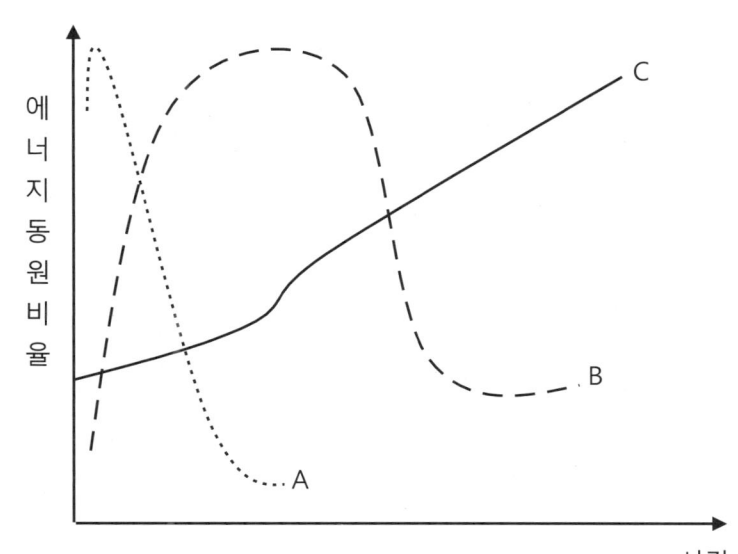

○ 영희는 포도당이 어떻게 근수축에 필요한 에너지로 변하는지 질문하였다. 이에 김교사는 포도당 1분자가 에너지로 변화되는 유산소 과정에서 (㉠)을를 통해 36ATP로, (㉡)을를 통해 2ATP로 총 38ATP(아데노신 삼인산염)가 생성된다고 설명하였다.
○ 철수가 격렬한 운동으로 심장이 터질 듯한 느낌을 받은 것은 혈류량을 증가하기 위한 심혈관의 반응 때문이라 할 수 있다. 인체는 ㉢운동시 혈류량 증가를 위해 혈압이 상승하면 혈류에 대한 저항을 감소시켜 동적항정상태(動的恒定狀態)를 이루려고 한다. 이 때 혈류에 영향을 미치는 저항 요인은 혈관의 길이, 혈액의 점성, 혈관 반지름이다.
○ 파워를 향상 시키기 위한 방법에는 바벨이나 덤벨과 같은 기구를 이용하여 신체 각 부위의 근육에 부하를 주어 운동하는 방법과 ㉣체중을 이용하여 연속적으로 점프하며 신장성 반사근 수축에 의해 근육의 힘을 기르는 운동 방법 등이 있다.

―――― <작성 방법> ――――
○ 괄호 안의 ㉠과 ㉡에 해당하는 것을 'A~C'에서 골라 바르게 제시할 것.
○ 밑줄 친 ㉢에 근거하여 혈류량, 혈압, 저항 간의 상관관계를 공식으로 제시할 것.
○ 밑줄 친 ㉣에 해당하는 트레이닝 방법을 쓰고, 이와 관련된 체력의 명칭을 제시할 것.

6. 다음은 골프와 체조의 운동사례이다. <작성 방법>에 따라 순서대로 서술하시오. [4점]

○ 골프공의 딤플(공 표면에 파인 홈)은 골프공을 보다 멀리 보내기 위해 만들어진 것이다.

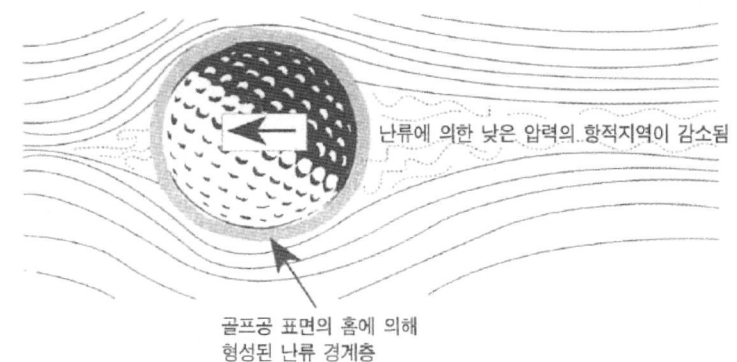

○ 철봉에서 몸이 360도 회전하는 대차돌기(giant swing)
 ‣ 하강 시 몸의 동작 : 신체를 곧게 신장시킨다.
 ‣ 상승 시 몸의 동작 : 고관절과 견관절을 굴곡시킨다.

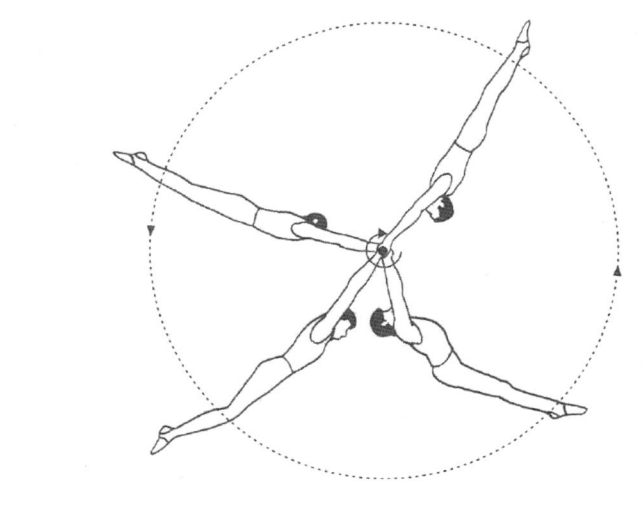

―――― <작성 방법> ――――
○ 딤플이 만들어진 이유를 항적(wake)·표면 항력·형태 항력·전체 항력과 연관시켜 기술할 것.
○ 대차돌기를 효율적으로 하기 위해 밑줄 친 부분의 이유를 '토크'와 '각운동량'에 근거하여 각각 기술할 것.

7. 다음은 신뢰도와 타당도에 대한 자료의 일부이다. <작성 방법>에 따라 순서대로 서술하시오. [4점]

- 체력검사에서 사용할 수 있는 가장 적절한 신뢰도 추정법은 (㉠) 신뢰도이다.
- 윤교사는 2원 분류표를 이용하여 체계적으로 축구 단원을 평가하고자 한다. 다음과 같이 2원 분류표를 작성할 때 ①, ②에 해당하는 차원의 명칭을 쓰시오.

① \ ②		지 식	이 해	적 용
축구	드리블	%	%	%
	패 스	%	%	%
	슛	%	%	%
	경 기	%	%	%

- 50m 달리기 검사 중 다음과 같은 상황에서 오차들이 발생하였다.

오차상황1	일부 학생들이 달릴 때 뒷바람이 강하게 불었다.
오차상황2	50m 달리기 검사를 모두 마친 후 실제 거리를 확인한 결과 49m로 밝혀졌다.
오차상황3	기록 측정자인 교사가 일부 학생들이 골인 지점을 통과할 때 초시계를 조금 늦게 눌렀다.

<작성 방법>

- 괄호 안의 ㉠에 해당하는 용어를 쓰고, 그 방법을 기술할 것.
- ①과 ②에 해당하는 용어를 각각 쓰고, 이와 관련된 타당도의 명칭을 제시할 것.
- 신뢰도에 영향을 주지 않는 오차상황을 쓰고, 그 이유를 측정 오차의 유형에 근거하여 기술할 것.

8. 다음은 심리기술훈련과 경쟁불안이론에 대한 자료의 일부이다. <작성 방법>에 따라 순서대로 서술하시오. [4점]

- 영철이는 축구를 매우 좋아하고 항상 자신의 포지션에서는 자신감 있는 경기를 한다. 그러나 유독 마지막 승부를 결정지어야 하는 승부차기만은 키커(kicker)로 나서려 하지 않는다. 그래서 ㉠최 교사는 다음과 같은 안내를 해 주었다.
  - 자신이 판단하기에 기술적으로 과거보다 향상되었음을 느꼈다.
  - 시합 전 우승 장면을 자주 떠올린다.
  - 결승골을 넣어 이겼던 적이 많다.
- 뜀틀 수업

- 불안의 다차원 이론(Burton)

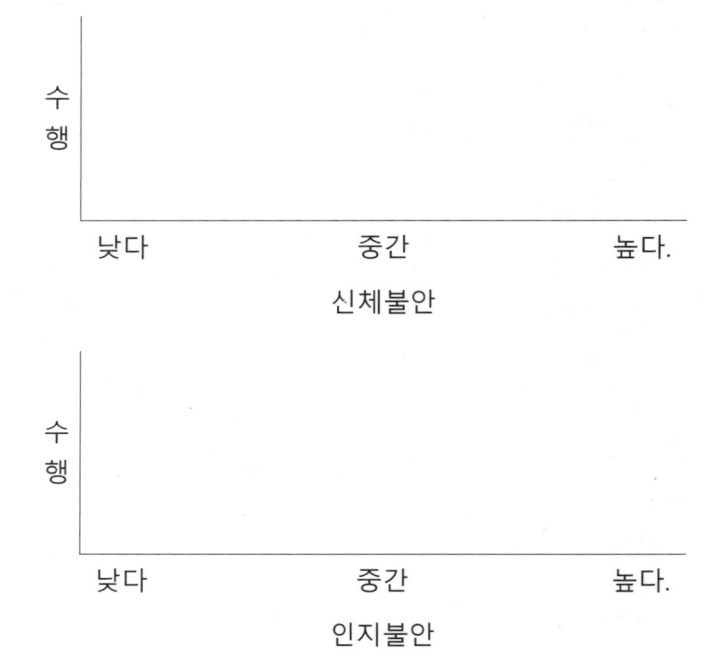

<작성 방법>

- 반두라(Bandura)의 자기 효능감 이론에 근거하여 밑줄 친 ㉠에 해당하는 요인을 제시할 것.
- 뜀틀 수업의 ㉡과 ㉢ 중 운동감각을 향상시키는데 효과적인 심상 유형을 1가지 골라 그 유형의 명칭과 함께 제시할 것.
- 불안과 수행 사이에 예상되는 관계를 신체불안와 인지불안으로 구분하여 각각 기술할 것.

9. 다음은 유산소성 트레이닝 및 그 구성요소에 대한 자료의 일부이다. <작성 방법>에 따라 순서대로 서술하시오. [4점]

- 유산소성 트레이닝의 효과를 알아보기 위한 실험설계
  - 사전검사
    - 최대운동부하검사 실시
    - 최대하운동부하검사 실시 :
      ㉠VO₂max의 65%(속도 : 6km/hr, 경사도 : 10%)로 30분간 트레드밀에서 달리기
  - 운동 트레이닝 : 1년, 달리기, VO₂max의 60~80%(점증), 40분/회, 주 4회
  - 사후검사
    - 최대운동부하검사를 사전검사와 동일한 방법으로 실시
    - 최대하운동부하검사도 사전검사와 동일한 방법으로 실시 : 트레드밀의 속도(4.0mph)와 경사도(2%)로 설정
  - 변화
    - 최대하운동부하검사 40분 시점에서의 글루카곤 분비량
      - (㉡)
    - 최대하운동부하검사 후 회복기 중 초과 산소소비량
      - (㉢)
- 운동 처방의 기본 요소에는 운동 시간, 운동 빈도, 운동 강도, 운동 형태, 운동 기간이 있다. 유산소성 트레이닝의 운동 강도는 %VO₂max, %HRmax, 운동자각도(RPE), 그리고 안정시 산소소비량에 대한 운동시 산소소비량의 비율을 나타내는 (㉣)이가 있다.

─── <작성 방법> ───

- 체중 50kg인 재준이는 밑줄 친 ㉠과 같이 운동을 하였다. 총운동량(kpm)과 운동강도(kpm/min)를 각각 순서대로 제시할 것.
- 괄호 안의 ㉡과 ㉢에 해당하는 변화를 '증가', '불변', '감소' 중의 하나로 각각 제시할 것.
- 괄호 안의 ㉣에 해당하는 용어를 제시할 것(단, 명칭은 국문, 영문, 영문 약어 모두 가능함).

10. 다음의 ㈎는 박 교사가 동작 도전 단원을 지도하며 기록한 수업 반성 일지이고, ㈏는 전통 표현 단원에서 메츨러(M. Metzler)의 동료교수 모형을 적용하여 작성한 단원 계획서의 일부이다. <작성 방법>에 따라 순서대로 서술하시오. [4점]

㈎ 박 교사의 수업 반성 일지

2019년 ○월 ○일

마루 운동은 학생들이 어렵고 익숙하지 않은 동작을 배워야 하기 때문에 교사의 세심한 지도가 필요하다. 그래서 나는 직접교수 모형의 방식으로 모든 학생들에게 개별 지도를 충실하게 하려고 노력했지만, 단원을 마칠 때까지 개별적인 지도가 잘 이루어지지 않았다. ㉠학생 수가 너무 많아 나 혼자 모든 학생을 일일이 지도하는 것이 생각보다 힘들었다. 전통 표현 단원에서는 이를 해결할 수 있는 방법을 찾아야 하는데….

㈏ 전통 표현 단원 계획서의 일부

<단원 계획서>

○ 영역 : 표현(전통 표현)
○ 신체 활동 : 우리나라의 전통 무용(탈춤)
○ 대상 : 1학년
○ 총시수 : 12차시
○ 장소 : 무용실
○ 교수·학습 방법
  1) 내용 선정 : 교사가 학습 내용, 학습과제의 순서, 평가 기준 목록을 전달하면, 개인교사와 학습자는 전달받고 수행한다.
  2) 수업 운영 : 교사가 운영 계획과 수업 규칙을 정하고, 개인교사는 연습 장소를 정하고 학습자를 안내한다.
  3) 과제 제시 : 과제 제시는 ㉡2가지 수준에서 일어나고 매우 직접적이다.
  4) 참여 형태 : 학생들이 개인교사, 학습자의 역할을 할 수 있도록 2인 1조로 짝을 구성하며, 인원이 짝수가 안 될 때는 3인 1조로 구성한다.
  5) 상호 작용 : 교사는 개인교사와 상호 작용하며, ㉢개인교사와 학습자의 상호작용을 관리한다.
  6) 학습 진도 : 개인 교사와 함께 학습자는 각 연습을 시작할 시기와 지속시간을 결정하게 된다.
  7) 과제 전개 : 교사는 각 단원의 내용 목록과 그 안에서 학습활동이 바뀌는 시기, 그리고 각 학생이 개인 교사에서 학습자로, 학습자에서 개인 교사로 교대할 시기를 결정한다.

―― <작성 방법> ――

○ 밑줄 친 ㉠의 문제점을 해결하기 위한 교수·학습 전략에 근거하여, 링크(Rink)가 제시한 또래 교수$^{상호보완적\ 교수}$(peer teaching)의 개념을 기술할 것.
○ 밑줄 친 ㉡을 각각 기술할 것.
○ 밑줄 친 ㉢에서 개인교사의 역할을 기술할 것.

11. 다음은 박 교사의 기록 도전 단원 계획서이다. <작성 방법>에 따라 순서대로 서술하시오. [4점]

영역	기록 도전(이어달리기)		학년	2학년	총 시수	8차시
단원 목표	1. 이어달리기의 역사와 특성을 이해할 수 있다. 2. 이어달리기의 과학적 원리를 이해하고 경기 기능에 적용할 수 있다. …					

차시	내용요소	교수·학습 활동	
		학습 과제	지도 중점
1	역사와 특성	•이어달리기의 유래와 변천 과정, 효과와 특성	
2		•단거리 달리기 기록 측정과 모둠 편성	ⓒ수준별 3개 모둠 편성
3	(㉠)	•과학적 원리를 적용한 출발법, 중간질주 연습 •모둠별 이어달리기 기록 측정	ⓒ기록 단축 목표, 연습 계획의 작성
4		•배턴 주고받기(제자리, 걸어가며, 달려가며 주고받기) 연습	
5	인내심	•이어달리기 선수의 끈기 있는 노력에 관한 영상 시청	인내심 발휘 동기 유발
6	경기방법과 전략	•400m 이어달리기 경기 규칙 이해 및 적용 •개인 특성에 따른 주자 배치, 신호 및 거리 조절 방법 구안	
7		•컨트롤 마크 활용법, 효율적인 배턴 주고받기 영상 분석	상황별 문제점 분석 및 개선
8	…	•모둠별 이어달리기 단축 기록 비교 및 평가	

평가			
평가 내용	평가 요소		평가 방법(도구)
이해력	•이어달리기의 역사와 특성, 과학적 원리, 경기 규칙 및 방법 이해 •과학적 연습 방법, 경기 전략 구상		지필 검사 모둠별 보고서
운동 수행 능력	•개인 단거리 달리기 기록 •모둠별 이어달리기 경기 기록 변화 및 단축 기록		개인 운동 기능 검사 모둠 경기 수행 기능 검사
규범 실천 능력	•스포츠 경기에 참여하며 지켜야 할 인내심 •기록의 한계에 도전하는 끈기		체크리스트 반성일지

―――――――― <작성 방법> ――――――――

○ 2015 개정 교육과정에 따른 체육과 교육과정의 '내용 체계'를 근거로, 괄호 안의 ㉠에 해당하는 '내용 요소'를 제시할 것.
○ 밑줄 친 ⓒ과 관련된 모스턴(Mosston)의 교수 스타일의 과제 설계 방식의 특징을 쓰고, 이와 관련된 링크(Rink)의 교수·학습 전략의 명칭을 제시할 것.
○ 마튼스, 와인버그, 구드(Martens, Weinberg&Goul)가 제시한 목표에 근거하여 밑줄 친 ⓒ에 해당하는 목표의 유형과 개념을 기술할 것.

<수고하셨습니다.>

전공체육 1차 고득점 전략! - 문제풀기 선수되기!

9~11월 전략 : 1일 1모!, 1일 10계!

1) 실전 모의고사 : 80점 만점 → 전공A(40점) + 전공B(40점)

　(1) 2019년 9~11월 실전모의고사 → 촬영 2019년 9~11월 토요일

　　인강 : [2020대비] 전공체육 최규훈 VZONEpass 2020 실전모의고사(9-11월), 10회

　　　450,000원 [44%] 할인 → 250,000원

　　교재 : 2021 전공체육 VZONE 모의고사 22,500원

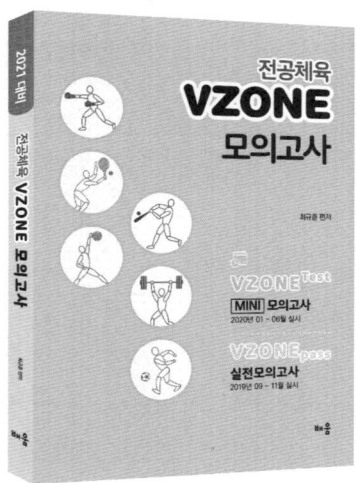

　(2) 2017년·2018년 9~11월 실전모의고사 → 촬영 2018년 9~11월 수요일·토요일

　　인강 : [2019대비] 전공체육 합격비전 제시, VZONEpassⅠ+VZONEpassⅡ 패키지, 18회

　　　500,000원 [50%] 할인 → 250,000원

　　교재 : 2020 VZONEpass 실전모의고사 13,500원

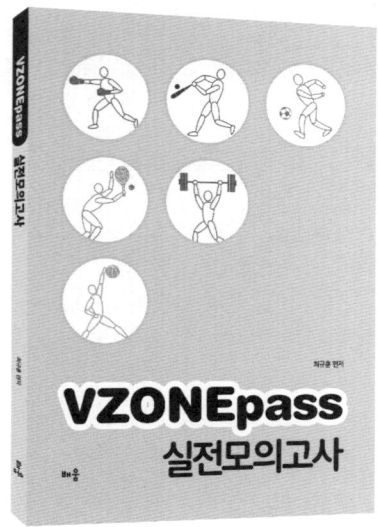

2) 스포츠지도사 단원별 모의고사 : 80점 만점 → 전공A(40점) + 전공B(40점)

   (1) 2020년(7~8월) VZONExam 모의고사 → 촬영 2020년 7~8월 토요일

   인강 : [2021대비] 전공체육 최규훈 VZONExam 모의고사(7~8월), 8회 → 30만원

   교재 : 2020 VZONExam 모의고사(almost sold out) 7,200원

   → 2021 VZONExam 모의고사(개정판)

   (2) 2019년(7~8월) VZONExam 모의고사 → 촬영 2019년 7~8월 토요일

   인강 : [2020대비] 전공체육 최규훈 VZONExam 모의고사(7~8월), 8회

   ~~300,000원~~ [50%] 할인 → 150,000원

   교재 : 2020 VZONExam 모의고사(almost sold out) 7,200원

   → 2021 VZONExam 모의고사(개정판)

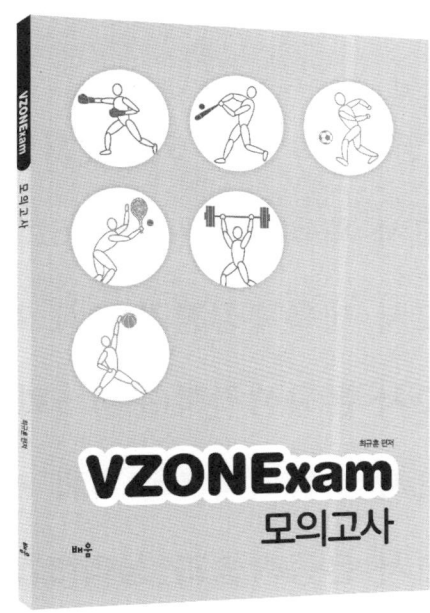

2020년 9월 4일 개정판 출간!

3) VZONEtest MINI 모의고사 : 40점 만점

(1) 2020년(1~6월) VZONEtest MINI 모의고사 → 촬영 2020년 1~6월 일요일

인강 : [2021대비]전공체육 VZONEtest MINI 모의고사-체육교육론(1월) 5회 →10만원

[2021대비]전공체육 VZONEtest MINI 모의고사-체육측정평가(2월) 3회 →6만원

[2021대비]전공체육 VZONEtest MINI 모의고사-운동생리학(3월) 6회 →12만원

[2021대비]전공체육 VZONEtest MINI 모의고사-운동역학(4월) 4회 →10만원

[2021대비]전공체육 VZONEtest MINI 모의고사-운동학습과 심리(5월) 2회 →4만원

[2021대비]전공체육 VZONEtest MINI 모의고사-스포츠사회학(6월) 2회 →4만원

[2021대비]전공체육 VZONEtest MINI 모의고사-체육사·철학(6월) 2회 →4만원

교재 : 2021 전공체육 VZONE 모의고사 22,500원

(2) 2019년(1~6월) VZONEtest MINI 모의고사 → 촬영 2019년 1~6월 일요일

인강 : [2020대비]전공체육 VZONEtest 미니 모의고사-체육교육론(1월) 6회 →12만원

[2020대비]전공체육 VZONEtest 미니 모의고사-체육측정평가(2월) 3회 →6만원

[2020대비]전공체육 VZONEtest 미니 모의고사-운동생리학(3월) 5회 →10만원

[2020대비]전공체육 VZONEtest 미니 모의고사-운동역학(4월) 4회 →8만원

[2020대비]전공체육 VZONEtest 미니 모의고사-운동학습과 심리(5월) 3회 →6만원

[2020대비]전공체육 VZONEtest 미니 모의고사-스포츠사회학(6월) 2회 →4만원

[2020대비]전공체육 VZONEtest 미니 모의고사-체육사·철학(6월) 2회 →4만원

교재 : VZONEtest MINI 모의고사 9,900원

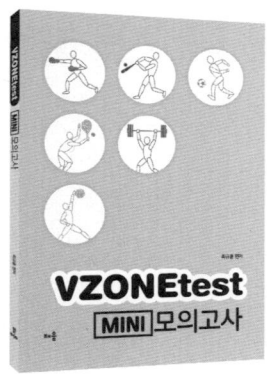

4) 전공체육 기출문제

(1) 연도별 기출문제 → 촬영 2020년 1~5월 월요일

   인강 : [2021대비] 전공체육 VZONExam1 연도별 기출문제 Ⅰ (1997~2013년)

   교재 : VZONExam1 전공체육 연도별(1997~2020) 기출문제집 18,000원

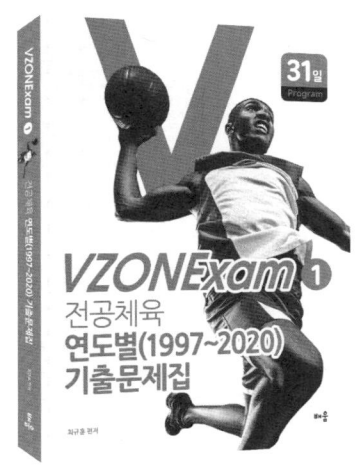

(2) 단원·연도별 기출문제 → 촬영 2020년 1~6월 수·금요일 이론 강의 중 …

   인강 : [2021대비]전공체육VZONE기본이론-체육교육론(1월) 11회, 55시간→30만원

   [2021대비]전공체육VZONE기본이론-체육측정평가(2월), 수금 6회, 30시간→15만원

   [2021대비]전공체육VZONE기본이론-운동생리학(3월), 수금 12회, 60시간→30만원

   [2021대비]전공체육VZONE기본이론-운동역학(4월), 수금 10회, 50시간→25만원

   [2021대비]전공체육VZONE기본이론-운동학습과 심리(5월), 수금 5회, 25시간→13만원

   [2021대비]전공체육VZONE기본이론-스포츠사회학 (6월), 수금 3회, 15시간→8만원

   [2021대비]전공체육VZONE기본이론-체육사·철학 (6월), 수금 5회, 25시간→13만원

   교재 : VZONExam2 전공체육 단원·연도별 기출문제집 21,600원

5) 운동역학 계산공식 및 계산문제

   (1) 계산공식

   인강 : [2021대비] 전공체육 최규훈 운동역학 계산공식 웜업 특강 1~3탄 → 무료

   (2) 계산문제

   인강 : [2021대비] 전공체육 최규훈 2021 한여름 특강 : 운동역학의 정석 → 1천원

   교재 : VZONE 운동역학의 정석 12,000원

Weekly schedule Practice makes perfect!

토요일 반	월	화	수	목	금	토	일
아침식사							
오전1	교육학 논술 학원강의	교육학 논술 학원강의	교육학 논술 Test	교육학 논술 Test	교육학 논술 Test	1교시	교육학 논술 Test
간식먹기	교육학 논술 학원강의	교육학 논술 학원강의	VZONEpass^{2018대비}	VZONEpass^{2019대비}	VZONEpass^{2020대비}	2교시	VZONEpass^{2021대비} retest!
오전2	교육학 논술 학원강의	교육학 논술 학원강의	VZONEpass^{2018대비}	VZONEpass^{2019대비}	VZONEpass^{2020대비}	3교시	VZONEpass^{2021대비} retest!
점심식사							
오후1	교육학 논술 복습	교육학 논술 복습	VZONEpass^{2018대비} VZONEmin&노트 확인	VZONEpass^{2019대비} VZONEmin&노트 확인	VZONEpass^{2020대비} VZONEmin&노트 확인	정답 및 해설1	VZONEpass^{2021대비} VZONEmin&노트 확인
간식먹기			VZONE$^{운동역학의\ 정석}$	VZONE$^{운동역학의\ 정석}$	VZONE$^{운동역학의\ 정석}$	정답 및 해설2	VZONE$^{운동역학의\ 정석}$
오후2	VZONExam78^{2020년대비}	VZONExam78^{2020년대비}	VZONExam78^{2021년대비}	VZONExam78^{2021년대비}	VZONExam78^{2021년대비}	정답 및 해설3	VZONExam78^{2020년대비}
저녁식사							
저녁1	VZONEtest 미니^{2020년대비}	VZONEtest 미니^{2020년대비}	VZONEtest MINI^{2021년대비}	VZONEtest MINI^{2021년대비}	VZONEtest MINI^{2021년대비}	중요문제 틀린 것	VZONEtest 미니^{2020년대비}
간식먹기	VZONE$^{운동역학의\ 정석}$	VZONE$^{운동역학의\ 정석}$				오답정리	
저녁2	VZONEmini R&C	VZONEmini R&C	VZONEmini R&C	VZONEmini R&C	VZONEmini R&C	완벽히!	VZONEmini R&C
자기 전	VZONExam1	VZONExam2	교육학 논술 오전1 retest!	교육학 논술 오전1 retest!	교육학 논술 오전1 retest!	정말 중요!	교육학 논술 오전1 retest!

Weekly schedule Practice makes perfect!

일요일 반	월	화	수	목	금	토	일
아침식사							
오전1	교육학 논술 학원강의	교육학 논술 학원강의	교육학 논술 Test	교육학 논술 Test	교육학 논술 Test	교육학 논술 Test	1교시
간식먹기	교육학 논술 학원강의	교육학 논술 학원강의	VZONEpass^{2021대비} retest!	VZONEpass^{2018대비}	VZONEpass^{2019대비}	VZONEpass^{2020대비}	2교시
오전2	교육학 논술 학원강의	교육학 논술 학원강의	VZONEpass^{2021대비} retest!	VZONEpass^{2018대비}	VZONEpass^{2019대비}	VZONEpass^{2020대비}	3교시
점심식사							
오후1	교육학 논술 학원강의 복습	교육학 논술 학원강의 복습	VZONEpass^{2021대비} VZONEmin&노트 확인	VZONEpass^{2018대비} VZONEmin&노트 확인	VZONEpass^{2019대비} VZONEmin&노트 확인	VZONEpass^{2020대비} VZONEmin&노트 확인	정답 및 해설1
간식먹기			VZONE$^{운동역학의\ 정석}$	VZONE$^{운동역학의\ 정석}$	VZONE$^{운동역학의\ 정석}$	VZONE$^{운동역학의\ 정석}$	정답 및 해설2
오후2	VZONExam78^{2020년대비}	VZONExam78^{2020년대비}	VZONExam78^{2020년대비}	VZONExam78^{2021년대비}	VZONExam78^{2021년대비}	VZONExam78^{2021년대비}	정답 및 해설3
저녁식사							
저녁1	VZONEtest 미니^{2020년대비}	VZONEtest 미니^{2020년대비}	VZONEtest 미니^{2020년대비}	VZONEtest MINI^{2021년대비}	VZONEtest MINI^{2021년대비}	VZONEtest MINI^{2021년대비}	중요문제 틀린 것
간식먹기	VZONE$^{운동역학의\ 정석}$	VZONE$^{운동역학의\ 정석}$					오답정리
저녁2	VZONEmini R&C	VZONEmini R&C	VZONEmini R&C	VZONEmini R&C	VZONEmini R&C	VZONEmini R&C	완벽히!
자기 전	VZONExam1	VZONExam2	교육학 논술 오전1 retest!	교육학 논술 오전1 retest!	교육학 논술 오전1 retest!	교육학 논술 오전1 retest!	정말 중요!

VZONExam 모의고사

2021 년 대비 ***VZONExam*** 모의고사 : 2020년 7~8월 실시

2020 년 대비 ***VZONExam*** 모의고사 : 2019년 7~8월 실시

가격 : 18000원

초판 : 2020년 9월 1일

편저 : 최규훈

※ 이 책의 일부 또는 전체를 무단전재, 복사, 복제하는 것은 저작권법 제 97조의 5에 의거하여
  5년 이하의 징역 또는 5,000만원 이하의 벌금에 처하거나 이를 병과할 수 있습니다.

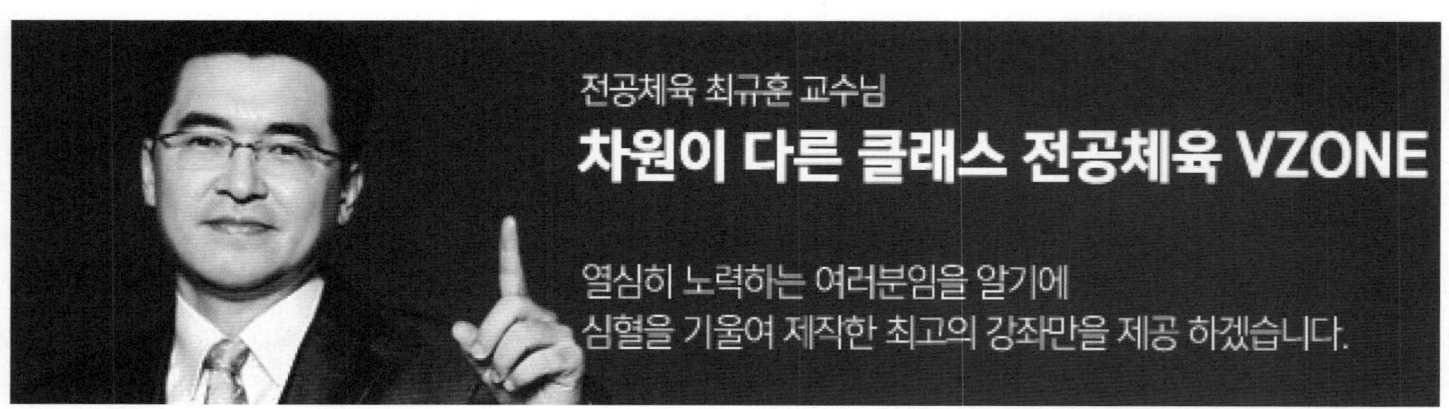

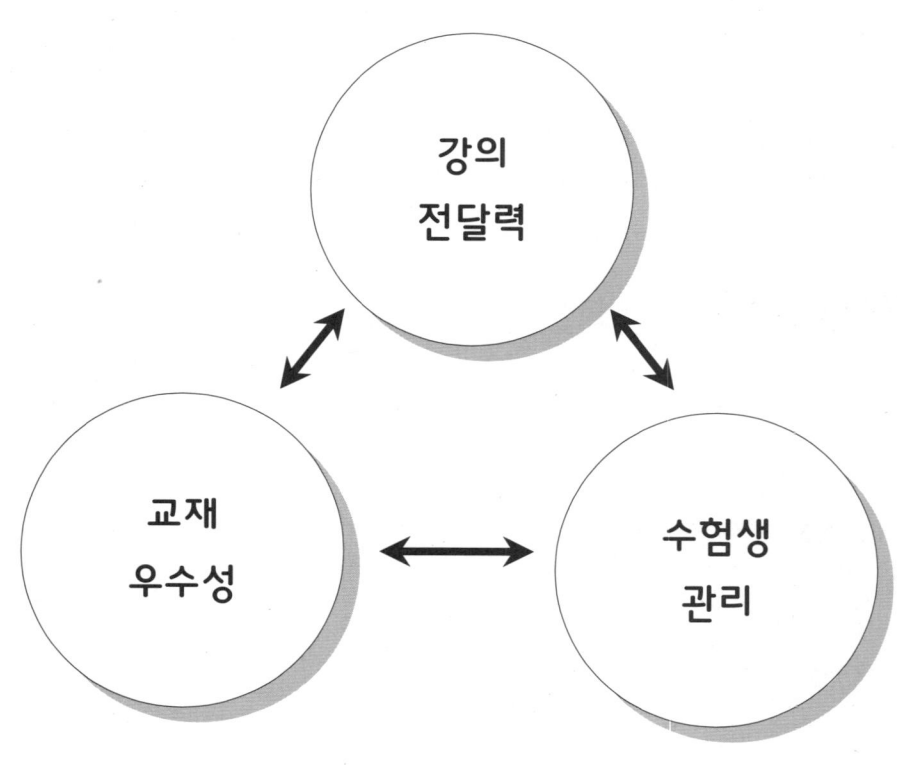

VZONE mini 전공체육

체육교육론

인문과학 : 체육사·철학   스포츠사회학   운동학습과 심리

자연과학 : 체육측정평가   운동역학   운동생리학

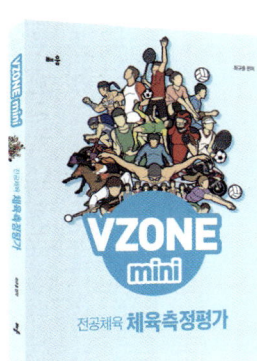  

VZONE 문제집 및 모의고사

VZONExam 기출문제집 : 연도별, 단원·연도별

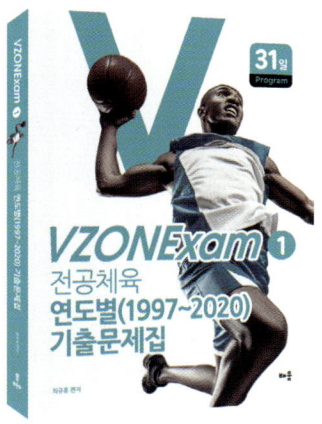

VZONE 모의고사

| 1~6월 VZONEtest | 7~8월 VZONExam | 9~11월 VZONEpass |

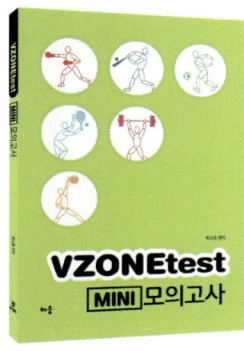
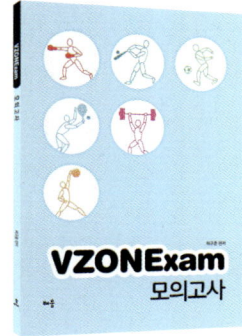
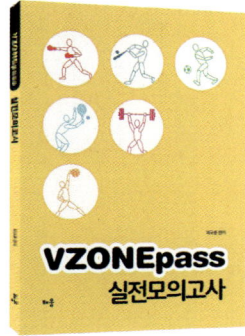

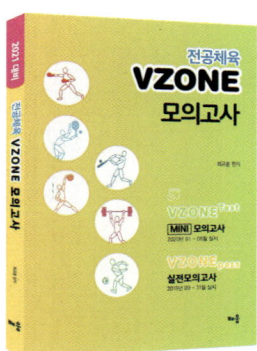

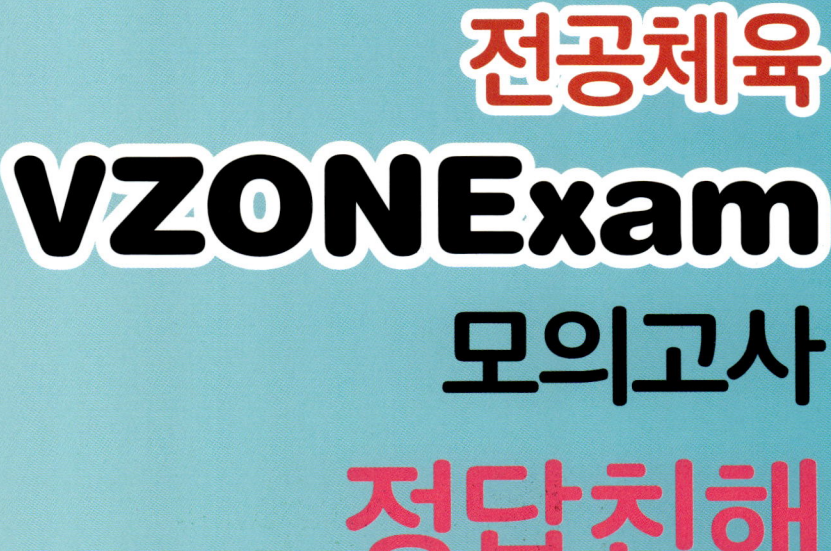

전공체육
VZONExam 모의고사
정답친해
정확한 정답과 친절한 해설

2021대비
VZONExam 모의고사
2020년 07 ~ 08월 실시

2020대비
VZONExam 모의고사
2019년 07 ~ 08월 실시

최규훈

서울대학교 사범대학 체육교육과 수석 졸업(2000)
서울시 중등임용고사 수석 합격(2000)
서울 방배중학교 근무(2000~2002)
서울대학교 사범대학 스포츠교육학 석사(2017)
노량진 전공체육 강사(2003~)
커넥츠 임용단기 전공체육 강사(2018~)

동영상 강의
http://imyong.conects.com(1661-8560)
학원 강의
http://imyong.conects.com/main/offline
교재 판매
http://imyong.conects.com/lecture/book
저자 카페
http://cafe.daum.net/VZONE

전공체육
VZONExam
모의고사

정답친해
정확한 정답과 친절한 해설

2021대비
VZONExam
모의고사
2020년 07 ~ 08월 실시

2020대비
VZONExam
모의고사
2019년 07 ~ 08월 실시

2021년 대비 **VZONExam** 모의고사

2020년 7~8월 매주 토요일

모범답안

2021년 대비 VZONExam78 실력점검모의고사 I 서울(07.04토~05일), 대구·부산(07.11토) 모범답안

전공A

1. [2점]
- ㉠은 '_____'이다. (1점)
- ㉡은 '_____'이다. (1점)

2. [2점]
- _____이다. (1점)
- ㉠은 _____이고, ㉡은 _____이다. (1점)

3. [2점]
- ㉠은 _____이다. (1점)
- ㉡은 _____=_____=_____이다. (1점)

4. [2점]
- _____이고(1점),
  _____이다(1점).

5. [4점]
- ㉠은 _____이다. (1점)
- ㉡은 _____ 피드백이다. (1점)
- ㉢은 _____이고(1점),
  ㉣은 _____이다. (1점)

6. [4점]
- ㉠은 _____이고(1점),
  ㉡은 _____이다(1점).
- ㉢은 _____이고(1점),
  ___-_____-_____이다(1점).

7. [4점]
- ㉠은 _____(=_____=_____)이다. (1점)
- ㉡은 _____이고(1점),
  ㉢은 _____이다(1점).
- ㉣ : _____을 _____
  때문입니다. (1점)

8. [4점]
- ㉠은 ____이고(1점), ㉡은 _____이다(1점).
- ㉠은 ___이고(1점), ㉡은 ___이다(1점).

9. [4점]
- ㉠은 _____이고(1점), _____이다(1점).
- ㉡은 _____
  __도 _____을 통해 _____
  _____할 수 있는 능력이다. (1점)
- ㉢은 _____이다. (1점)

10. [4점]
- ㉠은 _____규범(=_____)이고(1점),
  _____이다(1점).
- ㉡은 ___이다. (1점)
- ㉢은 _____ 이론=_____ 이론=_____ 이론
  이다. (1점)

11. [4점]
- ⓐ는 _____이고, ⓑ는 _____이다. (1점)
- __이고(1점), ㉠은 _____이다(1점).
- ㉡은 ___(=___)이다. (1점)

12. [4점]
- ㉠은 _____이고(1점), ___·_____·_____
  이다(1점).
- ㉡은 _____=___=_____이다. (1점)
- ㉢ : _____. =
  ___는 _____
  _____이 ___한다. (1점)

전공B

1. [2점]

- ㉠은 _____의 원리이다. (1점)
- _____이다. (1점)

2. [2점]

- ㉠은 __이다. (1점)
- ㉡은 __이다. (1점)

3. [4점]

- ㉠은 _____ = _____이고(1점),
  ㉡은 _____이다(1점).
- ㉢은 _____이다. (1점)
- ㉣: '____'이면서 동시에 '___' 되어야 한다.(1점)

4. [4점]

- ㉠은 __이고, ㉡은 _____이다. (1점)
- ㉢은 _____이다. (1점)
- ㉣ : _____이다. (1점)
- ㉤은 _____이다. (1점)

5. [4점]

- ㉠____, ㉡____, ㉢____이다. (1점)
- ㉣: ㉤____, ㉥____, ㉦____이다. (1점)
- ③·④ : ___·____·_____이고(1점),
  ⓑ-ⓐ는 _____이다. (1점)

6. [4점]

- ㉠은 _____실학주의이다. (1점)
- ㉡-㉢은 _____이다. (1점)
- ㉣은 _____이고(1점),
  _____이다(1점).

7. [4점]

- ㉠은 _____이고(1점),
  ㉡은 _____이다(1점).
- (나)는 _____이고(1점), 원인은
  _____이다(1점).

8. [4점]

- _____이고(1점), ____이다. (1점)
- _____이고(1점), __이다(1점).

9. [4점]

- ㉠___, ㉡___, ㉢___이다. (1점)
- __-_____이고(1점),
  _____이다(1점).
- ㉣은 _____이다. (1점)

10. [4점]

- ㉠은 _____이고, ㉡은 ___이다. (1점)
- _____로 ____과 _____의 _____
  _____이다. (1점)
- ㉤은 _____이다. (1점)
- ㉥ : _____하고, _____한다. (1점)

11. [4점]

- ㉠은 ____이다. (1점)

  공식 : ①_____ = ___ × _____ (1점)

  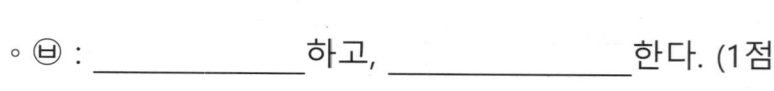

  ②_____ = _____ − _____ (1점)

- ㉡은 __이다. (1점)

4

2021년대비 VZONExam78 서울(07.11토~12일), 대구·부산(07.18토) 1회 2교시 체육교육론1 모범답안

1. [4점]
○ 2가지는 __, __이다. (1점)
○ ⑤ : ㉠은 ____이고, ㉡은 ____이다. (1점)
○ 모두 : __, __이다. (1점)
○ ⑧ : _____ 피드백이다. (1점)

2. [4점]
○ ㉠최교사는 _____(=_____)이고(1점),
 ㉡은 _____이다(1점).
○ 2가지는 _____, _____이다. (1점)
○ 교사는 _____하면서
 _____하였다. (1점)

3. [4점]
○ ①은 ___이고, ②는 ___이다. (1점)
○ ③은 _____이다. (1점)
○ ④-⑤ : _____뿐만 아니라, _____
 _____를 ___하여
 ___할 수 있다. (1점)
○ ㉠은 _____이다. (1점)

4. [4점]
○ ㉠은 _____
  = _____이다. (1점)
○ ㉡은 _____이다. (1점)
○ ㉢은 _____이다. (1점)
○ 김연우 : _____이다. (1점)

5. [4점]
○ 민재는_____(1점), 단비는_____(1점),
 신호는_____, 인태는_____이다(1점).
○ 신호는 _____이고,
 인태는 _____이다. (1점)

6. [4점]
○ ㉠은 _____이고(1점),
 ㉡은 _____(=_____)이다(1점).
○ ㉢은 _____이다. (1점)
○ (나) : ___의 _____과 ____을 알 수 있기 때문이다. (1점)

7. [4점]
○ ____이고(1점), _____이다(1점).
○ _____이고(1점), _____
 _____
 _____이다. (1점)

8. [4점]
○ ①·②는 _____이고, _____이다. (1점)
○ ㉢ : ____이다. (1점)
○ ㉠·㉡ : 확산형 질문으로 _____,
 _____. (1점)
○ ④ : _____다. (1점)

9. [4점]
○ ㉠-㉡은 _____=_____이다. (1점)
○ __이고, _____, _____
 수정한다. (1점)
○ ㉢은 _____=_____=_____이고(1점),
 ㉣은 _____=_____=____이다(1점).

10. [4점]
○ ㉠ : 유정은 _____(1점),
 상훈은 _____(1점), 상준은 _____(1점)이다.
○ (나) : 조작단서는 _____
 _____ _____ _____
 이다. (1점)

2021년대비 VZONExam78 서울(07.11토~12일), 대구·부산(07.18토) 1회 3교시 **체육측정평가** 모범답안

1. [4점]

- ㉠-__, ㉡-____이고(1점), ㉢-__, ㉣-____이다(1점).
- 연속변인은 __·__이고(1점),
  비연속변인은 __·__이다(1점).

2. [4점]

- ㉠은 _____이고(1점), __이다(1점).
- ㉡은 _____이고(1점), __이다(1점).

3. [4점]

- __-__-__-__이다. (2점)
- _____(=_____)이고(1점),
  _____이다(1점).

4. [4점]

- ㉠은 _____이고(1점), ㉡은 _____이다(1점).
- ㉢은 ___%이고(1점), ㉣은 ____%이다(1점).

5. [4점]

- ㉠은 ____(1점), ㉡은 ____(1점), ㉢은 _____이다(1점).
- ㉠은 _____이고, ㉡은 __이고, ㉢은 ____이다.(1점)
  =㉠은 ____이고, ㉡은 __이고, ㉢은 __이다.(1점)

6. [4점]

- ㉠은 ____평가이다. (1점)
- __이고, ____평가이다. (1점)
- ㉣·㉤ : _____이고(1점), ____이다(1점).

7. [4점]

- ㉠은 _____이고(1점), _____이다(1점).
- _____이고(1점), 평가는 _____뿐만 아니라 _____을 ___하여 ___한다. (1점)

8. [4점]

- (가) : __-__-__-__이다. (1점)
- (가)의 ①은 _____이다. (1점)
- (나) : ____이고(1점),
  ____타당도(=____타당도=____타당도)이다(1점).

9. [4점]

- ____타당도이다. (1점)
- ㉣은 __이다. (1점)
- 왼쪽은 ____검사이고(1점),
  오른쪽은 ____검사이다(1점).

10. [4점]

- (가)는 _____이고, ____이다. (1점)
- ㉠은 _____이다. (1점)
- (다) : _____은 __·__·__이고(1점),
  _____은 __·__·__이다(1점).

2021년대비 VZONExam78 서울(07.18토~19일), 대구·부산(07.25토) 2회 2교시 **체육교육론2** 모범답안

1. [4점]
   - ___-___-___-___이다. (1점)
   - ②는 _____이고(1점), ㉠은 _____이다(1점).
   - _____. (1점)

2. [4점]
   - ____가 _____를 ____에게 ____한다. (1점)
   - (가) : _____이다. (1점)
   - ㉠-㉡: _____이고(1점), _____이다(1점).

3. [4점]
   - ㉠-㉡은 _____이다. (1점)
   - ㉢은 _____이다. (1점)
   - _____이고(1점), _____이다(1점).

4. [4점]
   - (가) : _____이다. (1점)
   - ㉠ : _____, _____이다. (1점)
   - ㉡ : _____이다. (1점)
   - ㉢ : _____이다. (1점)

5. [4점]
   - ⓐ : _____은 _____을 ____한다. (1점)
   - ⓑ : ____적 영역, ____적 영역, ____적 영역이다. (1점)
   - ____이의 목적은 _____이고(1점), _____을 중시한다(1점).

6. [4점]
   - ①_____·②_____·③_____(1점), ⑤____·⑥_____이다(1점).
   - ㉠은 _____이고(1점), _____이다(1점).

7. [4점]
   - ⓐ는 _____(=_____=일제식) 수업이고, __이다. (1점)
   - ⓑ은 _____ 수업이고, __이다. (1점)
   - ㉢ : '_____이다. (1점)
   - ⓒ는 _____ 질문이고, ____이다. (1점)

8. [4점]
   - ___-___-___-___이다. (1점)
   - _____고(1점), _____이다(1점).
   - ㉣은 ____이다. (1점)

9. [4점]
   - ____이고(1점), _____이다(1점).
   - ____이고(1점), _____ 또는 _____이다. (1점)

10. [4점]
    - ㉠은 _____피드백이고(1점), _____이다(1점).
    - ____이고, _____이다. (1점)
    - ____이고, _____이다. (1점)

2021년대비 VZONExam78 서울(07.18토~19일), 대구·부산(07.25토) 2회 3교시 **체육사·철학** 모범답안

1. [4점]

- ⓐ는 _____=_____이다. (1점)
- ㉠은 ___, ㉡은 ___, ㉢은 ___, ㉣은 ____이다. (1점)
- ⓑ는 _____이고(1점), ⓒ는 ____이다(1점).

2. [4점]

- ㉠은 _____이고(1점),
  ㉡은 _____이다(1점).
- ㉢ : _____
  ____이다. (1점)
- ㉣는 _____ 사상이다. (1점)

3. [4점]

- ㉠은 _____이다. (1점)
- ㉡은 _____이고,
  ㉢은 _____이다. (1점)
- ③ : _____이고, _____
  _____이다. (1점)
- ___이고, ㉣은 ___이다. (1점)

4. [4점]

- ㉠은 _____이고, ㉡은 _____이다. (1점)
- ㉢은 _____이다. (1점)
- ㉣은 _____이다. (1점)
- ㉤은 _____이다. (1점)

5. [4점]

- ㉠은 _____이고,
  _____이다. (1점)
- ㉢은 _____이고, ㉣은 ___이다. (1점)
- ㉤은 ___이고, ㉥은 _____이다. (1점)
- ㉦은 _____이고, ㉧은 ____이다. (1점)

6. [4점]

- ㉠은 _____이고, ㉡은 _____이다. (1점)
- ㉢은 ____이고, ㉣은 _____이다. (1점)
- ㉤은 ____운동장이고, ㉥은 _____운동장이다. (1점)
- ㉦은 _____이고, ㉧은 _____이다. (1점)

7. [4점]

- ㈎는 _____이다. (1점)
- ㈏는 _____이고(1점), _____이다(1점).
- _____이다. (1점)

8. [4점]

- ㉠은 ___이고, ㉡은 _____이다. (1점)
- ①은 _____이고, ②는 _____이다. (1점)
- ③~⑤은 _____이고(1점),
  _____이다(1점).

9. [4점]

- ㉠은 _____이고, _____이다. (1점)
- ㉡은 ___이다. (1점)
- ㈏ : _____ = _____이고(1점),
  _____의 원리이다(1점).

10. [4점]

- 공리주의 : ㈎는 _____이고,
  ㈏는 _____이다. (1점)
- 의무주의 : ㈎는 _____이고,
  ㈏는 _____이다. (1점)
- ㈐ : _____이고(1점), ____이다(1점).

8

2021년대비 VZONExam78 서울(07.25토~26일), 대구·부산(08.01토) 3회 2교시 체육교육론3 모범답안

1. [4점]

  ○ ___-___-___-___이다. (1점)
  ○ 미해 : _____ 교육과정이다. (1점)
  ○ ㉠ : ___, _____이다. (1점)
  ○ 옥션 : _____과 _____의 도입이다. (1점)

2. [4점]

  ○ 최 교사 : _____
    _____이다. (1점)
  ○ ⓐ : '_____'이고, '___'이다. (1점)
  ○ ㉠은 _·㉡은 _·㉢은 _이고(1점),
    ㉣은 ___이다(1점).

3. [4점]

  ○ ___이고, _____이다. (1점)
    ___이고, _____이다. (1점)
  ○ _____이고, _____이다. (1점)
  ○ ㉠은 ___이고, ㉡은 ___이다. (1점)

4. [4점]

  ○ ㉠+㉡은 __이다. (1점)
  ○ ㉢은 _____이고,
    ㉣은 _____이다. (1점)
  ○ ㉤은 _____이다. (1점)
  ○ ㉥은 _____와 _____이다. (1점)

5. [4점]

  ○ ㉠은 _____이고(1점), _____이다(1점).
  ○ ㉡은 '_____'이고(1점),
    ㉢은 '_____
    ___'이다(1점).

6. [4점]

  ○ _____이다. (1점)
  ○ ㉠은 _____이고,
    ㉡은 _____이다(1점).
  ○ _____이고(1점),
    _____·_____이다(1점).

7. [4점]

  ○ '_____'이고(1점),
    _____이다(1점).
  ○ _____이고, _____이다. (1점)
  ○ ㉠은 _____이다. (1점)

8. [4점]

  ○ ㉠은 _____이고(1점), ㉡은 _____이다(1점).
  ○ _____
    _____이고(1점), _____
    _____이다(1점).

9. [4점]

  ○ ㉠은 _____이고, ㉡은 ___이다. (1점)
  ○ ㉢은 _____이다. (1점)
  ○ ㉣ : _____·_____이다.(1점)
  ○ ㉤은 _____이다. (1점)

10. [4점]

  ○ _____이고(1점),
    _____이다(1점).
  ○ ㉠·㉡은 _____이고(1점),
    ㉢은 _____이다(1점).

9

2021년대비 VZONExam78 서울(07.25토~26일), 대구·부산(08.01토) 3회 3교시 운동역학 모범답안

1. [4점]
   - ___이고, _____입니다. (1점)
   - ㉠은 _____이고(1점), ㉡은 _____이다(1점).
   - _이다. (1점)

2. [4점]
   - _____이고(1점), __이다(1점).
   - ___이고, __이다. (1점)
   - _____이다. (1점)

3. [4점]
   - ㉠은 _이고, ㉡은 _이다(1점).
   - ㉢은 _____운동이고, ㉣은 ____운동이다. (1점)
   - 변위는 __m이다. (1점)
   - ㉤은 __m/s이다. (1점)

4. [4점]
   - ____이다. (1점)
   - __은 _____이다. (1점)
   - __는 _____=___=_____. (1점)
   - __는 __이다. (1점)

5. [4점]
   - __이고, _____이다. (1점)
   - ㉠은 ___, ㉡은 ___, ㉢은 ____이다. (1점)
   - ⓐ는 ____이다. (1점)
   - _번째 _____이다. (1점)

6. [4점]
   - ___ : '_____'입니다. (1점)
   - ___ : '_____'입니다. (1점)
   - ㉠은 __m/s이고(1점), ㉡은 __m이다(1점).

7. [4점]
   - ㈎ : ___이고(1점), _입니다(1점).
   - ㉠은 ___이고(1점), ㉡은 __이다(1점).

8. [4점]
   - ㉠은 __, ㉡은 __, ㉢은 _이다. (1점)
   - ㉠-__, ㉡-__, ㉢-__이다. (1점)
   - ❶~❻ : _____이다. (1점)
   - ❶~❻ : ____이다. (1점)

9. [4점]
   - ㈎ : ____이다. (1점)
   - ㉠은 _____이다. (1점)
   - ㈏ : ____이고(1점), _____(1점).

10. [4점]
    - ㈎ : _____이고, _____이다. (1점)
    - 재성 : 관성모멘트는 ____하고, 각속도는 ____한다. (1점)
    - ㉠은 _배이고, ㉡은 _배이다. (1점)
    - ⓐ-ⓑ는 _____이고,
      ⓒ는 _번째 _____이다. (1점)

2021년대비 VZONExam78 서울(08.08토~09일), 대구·부산(08.15토) 4회 2교시 **운동학습과 심리** 모범답안

1. [4점]

◦ ㉠은 ___, ㉡은 _____, ㉢은 _____이다. (1점)

◦ 경준 : _____ = _____이다. (1점)

◦ 현민 : _____이고(1점),

　　　　_____이다(1점).

2. [4점]

◦ _____이고(1점), __이다(1점).

◦ 창희는 _____이고 (1점),

　인기는 _____이다 (1점).

3. [4점]

◦ 영재는 _____이고, 보국이는 _____이다. (1점)

◦ ㉠은 _____이고(1점), ㉡은 _____이다(1점).

◦ ⓑ-ⓐ한계점 : _____.
　(1점)

4. [4점]

◦ ㉠은 __이고(1점), ㉡은 __이다(1점).

◦ ㉢은 _____이고(1점), ㉣은 _____이다(1점).

5. [4점]

◦ ㉠은 __이고, _____이다. (1점)

◦ ㉡은 __이고, _____이다. (1점)

◦ ② : '___'이다. (1점)

◦ 미진 : _____이다. (1점)

6. [4점]

◦ 자기효능감 : ___-___-___이다. (1점)

◦ ㉠ : ___단계이고, ___이다. (1점)

◦ ㉡은 _____이다. (1점)

◦ 현재는 _____이고, 동원이는 _____이다. (1점)

7. [4점]

◦ ㈎ : ㉠은 _____이고,

　　　㉡은 _____이다. (1점)

　　　피츠의 난이도 지수는 __이다. (1점)

◦ ㈏ : ⓐ는 _____이고, ⓑ는 _____이다.
　(1점)

◦ ㈏ : ____이고, _____
　이다. (1점)

8. [4점]

◦ 수정·채은은 _____ = _____이고(1점),
　이 단계는 _____이다(1점).

◦ ㉠은 __, ㉡은 __, ㉢은 __이다. (1점)

◦ ①·②는 _____이고, ③은 ____이다. (1점)

9. [4점]

◦ ㉠은 _____이고, ㉡은 _____이다. (1점)

◦ ㉢은 ____이고, ㉣은 _____이다. (1점)

◦ ㈏ : ___-___-___이다. (1점)

◦ 도호는 _____이다. (1점)

10. [4점]

◦ ㉠은 '___'이고, ㉡은 '___'이다. (1점)

◦ ㉠은 '_____'='___'에 효과적이고,
　㉡은 _____에 효과적이다. (1점)

◦ 예진 : _____이다. (1점)

◦ 연서는 _____이고, ___이다. (1점)

2021년대비 VZONExam78 서울(08.08토~09일), 대구·부산(08.15토) 4회 3교시 **스포츠사회학** 모범답안

1. [4점]

- ㈎ : ____이고, _____이다. (1점)
- ㈏-①은 _____이고, ____이다. (1점)
- ㉠은 _____이고, ____이다. (1점)
- ㈏-②는 _____=_____이다. (1점)

2. [4점]

- ㉠은 _____이다. (1점)
  ㉡은 _____, ㉢은 _____, ㉣은 _____이다. (1점)
- ⓐ는 ____이고(1점), __이다(1점).

3. [4점]

- ㈎ : _____ 사건이고(1점), _____
  _____이다(1점).
- ㈏ : _____이
  고(1점), _____이다(1점).

4. [4점]

- ㉠은 _____이고, ㉡은 _____이다. (1점)
- ⓐ : _____이다. (1점)
- ⓐ는 _____이고(1점),
  ⓑ는 _____이다(1점).

5. [4점]

- 경현은 ___적 욕구, 승환은 ___적 욕구, 덕영은
  ___적 욕구이다. (1점)
  나머지 1가지는 ___적 욕구이다(1점).
- ㈎ : _____이다. (1점)
- ㈏ : ___이고, _____
  _____. = ___이고, _____
  _____. (1점)

6. [4점]

- ①~④ : ___, ___, ___, ___이다. (1점)
- ㉠~㉣ : ___, ___, ___, ___이다. (1점)
- ㈏ : _____이고(1점), _____
  _____이다(1점).

7. [4점]

- 병욱이는 _____이고, 다영이는 _____
  이다. (1점)
- ㉠은 _____이고, ㉡은 _____이다. (1점)
- '감독·심판'은 _____이고,
  '해설자'는 _____이다. (1점)
- ㈏ : __-__-__-__이다. (1점)

8. [4점]

- ㈎: _____이고(1점), _____이다(1점).
- ㈏ : _____ · _____ ·
  _____이다. (1점)
  우진이는 _____이다. (1점)

9. [4점]

- 아영이는 _____이고(1점),
  병규는 _____이다(1점).
- ㈏ : ___와 ___이고, _____이다. (1점)
- ㉠의 다음은 _____이다. (1점)

10. [4점]

- 효준이는 _____이고, ㉠은 _____이다(1점).
- ㉡은 _____이고(1점),
  ____인 _____이다(1점).
- ㉢은 _____이다. (1점)

12

2021년대비 VZONExam78 서울(08.15토~16일), 대구·부산(08.22토) 5회 2교시 **운동생리학**[1·2] 모범답안

1. [4점]
   - ㉠은 _____이고, ㉡은 _____이다. (1점)
   - ㉢은 ____이다. (1점)
   - ㉣은 ____이고, ㉤은 _____이다. (1점)
   - ㉥은 _____이다. (1점)

2. [4점]
   - (가) : ____이는 '_____'이고(1점), ____는 '_____
     _____'이다(1점).
   - ⓐ는 __이고, ⓑ는 ____이다. (1점)
   - ㉠은 _____이고, ㉡은 _____이다. (1점)

3. [4점]
   - ㉠은 _____=____이다. (1점)
     ①은 _____이고, ②는 ____이다. (1점)
   - [표] : _____. (1점)
   - ⓐ은 _____, ⓑ는 _____, ⓒ는 _____
     _____, ⓓ는 _____이다. (1점)

4. [4점]
   - ㉠은 _____이다. (1점)
     ⓐ-ⓑ : _____은 ____하고(1점), _____은 ____한
     다(1점). → 순서 상관 없음
   - ㉡은 _____=_____=__이다. (1점)

5. [4점]
   - ㉮ : ③-①-④-②이다. (1점) ← 수정
   - ㉠은 _____이고, ㉡은 _____
     __이다. (1점)
   - ⓐ-ⓑ : _____이다. (1점)
   - ㉢은 _____이다. (1점)

6. [4점]
   - ㉠은 _____이다. (1점)
   - ㉡은 ____이고, ㉢은 _____이다. (1점)
   - ㉣ : 흥분성은 _____이고, 억제성은 _____이다.(1점),
   - ㉤은 _____이다(1점).

7. [4점]
   - ㉠은 __이고(1점), ㉡은 ____=____이다(1점).
   - ㉢은 _____이고, ㉣은 _____이다. (1점)
   - ⓐ-ⓑ : _____에서 _____의 __
     _____을 ____할 수 있다. = _____
     _____에 걸쳐 _____로 운동할 때 __
     _____하도록 한다. (1점)

8. [4점]
   - (가) : 현권·성훈은 _____이고(1점),
     다은·태종은 _____이다(1점).
   - (나) : ____이고, _____이다. (1점)
   - (다) : ____이고,
     _____에 _____ 때문이다. (1점)

9. [4점]
   - ㉠은 _____이다. (1점)
     밑줄 친 부분 : _____ - _____이다.
           = _____ - _____이다. (1점)
   - ⓐ는 _____이고, ⓑ는 _____이다. (1점)
   - ①____, ②____, ③____, ④____이다. (1점)

10. [4점]
    - ㉠은 _____이고,
      ㉡은 _____ __ _____
           = _____ __ _____이다(1점).
    - ①____, ②____, ③____이다. (1점)
    - ⓐ는 _____이고,
      ⓑ는 _____이다. (1점)
    - ⓒ는 _____이다. (1점)

2021년대비 VZONExam78 서울(08.15토~16일), 대구·부산(08.22토) 5회 3교시 **운동생리학³·⁴** 모범답안

1. [4점]

- ㉠은 ____이고(1점), ㉡은 _____이다(1점).
- ①은 _____이고, ②는 ____이다. (1점)
- ③은 _____이고, ④는 ____이다. (1점)

2. [4점]

- ㉠은 _____이고, __이다. (1점)
- ㉡은 _____이다. (1점)
  ㉢은 _____, ㉣은 _____이다. (1점)
- ㉤은 _____이다. (1점)

3. [4점]

- 태욱 : 심박출량은 ___L/min이고(1점), 체질량지수는 _____이다(1점).
- ㉠ : _____이고, _____이다. (1점)
- '①___, ②___, ③___, ④___'이다. (1점)

4. [4점]

- 최 교사 : _____=_____이고, ⓐ는 _____이다. (1점)
- ㉠은 _____이고(1점), ㉡은 '_____'이다(1점).
- '①___, ②___, ③___, ④___'이다. (1점)

5. [4점]

- ①~⑥ : ____이고, _이다. (1점)
- ㉠은 _____이다. (1점)
  ⓐ : _____으로 _____ ____을 ___한다. (1점)
- ㉡은 _____이다. (1점)

6. [4점]

- '①___, ②___, ③___, ④___'이다. (1점)
- '⑤___, ⑥___, ⑦___'이다. (1점)
- [그림] : ____이고, _____이다. (1점)
- ⓐ : 신장은 _____ _____시킨다. (1점)

7. [4점]

- ㉠은 _____ = _____이다. (1점)
- ⓐ는 _____이고, ⓑ는 _____이다. (1점)
  ㉮국면 중 _____이다. (1점)
- ⓒ는 _____ ____이다. (1점)

8. [4점]

- ㉠은 _____이다. (1점)
- ㉡은 _____이다. (1점)
- 질적 요소는 _____이고, 양적 요소는 _____이다. (1점)
- ⓐ는 _____이고, ⓑ는 _____이다. (1점)

9. [4점]

- ㉠은 _____이다. (1점)
- ㉡은 ___이고, ㉢은 ___이다. (1점)
- ㉣은 _____이고, ㉤은 ___이다. (1점)
- ㉥은 _____이다. (1점)

10. [4점]

- ㉠은 '___'이고, ㉡은 _____이다. (1점)
- ㉢은 _____이다. (1점)
- ①~⑥ : ____이고, _이다. (1점)
- ㉣은 ____이고, ㉤은 ___이다. (1점)

14

2021년 대비 VZONExam78 실력점검모의고사Ⅱ 서울(08.29토~30일), 대구·부산(09.05토) 모범답안

전공A

1. [2점]
- '_____=_____'는 __ 교사이다. (1점)
- '_____=_____'는 __ 교사이다. (1점)

2. [2점]
- ㉠은 _____이다. (1점)
- ㉡-㉢은 _____이다. (1점)

3. [2점]
- ㉠은 _____=_____이다. (1점)
- ㉡은 ___이다. (1점)

4. [2점]
- 1차시는 _____이고(1점),
  2차시는 _____이다(1점).

5. [4점]
- ㉠은 _단계 _____이다. (1점)
- ㉡은 _____이다. (1점)
- 찬희 : _____이다. (1점)
- 현민·재원 : _____이다. (1점)

6. [4점]
- ㉠과제식 수업은 _____의 _____를 _____, _____하다. (1점)
- ㉠은 __이고, ___ 스테이션 - ___ 과제이다. (1점)
- ㉡ : ___의 ____과 _____을 ____ 있다. (1점)
- ㉢은 _____이다. (1점)

7. [4점]
- ㉠은 _____, ㉡은 _____이다. (1점)
  ⓐ : __에서 글리세롤로부터 _____
      = _____ = _____이다. (1점)
- ⓑ : _____과 ___이다. (1점)
- RER은 ___이다. (1점)

8. [4점]
- ㉠은 ___N, ㉡은 ___N이다. ㉢은 _____. (1점)
- ㉣은 _____이고, ㉤은 _____이다. (1점)
- 2~5초의 가속도는 _m/s²이고(1점),
  이동거리는 ___m이다(1점).

9. [4점]
- ㉠은 _____이고, ㉡은 _____이다. (1점)
- __이고, _____이다. (1점)
- ⓐ는 _____ 정책이다. (1점)
- ⓑ는 _____과 _____=_____=_____이다. (1점)

10. [4점]
- ㉠-㉡은 _____이다. (1점)
- ㉠의 표출적 군중은 _____이고,
  ㉢표출적 폭도는 _____이다. (1점)
- ㉣은 _____, _____이다. (1점)
- ㉤은 _____시키고, _____
  ____으로 _____이 집합행동으로 분출된다. (1점)

11. [4점]
- ㉠는 _____이다. (1점)
  평균은 _이고, 표준편차는 _이다. (1점)
- ①+②+③은 _이다. (1점)
- 백분위차이는 _____이다. (1점)

12. [4점]
- ___·___이고, _____이다. (1점)
- ___·___이고, _____이다. (1점)
- 도호 : ___·_____·_____ _____에 귀인할 수 있도록 지도한다. (1점)
- 희식은 _____이다. (1점)

전공B

1. [2점]
- ㉠은 _____이다. (1점)
- ㉡은 ___와 ___이다. (1점)

2. [2점]
- ㉠은 ___이고, ㉡은 ___이다. (1점)
- ①은 __m이고, ②는 ___m이다. (1점)

3. [4점]
- ㉠ : 기준은 '_____은 _____, _____ _____를 ___해야 한다'이고(1점), 방향은 '_____'이다 (1점).
- ㉡은 _____=_____이고, '___'이다. (1점)
- ㉢ : 경호는 _____기능, 재훈은 _____기능, 보국은 _____기능이다. (1점)

4. [4점]
- 최 교사는 _____이고, 정 교사는 _____이다. (1점) _____ 등 _____를 ___하여 ___할 수 있기 때문이다. (1점)
- ㉠은 _____이다. (1점)
- 4단계는 __-__-__-__이다. (1점)

5. [4점]
- 3가지 중 _____이고, 5가지 중 _____=_____이다. (1점)
- _____에서 ㉠은 _____이고, ㉡은 _____이다. (1점)
- 장 교사 : _____이고(1점), ___는 ___ _____을 통해 ___이 _____를 ___할 수 있도록 한다(1점).

6. [4점]
- ㉠은 _____이다. (1점)
- ①~③ 중 __이다. (1점). (1점)
- ㉡ : _____에 영향을 미쳐 _____ ___을 ___하는 역할을 한다. (1점)
- ㉢은 _____이다. (1점)

7. [4점]
- ㉠은 _____이고(1점), ㉡은 _____이다(1점).
- ㉢·㉣은 _____이다. (1점)
  ㉢은_____이고,
  ㉣은 _____이다. (1점)

8. [4점]
- ㉠은 __이고(1점), ㉡은 __%이다(1점).
- ㉢은 ___타당도=___타당도=___타당도이다. (1점)
- ㉣은 _____이다. (1점)

9. [4점]
- ㉠은 _____이고(1점), 번스타인의 _____이다. (1점)
- ㉡은 _____이고, ㉢은 _____이다. (1점)
- 상훈은 _____이고, __이다. (1점)

10. [4점]
- ㉠은 _____, ㉡은 _____, ㉢은 ____이다. (2점) → 2개는 1점
- ⓐ은 __kg이다. (1점)
- ⓑ은 _____이고, ⓒ는 _____이다. (1점)

11. [4점]
- ㉠ : _____=_____이고(1점), _____=_____이다(1점).
- ㉡-ⓐ : 유속은 _____, 유압은 ____. (1점)
- ㉢은_____J이다. (1점)

2020년 대비 *VZONExam* 모의고사

2019년 7~8월 매주 토요일

모범답안

2019 VZONExam 7월 실력점검모의고사 I 모범답안　　　　　　전공A

1. [2점]
- ㉠은 _____ 방법의 학습 단계이다. (1점)
- ㉡은 _____이다. (1점)

2. [2점]
- ⓐ-㉠은 _____이다. (1점)
- ㉡은 _____ 교육(=_____ 교육)이다. (1점)

3. [2점]
- ㉠은 _____이다. (1점)
- ㉡ : ___(=___)로서 중요했고, _____(=_____ =___)로서의 성격도 지녔다. (1점)

4. [2점]
- 현우는 _____ 규제, 동수는 ____ 규제이다. (1점)
- 찬흠이에게 _____을 실시했다. (1점)

5. [4점]
- 역학적 일은 ____하다(=__다). (1점)
- ㉠은 _이다. (1점)
- ㉡은 _____이고, _____수축을 통한 _____수축이다. (1점)
- ⓐ와 ⓑ는 _____이다. (1점)

6. [4점]
- ㈎ : ㉠은 ____이고, ㉣은 _____이다. (1점)
- ㈏ : ⓐ는 _____이고, ⓑ는 ____이다. (1점)
- ㈐ : __-__-__이고(1점),
  Ⓐ는 어떤 ___에 ___지는 ___은 그 ___가 ___ 내는 ___(_)의 ___와 __다(1점).

7. [4점]
- ㈎ : ㉠은 _____이다. (1점)
  온도의 _℃는 __℃보다 __고 __℃보다 __은 ___ 영점이지만, _____의 _____은 '___이 ___'을 의미한다. (1점)
- ㈏ : ___이가 ____보다 __만큼 __한다. (1점)
  ___이는 _____이 _____보다 __만큼 더 __다. (1점)

8. [4점]
- ㉠은 _____게임이다. (1점)
- ㉡은 _____가 약 __~__% 이상의 _____을 보이며 _____에 ___하는 ___의 양을 의미한다. = 목표 관련 신체활동에 성공을 경험하여 소비한 시간이다. (1점)
- ㉢은 _____ 질문이고, ___·___ 등의 ___을 요구하는 질문으로 __거나 __린 ___이 __다. (1점)
- ㉣은 (교정 정보는 제공하지 않고) ___된 ___만 ___를 ___하는 피드백이고, ㉤은 ___적 피드백이다. (1점)

9. [4점]
- ____타당도이다. (1점)
- ㉠은 ___적 교육관이고, ___을 중시한다. (1점)
- ㉠-_____ 및 _____의 ___이다. (1점)
- 4회는 ___이고, 5회는 ___이다. (1점)

10. [4점]
- ㉠은 _____ 스타일(_)이고, ___가 ___하는 대로 ___은 ___하게 ___을 ___하거나 ___을 보인다 (S-R). (1점)
- ㉡은 _단계이고 _____정(=_____ =_____ ___=___적 단계)이다. (1점)
- ㉢은 ___적 ___을 위한 ___적 _____이고, ㉣은 _____을 ___한 ___별 수업이다. (1점)
- ㉣ : _____ 스타일(_)이고, ___한 ___에 대한 __ _한 _____를 ___하였다. (1점)

11. [4점]

- ㈎ : ＿＿＿J(=＿＿＿Nm)이다. (1점)
- ＿＿＿＿＿이고, ＿＿＿＿＿이 오른발 기저면의 ＿＿＿(＿＿＿)에 ＿＿＿하고 있기 때문이다. (1점)
- ㈏ : ＿종 지레이다. (1점)
  이유는 ＿＿＿＿(＿＿)이 ＿＿＿(＿＿)보다 ＿＿어서 ＿＿＿(＿＿)을 ＿＿＿하는 데 ＿＿(＿)이 ＿＿이 들기 때문이다. (1점)

12. [4점]

- ㉠·㉡은 ＿＿＿＿＿＿＿＿이론(=＿＿＿＿＿＿＿ 이론 =＿＿＿＿＿＿)이고(1점),
  ㉢·㉣은 ＿＿＿＿＿＿이론이다(1점).
- ㉢에 ＿＿＿이 없고, ㉣은 ＿＿＿＿＿＿＿＿이다. (1점)
- ㉤은 ＿＿＿＿＿＿＿＿＿＿＿이고,
  ⓐ는 ＿＿＿＿＿＿제도(=＿＿＿＿＿＿＿＿제도 = ＿＿ = ＿＿＿＿＿＿＿)이다. (1점)

전공B

1. [2점]

- <상황1>은 ＿＿＿＿＿＿＿＿＿＿＿＿＿＿＿이고,
  <상황2>는 ＿＿＿＿＿＿＿＿＿(＿＿＿＿)이다. (1점)
- <상황3>은 ＿＿＿＿＿＿＿＿이다. (1점)

2. [2점]

- ㈎ : ㉠은 ＿＿＿＿의 변화이고,
  ㉡은 ＿＿＿의 변화이다. (1점)
- ㈏ : ㉢은 ＿＿＿＿＿＿＿＿＿＿＿이다. (1점)

3. [4점]

- ㈎는 ＿ 교사이고, ＿＿＿＿이다. (1점)
- ㉠은 ＿, ＿ 교사이고(1점),
  ＿＿＿의 ＿＿＿＿＿＿에서 ＿＿＿하여 ＿＿＿적 ＿＿＿로 나아간다(1점).
- ㉡은 ＿＿＿＿＿＿＿＿＿＿＿＿이다. (1점)

4. [4점]

- ㈎ : ＿＿＿＿와 ＿＿＿＿ 모두 ＿＿＿＿＿＿은 ＿＿＿ms로 같다. (1점)
- ㈏ : ㉠은 ＿＿＿＿＿＿＿＿＿＿＿＿＿＿＿＿＿＿＿이고,
  ㉡은 ＿＿＿＿＿＿＿＿＿＿＿＿＿＿＿＿＿＿＿＿이다(1점).
  ㉠은 ＿＿＿＿＿의 ＿＿＿이다. (1점)
- ㈐ : ⓐ는 ＿＿＿＿＿＿＿＿＿＿이고,
  ⓑ는 ＿＿＿＿＿＿＿＿＿＿＿이다. (1점)

5. [4점]

- ㈎ : ㉠은 ＿＿＿, ＿＿＿, ＿＿＿이다. (1점)
- ㈏ : ㉡은 ＿＿＿이다. (1점)
- ㈐ : ㉢은 ＿＿＿＿＿＿＿＿＿＿＿＿＿＿＿이다. (1점)
- ㈑ : ＿＿-＿＿-＿＿이다. (1점)

6. [4점]

- (가) : 평균속력은 _m/s이고, 평균속도는 _m/s이다. (1점)
- (가) : 승규의 원심력은 ___N이다. (1점)
- (가) : 동작은 ___를 ___의 ___으로 ___이고 (=___ ___ 방향으로 ___인 자세를 취하고), 이유는 _____을 ___받기 위한 _____(___)의 _____을 ___하기 위함이다. (1점)
- (가)-(나) : ___ 트레이닝(_____ training)이다. (1점)

7. [4점]

- (가) : __ _____형이다. (1점)
- ⓐ는 __%이고, _____이다. (1점)
- ⓑ는 _____이고, _____이다. (1점)
- ⓒ는 _____ 계수(_____)
  =_____신뢰도이다. (1점)

8. [4점]

- (가) : ___ 이론(_____ theory)=___이론이다. (1점)
- (나) : __적, ___적, _____이다. (1점)
- (다) : _____이고, _____이다. (1점)
- (라) : ㉠은 _____효과이고,
  ㉡은 _____ 가설이다. (1점)

9. [4점]

- ㉠은 __이다. (1점)
- ㉡은 ___~___이다. (1점)
- ㉢은 ___kg/m²이다. (1점)
- ㉣은 ___이다. (1점)

10. [4점]

- (A)(C)는 _____수업(=____전략=_____체제)이고, ㉠은 _____이다. (1점)
- (B)(D)는 ___수업(=___교수=___교수)이다. (1점)
- ㉡에서 개인교사는 ___적 영역이고, 학습자는 ___적 영역이다. (1점)
- ⓐⓑ는 ___형 질문으로 ___가지 이상의 정답, ___ ─ 답변대기시간, ___·___·___의 수준이다. (1점)

11. [4점]

- ㉠은 _____능력이고, _____역량·_____역량·_____역량이다. (1점)
- ㉡-㉢ : __ _____에서 _____ ___ ___의 ___(___)들을 ____에 ___할 수 있다. = ___ ___이 ___ 학생들을 ___ ___할 수 있다 = _____이 ___한 학생들의 ___를 _____으로 ___할 수 있다. (1점)
- ㉣은 ___이론 or ___이론이다. (1점)
- ㉤은 _____과 _____의 _____이다. (1점)

2019 VZONExam 1회 2교시 체육교육론1 모범답안   전공A

1. [4점]
- ㈎ : ㉠은 _____이고,
  ㉡은 _____이다. (1점)
- ㈐-㉢는 __이다. (1점)
- __ 교사이고, __이다. (1점)
- ㈎-㉠은 운동과제 __의 ___한 내용에서 ___한 내용으로 발전시킨다. (1점)

2. [4점]
- ㈎ : __이고, _____으로 바꾼다. (1점)
- ㈎-㉤는 _____라고 한다. (1점)
- ㈏ : ⓐ는 _____이고, ⓑ는_____이다. (1점)
  기준은 _____이다. (1점)

3. [4점]
- ㉠은 _____이고(1점),
  항목은 _____와 ___ ___이다(1점).
- ㉢-㉡ : ___시간(=_____시간)과 ___시간을 줄인다. (1점)
- _____이다. (1점)

4. [4점]
- ㉠은 ___성(___성·___성)이다. (1점)
- <그림> : __-__-__-__이다. (1점)
- _____ 성장(1점)은 ___적인 ____으로부터 얻는 ___의 ___이다(1점).

5. [4점]
- __, __이다. (1점)
- 직접교수모형으로 ___가 _____ ___을 ___. (1점)
- ⓐ : _____이 ___하고 보다 많은 학습내용을 다룰 수 있게 되며 그 결과 학생의 _____가 ___된다. (1점)
- ____과 ____의 ___(=____과 ___) 단계이다. (1점)

6. [4점]
- ㉠은 _____ 타협이고,
  ㉡·㉢은 _____ 타협이다. (1점)
- 학생들로부터 ___ 과제체계의 ___을 얻기 위해 ㉡에서 ___ 과제체계의 ___를 ___해 주었고 [상황A](1점),
  ㉢에서 학생들의 _____ ___ 과제체계를 ___한 ___에서 ___하였다[상황B](1점).
- <그림>은 _____적 _____ ___ 적 체계(= 의 적 체계)
  이고, ___과제와 ___과제(=_____과제)이다. (1점)

7. [4점]
- ㉠은 _____이고(1점),
  ㉡은 _____이고(1점),
  _____이 ___에 할 수 있는 활동을 __ ___씩 ___적으로 하게 하는 것을 말한다(1점).
- ㉢은 ___에 _____ 행동이다. (1점)

8. [4점]
- ㉠은 __이고, _____이다. (1점)
- ㉡은 _____이다. (1점)
- ㉢·㉣은 __이고, _____이다. (1점)
- ⓐ는 _____=_____이다. (1점)

9. [4점]
- ㉠은 ___형 과제(____)이고(1점),
  __이나 ___과 같이 운동기능의 ___인 측면에 초점이 맞추어진 과제이다(1점).
- ㉡-㉢은 모든 _____ __·__·후에 ___가 ___ ___에 ___한다. (1점)
- ㉣은 ___형(___적) 질문이다. (1점)

10. [4점]
- [표1]은 _____이고(1점), 이 관찰법을 사용하는 이유는 행동의 _____(=_____)을 알 수 있기 때문이다(1점).
- [표2]는 _____이고(1점), 이 관찰법을 사용하는 이유는 행동의 _____(=_____)과 _____을 알 수 있기 때문이다(1점).

2019 VZONExam 1회 3교시 체육측정평가 모범답안 — 전공B

1. [4점]
- ㉠ : _____의 영향을 받는다. (1점)
- ㉡은 _____이다. (1점)
- 분산은 ___이고(1점), ㉢사분위변차는 __이다(1점).

2. [4점]
- (가) : _이고, _이다. (1점)   (가) : _이고, _이다. (1점)
- (나) : ㉠은 _이고(1점), ㉡은 _____입니다(1점).

3. [4점]
- ㉠은 _____이다. (1점)
  평균은 _, 표준편차는 __ 이다. (1점)
- ㉡은 ___분포(=___분포=normal curve)이고,
  ___값=___값=___값은 ___ ___하다. (1점)
- ㉢은 _____(=_____)이다. (1점)

4. [4점]
- (가) : _____이고,
  _____보다 _만큼 __한다. (1점)
- (가) : _____는 상위 ____%이고,
  _____는 상위 ____%이다. (1점)
- (나) : 집단 _인 이유는 _____(=_____) or _____
  (___)가 __ ___적 _____이기 때문이다. (1점)
- (나) : 집단 _ 의 _____ __(= _)는 ___kg이다. (1점)

5. [4점]
- ㉠은 ___이다. (1점)
- ㉡은 ___이고(1점), ㉢은 __이다(1점).
- ___타당도(_____타당도 or _____타당도)이다. (1점)

6. [4점]
- (가) : 임계치^{기각치}는 _____( )로(1점),
  검정통계량은 _____( )로 변경한다(1점).
- ㉠은 __이고, ㉡은 __이다. (1점)
- __, __이다. (1점)

7. [4점]
- (가) : __ 교사이다.
  측정·검사는 가치 ____적이고,
  평가는 가치 ____적인 활동이다. (1점)
- (나) : ㉠-_, ㉡-_, ㉢-_, ㉣-_이다. (1점)
- (다) : __이다. (1점)
  특징은 ___적 교육관이고, ___을 중시한다. (1점)

8. [4점]
- (가) : 이교사-_, 최 교사-_, 김 교사-__이다. (1점)
- (나) : ㉠은 _____(=_____)이고,
  ㉡은 _____(=_____)이다. (1점)
- (나) : ⓐ는 __은(=___적=___적) - __적 주의집중이다. (1점)
- (나) : (_____가 ___할 때 or _____를 ___시키고)
  _____을 ___ 하여 _____를 ___시키기 위함이다. (1점)

9. [4점]
- ㉠은 _____이고, ㉡은 _____이다. (1점)
- ⓐ·ⓑ·ⓒ는 ___타당도(=___ 타당도)이고(1점),
  _____$^{=}$_____=_____이다(1점).
- ㉢은 _____이고, ㉣은 _____이다. (1점)

10. [4점]
- (1) : __이고, _____이다. (1점)
- (2) : __이고, _____는 _____이다. (1점)
- (3) : _____(=_____ ___도)이다. (1점)
- (4) : ㉠_____·㉡_____이고,
  _____체력$^{_____체력=}$_____체력)이다. (1점)

2019 VZONExam 2회 2교시 체육교육론2 모범답안 전공A

1. [4점]
- ㉠은 _____(=_____) 수업이다. (1점)
- ㉡은 _____ 피드백 과 _____ 피드백이다. (1점)
- __이고(1점), 주도적 참여형태는 ____이다.

2. [4점]
- (가) : ㉠_____(=_____ 과제),
  ㉡_____ 과제(=____ 과제),
  ㉢_____ 과제(=____ 과제)이다. (2점)
  → 3개 2점, 2개 1점
- (나) : "____" (1점)
- (나) : 둘다 _____이다. (1점)

3. [4점]
- (가) : ㉠은 _____이다. (1점)
- (가) : ㉡ - ①_____(=_____)과
  ②_____(=_____=_____)이다. (1점)
- (나) : __이고,
  ___(_____=_____)이다. (1점)
- (나)-(다) : __이고, _____이다. (1점)

4. [4점]
- (가) : ⓐ은 _____ 이다. (1점)
- (가) : 교사는 ___의 _____을 ___시키기 위해 ____을 한다. (1점)
- (나) : _____이고(1점), _____(_)이다(1점).

5. [4점]
- (가)-(나) : 한 학생이 '_____-_____'이고 (1점), 다른 학생은 '_____-_____'이다 (1점).
- (나) : _____이다. (1점)
- (다) : __·__·__이다. (1점)

6. [4점]
- ㉠____한 스포츠인, ㉡___한 스포츠인, ㉢_____인 스포츠인이다. (1점)
- ⓐ_____이고(1점),
  ⓑ_____이다. (1점)
- _____와 _____이다. (1점)

7. [4점]
- __-__-__-__이다. (1점)
- _____(=_____?)이고, __이다. (1점)
- ___, ___, ___, ___이다. (1점)
- __이고, _____이다. (1점)

8. [4점]
- __-__-__-__이다. (1점)
- _____와 _____이론이다. (1점)
- ㉠은 ___적(___성)이고(1점), 학생이 _____에서 ___을 ___하고 ___을 ___할 수 있도록 _____이 _____(_____)과 ___해야 한다는 뜻이다(1점). = _____이 나중에 학생이 _____에 참여할 때 접하는 _____을 ___해야 한다.=학생이 _____에서 ___하고 ___로 ___을 ___할 수 있도록 _____이 _____과 _____해야 한다는 뜻이다.

9. [4점]
- ㉠은 _____이다. (1점)
- _____이고(1점), ___은 각 ___에 _____ ___ __에서 학습진도를 ___한다. (1점)
- _____의 ___ ___을 활용하고 있다. (1점)

10. [4점]
- ㉠은 _____의 학습과 _____의 학습을 ____ ____하지 ____ 것이다. (1점)
- __-__-__-__이다. (1점)
- ㉡은 _____(_____) 활동이고(1점), _____이다. (1점)

2019 VZONExam 2회 3교시 체육사·철학 모범답안

전공B

1. [4점]
- ㉠은 _____이다. (1점)
- ㉡은 _____이고(1점),
  이는 _____을 ___했다(1점).
- ____이다. (1점)

2. [4점]
- ㉠은 _____이고(1점),
  ㉡은 _____이다(1점).
- ㉢ : ①은 ___와 ___ 창안이다. (1점)
  ②는 _____창설이다. (1점)

3. [4점]
- ㉠은 ①_____(=_____)이었다. (1점)
  ②__ 과 ___들의 ___ 및 ___ 활동이었다. (1점)
- ㉡은 '왕이나 양반들에게 _____를 제공하는 ___ _____로서의 성격'이다. (1점)
- ㉢은 _____(=_____)이고,
  ㉣은 ___(=_____=___)이다. (1점)

4. [4점]
- ____이다. (1점)
- ㉠은 '_____'이고(1점),
  ㉡은 _____(___)이다(1점).
- _____와 ____ 이다. (1점) →순서가 정확해야 함.

5. [4점]
- _이다. (1점)
- ____이다. (1점)
- ㉠은 _____이고(1점), ㉡은 _____이다(1점).

6. [4점]
- ㈎ : ㉠은 _____이고,
  ㉡은 _____이다. (1점)
- ㈏ : ____이고(1점), _____이다(1점).
- ㈐ : ㉢은 _____이고,
  ㉣은 _____이다. (1점)

7. [4점]
- ㉠은 _____이고, ㉡은 _____이다. (1점)
  ㉠·㉡ 모두 _____을 지향한다. (1점)
- ㉢은 _____이고, ㉣은 _____이다. (1점)
  ㉢은 _____을,
  ㉣은 _____을 지향한다. (1점)

8. [4점]
- ㉠은 _____이다. (1점)
- ㉡은 _____이고(1점), ㉢은 _____이다(1점).
- _____는 ___ ___을 ___하고 있지만, ___이 ___ _____를 ___하는 것은 _____이다. (1점)

9. [4점]
- ___적 영역이고(1점), _____(=_____)이다(1점).
- ㉠은 _____이고(1점),
  ㉡은 _____이다(1점).

10. [4점]
- ㉠·㉡·㉢은 _____적 윤리체계(=____주의)이고(1점),
  ㉣은 ___적 윤리체계이다(1점).
- _____ 간의 _____에서 _____인 _____을 제시하지 못할 수 있다. =___를 ___한 _____의 _____에서 생기는 _____이 있다. (1점)
- ㉣은 ___이다. (1점)

2019 VZONExam 3회 2교시 체육교육론3 모범답안

전공A

1. [4점]
- ㉠·㉡·㉢은 _____ 모형이고(1점),
  ⓐ는 _____(=_____) 측면이다(1점).
- ⓐ : 명칭은 _____ 교육과정이고(1점),
  개념은 _____이다(1점).

2. [4점]
- <표1>은 ____수준이고(1점),
  <표2>는 ____수준이다(1점).
- _____(=_____)
  에서 _____이 ____하다. (1점)
- _____을 고려하여 _____을
  ____할 수 있기 때문이다. (1점)

3. [4점]
- ㉠은 _____이고(1점),
  ㉡·㉢은 _____이다(1점).
- ⓐ : 교과(=_____=____)은 ___시간이고(1점),
  창의적 체험 활동 중 _____ 활동의
  _____은 ___시간이다(1점).

4. [4점]
- (가) : ㉠은 _____ 모형(=_____ 모형), ㉡은
  _____ 모형, ㉢은 _____ 모형
  (=_____ 모형)이다. (1점)
  _____이다. (1점)
- (나) : ㉣은 _____이고, '_____과 _____
  _____의 통합(=_____)이다(1점).
  ㉤은 _____이다. (1점)

5. [4점]
- (가)-(나) : __이고, ___형 스타일(_)이다. (1점)
- (가)-(나)-(다)-ⓐ : _____이다. (1점)
- Ⓐ-ⓑ : _____ 수업(=_____ 수업)이다. (1점)
- ⓒ : 학습자의 _____를 높이며 나아가 _____
  ____(=_____)을 높인다. (1점)

6. [4점]
- ㉠은 _____이다. (1점)
- 경기수행능력은 _____이고(1점),
  _____이다. (1점)
- 신체표현능력은 _____이고,
  _____이다. (1점)

7. [4점]
- _단계 _____(1점)는 ____될 ____의 ____ 및 ___
  __이 ____된다(1점).
- 내용체계의 _____와 _____이 __
  ____한 형태이다. (1점)
- _____, _____, _____
  _, _____, _____, _____
  _____이다. (1점)

8. [4점]
- (가) : ㉠_____(=_____)·㉡_____
  _____·㉢_____(1점),
  ㉣은 _____다(1점).
  _____이다. (1점)
- (나)는 _____이다.
  (1점)

9. [4점]
- 홍 교사1은 _____ 계획이고(1점),
  정 교사2은 _____ 계획이다(1점).
- ㉠은 '_____를 _____(=_____)'이
  다. (1점)
- ㉡ : 학생들이 '____' _____를 ____
  하도록 _____을 ___하는 수업이다. =학생들이
  _____를 _____ ___하도록 하는
  수업이다. (1점)

10. [4점]
- ㉠ : _____(=_____)이다. (1점)
- ㉡은 _____ 또는 _____이다. (1점)
- _____는 __지만, _____가 __다. (1점)
- _____는 _____를, _____는 _____를
  활용한다. (1점)

2019 VZONExam 3회 3교시 운동역학 모범답안   전공B

1. [4점]

- ㉠은 ___=___(____ : _____, _____, ___이 복합된 상태)이다. (1점)
- ㉡은 ___=___(____ : _____, _____, ___이 복합된 상태)이다. (1점)
- ㉢은 _____(=_____)이다. (1점)
- ㉣은 _____(=_____)이다. (1점)

2. [4점]

- ___이고(1점), _____이 아니라 _____(=_____)이다(1점).
- ___이고(1점), _____의 ___는 _____(1점).

3. [4점]

- ___이고(1점), _____가 아니라 _____(=_____)이다(1점).
- ___이고(1점), ___은 _____(1점).

4. [4점]

- ㉠ : _____(_)과 ____(_)이다. (1점)
- ___이 ___에 _____ ____(=_____)을 ___한 값이다. (1점)
- __Ns(=__kgm/s)이다. (1점)
- _____(=__)의 형태이다. (1점)

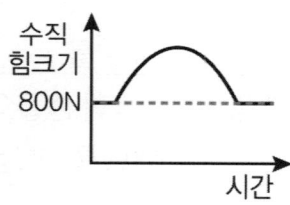

5. [4점]

- ㉠은 _____입니다. (1점)
- ___이고 _____이다. (1점)
- ___이고 _____이다. (1점)
- ㉡은 _____이다. (1점)

6. [4점]

- ㉠은 _____(=_____=_____=_____)이다. (1점)
- ㉡·㉢은 _(=____=___) or ___ or _____이다. (1점)
- ㈏는 _____ 수축이고(1점), ____이다(1점).

7. [4점]

- ㉠은 _이다. (1점)
- ⓐ는 __유형이다. (1점)
  이유는 __에서는 ___를 보지만 _____와 _____에서는 ___을 보기 때문이다. = __을 ___하여 ___와 ___에서 ___을 ___ 시스템이기 때문이다. (1점)
- ㉡은 _____(=_____=_____=_____)수축이다. (1점)

8. [4점]

- ㈎ : __m이다. (1점)
- ㈎와 ㈏, 둘 다 ___축(=___축=__축)이다. (1점).
- ㈏ : __-__-__-__이다. (1점)
- ㈏ : _____의 _____은 ___ ____(=___)하다. (1점)

9. [4점]

- ㉠ : ____이다. = 근육의 수축속도가 ____면 근력이 ____한다. (1점)
- ㉡ : ___의 법칙이고, _____이다. (1점)
- ①×②는 배트의 _____이다. (1점)
- ㉢은 _____(=_____)이다. (1점)

10. [4점]

- 속도는 _m/s이다. (1점)
- 운동에너지는 ___J이다. (1점)
- 파워는 ____watt이다. (1점)
- 점프높이는 ___m이다. (1점)

2019 VZONExam 4회 2교시 운동학습과 심리 모범답안　　　　　　　　　　　전공A

1. [4점]
   ◦ ㉠은 _____이고(1점), ㉡은 _____이다(1점).
   ◦ _____이고(1점), _____이다(1점).

2. [4점]
   ◦ (가) : ___적, __적, _____이다. (1점)
   ◦ (나) : __이고(1점), _____이다. (1점)
   ◦ (다) : _____ 향상설이다. (1점)

3. [4점]
   ◦ _____이고(1점),
     ㉠은 ____이다(1점).
   ◦ __ · __이다. (1점)
   ◦ ___적 ____(=___적 ____)이다. (1점)

4. [4점]
   ◦ (가)는 _____이다. (1점)
   ◦ (나) : __이고 실제 경기 상황과 _____로 심상해야 한다. (1점)
     ㉠은 _____이다. (1점)
   ◦ (다) : _____이고, __이다. (1점)

5. [4점]
   ◦ (가)는 _____이고(1점),
     _____를 _____으로 수정한다(1점).
   ◦ (나) : __(_____ 행동 유형)이고(1점),
     _____ 유형으로 수정한다. (1점)

6. [4점]
   ◦ (가) : __ · __이고(1점), _____이다(1점).
   ◦ (나) : ㉠은 _____이다. (1점)
     ㉡은 _____이다. (1점)

7. [4점]
   ◦ ㉠은 _____이고,
     ㉡은 _____이다. (1점)
   ◦ ㉢-㉣ : _____은 _____에 ___하고, _____과 _____은 _____에 ___하다. (1점)
   ◦ ㉤은 _____(1점)이고, _____이다(1점).

8. [4점]
   ◦ (가) : ____이고, ____이다. (1점)
   ◦ (가) : ____이다. (1점)
   ◦ (나) : ____이다. (1점)
     ㉠은 _____이고, ㉡은 _____이다. (1점)

9. [4점]
   ◦ ㉠은 _이고(1점), ㉡은 _이다(1점).
   ◦ ㉢은 _____이고(1점),
     ㉣은 _____적 요인이다(1점).

10. [4점]
    ◦ (가) : __이고, '___'를 '___'로 수정한다. (1점)
    ◦ (나) : ㉠이외의 _____가 있고,
      ㉡은 _____이다. (1점)
    ◦ (다) : __이고,
      _____이다. (1점)
    ◦ (라) : ㉢은 _____(_____, declarative) 기억이다. (1점)

2019 VZONExam 4회 3교시 스포츠사회학 모범답안

전공B

1. [4점]

- ㉠은 _____ 기능이고(1점),
  ㉡은 _____ 기능이다(1점).
  ㉢은 _____ 기능이고(1점),
  ㉣은 _____ 기능이다(1점).

2. [4점]

- (가) : 올바른 대답은 ____와 ____이고(1점),
  무관한 대답은 ____이다. (1점)
- (나) : 올바른 대답은 _명이고(1점),
  그렇지 않은 대답은 ____, ____이다(1점).

3. [4점]

- (가) : ㉠은 _____이고(1점),
  ㉡은 _____이다(1점).
- (나) : 스포츠 ____의 변화이다. (1점)
- (다) : _, _이다. (1점)

4. [4점]

- ㉠은 _____이고(1점),
  ㉡은 _____이다(1점).
- _____적 관점(___이론)이고(1점),
  _____이다(1점).

5. [4점]

- (가) : ㉠은 _____(1점),
  ㉡_____(1점), ㉢_____(=_)이다(1점).
- (나) : _____ 중 _____이다. (1점)

6. [4점]

- ㉠은 _____ 이론(1점), ㉡은 _____ 이론(1점),
  ㉢은 _____ 이론이다(1점).
- ㉣은 _____ 이론이고,
  ⓐ는 ___ 또는 ___$^{적\ 기능}$이다. (1점)

7. [4점]

- (가)는 _____이고(1점), _____이다(1점).
- (가)와 (나)는 _____이다. (1점)
- (다) : _____=_____=_____=_____이다. (1점)

8. [4점]

- ①② : _____와 ____이다(1점).
- ①③ : _____과 _____이다. (1점)
  ⓐ는 _____이다. (1점)
- ④-ⓑ는 _____(=_____)이다. (1점)

9. [4점]

- (가) : ㉠은 _____(=_____
  +_____)이고(1점), _____ 이론(=___
  _____=_____)이다(1점).
- (나) : ㉡은 _____ 이론(=_____=__
  ____)이고(1점),
- (다) : ㉢은 _____^{규범}이다(1점).

10. [4점]

- (가) : ㉠은 _____이고(1점),
  제_회 _____올림픽(___년)이다(1점).
- (나) : ㉡은 _____이다. (1점)
- (다)는 _____이다. (1점)

2019 VZONExam 5회 2교시 운동생리학1 모범답안   **전공A**

1. [4점]

- ㉠은 _____이고(1점), ㉡은 ____이다(1점).
  ㉢은 _____이고(1점),
  ㉣은 _____이다. (1점)

2. [4점]

- ⓐ는 _____이고(1점),
  ⓑ는 ____이다(1점).
- ⓒ는 _____(=_____)이다. (1점)
- ㉠은 _____이고,
  ㉡은 _____이다(1점).

3. [4점]

- ㉠은 _____이고(1점),
  ㉡은 ____ 영역(=_____)이다(1점).
- ㉢은 '____'이다. (1점)
- ㉣ : __이고, ___를 ___로 수정한다. (1점)

4. [4점]

- ㈎ : __, __이다. (1점)
- ㈏ : __이고,
  에피네프린을 _____(=____=_____)로 수정한다. (1점)
- ㈏ : __, __이다. (1점)
- ㈐ : ㉠은 _____(=_____)이고,
  ㉡은 _____이다. (1점)

5. [4점]

- ㈎ : ㉠은 _____이고, ㉡은 _____이다(1점).
  __이다(1점).
- ㈏ : ㉢은 _____(=__=_____)이다(1점).
  ⓐ는 ___(=___)이고, ⓑ는 ___(=___)이다(1점).

6. [4점]

- ㈎ : ____(=____=____) 단계이다(1점).
- ㈏ : ㉠은 _____이고, ㉡은 _____이다(1점).
  ㈐ : ㉢은 ____이고, ㉣은 ____이다(1점).
- ㈐ : __이고 _____으로,
  __이고 _____으로 수정한다. (1점)

7. [4점]

- ㈎ : __이고(1점),
  ⓐ는 _____
  (=_____)이다(1점).
- ㈏ : ㉠은 _____이고, ㉡은 __이다. (1점)
- ㈐ : __-__-__-__이다. (1점)

8. [4점]

- ㈎ : ㉠은 _____,
  ㉡은 _____,
  ㉢은 _____이다. (3점)
- ㈏ : _____ 수축 운동이고, __·__이다. (1점)

9. [4점]

- ㈎ : ㉠은 _____(=_____)이고(1점),
  ㉡은 _____(=_____)이다(1점).
- ㈏ : '____'이다. (1점).
- ㈐ : ____이고 _이다. (1점)

10. [4점]

- ㈎ : __, __이다. (1점)
- ㈏ : ㉠은 __kg이다(1점).
  ㉡은 ____kg이고(1점), ㉢은 ____kg이다(1점).

2019 VZONExam 5회 3교시 운동생리학2 모범답안 전공B

1. [4점]

- ㉠은 _____이다. (1점)
- ㉡은 _____이고(1점),
  ㉢은 _____이다(1점).
- ㉣은 '___'이다(1점).

2. [4점]

- __이고(1점), ___를 _____로 수정한다(1점).
- __이고(1점), _____을 _____로 수정한다(1점).

3. [4점]

- __이고, _____를 ___로 수정한다(1점).
- ⓐ는 _____(=_____)이다. (1점)
- ㉠은 ____이고, ㉡은 ____이다(1점).
  ㉢은 _____이다(1점).

4. [4점]

- ㉠은 ___이고, ㉡은 ___이다(1점).
- ⓐ는 _____의 ___이 ___되기(=___ 내 ____의 ___이 ____ 등 ___의 ____ ___을 __하기) 때문이다. (1점)
- ⓑ는 _____이고(1점), ⓒ는 _____이다. (1점)

5. [4점]

- ㉠은 _____이고(1점),
  ㉡은 _____(=_____=___)이다(1점).
- _____(=___)이다. (1점)
- ____이고, _____을 ___하기 위해 _____보다 _____을 실시해야 한다(=_____과 _____의 위치를 서로 바꾼다). (1점)

6. [4점]

- <그림1> : __으로 _____ 트레이닝이고(1점),
  ___으로 _____ 트레이닝이다(1점).
- <그림2> : __으로 _____ 트레이닝이다. (1점)
- ⓐ-ⓑ는 '___' 지구력 및 '_____' 지구력이다. (1점)

7. [4점]

- _이다. (1점)
- ____이고, ____이다. (1점)
- 2단계는 _____(=_____) 내에서 _____의 ___이다. (1점)
  3단계는 _____와 산화적 인산화로 인한 ___ ____과정이다. (1점)

8. [4점]

- _이다. (1점)
- _____과 _____이다. (1점)
- _____(=_____+_____)와 _____(=_____+_____)이다. (2점)

9. [4점]

- ㈎ : ____이고, _이다. (1점)
- ㈎-ⓐ : __이고, ____(=_____=____) 휴식 or 회복이다. (1점)
- ㈏ : __이고, ___를 ___로 수정한다. (1점)
- ㈏ : ⓑ는 _____이다. (1점)

10. [4점]

- ㈎ : __→__→__→__이다. (1점)
- ㈏ : ⓐ는 _____이고(1점), ⓑ는 _____이다(1점).
- ㈐ : _이다. (1점)

2019 VZONExam 6회 2교시 운동생리학3 모범답안 전공A

1. [4점]

- ㈎ : ㉠은 _____이고(1점),
       ㉡은 _____이다(1점).
- ㈏ : __이고, '___'를 '___'로 바꾼다. (1점)
- ㈏ : ①협응력은 _____능력이고,
       ④근력은 _____능력이다. (1점)

2. [4점]

- ⓐ는 _____이다(1점).
- ⓑ: _____을 _____으로 수정한다(1점).
- ⓒ는 _____이고, ⓓ는 _____이다(1점).
- ㉠ : _____과정(___시스템) > _____과정(___ 시스템) > _____과정(_____시스템)이다(1점).

3. [4점]

- ㈎ : __-__-__이다. (1점)
- ㈏ : __-__-__-__이다. (1점)
- ㈐ : ㉠은 _____이고(1점),
       ㉡은 _____이다(1점).

4. [4점]

- ㈎ : ①은 _____(=_____)를 ___ 훈련이다. (1점)
- ㈎ : __이고, _____(=__~__%)이다. (1점)
- ㈎ : ㉠은 _____휴식(=____휴식=_____)이다. (1점)
- ㈎ : ㉡은 _____ 또는 _____이다. (1점)

5. [4점]

- ㉠은 _____, ㉡은 _____, ㉢은 _____이다. (3점)
- ⓐ은 _____스트레칭, ⓑ는 _____수축이다. (1점)

6. [4점]

- ㈎ : __이고(1점),
       _____ · _____ · _____이다(1점).
- ㈏ : __이고(1점),
       _____을 _____으로 변경한다(1점).

7. [4점]

- ㈎ : ____이다. (1점)
- ㈏ : __이고(1점), __이다. (1점)
- ㈐ : ⓐ는 _____ 이다. (1점)

8. [4점]

- ㈎-㈏ : _이다. (1점)
- ㈐ : ____이고, _이다. (1점)
- ㈑ : __이고(1점), _____이다(1점).

9. [4점]

- ㈎의 (1)-(2) : _이다. (1점)
- ㈎-ⓐⓑ : _____의 ___이다. (1점)
- ㈏ : ㉠은 _____이고, ㉡은 ____이다. (1점)
- ㈐ : ㉢은 _____이다. (1점)

10. [4점]

- ㉠은 ____이고(1점), ㉡은 ___이다(1점).
- ㉢은 _이다. (1점)
- ㉣은 ___이다. (1점)

2019 VZONExam 8월 실력점검모의고사 II 모범답안

전공A

1. [2점]

- ⓒ-⊙은 ____(=____=____) 기록법이다. (1점)
- ⓒ-ⓔ은 _____이다. (1점)

2. [2점]

- ⊙은 _____(=_____=____)이다. (1점)
- ⓒ은 _____이다. (1점)

3. [2점]

- ⊙은 ____이다. (1점)
- ⓒ : ____이다. (1점)

4. [2점]

- _____(=____적 요인)이다. (1점)
- ____ - ____ 주의집중이다. (1점)

  *____ = ____ = _____ = _____ = _____

5. [4점]

- <그림1> ⊙은 45°_____, ⓒ은 45°_____, ⓒ은 45°_____. (1점)
- <그림1> _____가 _____ _____가 ____한다. (1점)
- <그림2> 상대적으로 _____가 __고 _____가 __ 라켓을 사용한다. (1점)

  라켓의 ___을 ____시키고 라켓의 _____를 ____시킨다. (1점)

  = _____ 라켓을 _____ 스윙한다.

6. [4점]

- ⊙ : 호흡하는 동안 _____ 압력은 ____하고, ____의 압력은 ____하여 ____ 부분에서 ____으로 ____이 흐른다(=_____이 증가한다). (1점)
- ⓒ : ____ bpm(=____ 회/분)이다. (1점)
- ⓒ-ⓔ : ⓒ_____이 ____하면, ⓔ_____이 ____하고 ⓔ_____은 ____한다. (1점)
- ⓜ : 형태는 _____(=_____)의 ____이고, 기능은 _____로 _____이다. (1점)

7. [4점]

- (가) : _____(=____)가 _____ 때문이다.(1점)
- (가) : ____이고, _____(=____)이다. (1점)
- (나) : ____이고(1점), _____가 _____ ___보다 __기(=_____이 _____ 보다 __기) 때문이다(1점).

8. [4점]

- ⊙ : ____하고 ____하며 _____인 _____으로 ____하기. (1점)
- 선엽이는 _단계-_____(=____)이고(1점), 우림이는 _단계 _____(=_____)이다(1점).
- ③ : ____한 _____들을 _____에서 ____함으로써 ____의 _____를 ____시킨다(1점).

9. [4점]

- _____(=_____=_____)이고(1점), _____이다(1점).
- 문제점은 '_____(=_____)가 ____'이고(1점), _____을 _____(=_____)해야 한다(1점).

10. [4점]

- ⓒ-㉠ : _ - __ - __ 이다. (1점)
- ㉢은 _____을 ___ 한 것이고(1점), ㉣은 _____를 ___ 한 것이다(1점).
- ㉤-㉥ : _____이다. (1점)

11. [4점]

- ㉠ : _____(=트랙반경이 _____ 원심력이 ___진다)이다. (1점)
- ㉡ : _____의 ___이다. (1점)
- ㉢은 _____(=___)이다. . (1점)
- ㉣은 _____이 _____보다 길어서 _____을 극복하는 데 ___이 __게 들어 _____이다(=___ _____이 _____보다 __기 때문에 ___적이다). (1점)

12. [4점]

- ㉠은 _____이고, ㉡은 _____이다. (1점)
- ㉢은 _____(=_____) 이다. (1점)
- ㉣은 _____(=___=___)이다. (1점)
- ㉤-㉥은 ___이다. (1점).

전공B

1. [2점]

- ㉠은 _____이다. (1점).
- ㉡은 _____이다. (1점)

2. [2점]

- ㉠은 _____(=_____)이다. (1점)
- ㉡은 _____이다. (1점)

3. [4점]

- ___이고(1점), ___이다(1점).
- B교사 : _____이다. (1점)
- _교사이다(1점).

4. [4점]

- ㉠ : 운동학습단계는 ①_____ 단계, ②_____ 단계, ③_____ 단계이다. (1점) 이론은 _____ 이론이다. (1점)
- 특성 : ㉡_____은 _____ __의 ____(=_____ __의 _____)을 의미한다. (1점) ㉢____은 _____와 ____ _____를 의미한다. (1점)

5. [4점]

- ㉠은 _이고, ㉡은 _이다. (1점)
- ㉢ : '_____ = _____ / _____'이다. (1점)
- ㉣은 _____ 트레이닝이고(1점), _____이다(1점).

6. [4점]

◦ 골프공의 표면항력은 ＿＿하지만(1점), 골프공의 항적지역 ＿＿＿로 형태항력이 더 ＿＿ ＿＿하여 골프공에 가해진 전체 항력은 결과적으로 ＿＿하게 된다(1점).

◦ 토크 : ＿＿＿＿(=＿＿=＿＿＿＿＿＿)을 줄여서 ＿＿＿에 의한 ＿＿＿토크(=＿＿＿토크)를 ＿＿＿시키기 위함이다. (1점)

각운동량 : ＿＿＿＿＿＿＿를 ＿＿＿시켜 ＿＿＿＿를 ＿＿＿시키기 위함이다. (1점)

7. [4점]

◦ ㉠은 ＿＿＿＿＿ 신뢰도이고, ＿＿＿한 ＿＿＿를 ＿＿＿한 ＿＿＿에게 ＿번 실시하여 두 검사 점수 간 ＿＿＿(=＿＿＿＿＿＿)으로 신뢰도를 추정한다. (1점)

◦ ①은 ＿＿＿이고, ②는 ＿＿＿이다. (1점)
＿＿＿타당도(=＿＿＿타당도)이다. (1점)

◦ 오창상황＿이고, ＿＿＿＿＿ 오차이기 때문이다. (1점)

8. [4점]

◦ ㉠은 ＿＿＿＿＿＿＿(=＿＿＿＿＿＿)이다. (1점)

◦ 유형은 ＿＿이고, ＿＿＿＿＿＿이다. (1점)

◦ ＿＿＿＿＿＿이 ＿＿＿할수록 ＿＿＿＿＿＿은 ＿＿＿＿ 관계를 보인다. (1점)

＿＿＿＿＿＿이 ＿＿＿할수록 ＿＿＿＿＿＿은 ＿＿＿한다.(1점)

9. [4점]

◦ ㉠ : 운동량은 ＿＿＿＿＿ kpm이고(1점), 운동강도는 ＿＿＿ kpm/min이다(1점).

◦ ㉡과 ㉢은 모두 ＿＿＿이다. (1점)

◦ ㉣은 ＿＿＿＿＿＿＿＿(=＿＿＿＿＿＿=＿＿＿=＿＿＿＿＿＿＿＿＿＿＿＿)이다. (1점)

10. [4점]

◦ ㉠ : ＿＿＿＿＿＿＿＿＿＿＿＿＿＿을 ＿＿＿에게 ＿＿＿한다. = ＿＿＿＿＿＿·＿＿＿ 또는 ＿＿＿＿＿ 등의 활동 및 역할이 ＿＿＿에게서 ＿＿＿＿＿에게 ＿＿＿＿＿＿ 방법이다. (1점)

◦ ㉡ : ①＿＿＿가 ＿＿＿＿＿에게 ＿＿＿＿＿·＿＿＿＿＿·＿＿＿＿＿＿(＿＿＿＿＿＿＿＿)을 안내한다(1점). ②＿＿＿＿＿＿가 ＿＿＿＿＿에게 주어진 ＿＿＿＿＿＿을 ＿＿＿할 수 있도록 ＿＿＿를 ＿＿＿한다(1점). → 순서는 무관함

◦ ㉢ : ＿＿＿에 의해 ＿＿＿받은 ＿＿＿＿＿＿를 ＿＿＿＿＿ 시도 ＿＿＿＿＿에 ＿＿＿＿＿＿의 ＿＿＿·＿＿＿·＿＿＿·＿＿＿·＿＿＿ 등을 제공한다. (1점)

11. [4점]

◦ ㉠은 ＿＿＿＿＿＿＿＿＿＿＿＿＿＿＿＿이다. (1점)

◦ ㉡ : ＿＿＿한 ＿＿＿에 대한 ＿＿＿한 ＿＿＿＿＿(=＿＿＿＿＿＿)를 ＿＿＿이고(1점), ＿＿＿＿＿ 수업(=＿＿＿＿＿＿＿ 교수)이다(1점).

◦ ㉢ : ＿＿＿(=＿＿＿) 목표는 ＿＿＿＿＿＿＿＿＿＿＿＿＿＿＿과 ＿＿＿하여 ＿＿＿하고자 하는 기준이나 목표(=＿＿＿＿＿ ＿＿＿＿＿＿에 기반을 둔 기준이나 목표)를 의미한다. (1점)

〈수고하셨습니다.〉

VZONExam78 최규훈 실력점검모의고사 I 서울(07.04토~05일), 대구·부산(07.11토)					2교시 전공A	OMR답안지	
본인은 응시자 유의사항을 숙지하였으며 이를 지키지 않아 발생하는 모든 불이익을 감수할 것을 서약합니다.	80점 만점	성 별	성 명	강의실		VZONEscore 최규훈팀 채점	
		남 여		서울 강의실	토1101호 토1001호 토1002호 일1101호 토901호 토902호	전공A총점	점
전공A 답안지	점	쪽번호	❶ ②	대구 강의실 602호	부산 강의실 901호	앞장	점

1. 수험번호는 검은색 펜을 사용하여 '●'로 표기하시오.
2. 답안은 지워지거나 번지지 않는 동일한 종류의 검은색 펜을 사용하여 작성하시오(연필/사이펜/수정테이프/수정액 등 사용 불가).
3. 응시자 유의사항을 위반하여 작성한 답안은 채점시 불이익을 받을 수 있으니 유의하시오.

문항 1 (2점)

문항 2 (2점)

문항 3 (2점)

문항 4 (2점)

문항 5 (4점)

문항 6 (4점)

문항 7 (4점)

VZONExam78 최규훈 실력점검모의고사 I 서울(07.04토~05일), 대구·부산(07.11토) 2교시 전공A OMR답안지

본인은 응시자 유의사항을 숙지하였으며 이를 지키지 않아 발생하는 모든 불이익을 감수할 것을 서약합니다.

성별	성명	강의실	VZONEscore 최규훈팀 채점
남 여		서울 강의실: 토1101호, 토1001호, 토1002호, 일1101호, 토901호, 토902호	뒷장

전공A 답안지 쪽번호 ① ❷

대구 강의실	부산 강의실
602호	901호

점

1. 수험번호는 검은색 펜을 사용하여 '●'로 표기하시오.
2. 답안은 지워지거나 번지지 않는 동일한 종류의 검은색 펜을 사용하여 작성하시오(연필/사인펜/수정테이프/수정액 등 사용 불가).
3. 응시자 유의사항을 위반하여 작성한 답안은 채점시 불이익을 받을 수 있으니 유의하시오.

문항 8 (4점)

문항 9 (4점)

문항 10 (4점)

문항 11 (4점)

문항 12 (4점)

VZONExam78 최규훈 실력점검모의고사 I 서울(07.04토~05일), 대구·부산(07.11토) 3교시 전공B OMR답안지

	성별	성 명	강의실		VZONEscore 최규훈팀 채점
본인은 응시자 유의사항을 숙지하였으며 이를 지키지 않아 발생하는 모든 불이익을 감수할 것을 서약합니다.	남 여		서울 강의실	토1101호 토1001호 토1002호 일1101호 토901호 토902호	전공B총점 점
전공B 답안지	쪽번호	❶ ②	대구 강의실 602호	부산 강의실 901호	앞장 점

1. 수험번호는 검은색 펜을 사용하여 '●'로 표기하시오.
2. 답안은 지워지거나 번지지 않는 동일한 종류의 검은색 펜을 사용하여 작성하시오(연필/사이펜/수정테이프/수정액 등 사용 불가).
3. 응시자 유의사항을 위반하여 작성한 답안은 채점시 불이익을 받을 수 있으니 유의하시오.

문항 1 (2점)

문항 2 (2점)

문항 3 (4점)

문항 4 (4점)

문항 5 (4점)

문항 6 (4점)

VZONExam78 최규훈 실력점검모의고사 I 서울(07.04토~05일), 대구·부산(07.11토)				3교시 전공B	OMR답안지
본인은 응시자 유의사항을 숙지하였으며 이를 지키지 않아 발생하는 모든 불이익을 감수할 것을 서약합니다.	성 별	성 명	강의실		VZONEscore 최규훈팀 채점
	남 여		서울 강의실	토1101호 토1001호 토1002호 일1101호 토901호 토902호	뒷장
전공B 답안지	쪽번호	① ❷	대구 강의실	부산 강의실	점
			602호	901호	

1. 수험번호는 검은색 펜을 사용하여 '●'로 표기하시오.
2. 답안은 지워지거나 번지지 않는 동일한 종류의 검은색 펜을 사용하여 작성하시오(연필/사이펜/수정테이프/수정액 등 사용 불가).
3. 응시자 유의사항을 위반하여 작성한 답안은 채점시 불이익을 받을 수 있으니 유의하시오.

문항 7 (4점)

문항 8 (4점)

문항 9 (4점)

문항 10 (4점)

문항 11 (4점)

문항	
문항 1 (4점)	
문항 2 (4점)	
문항 3 (4점)	
문항 4 (4점)	
문항 5 (4점)	

2교시 체육교육론 OMR답안지

VZONExam78 최규훈 1회 서울(07.11토~12일), 대구·부산(07.18토)

본인은 응시자 유의사항을 숙지하였으며 이를 지키지 않아 발생하는 모든 불이익을 감수할 것을 서약합니다.

성별	성명	강의실	VZONEscore 최규훈팀 채점
남 여		서울 강의실: 토1101호 토1001호 토1002호 / 일1101호 토901호 토902호	뒷장
		대구 강의실: 602호 / 부산 강의실: 901호	점

전공A 답안지 쪽번호 ① ❷

1. 수험번호는 검은색 펜을 사용하여 '●'로 표기하시오.
2. 답안은 지워지거나 번지지 않는 동일한 종류의 검은색 펜을 사용하여 작성하시오(연필/사이펜/수정테이프/수정액 등 사용 불가).
3. 응시자 유의사항을 위반하여 작성한 답안은 채점시 불이익을 받을 수 있으니 유의하시오.

문항 6 (4점)

문항 7 (4점)

문항 8 (4점)

문항 9 (4점)

문항 10 (4점)

VZONExam78 최규훈 1회 서울(07.11토~12일), 대구·부산(07.18토)				3교시 체육측정평가 OMR답안지			
본인은 응시자 유의사항을 숙지하였으며 이를 지키지 않아 발생하는 모든 불이익을 감수할 것을 서약합니다.	성 별	성 명		강의실		VZONEscore 최규훈팀 채점	
	남 여		서울 강의실	토1101호 토1001호 토1002호		전공B총점	점
				일1101호 토901호 토902호			
전공B 답안지	쪽번호	❶ ②	대구 강의실		부산 강의실	앞장	점
			602호		901호		

1. 수험번호는 검은색 펜을 사용하여 '●'로 표기하시오.
2. 답안은 지워지거나 번지지 않는 동일한 종류의 검은색 펜을 사용하여 작성하시오(연필/사이펜/수정테이프/수정액 등 사용 불가).
3. 응시자 유의사항을 위반하여 작성한 답안은 채점시 불이익을 받을 수 있으니 유의하시오.

문항 1 (4점)

문항 2 (4점)

문항 3 (4점)

문항 4 (4점)

문항 5 (4점)

전공B 답안지

문항 6 (4점)

문항 7 (4점)

문항 8 (4점)

문항 9 (4점)

문항 10 (4점)

2교시 체육교육론² OMR답안지

전공A 답안지

VZONExam78 최규훈 2회 서울(07.18토~19일), 대구·부산(07.25토)

본인은 응시자 유의사항을 숙지하였으며 이를 지키지 않아 발생하는 모든 불이익을 감수할 것을 서약합니다.

80점 만점	성별	성명	강의실	VZONEscore 최규훈팀 채점
점	남 여		서울 강의실: 토1101호 토1001호 토1002호 / 일1101호 토901호 토902호	전공A총점 점
	쪽번호	❶ ②	대구 강의실 602호 / 부산 강의실 901호	앞장 점

1. 수험번호는 검은색 펜을 사용하여 '●'로 표기하시오.
2. 답안은 지워지거나 번지지 않는 동일한 종류의 검은색 펜을 사용하여 작성하시오(연필/사이펜/수정테이프/수정액 등 사용 불가).
3. 응시자 유의사항을 위반하여 작성한 답안은 채점시 불이익을 받을 수 있으니 유의하시오.

문항 1 (4점)

문항 2 (4점)

문항 3 (4점)

문항 4 (4점)

문항 5 (4점)

전공A 답안지

문항 6 (4점)

문항 7 (4점)

문항 8 (4점)

문항 9 (4점)

문항 10 (4점)

전공B 답안지

VZONExam78 최규훈 2회 서울(07.18토~19일), 대구·부산(07.25토)
3교시 체육사·철학 OMR답안지

쪽번호 ❶ ②

문항 1 (4점)

문항 2 (4점)

문항 3 (4점)

문항 4 (4점)

문항 5 (4점)

VZONExam78 최규훈 2회 서울(07.18토~19일), 대구·부산(07.25토)

3교시 체육사·철학 OMR답안지

본인은 응시자 유의사항을 숙지하였으며 이를 지키지 않아 발생하는 모든 불이익을 감수할 것을 서약합니다.

성별	성명	강의실	VZONEscore 최규훈팀 채점
남 여		서울 강의실: 토1101호, 토1001호, 토1002호, 일1101호, 토901호, 토902호	뒷장

전공B 답안지

쪽번호	① ❷	대구 강의실 602호	부산 강의실 901호	점

1. 수험번호는 검은색 펜을 사용하여 '●'로 표기하시오.
2. 답안은 지워지거나 번지지 않는 동일한 종류의 검은색 펜을 사용하여 작성하시오(연필/사이펜/수정테이프/수정액 등 사용 불가).
3. 응시자 유의사항을 위반하여 작성한 답안은 채점시 불이익을 받을 수 있으니 유의하시오.

문항 6 (4점)

문항 7 (4점)

문항 8 (4점)

문항 9 (4점)

문항 10 (4점)

VZONExam78 최규훈 **3회** 서울(07.25토~26일), 대구·부산(08.01토) **2교시 체육교육론** OMR답안지

전공A 답안지

- 80점 만점
- 성별: 남 / 여
- 성 명:
- 쪽번호: ❶ ②
- 강의실
  - 서울 강의실: 토1101호 토1001호 토1002호 / 일1101호 토901호 토902호
  - 대구 강의실: 602호
  - 부산 강의실: 901호
- VZONEscore 최규훈팀 채점
  - 전공A총점: 점
  - 앞장: 점

본인은 응시자 유의사항을 숙지하였으며 이를 지키지 않아 발생하는 모든 불이익을 감수할 것을 서약합니다.

1. 수험번호는 검은색 펜을 사용하여 '●'로 표기하시오.
2. 답안은 지워지거나 번지지 않는 동일한 종류의 검은색 펜을 사용하여 작성하시오(연필/사이펜/수정테이프/수정액 등 사용 불가).
3. 응시자 유의사항을 위반하여 작성한 답안은 채점시 불이익을 받을 수 있으니 유의하시오.

문항 1 (4점)

문항 2 (4점)

문항 3 (4점)

문항 4 (4점)

문항 5 (4점)

전공A 답안지

VZONExam78 최규훈 3회 서울(07.25토~26일), 대구·부산(08.01토) — 2교시 체육교육론³ OMR답안지

문항 6 (4점)

문항 7 (4점)

문항 8 (4점)

문항 9 (4점)

문항 10 (4점)

문항 1 (4점)

문항 2 (4점)

문항 3 (4점)

문항 4 (4점)

문항 5 (4점)

VZONExam78 최규훈 3회 서울(07.25토~26일), 대구·부산(08.01토) — 3교시 운동역학 OMR답안지

전공B 답안지

- 성별: 남 / 여
- 쪽번호: ① ❷
- 서울 강의실: 토1101호, 토1001호, 토1002호, 일1101호, 토901호, 토902호
- 대구 강의실: 602호
- 부산 강의실: 901호
- VZONEscore 최규훈팀 채점: 뒷장 / 점

본인은 응시자 유의사항을 숙지하였으며 이를 지키지 않아 발생하는 모든 불이익을 감수할 것을 서약합니다.

1. 수험번호는 검은색 펜을 사용하여 '●'로 표기하시오.
2. 답안은 지워지거나 번지지 않는 동일한 종류의 검은색 펜을 사용하여 작성하시오(연필/사인펜/수정테이프/수정액 등 사용 불가).
3. 응시자 유의사항을 위반하여 작성한 답안은 채점시 불이익을 받을 수 있으니 유의하시오.

문항 6 (4점)

문항 7 (4점)

문항 8 (4점)

문항 9 (4점)

문항 10 (4점)

2교시 운동학습과 심리 OMR답안지

전공A 답안지

VZONExam78 최규훈 4회 서울(08.08토~09일), 대구·부산(08.15토)

- 80점 만점
- 성별: 남 / 여
- 성명:
- 쪽번호: ❶ ②
- 강의실
  - 서울 강의실: 토1101호, 토1001호, 토1002호, 일1101호, 토901호, 토902호
  - 대구 강의실: 602호
  - 부산 강의실: 901호
- VZONEscore 최규훈팀 채점
  - 전공A총점: 점
  - 앞장: 점

본인은 응시자 유의사항을 숙지하였으며 이를 지키지 않아 발생하는 모든 불이익을 감수할 것을 서약합니다.

1. 수험번호는 검은색 펜을 사용하여 '●'로 표기하시오.
2. 답안은 지워지거나 번지지 않는 동일한 종류의 검은색 펜을 사용하여 작성하시오(연필/사이펜/수정테이프/수정액 등 사용 불가).
3. 응시자 유의사항을 위반하여 작성한 답안은 채점시 불이익을 받을 수 있으니 유의하시오.

문항 1 (4점)

문항 2 (4점)

문항 3 (4점)

문항 4 (4점)

문항 5 (4점)

VZONExam78 최규훈 4회 서울(08.08토~09일), 대구·부산(08.15토) — 2교시 운동학습과 심리 OMR답안지

본인은 응시자 유의사항을 숙지하였으며 이를 지키지 않아 발생하는 모든 불이익을 감수할 것을 서약합니다.

성별	성명	강의실	VZONEscore 최규훈팀 채점
남 여		서울 강의실: 토1101호 토1001호 토1002호 / 일1101호 토901호 토902호	뒷장

전공A 답안지 | 쪽번호 | ① ❷ | 대구 강의실 602호 | 부산 강의실 901호 | 점

1. 수험번호는 검은색 펜을 사용하여 '●'로 표기하시오.
2. 답안은 지워지거나 번지지 않는 동일한 종류의 검은색 펜을 사용하여 작성하시오(연필/사이펜/수정테이프/수정액 등 사용 불가).
3. 응시자 유의사항을 위반하여 작성한 답안은 채점시 불이익을 받을 수 있으니 유의하시오.

문항 6 (4점)

문항 7 (4점)

문항 8 (4점)

문항 9 (4점)

문항 10 (4점)

3교시 스포츠사회학 OMR답안지

VZONExam78 최규훈 4회 서울(08.08토~09일), 대구·부산(08.15토)

본인은 응시자 유의사항을 숙지하였으며 이를 지키지 않아 발생하는 모든 불이익을 감수할 것을 서약합니다.

성별	성 명	강의실		VZONEscore 최규훈팀 채점
남 여		서울 강의실	토1101호 토1001호 토1002호 일1101호 토901호 토902호	전공B총점 점

전공B 답안지

쪽번호	❶ ②	대구 강의실	부산 강의실	앞장
		602호	901호	점

1. 수험번호는 검은색 펜을 사용하여 '●'로 표기하시오.
2. 답안은 지워지거나 번지지 않는 동일한 종류의 검은색 펜을 사용하여 작성하시오(연필/사이펜/수정테이프/수정액 등 사용 불가).
3. 응시자 유의사항을 위반하여 작성한 답안은 채점시 불이익을 받을 수 있으니 유의하시오.

문항 1 (4점)

문항 2 (4점)

문항 3 (4점)

문항 4 (4점)

문항 5 (4점)

VZONExam78최규훈 4회 서울(08.08토~09일), 대구·부산(08.15토)			3교시 스포츠사회학 OMR답안지				
본인은 응시자 유의사항을 숙지하였으며 이를 지키지 않아 발생하는 모든 불이익을 감수할 것을 서약합니다.	성 별	성 명	강의실				VZONEscore 최규훈팀 채점
	남 여		서울 강의실	토1101호 일1101호	토1001호 토901호	토1002호 토902호	뒷장
전공B 답안지	쪽번호	① ❷	대구 강의실		부산 강의실		점
			602호		901호		

1. 수험번호는 검은색 펜을 사용하여 '●'로 표기하시오.
2. 답안은 지워지거나 번지지 않는 동일한 종류의 검은색 펜을 사용하여 작성하시오(연필/사이펜/수정테이프/수정액 등 사용 불가).
3. 응시자 유의사항을 위반하여 작성한 답안은 채점시 불이익을 받을 수 있으니 유의하시오.

문항 6 (4점)

문항 7 (4점)

문항 8 (4점)

문항 9 (4점)

문항 10 (4점)

문항1 (4점)	
문항2 (4점)	
문항3 (4점)	
문항4 (4점)	
문항5 (4점)	

2교시 운동생리학 OMR답안지

VZONExam78 최규훈 5회 서울(08.15토~16일), 대구·부산(08.22토)

본인은 응시자 유의사항을 숙지하였으며 이를 지키지 않아 발생하는 모든 불이익을 감수할 것을 서약합니다.

성별	성명	강의실	VZONEscore 최규훈팀 채점
남 여		서울 강의실: 토1101호, 토1001호, 토1002호, 일1101호, 토901호, 토902호	뒷장

전공A 답안지 쪽번호 ① ❷

대구 강의실	부산 강의실
602호	901호

점

1. 수험번호는 검은색 펜을 사용하여 '●'로 표기하시오.
2. 답안은 지워지거나 번지지 않는 동일한 종류의 검은색 펜을 사용하여 작성하시오(연필/사이펜/수정테이프/수정액 등 사용 불가).
3. 응시자 유의사항을 위반하여 작성한 답안은 채점시 불이익을 받을 수 있으니 유의하시오.

문항 6 (4점)

문항 7 (4점)

문항 8 (4점)

문항 9 (4점)

문항 10 (4점)

전공B 답안지

문항 1 (4점)

문항 2 (4점)

문항 3 (4점)

문항 4 (4점)

문항 5 (4점)

VZONExam78 최규훈 5회 서울(08.15토~16일), 대구·부산(08.22토) — 3교시 운동생리학 OMR답안지

전공B 답안지

- 문항 6 (4점)
- 문항 7 (4점)
- 문항 8 (4점)
- 문항 9 (4점)
- 문항 10 (4점)

VZONExam78 최규훈 6회 서울(08.22토~23일), 대구·부산(08.29토)					2교시 체육교육론 1·2·3 OMR답안지		
본인은 응시자 유의사항을 숙지하였으며 이를 지키지 않아 발생하는 모든 불이익을 감수할 것을 서약합니다.	80점 만점	성별	성 명		강의실		VZONEscore 최규훈팀 채점
	점	남 여		서울 강의실	토1101호 토1001호 토1002호 일1101호 토901호 토902호		전공A총점 점
전공A 답안지 점		쪽번호	❶ ②	대구 강의실 602호		부산 강의실 901호	앞장 점

1. 수험번호는 검은색 펜을 사용하여 '●'로 표기하시오.
2. 답안은 지워지거나 번지지 않는 동일한 종류의 검은색 펜을 사용하여 작성하시오(연필/사이펜/수정테이프/수정액 등 사용 불가).
3. 응시자 유의사항을 위반하여 작성한 답안은 채점시 불이익을 받을 수 있으니 유의하시오.

문항 1 (4점)

문항 2 (4점)

문항 3 (4점)

문항 4 (4점)

문항 5 (4점)

VZONExam78 최규훈 6회 서울(08.22토~23일), 대구·부산(08.29토) — 2교시 체육교육론 OMR답안지

전공A 답안지

- 문항 6 (4점)
- 문항 7 (4점)
- 문항 8 (4점)
- 문항 9 (4점)
- 문항 10 (4점)

VZONExam78 최규훈 실력점검모의고사 II 서울(08.29토~30일), 대구·부산(09.05토) 2교시 전공A OMR답안지

전공A 답안지

본인은 응시자 유의사항을 숙지하였으며 이를 지키지 않아 발생하는 모든 불이익을 감수할 것을 서약합니다.

80점 만점	성별	성명	강의실	VZONEscore 최규훈팀 채점
점	남 여		서울 강의실: 토1101호 토1001호 토1002호 / 일1101호 토901호 토902호	전공A총점 점
	쪽번호	❶ ②	대구 강의실 602호 / 부산 강의실 901호	앞장 점

1. 수험번호는 검은색 펜을 사용하여 '●'로 표기하시오.
2. 답안은 지워지거나 번지지 않는 동일한 종류의 검은색 펜을 사용하여 작성하시오(연필/사이펜/수정테이프/수정액 등 사용 불가).
3. 응시자 유의사항을 위반하여 작성한 답안은 채점시 불이익을 받을 수 있으니 유의하시오.

문항 1 (2점)

문항 2 (2점)

문항 3 (2점)

문항 4 (2점)

문항 5 (4점)

문항 6 (4점)

문항 7 (4점)

VZONExam78^{최규훈} 실력점검모의고사Ⅱ 서울(08.29토~30일), 대구·부산(09.05토)				2교시 전공A	OMR답안지

본인은 응시자 유의사항을 숙지하였으며 이를 지키지 않아 발생하는 모든 불이익을 감수할 것을 서약합니다.	성 별	성 명	강의실		VZONEscore 최규훈팀 채점
	남 여		서울 강의실	토1101호 토1001호 토1002호 일1101호 토901호 토902호	뒷장
전공A 답안지	쪽번호	① ❷	대구 강의실	부산 강의실	점
			602호	901호	

1. 수험번호는 검은색 펜을 사용하여 '●'로 표기하시오.
2. 답안은 지워지거나 번지지 않는 동일한 종류의 검은색 펜을 사용하여 작성하시오(연필/사이펜/수정테이프/수정액 등 사용 불가).
3. 응시자 유의사항을 위반하여 작성한 답안은 채점시 불이익을 받을 수 있으니 유의하시오.

문항 8
(4점)

문항 9
(4점)

문항 10
(4점)

문항 11
(4점)

문항 12
(4점)

| VZONExam78 최규훈 실력점검모의고사 II 서울(08.29토~30일), 대구·부산(09.05토) | | | | 3교시 전공B | OMR답안지 |

본인은 응시자 유의사항을 숙지하였으며 이를 지키지 않아 발생하는 모든 불이익을 감수할 것을 서약합니다.	성 별	성 명	강의실		VZONEscore 최규훈팀 채점
	남 여		서울 강의실	토1101호 토1001호 토1002호 일1101호 토901호 토902호	전공B총점 점
전공B 답안지	쪽번호	❶ ②	대구 강의실	부산 강의실	앞장
			602호	901호	점

1. 수험번호는 검은색 펜을 사용하여 '●'로 표기하시오.
2. 답안은 지워지거나 번지지 않는 동일한 종류의 검은색 펜을 사용하여 작성하시오(연필/사이펜/수정테이프/수정액 등 사용 불가).
3. 응시자 유의사항을 위반하여 작성한 답안은 채점시 불이익을 받을 수 있으니 유의하시오.

문항 1 (2점)

문항 2 (2점)

문항 3 (4점)

문항 4 (4점)

문항 5 (4점)

문항 6 (4점)

VZONExam78 최규훈 실력점검모의고사 II 서울(08.29토~30일), 대구·부산(09.05토) 3교시 전공B OMR답안지

본인은 응시자 유의사항을 숙지하였으며 이를 지키지 않아 발생하는 모든 불이익을 감수할 것을 서약합니다.

성별	성명	강의실	VZONEscore 최규훈팀 채점
남 여		서울 강의실: 토1101호, 토1001호, 토1002호, 일1101호, 토901호, 토902호	뒷장

전공B 답안지 | 쪽번호 | ① ❷ | 대구 강의실 602호 | 부산 강의실 901호 | 점

1. 수험번호는 검은색 펜을 사용하여 '●'로 표기하시오.
2. 답안은 지워지거나 번지지 않는 동일한 종류의 검은색 펜을 사용하여 작성하시오(연필/사이펜/수정테이프/수정액 등 사용 불가).
3. 응시자 유의사항을 위반하여 작성한 답안은 채점시 불이익을 받을 수 있으니 유의하시오.

문항 7 (4점)

문항 8 (4점)

문항 9 (4점)

문항 10 (4점)

문항 11 (4점)

VZONExam 7월(07.06~07.07) 실력점검모의고사 I 2교시 전공A OMR 답안지	

본인은 응시자 유의사항을 숙지하였으며 이를 지키지 않아 발생하는 모든 불이익을 감수할 것을 서약합니다.	성별	성 명	수 험 번 호			가채점	최규훈 채점
	남 여		서울 강의실	1101호 1001호 1002호		총점 점	총점 점
전공A 답안지	쪽번호	❶ ②	대구 강의실	602호		앞장 점	앞장 점

1. 수험번호는 검은색 펜을 사용하여 '●'로 표기하시오.
2. 답안은 지워지거나 번지지 않는 동일한 종류의 검은색 펜을 사용하여 작성하시오(연필/사이펜/수정테이프/수정액 등 사용 불가).
3. 응시자 유의사항을 위반하여 작성한 답안은 채점시 불이익을 받을 수 있으니 유의하시오.

문항 1 (2점)

문항 2 (2점)

문항 3 (2점)

문항 4 (2점)

문항 5 (4점)

문항 6 (4점)

문항 7 (4점)

VZONExam 7월(07.06~07.07) 실력점검모의고사 I 2교시 전공A OMR 답안지

본인은 응시자 유의사항을 숙지하였으며 이를 지키지 않아 발생하는 모든 불이익을 감수할 것을 서약합니다.	성별	성명	수험번호		가채점	최규훈 채점
	남 여		서울 강의실	1101호 1001호 1002호	총점 점	총점 점
전공A 답안지	쪽번호	① ❷	대구 강의실	602호	앞장 점	앞장 점

1. 수험번호는 검은색 펜을 사용하여 '●'로 표기하시오.
2. 답안은 지워지거나 번지지 않는 동일한 종류의 검은색 펜을 사용하여 작성하시오(연필/사인펜/수정테이프/수정액 등 사용 불가).
3. 응시자 유의사항을 위반하여 작성한 답안은 채점시 불이익을 받을 수 있으니 유의하시오.

문항 8 (4점)

문항 9 (4점)

문항 10 (4점)

문항 11 (4점)

문항 12 (4점)

VZONExam 7월(07.06~07.07) 실력점검모의고사 I 3교시 전공B OMR 답안지

전공B 답안지

문항 1 (2점)

문항 2 (2점)

문항 3 (4점)

문항 4 (4점)

문항 5 (4점)

문항 6 (4점)

VZONExam 7월(07.06~07.07) 실력점검모의고사 I 3교시 전공B OMR 답안지

본인은 응시자 유의사항을 숙지하였으며 이를 지키지 않아 발생하는 모든 불이익을 감수할 것을 서약합니다.	성별	성 명	수 험 번 호			가채점	최규훈 채점
	남 여		서울 강의실	1101호 1001호	1002호	총점 점	총점 점
전공B 답안지	쪽번호	① ❷	대구 강의실	602호		앞장 점	앞장 점

1. 수험번호는 검은색 펜을 사용하여 '●'로 표기하시오.
2. 답안은 지워지거나 번지지 않는 동일한 종류의 검은색 펜을 사용하여 작성하시오(연필/사이펜/수정테이프/수정액 등 사용 불가).
3. 응시자 유의사항을 위반하여 작성한 답안은 채점시 불이익을 받을 수 있으니 유의하시오.

문항 7 (4점)

문항 8 (4점)

문항 9 (4점)

문항 10 (4점)

문항 11 (4점)

VZONExam 제1회(07.13~14.) 체육교육론 2교시 전공A OMR 답안지

전공A 답안지

문항 1 (4점)

문항 2 (4점)

문항 3 (4점)

문항 4 (4점)

문항 5 (4점)

VZONExam 제1회(07.13~14.) 체육교육론 2교시 전공A OMR 답안지							
본인은 응시자 유의사항을 숙지하였으며 이를 지키지 않아 발생하는 모든 불이익을 감수할 것을 서약합니다.	성별	성 명		수 험 번 호		가채점	최규훈 채점
	남 여		서울 강의실	1101호　1001호　1002호		총점 점	총점 점
전공A 답안지	쪽번호	① ❷	대구 강의실	602호		앞장 점	앞장 점

1. 수험번호는 검은색 펜을 사용하여 '●'로 표기하시오.
2. 답안은 지워지거나 번지지 않는 동일한 종류의 검은색 펜을 사용하여 작성하시오(연필/사이펜/수정테이프/수정액 등 사용 불가).
3. 응시자 유의사항을 위반하여 작성한 답안은 채점시 불이익을 받을 수 있으니 유의하시오.

문항 6 (4점)

문항 7 (4점)

문항 8 (4점)

문항 9 (4점)

문항 10 (4점)

VZONExam 제1회(07.13~14.) 체육측정평가 3교시 전공B OMR 답안지

전공B 답안지

본인은 응시자 유의사항을 숙지하였으며 이를 지키지 않아 발생하는 모든 불이익을 감수할 것을 서약합니다.

성별	성명	수험번호		가채점	최규훈 채점
남 여		서울 강의실	1101호 1001호 1002호	총점 점	총점 점
쪽번호	❶ ②	대구 강의실	602호	앞장 점	앞장 점

1. 수험번호는 검은색 펜을 사용하여 '●'로 표기하시오.
2. 답안은 지워지거나 번지지 않는 동일한 종류의 검은색 펜을 사용하여 작성하시오(연필/사이펜/수정테이프/수정액 등 사용 불가).
3. 응시자 유의사항을 위반하여 작성한 답안은 채점시 불이익을 받을 수 있으니 유의하시오.

문항 1 (4점)

문항 2 (4점)

문항 3 (4점)

문항 4 (4점)

문항 5 (4점)

VZONExam 제1회(07.13~14.) 체육측정평가 3교시 전공B OMR 답안지

본인은 응시자 유의사항을 숙지하였으며 이를 지키지 않아 발생하는 모든 불이익을 감수할 것을 서약합니다.	성별	성명		수험번호			가채점	최규훈 채점
	남 여		서울 강의실	1101호	1001호	1002호	총점 점	총점 점
전공B 답안지	쪽번호	① ❷	대구 강의실		602호		앞장 점	앞장 점

1. 수험번호는 검은색 펜을 사용하여 '●'로 표기하시오.
2. 답안은 지워지거나 번지지 않는 동일한 종류의 검은색 펜을 사용하여 작성하시오(연필/사이펜/수정테이프/수정액 등 사용 불가).
3. 응시자 유의사항을 위반하여 작성한 답안은 채점시 불이익을 받을 수 있으니 유의하시오.

문항 6 (4점)

문항 7 (4점)

문항 8 (4점)

문항 9 (4점)

문항 10 (4점)

VZONExam 제2회(07.20~21.) 체육교육론² 2교시 전공A OMR 답안지

본인은 응시자 유의사항을 숙지하였으며 이를 지키지 않아 발생하는 모든 불이익을 감수할 것을 서약합니다.	성 별	성 명		수 험 번 호			가채점	최규훈 채점
	남 여		서울 강의실	1101호	1001호	1002호	총점 점	총점 점
전공A 답안지	쪽번호	❶ ②	대구 강의실		602호		앞장 점	앞장 점

1. 수험번호는 검은색 펜을 사용하여 '●'로 표기하시오.
2. 답안은 지워지거나 번지지 않는 동일한 종류의 검은색 펜을 사용하여 작성하시오(연필/사이펜/수정테이프/수정액 등 사용 불가).
3. 응시자 유의사항을 위반하여 작성한 답안은 채점시 불이익을 받을 수 있으니 유의하시오.

문항 1 (4점)

문항 2 (4점)

문항 3 (4점)

문항 4 (4점)

문항 5 (4점)

VZONExam 제2회(07.20~21.) 체육교육론² 2교시 전공A OMR 답안지

본인은 응시자 유의사항을 숙지하였으며 이를 지키지 않아 발생하는 모든 불이익을 감수할 것을 서약합니다.	성별	성 명	수 험 번 호			가채점	최규훈 채점
	남 여		서울 강의실	1101호 1001호 1002호		총점 점	총점 점
전공A 답안지	쪽번호	① ❷	대구 강의실	602호		앞장 점	앞장 점

1. 수험번호는 검은색 펜을 사용하여 '●'로 표기하시오.
2. 답안은 지워지거나 번지지 않는 동일한 종류의 검은색 펜을 사용하여 작성하시오(연필/사이펜/수정테이프/수정액 등 사용 불가).
3. 응시자 유의사항을 위반하여 작성한 답안은 채점시 불이익을 받을 수 있으니 유의하시오.

문항 6 (4점)

문항 7 (4점)

문항 8 (4점)

문항 9 (4점)

문항 10 (4점)

VZONExam 제2회(07.20~21.) 체육사·철학 3교시 전공B OMR 답안지

문항 1 (4점)

문항 2 (4점)

문항 3 (4점)

문항 4 (4점)

문항 5 (4점)

VZONExam 제2회(07.20~21.) 체육사·철학 3교시 전공B OMR 답안지

본인은 응시자 유의사항을 숙지하였으며 이를 지키지 않아 발생하는 모든 불이익을 감수할 것을 서약합니다.	성 별	성 명	수 험 번 호		가채점	최규훈 채점
	남 여		서울 강의실	1101호 1001호 1002호	총점 점	총점 점
전공B 답안지	쪽번호	① ❷	대구 강의실	602호	앞장 점	앞장 점

1. 수험번호는 검은색 펜을 사용하여 '●'로 표기하시오.
2. 답안은 지워지거나 번지지 않는 동일한 종류의 검은색 펜을 사용하여 작성하시오(연필/사이펜/수정테이프/수정액 등 사용 불가).
3. 응시자 유의사항을 위반하여 작성한 답안은 채점시 불이익을 받을 수 있으니 유의하시오.

문항 6 (4점)

문항 7 (4점)

문항 8 (4점)

문항 9 (4점)

문항 10 (4점)

VZONExam 제3회(07.27~28.) 체육교육론³ 2교시 전공A OMR 답안지

문항 1 (4점)

문항 2 (4점)

문항 3 (4점)

문항 4 (4점)

문항 5 (4점)

VZONExam 제3회(07.27~28.) 체육교육론³ 2교시 전공A OMR 답안지

문항 6 (4점)

문항 7 (4점)

문항 8 (4점)

문항 9 (4점)

문항 10 (4점)

VZONExam 제3회(07.27~28.) 운동역학 3교시 전공B OMR 답안지

전공B 답안지

성별	성명	수험번호		가채점	최규훈 채점
남 여		서울 강의실	1101호 1001호 1002호	총점 점	총점 점
쪽번호 ❶ ②		대구 강의실	602호	앞장 점	앞장 점

본인은 응시자 유의사항을 숙지하였으며 이를 지키지 않아 발생하는 모든 불이익을 감수할 것을 서약합니다.

1. 수험번호는 검은색 펜을 사용하여 '●'로 표기하시오.
2. 답안은 지워지거나 번지지 않는 동일한 종류의 검은색 펜을 사용하여 작성하시오(연필/사인펜/수정테이프/수정액 등 사용 불가).
3. 응시자 유의사항을 위반하여 작성한 답안은 채점시 불이익을 받을 수 있으니 유의하시오.

문항 1 (4점)

문항 2 (4점)

문항 3 (4점)

문항 4 (4점)

문항 5 (4점)

VZONExam 제3회(07.27~28.) 운동역학 3교시 전공B OMR 답안지

본인은 응시자 유의사항을 숙지하였으며 이를 지키지 않아 발생하는 모든 불이익을 감수할 것을 서약합니다.	성별	성 명	수험번호			가채점	최규훈 채점
	남 여		서울 강의실	1101호 1001호 1002호		총점 점	총점 점
전공B 답안지	쪽번호	① ❷	대구 강의실	602호		앞장 점	앞장 점

1. 수험번호는 검은색 펜을 사용하여 '●'로 표기하시오.
2. 답안은 지워지거나 번지지 않는 동일한 종류의 검은색 펜을 사용하여 작성하시오(연필/사이펜/수정테이프/수정액 등 사용 불가).
3. 응시자 유의사항을 위반하여 작성한 답안은 채점시 불이익을 받을 수 있으니 유의하시오.

문항 6 (4점)

문항 7 (4점)

문항 8 (4점)

문항 9 (4점)

문항 10 (4점)

VZONExam 제4회(08.10~11.) 운동학습과 심리 2교시 전공A OMR 답안지

본인은 응시자 유의사항을 숙지하였으며 이를 지키지 않아 발생하는 모든 불이익을 감수할 것을 서약합니다.	성별	성 명	수 험 번 호		가채점	최규훈 채점
	남 / 여		서울 강의실	1101호 1001호 1002호	총점 점	총점 점
전공A 답안지	쪽번호	❶ ②	대구 강의실	602호	앞장 점	앞장 점

1. 수험번호는 검은색 펜을 사용하여 '●'로 표기하시오.
2. 답안은 지워지거나 번지지 않는 동일한 종류의 검은색 펜을 사용하여 작성하시오(연필/사이펜/수정테이프/수정액 등 사용 불가).
3. 응시자 유의사항을 위반하여 작성한 답안은 채점시 불이익을 받을 수 있으니 유의하시오.

문항 1 (4점)

문항 2 (4점)

문항 3 (4점)

문항 4 (4점)

문항 5 (4점)

VZONExam 제4회(08.10~11.) 운동학습과 심리 2교시 전공A OMR 답안지

문항 6 (4점)

문항 7 (4점)

문항 8 (4점)

문항 9 (4점)

문항 10 (4점)

VZONExam 제4회(08.10~11.) 스포츠사회학 3교시 전공B OMR 답안지

전공B 답안지

- 문항 1 (4점)
- 문항 2 (4점)
- 문항 3 (4점)
- 문항 4 (4점)
- 문항 5 (4점)

VZONExam 제4회(08.10~11.) 스포츠사회학 3교시 전공B OMR 답안지							
본인은 응시자 유의사항을 숙지하였으며 이를 지키지 않아 발생하는 모든 불이익을 감수할 것을 서약합니다.	성별	성 명	수험번호		가채점		최규훈 채점
	남 ☐ 여 ☐		서울 강의실	1101호 1001호 1002호	총점	점	총점 점
전공B 답안지	쪽번호	① ❷	대구 강의실	602호	앞장	점	앞장 점

1. 수험번호는 검은색 펜을 사용하여 '●'로 표기하시오.
2. 답안은 지워지거나 번지지 않는 동일한 종류의 검은색 펜을 사용하여 작성하시오(연필/사이펜/수정테이프/수정액 등 사용 불가).
3. 응시자 유의사항을 위반하여 작성한 답안은 채점시 불이익을 받을 수 있으니 유의하시오.

문항 6 (4점)

문항 7 (4점)

문항 8 (4점)

문항 9 (4점)

문항 10 (4점)

VZONExam 제5회(08.17~18.) 운동생리학 2교시 전공A OMR답안지

문항 1 (4점)

문항 2 (4점)

문항 3 (4점)

문항 4 (4점)

문항 5 (4점)

VZONExam 제5회(08.17~18.) 운동생리학 2교시 전공A OMR답안지

전공A 답안지

문항 6 (4점)

문항 7 (4점)

문항 8 (4점)

문항 9 (4점)

문항 10 (4점)

VZONExam 제5회(08.17~18.) 운동생리학 3교시 전공B OMR 답안지

전공B 답안지

문항 1 (4점)

문항 2 (4점)

문항 3 (4점)

문항 4 (4점)

문항 5 (4점)

VZONExam 제5회(08.17~18.) 전공체육 운동생리학² 3교시 전공B OMR 답안지

문항 6 (4점)

문항 7 (4점)

문항 8 (4점)

문항 9 (4점)

문항 10 (4점)

VZONExam 제6회(08.24~25.) 운동생리학 2교시 전공A OMR 답안지

문항 1 (4점)

문항 2 (4점)

문항 3 (4점)

문항 4 (4점)

문항 5 (4점)

VZONExam 제6회(08.24~25.) 운동생리학 2교시 전공A OMR 답안지

전공A 답안지

1. 수험번호는 검은색 펜을 사용하여 '●'로 표기하시오.
2. 답안은 지워지거나 번지지 않는 동일한 종류의 검은색 펜을 사용하여 작성하시오(연필/사이펜/수정테이프/수정액 등 사용 불가).
3. 응시자 유의사항을 위반하여 작성한 답안은 채점시 불이익을 받을 수 있으니 유의하시오.

문항 6 (4점)

문항 7 (4점)

문항 8 (4점)

문항 9 (4점)

문항 10 (4점)

VZONExam 8월(08.31~09.01) 실력점검모의고사Ⅱ 2교시 전공A OMR 답안지

본인은 응시자 유의사항을 숙지하였으며 이를 지키지 않아 발생하는 모든 불이익을 감수할 것을 서약합니다.	성 별	성 명		수 험 번 호			가채점	최규훈 채점
	남 여		서울 강의실	1101호	1001호	1002호	총점 점	총점 점
전공A 답안지	쪽번호	❶ ②	대구 강의실		602호		앞장 점	앞장 점

1. 수험번호는 검은색 펜을 사용하여 '●'로 표기하시오.
2. 답안은 지워지거나 번지지 않는 동일한 종류의 검은색 펜을 사용하여 작성하시오(연필/사이펜/수정테이프/수정액 등 사용 불가).
3. 응시자 유의사항을 위반하여 작성한 답안은 채점시 불이익을 받을 수 있으니 유의하시오.

문항 1 (2점)

문항 2 (2점)

문항 3 (2점)

문항 4 (2점)

문항 5 (4점)

문항 6 (4점)

문항 7 (4점)

VZONExam 8월(08.31~09.01) 실력점검모의고사Ⅱ 2교시 전공A 시험 OMR 답안지

문항 8 (4점)

문항 9 (4점)

문항 10 (4점)

문항 11 (4점)

문항 12 (4점)

VZONExam 8월(08.31~09.01)			**실력점검모의고사 II**		**3교시 전공B**	**OMR 답안지**	
본인은 응시자 유의사항을 숙지하였으며 이를 지키지 않아 발생하는 모든 불이익을 감수할 것을 서약합니다.	성 별	성 명	수 험 번 호			가채점	최규훈 채점
	남 여		서울 강의실	1101호 1001호 1002호		총점 점	총점 점
전공B 답안지	쪽번호	❶ ②	대구 강의실	602호		앞장 점	앞장 점

1. 수험번호는 검은색 펜을 사용하여 '●'로 표기하시오.
2. 답안은 지워지거나 번지지 않는 동일한 종류의 검은색 펜을 사용하여 작성하시오(연필/사이펜/수정테이프/수정액 등 사용 불가).
3. 응시자 유의사항을 위반하여 작성한 답안은 채점시 불이익을 받을 수 있으니 유의하시오.

문항 1 (2점)

문항 2 (2점)

문항 3 (4점)

문항 4 (4점)

문항 5 (4점)

문항 6 (4점)

VZONExam 8월(08.31~09.01) 실력점검모의고사 II 3교시 전공B OMR 답안지

전공B 답안지

성별	성명	수험번호	가채점	최규훈 채점
남 여		서울 강의실: 1101호 1001호 1002호	총점 점	총점 점
쪽번호 ① ❷		대구 강의실: 602호	앞장 점	앞장 점

본인은 응시자 유의사항을 숙지하였으며 이를 지키지 않아 발생하는 모든 불이익을 감수할 것을 서약합니다.

1. 수험번호는 검은색 펜을 사용하여 '●'로 표기하시오.
2. 답안은 지워지거나 번지지 않는 동일한 종류의 검은색 펜을 사용하여 작성하시오(연필/사이펜/수정테이프/수정액 등 사용 불가).
3. 응시자 유의사항을 위반하여 작성한 답안은 채점시 불이익을 받을 수 있으니 유의하시오.

문항 7 (4점)

문항 8 (4점)

문항 9 (4점)

문항 10 (4점)

문항 11 (4점)

전공체육 1차 고득점 전략! - 문제풀기 선수되기!

0) 2020년(9~11월) VZONEpass - 80점만점 10회

   지금 수업 열심히!

1) 2019년(9~11월) VZONEpass

   → 작년에 수강하지 못한 친구들은 인강 필수!!!

2) 2017년, 2018년(9~11월) VZONEpass - 80점만점 18회+1회

   교재 구매후, 인강 필수!!!

   그 당시 KICE 체육 총책임자께서 극찬한 문제!!!

   → 작년에 수강하지 못한 친구들은 인강 필수!!!

3) 2020년(1~6월) VZONEtest MINI 모의고사 - 40점만점 24회

   총 240문제(1문제당 4점 → 960점 만점)

   결국 960문제!

   중요한 문제와 중요하지 않은 문제 강의로 구분지어줌!

   → 1~6월에 수강하지 못한 친구들은 인강 필수!!!

4) 2019년(1~6월) VZONEtest 미니 모의고사 - 40점만점 25회

   총 250문제(1문제당 4점 → 1000점 만점)

   결국 1000문제!

   중요한 문제와 중요하지 않은 문제 강의로 구분지어줌!

   → 1~6월에 수강하지 못한 친구들은 인강 필수!!!

5) 2020년(7~8월) VZONExam 모의고사 - 80점만점 8회

   → 7~8월에 수강하지 못한 친구들은 인강 필수!!!

6) 2019년(7~8월) VZONExam 모의고사 - 80점만점 8회

   → 작년에 수강하지 못한 친구들은 인강 필수!!!

7) VZONE 운동역학의 정석 – 총 243문제

8) VZONExam1 - 총 30회(VZONE 모의고사 B4) → 1~6월에 수강하지 못한 친구들은 인강 선택!!!

9) VZONExam2 - 총 31회(VZONE 모의고사 B4)

VZONEmap		01. 체육교육론	체육교육론[1]

Ⅰ. 수업 교수·학습

① 체육교육탐구 (최의창)
　스포츠교육학총론 (김대진)
　　↓
　체육교수론 (박명기·이병준 외)

1. 효과적 수업

　A. 수업내용을 지도하는 과정

　　1) 과제 개발 (1)학습과제의 선정

　　　　　　　　(2)학습과제의 단계화(Rink 내용전개·발달) : 시작형·세련형·확장형·적용형 2015 2017회 2018 2019 2020

　　　　　　　　(3)학습환경의 조직 : ①사람·②시간·③공간·④용기구

　　2) 과제전달 2019 - (0)주의집중 2018, (1)설명·시범 2016회, (3)학습단서 2014회 2015회 2016 2018

　　3) 과제의 연습 및 수정

　　　(1) 관찰 : 관찰위치, 관찰대상·관찰내용, 관찰시간

　　　(2) 피드백(과제 관련 피드백의 유형) 2016회 2019

　　　　①일반·긍정적 피드백

　　　　②비언어·긍정적 피드백

　　　　③구체·긍정적 피드백

　　　　④교정적 피드백

　　　　⑤가치·구체적 피드백

　　　(3) 수정(Rink 내용전개) : ①확장형 과제로, ②적용형 과제로, ③세련형 과제로, ④과제를 완전히 바꾸어준다.

　　　(4) 기타행동-적극적 감독

　　4) 과제평가 학생평가기법

　　　(1)평가기준 : 상대 규준지향평가 vs 절대 준거지향평가 2014 2019 2019

　　　(2)평가시기 및 기능 : 진단평가·형성평가·총괄평가

　　　(3)수행평가 2019 : 평정 서열척도 Likert척도 2019·루브릭·포트폴리오 2019·체크리스트·면접법·관찰법·기타

　B. 수업관리기술-학생통제와 수업관리

　　1)절차 2016 2018 2019 2020회 2020 와 규칙

　　　(1)절차(상규적 활동=routines) 표 정렬·준비운동 ~ 종료·해산·정리

　　　(2)규칙 ◦개발지침 : 명·학·전·금·일·일관성 수반성·강

　　　　　　　◦영역 : 안·타·수·친·최

　　2)관리시간 수업운영시간 = 관리에피소드 수업운영장면 + 대기시간

　　3)예방적 관리기법과 관리전략 : ①초기 최초 활동의 통제 2020회 2020·②수업의 정시 시작 2020·③출석점검시간의 절약 2016·④절차의 훈련 2020, ⑤적극적 수업의 진행, ⑥높은 기대감의 전달, ⑦피드백과 상호작용의 증진, ⑧수업흐름의 유지, ⑨관리행동 기록의 게시, ⑩관리게임의 활용

　C. 수업지도기술(수업과제의 배열) : 1)학습환경 조성, 2)과제전달, 3)과제연습 지도·감독, 4)정리, 5)수업 진행속도 흐름의 조절

2. 반성적 수업

　0) 개념 - 의식적인 반성(Schön)의 2가지 유형 : ①실천 행위 중 반성·②실천 행위 후 반성 2018

　1) 특징 : ①수업활동+환경(사회문화적 맥락), ②교수기능의 효율성·효과성+자아실현·기회균등, ③교사의 비판적 태도+수업활동 검토·분석, ④문제해결 순환과정, ⑤개인적 활동+사회적 노력(협동적 대화·집단적 작업)

　2) 현장개선 실행 연구(Kemmis&Mactaggart) - 교사연구 2019

　　(1)연구주체 : 교사 자신

　　(2)연구대상 : 자신이 실천하고 있는 실제적 교육활동

　　(3)연구목적 : 자신이 하는 일을 전보다 잘 이해하고, 그것을 보다 나은 방향으로 개선하는 것

　　(4)4단계 : ①문제파악 및 개선계획 마련-②실행(실천)-③관찰-④반성

　　(5)4단계의 과정적 특징 : ①역동성·②연속성·③집단성

2-1. 체육교사의 전문적 성장

　(1) 전문적 자질 : ①인지적·②수행 기능적·③인성적

　(2) 전문인의 성장 방법 : ①형식적 성장·②무형식적 성장(세미나·워크숍·클리닉 참여), ③비형식적 경험적 성장

I. 수업교수·학습	② 체육교수이론(강신복·손천택)	

3. 교수기능의 체계적 개발
   1) 교수기능의 향상을 위한 교수 연습법 2019 2020 : ①1인혼자 연습, ②동료교수, ③마이크로티칭(축소수업), ④현장에서의 소집단 교수, ⑤반성적 교수, ⑥현장에서의 대집단 단시간 교수, ⑦실제 교수현장 대집단 교수
   2) 교수기능의 발달 단계 : ①초기 곤란불편 단계 2019 · ②다양한 교수기능의 학습 · ③동시적처리 방법의 학습 · ④교수기능의 적절한 이용에 관한 학습교수기능의 적합한 사용 · ⑤자신감과 예측력의 습득자신감 획득과 예측

4. 교수활동과 그 결과의 사정

5. 효율적 교수의 이해 – 효율적 교수전략
   0) 효율적 교사의 특징 2019 : ①학습내용에 배당된 시간의 비율이 높다. ②학습자의 과제참여 비율이 높다. ③학습내용이 학습자의 학습능력에 적합하다(성공지향적 학습). ④따뜻하고 긍정적인 학습 분위기를 조성한다. ⑤따뜻하고 긍정적인 학습 분위기 속에서 학습자의 과제참여비율을 높게 유지하는 학습구조를 개발한다.
   1) 학업성취도와 관련된 교사변인(Rosenshine&Frust) : ①명확한 과제제시, ②교사의 열의, ③수업활동의 다양화, ④과제지향적·능률적 교수행동, ⑤수업내용의 적절성
   2) 우수 교사와 비우수 교사의 차이(Medley) : (1)수업분위기, (2)학생행동의 관리, (3)학습과제의 운영
   3) 효율적 수업운영(Kounin)-학습파괴적인 행동 예방 및 과제지향적 수업 유지 : ①상황이해 2020 ②동시처리 ③유연성 ④여세성 ⑤집단경각 ⑥학생책무성
   4) 직접적 학습지도의 관련 변인(능동적 교수의 영향 요인) : ①학습자의 발달 상태(학생의 연령), ②학습자의 적성(학생의 적성·능력), ③학습자의 사회·경제적 상태(학생의 사회·경제적 지위), ④학습할 교과의 내용(교과 내용), ⑤교사의 수업목표 및 의도

6. 체육 교수활동의 이해   1) 교수활동에 관한 기술적 분석 : ①수업운영, ②교수수행, ③학습관찰
   2) 학생활동에 관한 기술적 분석 2019 2020 2020 : (1)수업운영시간, 대기시간, 정보수용시간, 운동참여시간
   (2)체육수업시간-과제참여시간^TOT, 운동참여시간^MET, 체육의 실제학습시간^ALT-PE [[A]①적절한 난이도의 과제수준·②학습과제에 대한 성공지향성·③학습과제에 참여한 시간양 / [B]①과제집중·②과제난이도·③과제관련성]], 대기시간, 이동시간, 관리시간

7. 체육수업의 생태 2017   (0)체육수업의 과제체계 : ①운영과제·②학습지도과제·③사회적 행동과제
   (1)과제체계 내 타협, (2)과제체계 간 타협

8. 예방적 수업운영   1) 효율적 수업운영을 위한 주요 관점 : ①수업운영시간, ②수업운영 장면의 길이와 빈도, ③이동, ④체육수업의 상규적 활동 2016 2019, ⑤수업흐름의 방해
   2) 수업운영의 효율성을 높이기 위한 기술 : ①최초활동의 통제 2020최 2020, ②수업시간의 엄수 2020, ③출석점검시간의 절약 2016, ④주의집중에 필요한 신호의 교수 2020, ⑤높은 비율의 피드백과 긍정적인 상호작용의 활용, ⑥학생 수업운영시간의 기록 게시, ⑦열정·격려·주의환기의 활용, ⑧즉각적인 성과를 위한 수업운영게임의 이용
   3) 수업흐름의 관리(유연성·여세성) - 쿠닌^Kounin이 제시한 개념 (1) Do : ①동시처리(동시에 두 사건 이상을 처리하는 것) (2) Don't : ②학습활동의 침해, ③탈선(수업과 무관한 일에 정신을 쏟는 것), ④중도포기와 전환회귀(계획된 일을 완성하지 못하는 것), ⑤과잉설명, ⑥세분화(활동 단위 선택의 착오-집단세분화·활동세분화) 2018

9. 학습자 관리의 기술
   0) 학생행동 사정의 유형학습자행동의 유형(Williams&Anandam) :
      ①과제관련행동, ②적절한 사회적 상호작용, ③과제에 무관심한이탈 행동, ④방해 행동 VST
   1) 행동수정의 기본전략(원리) : ①구체적으로 진술하라. ②행동수정의 수반성^contingency을 신중하게 처리하라. ③조금씩 변화시켜라. ④단계적 변화를 추구하라. ⑤일관성을 유지하라. ⑥현재 수준에서 출발하라.
   2) 적절한 행동의 향상에 필요한 기술 :
      ①수업규칙 분명히, ②긍정적 상호작용(일반적긍정적·비언어적긍정적·구체적긍정적), ③다양한 방법, ④부적합한 행동단서 무시
   3) 부적절한 행동의 감소에 필요한 기술 (1)부적절한 행동을 무시한다.
      (2)언어적 제지를 효과적으로 이용한다. ①분명·명확해야 하며, ②적절한 시기에 이루어져야 하며, ③정확한 목표에 대하여 실행해야 하지만 무자비가혹해서는 안 된다.
      (3)구체적이고 효과적인 상·벌의 전략[학습자관리전략^Siedentop]을 사용한다. 2015 2018 2018 2020
         -①삭제훈련·②적극적 연습·③퇴장^time-out·④보상손실
   4) 행동수정 전략의 공식화 2016 2019 2020
      : ①행동공표, ②행동계약, ③바람직한 행동게임관리게임·좋은 행동게임, ④대용보상 체계토큰수집

10. 프로그램 구성-학습과제의 확인에 기여한 학습 목표를 사용한다.-학습지도 목표 진술(Rushell&Siedentop) : ①장면(조건), ②과제, ③기준 2018

11. 수업계획   0) Siedentop의 교수방법(교수형태) : ①직접지도, ②과제지도, ③탐구지도
   1) 외적 동기유발 시스템 - 수반성 수업운영(contingency management), 프리맥 원리(Premack principle)
   2) Rink의 목표달성의 발전단계(내용발달·내용전개) 2019 : ①과제제시, ②과제세련 2018 ③과제확대 2015 ④과제응용 2017최 2020

12. 학습지도의 실제   1)학습자의 안전 확보, 2)과제제시의 개선[(1)경제적인 정보전달·(2)수업 중 과제제시 시간의 단축·(3)신중한 시범계획], 3)학생연습의 실질적 감독, 4)피드백[(0)긍정적 피드백의 증가, (1)피드백 진술의 개선[①일반적 긍정적 피드백, ②비언어적 긍정적 피드백, ③특정정보내용을 수반한 긍정적 피드백의 상호작용, ④가치적 내용을 수반한 긍정적 피드백의 상호작용] 2016최 2019, (2)학습지도목표와 관련된 피드백, (3)충분한 피드백 시간의 제공, (4)집단지향적 피드백과 모델링의 사용], 5)발문의 적절한 이용-교수방법으로서 발문의 이용(Baird)[①회고적회상형 발문·②집중적수렴형 발문·③분산적확산형 발문·④가치적가치형 발문] 2019, 6)교수대행자로서 학생의 이용, 7)학생 운동수행(performance)의 관찰 VST, 8)수업의 여세유지

13. 교수활동과 그 결과의 측정도구
   1) 전통적 교수 사정 방법 : ①직관적 판단, ②목견적 관찰, ③일화기록, ④체크리스트와 평정척도
   2) 체계적 관찰방법 :
      (1)사건기록법 2018, (2)지속시간기록법 2020, (3)간격동안·구간기록법, (4)시간표집법[①순간·②집단^Placheck], (5)자기기록법

Ⅰ. 수업^{교수·학습}	③ 체육교수·학습론(손천택)
	↓
	체육교수이론(손천택·박정준)
		14. 체육교수의 이해
		  1) 학습경험의 선정 기준 : ①학습자의 운동수행능력을 향상시킬 수 있어야 한다. ②학습자의 운동능력을 고려해 최대한의 연습시간을 제공할 수 있어야 한다. ③모든 학습자의 수준에 적합해야 한다. ④가능한 한 심동적·인지적·정의적 교육목표를 통합해야 한다.
		  2) 수업의 이해
		    (1) 체육수업에서 일어나는 중요한 일화(episode) : ①상규적 활동(routines) 2016 2019, ②운동과제의 제시(과제제시·과제수행·관찰·피드백), ③학습환경 조성·학습내용 지도
		    (2) 지도행동(내용행동)과 운영행동(행위·조직)
		  3) 학습이론 : 행동주의적 입장 vs 인본주의적 입장
		15. 학습경험의 계획
		  1) 학습목표의 설정 (1)학습자 관점의 목표 진술 : 행동, 조건, 기준 2018
		                      (2)인지적 목표의 진술 : 지식, 이해, 적용, 분석, 종합, 평가 2020
		                      (3)정의적 목표의 진술 : 수용화, 반응화, 가치화, 조직화, 내면화 2020
		  2) 운동과제의 계획 : (1)연습내용의 선정, (2)연습목표의 설정, (3)연습환경의 조성[①공간(분산대형)·②학생·③교구·④시간]
		16. 학습과제의 제시 2019 1)학습자의 주의집중, 2)내용과제와 조직과제의 전달, 3)과제전달 능력의 향상, 4)과제전달 방법의 선택
		  5)학습단서의 선택과 조직 2014초 2015초 2016 2018 : (1)정확한 학습단서, (2)간결하고 핵심적인 학습단서, (3)학습자의 연령과 수준에 적합한 학습단서, (4)기능형태에 적합한 학습단서[①폐쇄기능·②개방기능·③움직임 개념] VST, (5)학습단서의 조직
		17. 학습내용의 발달
		  1) 학습내용의 발달 과정 2019 (1)확대 과제[①과제간발달·②과제내발달 2015] (2)세련 과제 2018, (3)응용 과제 2017초 2020
		  2) 학습내용의 발달적 분석
		    (1) 확대 과제(복잡성과 난이도의 요인) : ①부분의 연습, ②장비의 변형(용구의 변화), ③연습공간(거리)의 변형, ④운동수행 의지, ⑤운동수행 참가인원, ⑥운동수행 조건, ⑦기능이나 동작의 결합, ⑧반응의 확장(움직임 반응의 확대), ⑨경험의 계열성 확립
		    (2) 세련 과제
		    (3) 응용 과제
		  3) 기능의 특성과 내용발달
		    (1) 폐쇄기능 : ①학습의 선행조건, ②전체-부분의 문제, ③학습장비의 변경, ④연습조건의 변화, ⑤교수 의도의 점진적 변화, ⑥정확성과 힘의 관계, ⑦학습환경의 설계
		    (2) 환경변화에 따른 폐쇄기능
		    (3) 개방기능 : ①개방기능을 폐쇄기능으로 연습, ②반응과 반응의 이용에 관한 연습
		  4) 게임기능과 내용발달 VST : ①통제능력의 획득, ②복잡성의 추가, ③간단한 게임전략 구사, ④게임의 수행
		18. 학습환경의 조성
		  1) 효과적인 체육 학습환경
		  2) 수업운영체계의 확립
		    (1) 루틴의 확립 2016 : ①수업시작, ②출석점검, ③안전사고, ④신호, ⑤체육복, ⑥수업종료, ⑦기타 중요한 루틴, ⑧루틴의 교수, ⑨루틴의 강화
		    (2) 수업규칙의 확립
		    (3) 학생의 협조 : ①적합 행동의 점진적 개발, ②긍정적 접근, ③분명한 기대, ④수업운영의 궁극 목표에 대한 이해, ⑤적절한 행동의 내면화
		  3) 자기통제력 및 책임행동의 개발
		    (1) 자기통제 행동의 개발 : ①행동의 명확한 정의, ②기대행동의 효과적인 전달, ③적절한 행동의 강화, ④부적절한 행동의 무시
		    (2) 책임의식의 단계적 개발
		  4) 부적합 행동의 통제
		    (1) 부적합 행동의 확산방지 : ①상황파악(with-it-ness) - Kounin의 행동수정 전략 2020, ②학생과 시선 마주치기, ③학생에게 다가가기, ④부적절한 행동 제지하기, ⑤적절한 행동 재강조하기, ⑥문제 학생 추방하기, ⑦타임-아웃^{퇴장} 2015
		    (2) 부적합 행동의 억제
		    (3) 부적합 행동의 처벌
		  5) 생산적인 학습환경의 조성 : ①적극적인 감독, ②부적합 행동의 제지, ③학업책무와 과제전달
		19. 교수학습의 실제 가. 교수활동의 우선순위
		  나. 교사의 행동 유형 2020
		    1) 직접기여행동 : (1)안전한 학습환경의 유지, (2)과제의 명확한 진술, (3)생산적인 학습환경의 유지, (4)학생행동의 관찰[①관찰위치의 선정·②관찰전략의 수립(관찰대상 인원·핵심 관찰내용)·③관찰내용의 결정], (5)피드백 제공[①평가와 수정·②일치와 불일치·③일반적과 구체적·④긍정적과 부정적·⑤표적·⑥시기·⑦이해촉진], (6)개인과 소집단을 위한 과제의 변화 및 수정
		    2) 간접기여행동 : ①상해학생의 처리, ②교과 외 주제의 대화, ③생리적 욕구의 처리, ④활동참가와 심판
		    3) 비기여행동 : 외부인(학부모), 소방훈련
		20. 학습지도 과정의 기술·분석 및 해석
		  1) 체육교수연구의 중요한 변인들
		    (1)훌륭한 운영자의 특징(Kounin) : ①상황이해 2020, ②제지의 명료성, ③동시처리
		    (2)부주의하고 파괴적인 행동을 감소시키는데 효과적인 교수행동(Ornstein&Levine) 2018 2019 2020 : ①신호간섭, ②접근통제^{근접거리의 조절}, ③긴장완화 2019, ④상규적 행동의 지원^{일상적 활동의 활용}, ⑤유혹적 대상의 제거, ⑥비정한 제거^{방역차원의 수업 제외}
		  2) 학습지도의 관찰·분석도구(체계적 관찰법) : ①사건기록법 2018, ②지속시간기록법 2020, ③동간(구간=간격)기록법, ④순간시간표집, ⑤집단시간표집(placheck)

	④ 체육수업비평(유정애)	**21. 양성평등 체육교육 – 혼성 체육 수업** **22. 체육수업 장학의 유형** : ①자기장학, ②동료장학, ③교과전문가 장학, ④임상장학
	⑤ 체육과 교재연구 및 지도법(유정애)	**23. 바비와 스와싱**(W. Barbe&Swassing) - 학습 유형 : ①시각형 ②청각형 ③신체운동형 2015
	⑥ 기타	**24. 데일**(E. Dale) - '경험의 원추'

II. 체육수업모형 Metzler	① 모형중심체육수업 개관	25. 현대 체육 프로그램과 수업-(1)수업모형(교수와 학습준을 위한 설계도), (2)모형중심 체육 수업 → 체육수업모형의 개념 2016 26. 체육수업의미와 구성 0) 수업모형(체육수업의 설계도) 2016 　1) 모형중심 체육수업의 장점(①~⑪) : ①모형은 총괄계획과 일관성 있는 접근방식으로 교수·학습이 이루어진다. 2016 ②모형은 학습 우선 영역과 영역간 상호작용을 명백하게 한다. ③모형은 수업의 주제를 제시한다. ④모형은 타당성 있는 학습평가를 가능하게 한다. 　2) 체육수업모형의 개념틀 (1)이론적 기초 : Reichmann&Grasha-학생의 학습선호[①학습에 대한 태도(참여적vs회피적), ②교사나 동료에 대한 시각·관점(협동적vs경쟁적), ③수업절차에 대한 반응(의존적vs독립적)] 2015 　　　(2)교수·학습의 특징-수업의 주도성 : 내용선정, 수업운영, 과제제시, 참여행태, 상호작용, 학습진도, 과제전개 　　　(3)교수과정의 검증 : 체계적 분석(구간기록·사건기록 2018·순간시간표집), 점검표, 서열척도, 학생의 평가기록지 　　　(4)학습평가, (5)모형 실행의 요구 조건 및 맥락적 변형 27. 모형중심 체육 수업에 필요한 교사 지식 　0) 슐만Shulman 교사지식(①교육환경·②교육과정·③교육목적·④내용·⑤지도방법·⑥내용교수법(PCK)·⑦학습자와 학습자특성) 2015 2018 2018 2020 　　→ Metzler의 명제적·절차적·상황적 지식 2015 2020 　1) 학습자 : Brophy의 동기유발 전략 분류의 개념틀 　　(1) 수준1(선행조건) : ①지원환경·②적절 도전의식·③의미 학습목표·④적절 교수전략 사용 　　(2) 수준2(3가지 원리) : ①학생 성공기대감 유지 및 동기화·②외적보상·③내적동기 　　(3) 수준3 : 학생 학습동기유발 전략 　2) 학습영역과 목표 　　(1) Bloom 학습영역 3가지(심동적 기능Harlow·인지적 지식Bloom·정의적 태도Krathwohl) 2018 2019 2020 　　　　① 심동적 : 반사·기초기능·지각능력·신체능력·복합기술·운동해석능력 　　　　② 인지적 : 지식·이해·적용·분석·종합·평가 　　　　③ 정의적 : 수용화·반응화·가치화·조직화·인격화 　　(2) Mager 행동목표[①상황 및 조건, ②운동수행기준, ③도착점 행동(심동적 기능·인지적 지식·정의적 태도)] 2018 　3) 체육수업내용 　　(1) 움직임 기능의 분류 : ①비이동기능, ②이동기능, ③물체조작기능, ④도구조작기능, ⑤전략적 움직임과 기능, ⑥움직임 주제, ⑦표현 및 해석적 움직임 VST 2017회 2019 2020 　　(2) 과제분석 3단계 　　(3) Rink 내용전개·내용발달[content progression·development] 2019 : ①정보·②세련 2018·③확장·④적용 2017회 2020·⑤반복 　　(4) 과제전개 : 시간지향 vs 완전학습지향 2020 　4) 체육과 교육과정 모형 　　(1) 초등 : 움직임교육·주제중심움직임교육·체력교육·게임지도 모형 　　(2) 중등 : 다활동·스포츠교육·야외 및 모험활동교육·사회성개발·학문중심·개인체력 모형 　5) 체육 수업에서 발생할 수 있는 불평등 요소(Napper-Owen) 2019 　　① 상위 수준의 기능을 가진 학생을 중심으로 수업을 조직(예) 팀을 주장으로 만들기) 　　② 성에 따른 학생집단 조직(예) 남학생은 게임을 한다. 여학생은 옆에서 구경하거나 연습한다.) 　　③ 학생의 다양한 학습 유형을 반영하지 않는 교수법 사용 　　④ 특정집단의 학생을 선호하는 교사와 그 학생과의 상호작용 　　⑤ 선입견(예) 여학생용 팔굽혀펴기)이나 편견(예) 너는 여학생같이 던진다)이 있는 언어 사용 　　⑥ 교사에 의한 부적절한 역할 모델 28. 모형중심 체육수업을 위한 교수전략 　A. 수업관리전략 　　1) 예방적 관리계획 　　　(1)도입단계의 관리전략 2016 2020회 2020 : ①수업계획 게시·②특별수업 공고 게시·③예비활동 VST 　　　(2)일관성·수반성(contingency) 수업관리 2020 : ④좋은행동게임·⑤교사-학생 계약 2019·⑥토큰수집대응보상체계 2016·⑦타임아웃퇴장 2015 2018 　　2) 상호작용적 관리 전략 : ①용기구 배분 회수·②현재활동진행 동안 다음활동 예비·③응급상황·④비상계획·⑤부상발생상황계획·⑥주의 끄는 학생행동 단절체지의 명료성·⑦전반적 사태통찰상황이해 2020 　　3) 집단편성 전략 2014 : (1)무작위 조 편성[①끊어자르기·②태어난 달·③옷색깔], (2)능력 수준 고려[차별○ vs 차별×], 　　　　(3)게임 위한 조편성(공정성)[①기능 특성 고려 균형·②무작위 조·③규칙 득점방법 변경·④패배·별비난×] 　B. 수업지도전략 　　1) 과제제시 전략 2019 　　2) 과제구조 및 참여 전략 　　　(1) 연습과제의 분절 및 나열 : 분습 과제구조, 리드업 과제구조[①슬로우모션·②역방향연쇄동작·③리더따라하기·④언어정보제공·⑤운동기구미사용·⑥운동기구변형] 　　　(2) 폐쇄기능·준폐쇄기능·개방기능 　　　　개방기능 과제전개 4단계 : ①폐쇄기능 연습·②개방과제 변인 포함·③리드업 스크리미지전술연습 변형 게임·④실제게임 VST 2018 　　　(3) 과제연습을 위한 집단 편성 : 개별연습·파트너연습·소집단연습·대집단연습·학급전체연습 　　3) 체육학습활동 선정 전략체육학습활동의 유형 : (1)심동적 영역 2020 [학습센터·기능연습·리드업게임·변형게임·스크리미지전술연습게임 2019·게임·역할수행·비디오 자기 분석·협동과제·활동-지도-활동], (2)인지적 영역, (3)정의적 영역 2018 　　4) 과제전개 전략 : 완전학습 중심 2020 vs 시간 중심 　　5) 학생안전 극대화 전략 : ①체육관 안전규칙 개발 공지, ②규칙점검, ③일관성contingency 있는 수업관리, ④동료경고체계, ⑤학생 활동참여 시작 감독하기 　　6) 수업정리·종료 전략 29. 모형중심 체육수업에 필요한 효과적인 교수기술 　1) 수업계획 　2) 시간과 수업운영 　　(1) 시간운영 : ①수업 전 기구배치, ②대안적인 출석점검 방법의 사용 2016, ③주의집중 신호와 시작 신호 2020, ④수업관리규칙의 연습과 점검, ⑤공공장소에 수업규칙 제시, ⑥예비활동의 공고와 활용 　　(2) 수업운영 : ①학습환경조성, ②시설기구관리, ③학습활동관찰(근접거리조절접촉통제·상황이해 2020) 　3) 과제제시와 과제구조 　4) 의사소통 2020 : ①학생을 주의집중시킨다. ②명확한 언어를 사용한다. ③적절한 수준의 어휘를 구사한다. ④억양을 적절히 조절하여 정보를 전달한다. ⑤학생의 이해여부를 점검한다. 　5) 교수정보 - 단서 2014회 2015회 2016 2018 2020·안내·피드백 2017 　　(1) 단서 : ①언어, ②비언어, ③언어+비언어, ④조작, ⑤시청각 　　(2) 안내 : 언어, 시범, 조작 　　(3) 피드백 2016회 2019 ○운동 수행 피드백의 형태-①제공자(내재적·외재적 2017), ②일치도, ③내용(일반·구체), ④정확성, ⑤시기(즉각적·지연된), ⑥양식(언어·비언어·결합), ⑦평가(긍정·부정·중립), ⑧교정적(잘못된 부분만·교정적), ⑨방향성(개별적·집단·전체수업) 　　　　○피드백 제공 시 명심 중요 수칙 : ①다, ②일반<구체, ③즉각>지연, ④교정>부정, ⑤언어or비언어1가지<2가지 결합, ⑥숙련자적고 구체적·⑦초보자학습동기 유발 노력 인정 모든 피드백 　6) 질문의 활용 　　(1) 초점 : ①수업운영, ②행동, ③내용 　　(2) 내용질문의 형태 : 수렴적폐쇄형 질문(①지식·②이해·③적용)·확산형개방형 질문(④분석·⑤종합·⑥평가) 2017 2018 2020 　7) 수업 정리와 종료 30. 효과적인 체육수업의 계획 　0) 단원계획·수업계획 수립 시 실제적 도움 지침(6) & 교수·학습과정안의 이점(6) 2019 VST 　1) 단원계획 　　(1) Mager 행동목표[①상황 및 조건, ②운동수행기준, ③도착점 행동(심동적 기능·인지적 지식·정의적 태도)] 2018 　　(2) 단원에 맞는 수업 모형 선정(모형 선택 고려사항) 2016 → 맞춤형 교수·학습방법의 선정과 활용2015개정교육과정에 따른 체육과교육과정 　　　①연역적 과정 : '맥락·내용·목표'를 고려한 후 수업 모형을 결정 　　　②일관성 적용 : 한 모형만 사용 → 학생학습 극대화 　2) 교수·학습과정안 - 수업계획 31. 모형중심에서의 학생평가 0)평가의 유형 (1) 평가시기 : ①수시평가, ②형성평가, ③총괄평가 　　　　　　　　　　　　　　　　　(2) 기초원리수행 : ①규준지향상대평가, ②준거지향절대평가 2019 　　　　　　　　　　　　　　　　　(3) 평가계획의 조직 : ①비공식적 평가, ②공식적 평가 　1)전통평가 2)대안평가 2019 : 교사용·동료학생용·자기체크리스트 관찰, 평정척도, 루브릭Goodrich 2018 포트폴리오 2019 면접법, 관찰법 3)실제평가 2020

체육교육론[1]의 9가지 테마

1. Rink 내용전개 `2015` `2017최` `2018` `2019` `2020`

2. 학습단서 `2014최` `2015최` `2016` `2018` `2020`

3. 피드백 `2016최` `2017` `2019`

4. 체계적 관찰법 `2018` `2020`

5. Kounin 6 6 3 `2020`

   O&L 신·접·긴·상·유·비 `2018` `2019` `2020`

6. 행동수정의 원리 : 구·행^{수반성}·조·단·일·현

   행동수정 전략의 공식화 : 공·계·바·대 `2016` `2019` `2020`

   구체적이고 효과적인 벌의 전략 : 삭·적·퇴·보 `2015` `2018` `2018` `2020`

   외적동기유발시스템 : 수반성 수업운영 / 프리맥의 원리

   수업관리기술 / 수업관리전략 `2020`

7. 질문 – Baird `2019`

   　　　　Bloom `2018` `2019` `2020`

   　　　　Metzler `2017` `2018` / Borich

   인지 – Mosston

8. 슐만(7) → 메츨러(3) `2015` `2018` `2018` `2020` `2020`

※ 평가 → 체육측정평가 中 평가 및 검사 – 체육측정평가의 유형

전공체육
VZONExam
모의고사

정답친해
정확한 정답과 친절한 해설

구조도
VZONEmap 전공체육

이론서
VZONE 체육교육론1·2·3, 총론·체육과
VZONE 체육사철학1·2·3
VZONE 스포츠사회학1·2
VZONE 운동학습과 심리1·2
VZONE 체육측정평가1·2
VZONE 운동역학1·2·3, 계산문제
VZONE 운동생리학1·2·3

핵심요약정리
VZONEmini 체육교육론
VZONEmini 체육사·철학
VZONEmini 스포츠사회학
VZONEmini 운동학습과 심리
VZONEmini 체육측정평가
VZONEmini 운동역학
VZONEmini 운동생리학

문제집
VZONExam1 연도별 기출문제
VZONExam2 단원별 기출문제

모의고사
VZONE^Test MINI 모의고사
VZONEpass 실전모의고사
VZONE 모의고사

전공체육
VZONExam
모의고사
정답친해

VZONE 이론서

01. 체육교육론

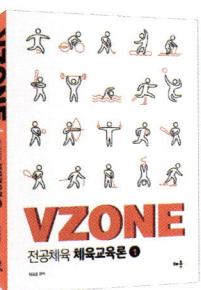 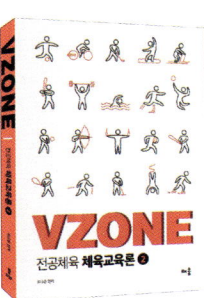 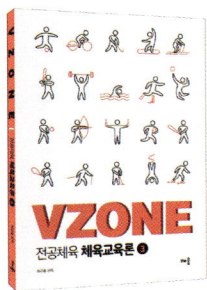 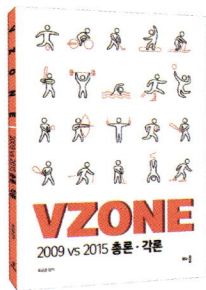

02. 체육사·철학

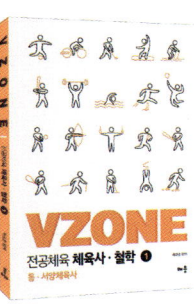 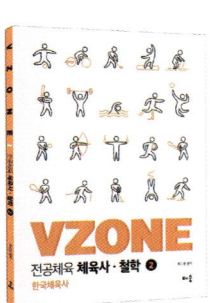 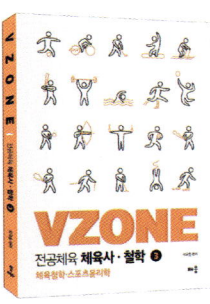

03. 스포츠사회학

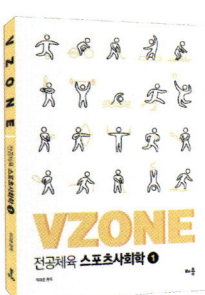 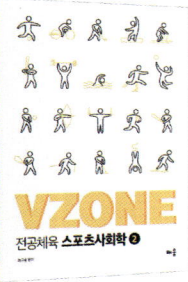

04. 운동학습과 심리

 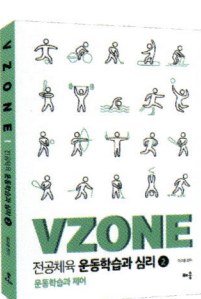

VZONE 이론서

05. 체육측정평가

 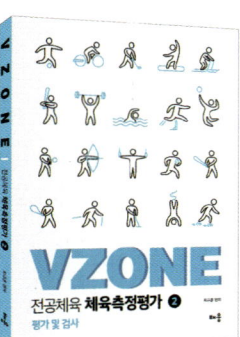

06. 운동역학

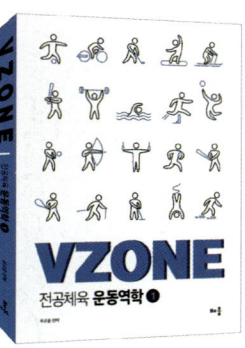 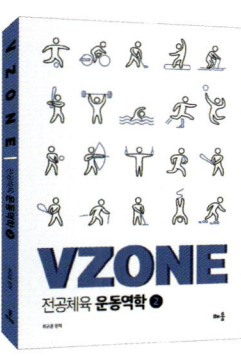 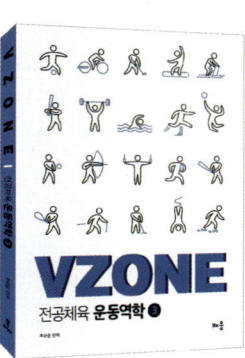 

07. 운동생리학

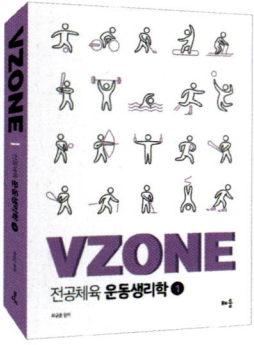 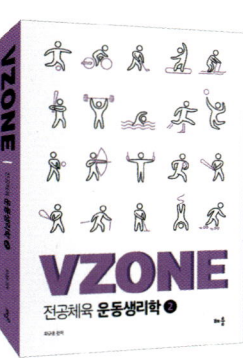 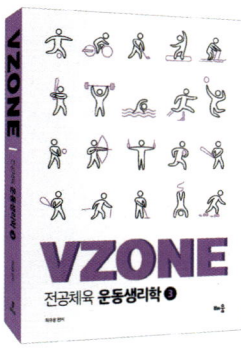